汲古叢書102

小野信爾著

青春群像

―辛亥革命から五四運動へ―

汲古書院

序

いささか旧聞に属するが一九八九年五月、五四運動七〇周年学術討論会に参加するために、北京を訪れた私は、あわただしい学会の合間を縫って、北京図書館（現国家図書館）を訪れた。解決すべきたくさんの課題を抱えていたのだが、あいにくメーデーの休館と重なって、私に許された時間はたった二時間、閲覧すべき資料は最小限度に絞って、一九一九年の九月一九日、『国民公報』の評論欄に載った「新人と新生活」なる文章の筆者と全文を確認することにした。というのは、この文章の一節が「顕らかに人民を扇動し不正当な行動をなさしめ」、「治安を妨害する」ものと糾弾されて、『国民公報』の発禁ならびに編集者起訴のための罪状の一つに挙げられていたからである。

当時、既に新聞のマイクロ化は進んでいて、私は早速マイクロ・リーダーにかけてその文章を探し出した。確かにその文章はあった。そして驚いたことに署名は志希、なんと後に国民党系の大物文化人として、革命後の学術界では指弾の的となっていた羅家倫その人ではないか。高名な胡適をふくめ、新文化運動の右翼と目される知識人たちも、五四運動の際には顕著に急進化していたというのは、私のかねての主張であったが、羅家倫までがこのような急進的な言辞を吐いていようとは全く予想の外にあった。以下、『国民公報』発禁の際の起訴状及び判決文に引用された部分を中心に翻訳文を掲げておく。

生活は一切の生物に不可欠のものである。いかなる生物もそれぞれに適応した生活をもつ。だから新人たらんとする者は「新生活」を欠くことができない。しかもかれらは「旧生活」のなかでは絶対に「新人」になれないのである。現在われら青年の新人たらんとする者、すなわち自己を実現せんとする者は何と危険であることか。われわれ自己を実現せんとする者はかならず旧社会と闘わねばならぬ。殺され囚われるなどは、もとより承知の上である。（中略）今我々が旧社会と闘うことができ、その影響を受けずにいるのは、ひとえに現在の生活が旧社会と関係を持たず、その憐れみを乞わずにおれるからである。だから、われわれが将来永久に現状を保持するには、ある種の生活組織をもたざるを得ない。純粋な新生活を維持してのみ、旧社会の影響を受けずにすむのだ。ならば、わが同志たる青年は合理的な組織（正当的集合）をもたねばならぬ。新村であれ、新社会であれ、一種の共同生産、共同消費の生活を成立させるのだ。時いたらば、その中の一部の人は単刀匹馬、社会に直入して奮闘することができ、内から切り込んでも生活上の顧慮はいらない。旧社会が絶対に我々を容れ得ぬばあい、我々が退いてこの組織にもどれば、なお自分の同志がおり自分の生活がある。旧社会の傍に立ち、外から切り込んでこれと闘い、長期に堅持できる。かくしてこそわれらの独立の人権、独立の精神、独立の行動を保持できる。

（以下略――傍線部分が起訴状並びに判決文に引用された部分）

周知のように、五四運動のなかでは「小組織」「新生活」「新村」を提唱し、やや異質なものとはいえ、「工讀互助団」として具体化させたものもあった。これまでこのような考え方は理想主義的・空想社会主義的性格のものとされてきたが、この種の運動に革命闘争の拠点づくりという発想もあったことをこの文章は示している。五四運動当時の羅家倫がロシア革命に共鳴し、社会主義に中国の前途を見るまぎれもない急進主義者であったことは、既に指摘されているが、私もまちがいなくそうだ、と思う。本書に於いて詳しく論ずるように、このような傾向は、たんに羅家倫だけではなかった。

私の近代中国史研究は、清末農民戦争からはじまったが、当時、京都大学人文科学研究所の桑原武夫氏の主宰する「ブルジョワ革命の比較研究」に参加する機会を得て、近代中国を多角的に照射することの必要性を学ぶとともに、ヨーロッパとは単純に比較できない半植民地中国の特異性をも強く意識することになった。

中国のブルジョワ革命をどこにおくかについては種々議論があろうが、さしあたり孫文の辛亥革命におくのが穏当であろう。あたかも中国では一九五〇年代後半から、辛亥革命に関する基礎資料や回想録の類が出版されるようになり、中国同盟会の機関誌『民報』（全四冊）も復刻されて、辛亥革命研究のための条件が整いつつあった。このとき、同研究所東方部の小野川秀美・島田虔次両先生が中心になられて、中国革命史研究会（のち、人文科学研究所の正式の研究班）を組織され、『民報』の会讀を主とする共同研究を始められた。やがて鄒容の『革命軍』、陳天華の『警世鐘』など小冊子の類も復刻、或いは雑誌に収録されて、辛亥革命前の思想状況も明らかになってきた。私はそのなかでも、革命思想がどのように宣伝され、若い青年たちを組織したかに関心をもった。鄒容は『革命軍』を書いた時、わずかに十八歳、陳天華が『警世鐘』を書いたのは二十八歳、いずれも年若い青年たちであった。島田虔次先生との共編『辛亥革命の思想』や、本書の第一章辛亥革命と革命宣伝は、これら青年たちの宣伝パンフレットを翻訳し、中国近代の革命思想とはいかなるものであるかを一般の読者に紹介しようとしたものであった。この際、私はそれまで軽視されがちであった回想録の類を渉猟して、革命の主体が何を宣伝しようとしたか、そしてその内容が被宣伝者の知識と関心によって規定されたか、そのプロセスを具体的に明らかにしようとした。その結果、宣伝の重点は反満民族主義におかれ、西欧のブルジョア革命とはその綱領や革命宣伝においてかなり様相を異にしていることを知った。中国の革命元老とされる呉玉章はその著『辛亥革命』（一九六一）において

革命派は辛亥革命以前多くの政治的扇動をし、多少の啓蒙工作もやったけれども、内容は簡単すぎて、理論的な

詳しい説明がなく、このため封建主義の思想的根源をたたくことはできなかった。彼らは理論の上で創造的なしごとができなかったばかりでなく、西洋の十七、八世紀の啓蒙学者の著作や十九世紀中葉の主要な思想家の著作も系統的に紹介しなかった。現在、我が国で翻訳出版されている多くの外国の古典なども、本来なら辛亥革命の時期にブルジョア的学者によって翻訳されていて然るべきものであった。強力な思想革命の先導のなかったことが辛亥革命の一つの重大な欠陥である（同書一七頁）。

と振り返っているのは、革命の渦中を生き抜いた革命家の言としてまことに問題の核心を衝くものであった。呉玉章の言葉に続けていうならば、五四運動は、日本や欧米列強に対する反帝国主義運動であったばかりでなく、辛亥革命に遅れてきた思想革命でもあった、といえるだろう。

文頭に掲げた羅家倫のような急進的な思想は、当時の青年たちに多かれ少なかれ共有されたものであったが、その後になると、左翼は当時クロポトキンやトルストイにかぶれていたことを恥じ、右翼は左傾思想の持ち主であったことを隠そうと、いずれも当時の自己について正直に表白しない傾向があるといえる。一九八〇年代以降、状況は変わりつつあるとはいえ、特に国民党の関係者にはその傾向がつよかったように思われる。歴史本来の様相を回復するためには、さまざまなフィルターを排しバイヤスを正して、一九一九年前後における時代状況を明らかにすることから始めなければならないであろう。

私は毛沢東が「五四運動時期にはまだ中国共産党はなかったけれどもすでにロシア革命に賛成し初歩的な共産主義思想をもつ相当数の知識分子がいた」（新民主主義論）と述べていることにこだわってきたが、これは毛沢東だから許容された発言であって、護教論的マルクス＝レーニン主義の観点からすれば、とんでもない発言であった。しかしこれは彼自身の正直な実感であったはずである。毛沢東が自らをその一人に数えているとすれば、羅家倫も当然そのなかにふくまれてよい。

このような思想状況のなかでロシア革命と第一次世界大戦は中国人に社会主義という出路を示した。毛沢東によれば「ロシア式の革命は、私から見れば、如何ともなしがたい、到底通り抜けられない道ゆえの選択であって、もっといい方法があるのにそれを放棄したわけでは決してなく、ただこんな暴力的な方法をとらなければならなかっただけである」（在フランスの新民学会の友人たちへの手紙　一九二〇）という。こうした歴史的条件のなかで、青年たちのなかからマルクス＝レーニン主義を選択し、中国共産党に参加する者が現れたが、それと同時に彼らの間に思想的分化が起こったのも必然であった。

この分化がどのようにして起こったか、つまり「分道揚鑣」の素因がいったい何であり、何を契機としていたか、を実証的に腑分けし、歴史の大きな転換をその基底の位相において解明しようとして書いたのが、五四時期の青年たちに関する論文であった。先の辛亥革命において革命宣伝を担った青年たちと併せ、「青春群像――辛亥革命から五四運動へ――」と書名に冠した所以である。

また本書には、彼らをこのように急進化させていく一要因となった日本帝国主義の当時の大陸侵略工作についての若干の論文をも収めた。

執筆の途中、校務による多忙や闘病のために、資料を集めながらも論文にできなかったものも多い。ここに一部を引用した羅家倫については翻訳をはじめ、執筆にとりかかっていたし、著名なジャーナリスト成舎我についても構想を立ててはいた。それらが実現できなかったことは残念であるが、とりあえずこのような形で一冊にまとめられ、先年上梓した『五四運動在日本』とともに汲古書院から刊行できたことを心から嬉しく思っている。

五四時期の論文の多くは、人文科学研究所の共同研究「五四運動の研究」「民国初期の文化と社会」の研究会で報告し、班長はじめ同学の各位のご批判やご教示を頂いたものであり、いちいちお名前は挙げないが、ここであらためて感謝の意を表したい。また本書を刊行することできたのは、長年の友人でもある狹間直樹氏のお励ましと一方ならぬご尽力があったことを記してお礼を申し上げたい。なお校正については同氏とともに妻小野和子の協力を得、索引については、高嶋航氏の指導下で京大大学院文学研究科の院生郭まいかさんが作成に当たって下さった。記して感謝したい。

読者各位の忌憚のないご批判をお願いする。

二〇一二年四月

小野信爾

目次

凡　例

（1）本書は辛亥革命から五四運動にいたる時期についての私の研究論文をまとめたものである。但し『救国十人団運動の研究』（『五四運動の研究』第四函　第十三分冊　同朋舎出版　一九八七）、「五四運動と民族革命運動」（岩波講座『世界歴史』二五　一九七〇）など既刊の書物として一般に入手しやすいものは収録しなかった。また本書のほかに中国人日本留学生の五四運動を扱った『五四運動在日本』（汲古書院　二〇〇三）を刊行しているので、併せ参照していただければ幸いである。

（2）本書収録にあたっては、基本的に刊行時の様式を踏襲したが、各章の下にくる節に当たる題目を加え、体裁上の統一をはかった場合がある。但し目録では節は数字だけで表し、注で引用の場合のみ節の字を加えた。

（3）各論文については、明らかな誤植などは正し、補注は本来あるべき場所に繰り入れたが、内容については基本的に刊行当時のままである。

（4）引用した資料のうち、漢文のものは、原則として文語訳に、白話文は口語訳に翻訳したが、発表した書物や雑誌の性格によって必ずしも原則通りにはなっていない。

（5）漢字単語のなかには、日本語から輸入された文字がそのまま使われているものがある。たとえば「労働」は清末では日本語訳が逆輸入され、「国字」をふくんだ「労働」が基本的に用いられ、五四時期には「労動」、「労働」と併用されて次第に「労動」に一本化される。雑誌などの固有名詞及び原文は本来のままのこしたが、翻訳した場合には原則として「労働」と書き改めた。また満洲についても原資料中のものはなるべくそのまま残すようにしたが、必ずしも統一していない。

（6）巻末の研究業績ならびに所収論文初出一覧にみられるように、論文のうちいくつかは中国の国際学会で発表し、中文訳があるが、学会発表時の制限枚数などのため両者の内容は必ずしも一致していない。

青春群像——辛亥革命から五四運動へ——

第一章　辛亥革命と革命宣伝

はじめに

あらゆる革命運動において宣伝（煽動）活動のもつ重要性はいうまでもない。辛亥革命においても「鼓吹」は「実行」（起義、暗殺）とともに、革命派の活動の両輪であった。そのために宣伝小冊子の作製・配布、雑誌・新聞の発行に大きな努力が注がれ、また演劇、説唱から歌謡にいたるまで、さまざまの手段が運用された。そしてそれは清朝専制支配のもとで、公然・非公然の組織づくりと表裏の関係にあったのである。

革命宣伝物といえば、まず鄒容《すうよう》の『革命軍』（一九〇三年）、陳天華の『猛回頭』（同前）、『警世鐘』（一九〇四年）、章《しょう》炳麟《へいりん》の『康有為を駁して革命を論ずるの書』（一九〇三年）に指を屈し、雑誌類では中国同盟会の機関誌『民報』（一九〇五年創刊）などをあげるのが常識であろう。これらの著者や著作については、すでに多くの研究があり、『民報』をめぐってもいくつかの専論がある。また当時の革命派の出版物（小冊子、雑誌、新聞など）についても、たとえば馮《ふう》自由《じゆう》「開国前海内外革命書報一覧」（『革命逸史』第三集所収）、戈公振《かこうしん》『中国報学史』第四章、阿英「辛亥革命書徴」（『晩清文芸報刊述略』所収）、張静廬輯注『中国近代出版史料初編』などによって、詳細な目録、解題が提供されている。

だが、こうした宣伝物がどのようにして内地にもちこまれ、どのようにして流布・運用され、どのような効果をもたらしたか、などという宣伝活動の具体的な状況について、系統的に論じた研究は、わたしの知るかぎりまだない。みずからが革命の主体であり、しかも辛亥にひきつづく半世紀間、いっそう苛烈な闘争を展開してきた中国人民自身にとっては、非合法下の革命宣伝の諸様相はまだ生なましい記憶のうちにあり、とりたてて論ずるにたらぬ自明のことであるだろう。しかし、革命を体験のうちにもたぬわれわれにおいて、辛亥革命期の宣伝活動の具体相をつかむことは、この革命の歴史的性格の理解に益なしとしないのではないか。

小論は当時既刊の『辛亥革命回憶録』一～六、『辛亥首義回憶録』一～三輯をはじめ、さまざまな回想・自伝の類を手がかりに、革命宣伝がどのようにおこなわれ、どのように受けとめられたか、その視座からすれば辛亥革命とはどのようなものであったのか、などの諸点について初歩的な考察を試みたものである。

一　湖北・武昌のばあい

興中会の初期、孫文らの革命宣伝物はきわめて貧弱なものであった。『揚州十日記』『嘉定屠城紀略』および黄宗羲の『明夷待訪録』から「原君」「原臣」の二篇を選録したものなど単行本数種があるにすぎなかったという。自前《じまえ》の新聞（『中国日報』香港）をもったのは一九〇〇年に入ってから（己亥十二月）で、康有為、梁啓超ら改良派（保皇派）の宣伝力に、とても太刀打ちできる状態ではなかった（馮自由『革命逸史』初集一〇頁）。その形勢が一転して革命派の宣伝活動がにわかに活潑となり、ついには改良派を圧倒し去るにいたるのは、一九〇三年からである。

その背景には一九〇二年から〇三年にかけての学生運動の高揚があった。義和団の闘争が清朝の実態を白日のもとにさらして以後、新思想に啓蒙された学生たちは、清朝の打倒以外に中国民族の活路のないことを知って革命へ傾いていった。ロシアの東北侵略がひきおこした民族的憤激を革命の方向に組織しようとした拒俄義勇隊（軍国民教育会）など留日学生の運動とそのなかの諸路線については、すでに中村哲夫氏に秀れた研究があるが、[1]中国内地でも続発する「学園闘争」が学生の革命的自覚をうながし、運動への結集を強めていったのである。

一九〇二年十一月の南洋公学のストライキ、学生の同盟退学が、上海での革命運動の拠点、愛国学社成立の契機となったことは有名だが、これを発端として学堂騒動（学潮）が各地におこった。「あたかも『風潮』をおこさず、退学沙汰までひきおこさねば、まるで学堂として体裁が悪いかのようであった。おかしな話だが、実際そのとおりだったのである」とは、当時、江南水師学堂の学生だった周作人の回憶である。[2]そして学堂騒動の詳細な報道を通じて「風潮」をいっそう煽る役割をしたのが、上海の新聞『蘇報』だったという。

そのなかで『蘇報』の旗幟もいっそう鮮明となった。「風潮」の一翼をにない、江南陸師学堂の退学生を率いて愛国学社に身を寄せた章士釗《しょうししょう》が『蘇報』の編集に加わり、その革命化に拍車をかけたことも、宣伝と運動の相乗関係として興味深い。他方、鄒容のように東京での活動で身辺が危険になり、上海に帰ってその地の運動に合流する者もあれば、退学生でさらに日本に留学し、東京での運動に新たな活力を注入する者もあり、東京と上海と両地の運動はたがいに呼応し、支援しあって盛りあがった。

『游学訳編』（一九〇二年十一月創刊）、『湖北学生界』（〇三年一月）、『浙江潮』（二月）、『江蘇』（四月）など、留日学生が同郷会の雑誌をつぎつぎと発刊して宣伝啓蒙活動に乗りだし、鄒容の『革命軍』（〇三年五月、大同書局・上海）、章炳麟の『康有為を駁して革命を論ずるの書』（〇三年六月・上海）、陳天華の『猛回頭』（〇三年・東京）、『警世鐘』（〇四年、東京）、黄藻編『黄帝魂』（〇三年十二月、上海）など、辛亥革命期を通じて大きな役割を演じた宣伝刊行物が、いっせいに出現したのも、こうした運動の高まりに支えられてであった。そして、一九〇三年六月末、『蘇報』にたいする大弾圧がおこなわれて天下の耳目を聳動するが、発行禁止の『蘇報』にかわってただちに後継紙『国民日日報』が現われ、清朝はなすすべを知らなかった。(3)

多様な宣伝の武器を手にして、革命派の活動は急速に発展する。その典型として、のちに辛亥首義の地となる湖北のばあいを、まず考察してみたい。

自立軍失敗（一九〇〇年八月）の教訓によって保皇派と訣別した湖北の革命運動は、なによりもまず湖広総督張之洞のエセ開明政治と『勧学篇』『学堂歌』式の思想善導と対決し、青年学生をその束縛・影響のもとから解放しなければならなかった。自立軍蜂起に多くの湖北官費留学生が関与していたことから、張之洞が「上海救国会及び出洋留学生を戒むるの書」を発して戒諭したのにたいし、湖北武備学堂出身の留日学生沈翔雲《しんしょううん》が公開の返書で反駁し、武漢三鎮に喧伝されて喝采を博したというエピソードも、(4)その闘いの一環であった。

一九〇一年、呉禄貞が日本留学をおえて湖北の軍務につくと、彼とその同志たちを中心に学生を対象として宣伝活動がはじめられた。官憲が「教会を怕《おそ》るること虎の如き」であるのを利用し、カトリック教会関係者の家を連絡・集会の場として選定し、憂国の学生を結集して時事を論じた。大事にいたることを恐れた当局は、これらの学生を大量に国外に送りだした。急進分子はヨーロッパへ、穏健な学生は日本に留学させて、革命運動を芽生えのうちに摘みとろうと意図したのである。(5)

だが、そのもくろみに反して東京に送られた留学生たちは、いっそう急進化し、公然たる革命運動を開始する。彼らは共同で排満の月刊雑誌『湖北学生界』を創刊し、湖北の友人、知己、学校などに送りつけ、大きな反響をひきおこした。[6]『湖北学生界』だけでなく、『新広東』『浙江潮』『江蘇』など他省留学生の刊行物も湖北の学生たちの手に渡り、歓迎されたのである。[7]

この年の夏、東京の軍国民教育会に結集した革命的留日学生たちは、「分省起義」という革命戦略のもとに、鼓吹、暗殺、蜂起の実行員としてつぎつぎに帰国をはじめた。彼らはさまざまな手段で大量の宣伝物を持ちこんだ（陳天華の革命小冊子は、まさにその必要に応えて執筆、刊行されたものだった）。

劉揆一の『黄興伝記』によれば、六月（癸卯夏五月）、帰郷の途中、武昌に立ち寄った黄興は、母校の両湖書院で「満漢の畛域《しんいき》および団体、政体を改革する理由を演説し、頑固派と終日弁論して、ついに満場ひとしく嘆服させた。これを聞いて激怒した湖広総督張之洞は武昌知府兼院長梁鼎芬《りょうていふん》に命じて拘引処罰（拿辦）させた。梁が駆逐出境の処分を告示したのに、公（黄興）はなお八日も居すわり、携帯した鄒容の『革命軍』、陳天華の『猛回頭』の両書を合計四千部も軍界・学界の人々に贈送してから、はじめて汽船に乗り湖南に帰った」という。同じころ湖南に帰った留日陸軍学生楊源濬《ようげんしゅん》も『猛回頭』七千部を携行していたといわれ、[8]帰郷活動にあたって革命派の学生たちは、宣伝煽動活動のために周到な準備をしたことがうかがわれる。

このとき、黄興といっしょに帰国した湖北の革命派学生李書城、李歩青、万声揚、金華祝ら四人も梁鼎芬に譴責を受け、職務をあたえられなかった。李書城が私費留学生としてふたたび渡日したほか、李歩青は天津に、金華祝は江西におもむいて教職につき、ひそかに革命宣伝工作に従事し、万声揚は上海にあって昌明公司の総理となった。昌明公司は表向きは通常の書店をよそおいつつ、実際は湖北からの留学生を世話し、革命出版物を密輸し、国内外の情報を伝達することを任務として、湖北留日学生が発起設立したものであった。[9]

湖北の留日学生はまたカンパを集め幻灯機とスライドを買って武漢に持ち帰り、各所で放映して大勢の観衆を集めた。世界の民族運動や植民地の被圧迫の情況を紹介するスライドを用い、呉禄貞、金華祝ら帰国学生が国内外の情勢、民族主義の潮流について講演して愛国思想の「激発」に大きな効果をおさめたという。(10)

当時、武漢三鎮は張之洞の新政の中心であり、各種の学校が設立されて学生・生徒数は一、二万人におよんだ。(11) 科挙の廃止が確定して学堂への進学を望む者はいよいよ増加し、学堂不合格者や学費に欠けて進学を断念した者は、新軍に志願した。湖北は袁世凱の北洋とならぶ新軍編練の中心であり、近代的軍隊は士官はもちろん下士官にまで一定以上の知識水準を要求したため、新軍自体も知識青年の入隊を歓迎したのである。いったん兵士として入隊したのち、選抜されて陸軍特別小学堂その他、軍付設の学校に進む道もあり、富国自強が国民的合意として成立して「兵隊は人間のくず（好人不当兵）」という通念に抗する名分もあり、「インテリの入営（秀才当兵）」が一種の風潮であった。

革命派はこの風潮を利用して軍隊内に積極的に同志を送りこみ、兵士のあいだで革命宣伝につとめた。軍隊のなかに『猛回頭』『革命軍』などの宣伝小冊子がもちこまれ、運用された。そして一九〇四年春、兵士として新軍第八鎮工程営に潜入・活動していた張難先、胡瑛から軍・学両界の革命派の連絡機関の設置が提案され、七月三日（甲辰五月二十日）、学術研究機関を偽装して「科学補習所」が武昌多宝街に発足することになる。役員には前記張・胡両人のほか、馬隊の劉静庵、学生からは呂大森、曹亜伯、時功璧、宋教仁らが推された。もちろん科学の研究は表向きの看板で「革命排満」が会員の密約であった。

これ以前にも「武庫」と名づける閲報所（新聞閲覧所）形式の会所があり、革命派の連絡、集会の場所とされていたというが、(12) 科学補習所の成立は軍隊、学校両方面の運動の連結・調整を可能にした点で大きな前進であった。同じ年に、それまで武昌での運動の中心だった呉禄貞(13)が北洋に転出したことによる打撃をも克服して、湖北の革命運動は新しい段階に入ったのである。

科学補習所は、軍隊内に同志を送りこむ努力をつづける一方で、学校関係でも精力的に活動した。各部隊、各学堂には幹事を置いて責任者としたが、たとえば文普通学堂の幹事欧陽瑞驊《おうようずいか》は同学の宋教仁らとともに学友四十余人を補習所員に組織し、革命書籍『死法』を数百冊、学堂内で配布したり、また「大同書社」なるグループを結成し、新書を共同購入して革命思想の普及に役だてることを試みたりした[14]。他の学堂でもおそらく同様の活動がなされたはずである。上海の革命派の新聞『警鐘日報』は、当時武漢で購読（郵送による定期購読をいう）されていた新聞、雑誌の数および読者層についての調査（別表）を掲載しているが、「新学界」と注記されたもののほとんど全部と「学堂」というそれのかなりの部分が、革命派によって運用されていたと思われる。

海外や全国各地の革命組織と連絡をとることも科学補修所の重要な任務であり、とくに湖南の華興会とは緊密な提携関係にあった。一九〇四年陰暦の六月、武昌を訪れた華興会の黄興は、十一月十六日（陰暦十月十日）、西太后の万寿節に乗じて長沙で蜂起を敢行する計画を告げ、補習所員たちは、これに呼応を約した[15]。

科学補習所の宣伝担当の幹事は両湖書院出身の曹亜伯であった[16]。彼は当時、長沙で教職に就いていたが、夏期休暇で武昌に帰る途次、江西へまわり、吉安で府試の受験生にたいして排満演説をおこない、『猛回頭』

武漢報紙銷数調査
（『警鐘日報』1904年11月31日号）

紙　誌　名	紙　数	読　者　数
中外日報	500	官商及学堂
申　報	300	同
新聞報	300	同
同文滬報	200	同
時　報	300	同
警鐘日報	300	新学界
漢　報	300	官　商
武漢小報	20	同
外交報	50	同
政藝通報	70	学　堂
浙江潮	40	新学界
江　蘇	30	同
政法学報	30	同
漢　声	20	同
東方雑誌	80	官商及新学界
中国白話報	80	学堂
安徽俗話報	20	同
新白(話報？)	10	同
新小説	30	新学界
新民叢報	50	同
新新小説	10	学　堂

＊『漢声』（『湖北学生界』改題）が少ないのは、留日学生からの直接送付が多いからにちがいない。

『警世鐘』を配布するという大胆不敵なふるまいをした。たちまち密告されて即時処刑（就地正法）の手配書がでたのに、本人はなにも知らず、南昌に往って軍の学校（随営学堂）で講演し、九江を経由して湖北に帰った。彼と入れかわりに吉安を訪れた陳天華が、そのとばっちりでひどい目に遭ったというエピソードがある(17)。

曹亜伯が帰って科学補習所員たちの蜂起の準備は着々と進んだが、十月中旬、長沙でことが発覚し、華興会の関係者は急遽潜行して湖南を離れた。十月二十八日（九月二十日）科学補習所も関連して捜索をうけたが、すでに長沙から連絡があり、いち早く証拠を湮滅して避難したのと、湖北の官憲が、ことが学堂に牽連して大事件に発展することを恐れたため、表面に名の出た宋教仁、欧陽瑞驊の学籍を剝奪しただけで、さた止みになった。しかし科学補習所は封閉され、運動は一頓挫したのである。

だが、革命宣伝はけっして衰えを見せなかった。この年（一九〇四）十二月、湖広総督張之洞は湖北按察使を通じて各県、各部局にいわゆる「逆書」の取りしまりを厳命している。

……近来、票会匪党 専ら悖逆《はいぎやく》不軌の詞を以て編造して書を成し、到る処に伝播して以て陰《ひそ》かに死党を結び、人心を煽惑せんと冀《ねが》う。若し厳しく防検を加え、随時査禁せざれば、何を以て民志を定め乱萌を遏《とど》めんや。

張之洞を驚倒させたのは、上海から送りこまれた『警世鐘』『猛回頭』であった。

……其の排外を倡言するや、将《まさ》に以て窮凶極悪の拳匪を継いで瓜分を激成せんとし、其の革命を妄談するや、将に以て茫昧無知の愚民を聳《そその》かし自ら同類を戕《がい》せんとす。髪匪洪秀全の凶残殺掠、生霊を荼毒《とどく》せるを以てこれを戴くこと父母の如く、忠勳曾文正の東南を奠定《てんてい》し大難を削平せるを以てこれを疾《にく》むこと仇讐の若し。……喪心病狂、大逆不道、これを言えば実に髪指に堪えたり。……此等の逆書は亟《すみや》かに厳拏《げんだ》査禁すべし。……入口《ゆにゆう》の書籍に於いて従厳《きびしく》検察し、逆書『警世鐘』『猛回頭』等の類に遇有せば、立即《ただち》に扣留……銷燬《しようき》し、並びに逆書販運の人を根究して提案懲辦し、一面、造書の人を訪察して另《べつ》に設法辦理を行なわしむるを除くの外、……迅速に各属に通飭《つうちょく》し遵照・出示して厳禁せしめよ。嗣後は坊賈・居民を論ずる無く、概《すべ》て『警世鐘』『猛回頭』等の逆書を将《もっ》て行銷伝送するを准《ゆる》さず。如《も》し先経《すで》に是の書を存有する者は立即に官に送りて銷燬せよ。儻《も》し敢えて故《ことさら》に匿して報ぜず、或いは翻印伝布して一たび査出さるれば、定《かなら》ず即《ただ》ちに治するに応得の罪を以てせよ。

張之洞は府県の役人がいつもの調子で聞き流し、本気に取締りに当らぬことを恐れ、「査禁の情形」をありのままに報告することを命じ、とくに注意を喚起した。

　此れ特飭査禁の件に係る。各地方官は慎みて視て具文と為し、含糊了事して未便を干《おか》すを致すこと勿れ[18]。

こうして取締りが強化されたにもかかわらず、科学補習所の旧会員たちによって新たな活動拠点がつくりだされた。武昌高家巷の聖公会に付設された日知会がそれであった。

　日知会は「民智を開通する」ことを宗旨に、新聞・雑誌や新書をそなえた「閲報室」で一般にも開放されていた。長沙の聖公会にもこれがあって湖南の革命派の足場の一つであったが、武昌聖公会会長胡蘭亭（中国人牧師）もかねて革命運動に好意を示し、信者の劉静庵が科学補習所事件後、新軍に留まれなくなると、彼を招いて日知会の運営をまかせたのである。

　劉静庵は着任後、図書を充実し、閲覧者へのサービスを改善し、会務を大いに発展させた。機会をとらえては個別的な工作をおこない、革命宣伝物を配布していたことはいうまでもない。とくに彼が力をいれたのは講演会であった。日知会では土曜、日曜の午後に講演会を開いたが、活動写真を上映したり、科学の実験をしてみせたりする会本来の啓蒙的性格のそれ以外に、時局講演をさかんにおこなったのである。「演説の内容ははじめは時局を論じ、革命の必要を暗示したものだったが、のちには正面から革命を宣伝するものになった。辞意激昂、ときには声涙ともにくだって聴衆をとりこにした。[19]」軍人や学生を中心に参会者は急増した。日知会の宗旨に賛同し、応分の寄付を定期的に納める者を会員と呼んだが、その数は千人とも万人ともいい、盛況ぶりをうかがうに足る。

もちろん、これは劉一人の力ではなく、科学補習所いらいの同志たちの結集があってはじめて実現したことだった。やがてこれらの中核分子のなかから日知会をより明確な革命機関に改組することが発議され、一九〇六年三月[20]、会名はそのままに新たに章程を定め、総幹事劉静庵はじめ幹事、評議員二十余人を選出した。この革命組織「日知会」の発会に参集した者は百余人であったという。

その前年の八月、東京で中国同盟会が結成され、十一月には機関誌『民報』が創刊された。このニュースや東京からさまざまなルートで送りこまれる『民報』[21]やらが、人々を鼓舞し、日知会の改組を促進したにちがいない。改組直後に同盟会湖北分会の責任者として帰国した余誠も、やはりこのグループと協同して活動を進めた。ただ日知会自体は湖北の革命派人士の連絡センターとして機能できただけで、厳密な革命組織ではなかったため、革命派の人々はそれぞれに個人的なつながりや同郷関係によってさまざまの組織をつくり、独自の活動をおしすすめた。

漢川県出身の陸軍預備学校生梁耀漢《りようようかん》らは、私財を投じて「群学社」および「明新公学」を設立し、黄岡出身の熊子貞（十力）らは「黄岡軍学界講習社」をつくり、武昌の学校や軍隊に在籍する同県人を結集した。前出の同盟会員余誠らは日知会の外郭に「東游予備科」と「江漢公学」を設立し、学校教育を通じて革命を宣伝し、人材を養成しようとした。鍾祥出身の兵士彭養光らは「鍾祥学社」に「安郡公益社」を付設し、方言学堂の学生時功璧らは「教育図書社」を開いて革命宣伝物の輸入・販売にあたった。

運動は省城だけにかぎられなかった。張難先は沔陽《べんよう》の仙桃鎮で「集成学校」を経営し、呉貢三は黄岡城内に私塾を開き、別にまた「日新学社[22]」を組織していた。呉の外甥殷子衡は同県の団風鎮に同志たちと「坪江閲報館」をつくり、これを主管した。前出の梁耀漢は武昌での活動のために郷里で財政援助者を組織したが、同時に自家の宗祠内に閲報室を設け、宣伝・連絡に役立たせた。

当時、「学社」と称したのは公寓、つまり下宿屋、合宿所に類する施設だったという[23]。学生を寄宿させ、各地の進歩人士の往来に便宜を供与し、宣伝活動・組織活動の拠点とされたのである。学校もまた有力な拠点の一つであった。とくに革命派の直接経営するところでは、算術の授業に「揚州十日」「嘉定三屠」を題材にし、「一回にどれだけ虐殺したか。一日にどれだけ殺したか。三屠と十日で総計何人になるか」など、あらゆる機会をとらえて反満復仇を鼓吹していた[24]。

活動がこのように広範に展開すると、東京や上海からひそかに送られてくる宣伝資材だけでは間にあわなくなった。劉静庵、呉貢三、殷子衡、梁耀漢らは協議して「鳩訳書舎」を黄岡に設立し、自力で秘密出版することにした。直接、その衝にあたった殷子衡はつぎのように回憶している。

> 私が『六洲輿図』（彼は地理学を修め三年がかりで世界地図を刻板した——引用者、以下同）を上梓したあと、その職人を使って秘密の場所で革命反清の書籍を印刷させた。翻印したものもあり、私と同志たちとで編輯したものもあり、『徳占《ママ》遼東』『黒龍江』『警世鐘』『猛回頭』『破夢雷』『作新民』『孔孟心肝』や老同志張純一君（当時、聖公会付設の文華書院教師）に頼まれた彼自作の『軍歌』などを印刷した。本ができると、私は小蒸汽に乗って武昌高家巷の聖公会内の日知会に運び、劉静庵に渡した。劉静庵はさらに朱松坪（子龍）に渡して秘密裡に軍隊・学校両界に配布した。革命運動に同情的な人なら、われわれの印刷した本を読んで革命に参加しない人はひとりもいないほどであった。あるとき、私は人に革命書籍と伝単の包みを背負わせ、いっしょに村々にとどけてまわった。随時、清朝支配者がいかに専制的であるか、いかに残虐であるか、「揚州十日」「嘉定三屠」の故事を講釈してき

かせた。衆人の愛国心をかきたて革命工作に従事させようというのである。聴衆のなかに私を識る者がおり、「君、やりすぎじゃないか。首が飛ぶよ」と忠告したが、私はすぐにやり返した、「首を飛ばす資格がないんじゃないかと心配してる。ぼくら二重の奴隷の鎖に縛られて生きていて、なんの意味があるんだい。恥を忍んで生き永らえるよりは、堂々、清朝と一大決戦して死ぬほうがましじゃないか。」[25]

この大胆な革命宣伝行脚はけっして殷子衡の個人プレーではなかったらしい。この年（〇六年）夏期休暇で漢川に帰省した留日学生梁鍾漢（耀漢の兄、同盟会員）らも革命宣伝物を「分途散発して革命の進展を策動した」というから、はっきり組織的な計画をもった行動であった。[26] 武昌に運びこまれた宣伝物は、学校方面での頒布は比較的に容易であった（『孔孟心肝』など一人で三十部、五十部と買いこみ、級友に贈呈する学生もあった[27]）が、もちろん軍隊内では非常な困難に逢着した。「毎《つね》に夜間あるいは兵士出勤の時において、営中の同志により秘かに革命小冊子を各兵士の床《ベッド》に置く。更に同志を介紹して入営せしめ以て普及を求む」といった苦心を要したが、その成果は見るべきものがあった。「各兵士、毎毎《つね》に『猛回頭』『警世鐘』など諸書を読めば、すなわち奉じて至宝と為し、秘蔵して露わさざるも、思想言論、漸々に改良さる。時有りて退伍し散じて民間に至れば、すなわち用いて歌本と為し、遍く歌唱を行なう。其の効力の大なること言喩すべからず。[28]」郷村、民間と大きく反満革命の世論づくりが進んだのである。

もちろんこうした動きが官憲の注意を惹かぬはずはなかった。まず黄岡軍学界講習社にたいし、最初に弾圧の手が下された。この講習社は日曜ごとに講演会、集会を開いて民族・民権思想を鼓吹する一方、とくに軍隊中に十人一組の秘密組織を発展させ、『民報』『警世鐘』『猛回頭』『革命軍』『孔孟心肝』などの宣伝物を配布して成果をあげていたのであるが、一九〇六年旧暦四月、中心の熊十力は懸賞付きのお尋ね者として追われ、講習社も封閉されてしまった。[29]

もちろん革命派の人々も無警戒でいたわけではない。劉静庵らは講演会形式の革命宣伝が秘密の保持に不利であることを考慮し、日知会の改組後は講演会の回数を減らし、地下活動に重点を移していた[30]。ところが黄岡軍学界講習社への弾圧の直後、〇六年六月末（旧暦五月初）日知会は武昌を訪れたフランス武官オガール Ogar を歓迎して盛大な講演会を催した。彼は孫文から中国の革命状況視察の依頼をうけ、黄岡出身の日知会員で日本留学中に同盟会に加入した呉崑らを案内役に湖北に入ったのである。数百人が集まったこの歓迎会では主客こもごも公然と革命を論じて意気大いにあがったが、その一部始終は会場にまぎれこんだ密偵によって官憲の掌握するところとなった[31]。

湖北省当局は、日知会の背後にある聖公会を顧慮してただちには手をつけなかった。しかし同年末、湖南の萍郷《ひょうきょう》・醴陵《れいりょう》で礦山労働者を主体に革命蜂起が決行されるや、これに通謀した嫌疑で、一九〇七年一月から二月にかけ、日知会グループに弾圧を加えた。劉静庵、張難先、呉貢三、殷子衡、胡瑛、梁鍾漢ら九人が逮捕され、呉崑、孫武ら十数名が指名手配されて、湖北の革命運動は大打撃を受けた。

日知会の活動の特徴は、華興会、科学補習所の失敗に徴して会党との連絡をほとんど絶ち、もっぱら軍隊、学校両方面の知識人《インテリ》工作に力を注いだことにあったという[32]。だが、講演会を主要な宣伝媒体とした事実が示すように、ムード的な共鳴者が多く、ひとたび弾圧が強化されるとたちまち四散してしまった。将校中に多かった軍関係の会員は風向きが変るとすっかり息をひそめ、表面に名の出た者は始末書を提出（上書告白）して追及を免れたケースもあった[33]。あれほど盛んだった学社もほとんどがつぶれ、わずかに安群公益社（のちに新公益社と改称）のみがもちこたえて、獄中の同志の救援活動、省内外の連絡に重要な役割をはたし、一九〇八年以降の再高揚期につないでいったのである。

しかし、日本に留学し、あるいは亡命した革命青年によって、宣伝活動は依然として活潑であった。海軍留学生范《はん》騰霄《とうしょう》（日知会員）は、官の給費を割き『民報』を前後計四千部、五割引きで買いこみ、武昌の軍・学界に送りつけ、またみずからも『海軍』『革命軍』などという冊子数百部を作って送付した[34]。天門の人宋開先（日知会員）は、一九〇八年、留学を終え帰国するにあたって、大量の革命書報を携帯し、郷里の有志の青年に配布したばかりでなく、祭礼や芝居など人の集まることがあれば、百里の道も遠しとせずにこれにおもむき、群衆に革命を宣伝したという[35]。

こうした革命青年たちの直接・間接の影響下に革命宣伝物は広範に流布した。武昌の学堂では『民報』や『天討』が回覧され、上海出版の『国粋学報』『民呼報』などを定期購読する学生もあった。学堂当局も見て見ぬふり、あえてことを荒だてようとはしなかったという[36]。一九〇八年十月四日、武昌制台（総督）衙門の前に高々と懸けられた禁書告示の咆哮ぶりからも、その状況の一端をうかがうことができるであろう。

> 軍機処よりの函を准《う》けたるに開すらく、近ごろ聞くに南・中各省の書坊、報館に悖逆の各書を寄售《きしゅう》するもの有り、と。『支那革命運動』『革命軍』『新広東』『新湖南』『浙江潮』『併呑中国策』『自由書』『中国魂』『黄帝魂』『野蛮之精神』『二十世紀之怪物《ママ》』『帝国主義』『瓜分惨禍預言』『新民叢報』『熱血譚』『蕩虜叢書』『瀏陽二傑論』『新小説』『支那化成論』『広長舌』『最近之満洲』『新中国』『支那活歴史』等の如く種々の名目ありて人の聴聞を駭《おどろ》かす。喪心病狂、殊に痛恨に堪えず。若し其の肆行流布するに任《まか》せば、独《ひと》り我が世道人心を壊《こぼ》つのみならず、且つ恐るらくは環球太平の局も亦た将に隠《ひそ》かに其の害を受けん。此れ固《もと》より中法の容《ゆる》さざる所、抑そも亦た各国公法の許さざる所なり。務めて希《のぞ》むらくは各属に密飭《みっちょく》し、情形を体察して厳しく査察を行なわしめよ。但だ内地に銷售の路無く、士林に購閲の人無から使むれば、此等の狂言、日就《ひごと》に漸滅するに難からざらん、等の因あり。書坊、報館及び諸色人等に仰せて知悉せしめよ。自示之後《これよりのち》、倘《も》し敢えて再び前項の悖逆の各書を售《う》るものは、一たび査出を経《ふ》れば即《ただ》ちに飭提して厳辦せん。其の各学堂の諸生及び士民人等、務《かなら》ず各おの束身自愛し、購閲して咎戻《きゅうれい》に干《かか》わるを致すを得ず[37]。

光緒帝、西太后があいついで世を去ったのは、この告示の四十日後であった。武昌では学校側の引率で皇廟に参拝した学生が、しきたりどおりに哭《な》かないばかりか、かえって賑やかに騒ぎたてた。一般の住民も平常どおり婚嫁の慶事をおこない、反動官庁もその違制をとがめなかったという。[38] 清朝の威信はすでに地に堕ちており、禁書の告示もほとんど実効はなかったと思われる。

日知会事件も清朝にとって尻すぼみの結末となった。聖公会がアメリカ公使、領事を動かして圧力を加えたため、〇九年夏、劉静庵ら六人に無期から三年までの禁固刑が確定したものの、極刑は免れまいとされた当初の状況からすればはるかに軽く、なによりも獄内での処遇が一変してしまった。[39]

面会の制限は大幅にゆるめられ、獄外の同志たちは、彼らを訪ねては運動の進めかたについて協議し、監獄があたかも革命参謀部の観を呈した。[40] 武昌だけではない。出身地の漢川県獄に押送された梁鍾漢は、留学生で政治犯だということで知県に優遇され、夜間は外出も自由であった。彼が革命党だと聞き知った学生たちは話を聞きに大勢押しかけ、日曜には彼専用の獄舎が、あたかもクラブのようであったという。学生中に『新民叢報』の人気の高いことを識った梁鍾漢は、秘密裡に『民報』を持ちこみ、学生に読ませて立憲論の影響を払拭しようとした。獄中さえも革命宣伝の舞台となったのである。[41]

こうした情勢下に、日知会弾圧後、多くの小組織に分化し、沈滞していた新軍内の革命運動が、ふたたび盛りあがってきた。一九〇八年夏、一部の下士官・兵士たちは軍隊同盟会を結成し、これに協力した獄中の日知会員李亜東は、獄外の同志に『通俗白話報』を発刊させて革命宣伝の武器とした。[42] この組織は中心的活動家の転出で、まもなく実体を失い、『通俗白話報』も停刊するが、西太后の死後、安徽新軍の熊成基の蜂起に刺激され、同年十二月、本格的な革命組織、群治学社が結成された。

群治学社は「学問の研究、自治の提唱」を表向きの宗旨とした公然組織であったが、社員の新規加入は正社員三名以上の責任ある紹介を必要とし、しかも日知会弾圧の際の苦い教訓から将校の加入は原則として認めないという厳しさであった。社員は入社捐一元と月捐（月俸の一〇パーセント）を納入する義務があり、これらの納入金は革命資金として積み立てられた。

この組織がおこなった兵営内でのオルグ活動の態様については、中心面メンバーの一人だった李六如の自伝的小説『六十年的変遷』の一巻四章にくわしい。情勢に応じて重点を指示されておこなう口頭宣伝[43]と、ひそかにもちこんだ革命出版物の回覧とを結合させること以外に、それがうちだした新機軸は兵営外で発行する合法新聞と兵営内での宣伝活動とを結びつけることであった。

これよりさき、詹大悲《せんだいひ》ら一部の革命青年は宣伝の利器としての新聞に着目し、私財を投じて漢口の『商務日報』を買いとった。彼らは、上海で『競業旬報』（白話で革命を鼓吹した新聞、一九〇六年九月創刊）を出した経験のある湖南の蔣翊武《しょうよくぶ》、劉復基をも招き、ともに『商務日報』の経営にあたったが、資金不足に苦しんだ[44]。一九〇九年秋、このグループと群治学社とのあいだに直接の連絡がつき、李六如の提案で学社の積立金を融通するかわりに、新聞の旗幟をより鮮明にし、群治学社の機関紙的役割を担当させることになった。李六如によれば『商務日報』は発行所をイギリス租界に置いて清朝官憲の干渉を避け、詹大悲主筆、劉復基編集長のもと、時事ニュースを中心に愛国主義を鼓吹し、また新軍内のニュース（たとえば将校の汚職や部下にたいする不法行為など）をたえず記事に取りあげ、さらに新軍兵士には定価を割り引いて優待したため、軍隊内で多くの読者を獲得した。

群治学社はその創立宣言のなかで、中国は積弱無能のため台湾、朝鮮をあいついで失い、「危亡　眉睫に懸る」状態にある、いまこそ「睡獅の猛醒を促し、既倒の狂瀾を挽《ひ》く」ために「急起直追」することを同胞に訴えていた。こうした愛国主義がひと皮むけば排満主義に転ずることは明らかであったが、西太后没後、清朝政府が一時、従来の「高圧的手段を変じて軟化（懐柔）方法」に出たため、しばらくは権力側の弾圧を受けずにすんだ。「党人亦た此の機会を借り、措置裕如たり。所以《ゆえ》に群治学社成立し、一年と又た九ヵ月の長久の時間を経て未だ風浪を受けず、心を安んじて組織、宣伝、訓練の諸工作に従事するを得た」と張難先は述べている。(45)群治学社が新軍の革命化にはたした役割は大きかった。

しかし、一九一〇年春、この組織はにわかに官憲の注意を惹くことになり、夏には「群治」の名を「振武」と改め、活動をカモフラージュせざるをえなくなった。そのきっかけの一つは、清朝の売国的な鉄道政策に反対して急速に盛りあがった湖広鉄道借款反対運動のなかで、李六如、劉復基ら学社の幹部がイギリス租界警察に一時拘留され、『商務日報』が租界当局の圧迫で発行停止に追いこまれたことである。彼らは租界に逗留して借款実現を画策する湖南人の楊度を糾弾するために、他の湖南出身の軍人、学生多数を指導して押しかけたのであり、『商務日報』はこの事件をめぐって借款反対の論陣を張ったことが睨まれたのである。

いまひとつの契機は、同年四月、湖南長沙で大規模な米騒動（搶米風潮）が発生し、天下を震撼させた際、群治学社がこれに呼応した蜂起を計画し、ことが洩れて学社の名が表面に出てしまったことである。黄申薌《こうしんきょう》ら直接の関係者はいち早く逃れ、厳重な捜査にもかかわらず組織の暴露はまぬがれたが、いらい厳しい監視のもと、新軍内での活動は非常に困難になった。

八月、振武学社と改名して再発足したが、当局の追及はなお執拗で李六如ら数人の幹部がさまざまの口実で解任され、除隊させられた。当時すでに一兵士として新軍にもぐりこんでいた蔣翊武、劉復基らは、その後をうけて組織の再建にあたり、一九一一年一月三十日、宣統三年辛亥元旦、新たに文学社を発足させた。前年末（旧暦十一月）、詹大になった[46]。

悲らは『商務日報』の後継紙として『大江報』を創刊していたが、同報は当然に文学社の機関紙として機能すること

新聞の運用という点では、群治学社の経験を文学社はさらに発展させた。『大江報』は思いきった暴露記事で武漢の官庁の内幕をあばき、社論は激越な口調で貪官汚吏を「奴才」「走狗」と痛罵した。とりわけ新軍内の一切の不法、不正、汚職は詳細にとりあげ、記事にして叩いたため、将校、将官に恐れられ憎悪される一方、兵士たちに歓迎されて売れゆきも伸びた。合法新聞であるため公然と革命を鼓吹することはもちろんできなかったが、たとえば、漢口における英国水兵の中国人車夫殴殺事件を報道しては、「外人がかくも、われらを虐待するのと当局の腐敗無能とは不可分だ」と、とくに強調して暗に「革命排満」の意をふくませ、また黄花岡起義がおこるや、烈士の遺文、遺書を入手して単行本をつくり、付録として配布するなど、ぎりぎりの努力をした。

文学社は各営に『大江報』の分銷処（販売所）を置き、特約通信員を依嘱し、新軍兵士の関心と要求を汲みあげて紙面を構成した。社員の採訪したニュースや寄稿は可能なかぎり掲載する方針をとったため、一般の兵士もふくめて記事のもちこみや訴えが多く、大江報社は毎日賑わいをみせたという。新聞の売上げも大いに伸びたが、文学社員たちはさらに月々応分の寄付をしてその発行を支えたのである[47]。

文学社は「同志を聯合して文学を研究する」ことを表向きの看板とした。発足当初は入社捐一元、月捐一〇パーセントという群治学社以来の規定を継承したが、負担の重さが社員の増加を妨げているというので、三月、役員、幹部以外の一般社員にはこれを義務づけないこととし、組織の大衆化につとめた[48]。そのころ加入した兵士の回憶によれば、隊内に学術研究小組をつくり、各人百文から五百文くらい出しあって『大江報』、上海の『民立報』の購読、革命小冊子の購入にあて、また活動の費用ともした。夜の自習時間、雨天の教練中止の際、あるいは日曜午後の自由体育の

時間などを利用して集まり、リーダーの同志が軍事学（初級戦術、野外勤務、射撃教範、歩兵操典など）や算術、国文を講授してカムフラージュしつつ、おりをみては革命の大義を説いた。まず「揚州十日」「嘉定三屠」などの故事から説きおこし、さらに『猛回頭』などの要処を選んで講釈したあと、これらの小冊子を紹介して読ませ、継いで当面の時局を論じた。蔣翊武らのアジテーションは、人々を大いに発憤させたが、その大意はつぎのようであったという。

「満清政府の官吏は腐敗無能、国権を喪《うしな》い国を辱かしめ、人民を食いものにし、漢民族の山河を占拠している。」「わが鎮（師団）の各標（連隊）、各営（大隊）の旗籍（満州人）の将校、兵士はみな双糧双餉（二人前の給料）をとり、その他すべて漢人以上に待遇されているくせに、おれたち漢人のほうに二百余年の食毛践土の恩があるなどとぬかす。」「本標の第一営旗兵営をみてみろ。やつらはなにをやるにしても、人よりいちだん秀れることを求められる。おれらは種族革命を実行し、漢族を復興し、国を救い民を救う以外に方途《みち》はないのだ。(49)」

これはオルグされた側の回憶であるが、オルグした側のそれも一例あげてみよう。文学社の中核メンバーの一人、章裕昆はこう述べている。

当時、革命書籍はたくさんあったが、面倒を避けるためにたいていは口頭で宣伝した。宣伝の内容は「揚州十日」「嘉定三屠」のたぐいで、太平天国檄文にある「上国の衣冠を夷狄のもとに淪《しず》ましむるに忍びんや、中原の豪傑を相率いて我が河山を還《とりもど》さん」の句も、しょっちゅう引用したものだ。また、剃頭（床屋）の担子（担ぎ荷）の上の竹竿は、清朝が漢人に剃頭（薙髪）を強制したときのなごりなのだ、そのとき反抗する者はみな容赦なく殺した、竹竿はその漢人の首級を掛けるのに使ったのだ、とも説いた。(50)

こうした反清革命、種族復仇の鼓吹は、文学社の結成とほぼ同じころ、新軍にたいする本格的な組織工作を開始した共進会のばあいも同様だったと思われる。ただ文学社とことなり、会党の方式で組織づくりを進め、宣伝・説得も個別におこなわれたらしく、宣伝の方法や内容にふれた回憶は、この時期の共進会関係者にはほとんどみられない。

新軍内の共進会は群治学社中の湖北籍の社員を主体に、振武学社同人で文学社には加入しなかった者も参加して成立した[51]。日知会事件で日本に亡命し、共進会の結成に参加した孫武らは、帰国後、一九〇九年四月、武漢に秘密機関を開設して活動を開始し、新軍内では会員の黄申薌らを群治学社に加入させて密接な協力関係をうちたてた。一〇年四月、長沙の米騒動に呼応して群治学社が挙兵をはかったのも、共進会側の働きかけによったのである。しかし前述のごとく挙事は失敗し、孫武、黄申薌らは逃走をよぎなくされたが、それとともに新軍内革命派の湖南籍グループと湖北籍グループの連絡・疎通が円滑を欠く結果を招いた。約半年の空白の後、一〇年秋に共進会湖北分会が再発足し、辛亥正月以降は前述のように文学社とは別個に、むしろ競合する形で新軍内に組織を拡大していったのである[52]。

この二つの革命団体は、一一年五月ごろから連合のための協議を開始し、七月、合作が成立して共同の指導部をもつにいたる。もっとも下部では共進会員も『大江報』の発行・運用に積極的に協力し、実質上の合作はそれ以前にあったことも指摘しておかねばならない[53]。かくて武昌蜂起直前、文学社の社員は三千、共進会の会員は二千と号し、湖北新軍全体の三分の一を占めるにいたったという。群治学社、振武学社がせいぜい数百人の域を出なかったことに比すれば、急速な組織の発展であった[54]。この年春ごろから湖南、湖北の学堂では反満の意志表示として辮髪を切ることが流行し、学堂当局者を困惑させたが、武昌では軍直轄の学校はもちろん、新軍内ですら剪辮者が続出し、上官もこれを放置せざるをえない状況が出現した[55]。革命情勢は成熟しつつあった。

その背景におりから湖南、湖北、四川三省を中心に盛りあがった鉄道借款反対、国有化反対の運動があったことはいうまでもない。利権回収運動によって買いもどしたばかりの湖広鉄道敷設権を、ふたたび帝国主義列強に売り渡そうとする清朝政府の政策は、前任湖広総督・軍機大臣張之洞が最後まで（〇九年十月死去）抵抗していたと伝えられ、官僚、紳士の一部までまきこんだ阻止闘争をひきおこし、人々の清朝への幻想を払拭する役割をはたした。李六如の楊度糾弾事件が示すように、革命派は終始その反対運動の先頭に立ち、反清の気運促進に奮闘した。

漢口で開かれた湖北の上京請願代表選出のための集会では、超満員の会場の半数は制服の軍人で、議事の進行にも積極的役割をはたしたという。著名な立憲派人士、湖北諮議局議長の湯化龍ら四人が最終的に選ばれたが、注目されるのはそのさい新軍二十一混成協（旅団）統領黎元洪が代表に推され、しかも「人望の帰する所」最適任であるが、現職の統領という彼の立場を考慮するということで、最終的には大衆の合意により選出をさしひかえたという事実である。[56]これは革命派の黎元洪にたいする高い評価を示すものであり、おそらくこの集会のあと、一一年四月に文学社がその代表者会議（洪山秘密会議）で、挙事のさい黎元洪を臨時都督に推すことを申し合せていた、との証言[57]の信憑性を高めるものである。

同志でない黎元洪を、なぜ都督に推すのか、という当然の疑問にたいして、蔣翊武らの説明はこうであった。最適任者は呉禄貞だが任地が華北で急場の間に合わない、社員は兵士、下士官ばかりで将校はおらず、影響力に欠ける（不足以資号召）。黎元洪のネーム・ヴァリューは清朝を動揺させ、革命軍の声威を増すに足りるし、その人望は所属の湖北新軍を革命に付和させるに十分である。さらに彼はかねて行伍に身を投じた文人を愛護しており、しかもこれら文人はすべて革命党人なのだから、両者の合作は容易である。要するに清朝を打倒できさえすればよいのであって、革命に有利ならば、彼に都督の名義をやるくらい惜しむことはない。将来、呉禄貞が兵を率いて南下するのを待って正式の都督に推し、黎元洪には他のしかるべき地位をあたえればよいではないか。

この説明に当時の革命派の弱点が集中的に表現されている。獲得対象を下士官以下に限定するという、組織上のリゴリズムとはうらはらに漢人出身の官僚、将軍連にたいする手放しの幻想があった。すべてを反清に収斂させていくなかで、漢人の種族的一体感は逆に拡大し、鉄道国有化反対闘争の激化とともに、漢人支配階級のかなりの部分が清朝を見かぎり、とりわけ立憲派が積極的反対のポーズをとってみせると、革命派は革命の主導権を放棄し、みずから立憲派分子のために犬馬の労をとることすら辞さなかったのである。蜂起当日の指導の混乱のために、事前の構想がどれほど有効に機能しえたか疑わしい点もあるが、現実に武漢の革命政権が黎元洪、湯化龍らに簒奪される結果となったのは、けっして偶然ではなかった。

さて、鉄道問題について、もちろん『大江報』は清朝政府を批判し、闘争を鼓吹して連日の論陣を張った。たまたま七月（旧暦六月）の某日、「大乱は中国を救うの妙薬なり」と、正面から革命を煽動する論説を掲載して筆禍を招き、詹大悲編輯長らは逮捕・投獄され、新聞は発行禁止となった。[58] 革命派は有力な宣伝媒体を失ったが、革命情勢の成熟によって革命派は新聞の再刊よりも具体的な蜂起の準備に没頭せねばならなかった。[59] 打倒目標を清朝・満州政府にしぼるかぎり、ここ武漢三鎮では、もはや宣伝の時期ではなかったのである。

二　革命宣伝の諸形態

いうまでもないが、辛亥革命において最大の革命宣伝は、前仆後起の武装蜂起やテロ事件など革命行動そのものであった。[60] たとえば一九〇五年九月、革命家呉樾《ごえつ》が憲政考察を称して海外に出張する五大臣を北京駅頭に要《まちぶせ》し、爆弾を投ぜんとして犠牲になった事件は内外を震撼させた。山西出身の同盟会員景梅九は、かつて京師大学堂在学中、『蘇報』によって『革命軍』の主張を知り非常な衝撃を受けた。「この驚天動地の文章によって（『明末遺史』や『揚州十日記』に触発された）従来の復讐の念が煽り立てられた。これこそ中華革命の第一声で、疾雷耳を蓋うにおよばずといった調子だった。一時に賛成者がふえ、沸き立ち、世評は日一日と高まり広がった」と、当時を回顧しているが、その景梅九が呉樾の事件について「これはもともと中国ではじめてのことであり、鄒容の『革命軍』の力よりもまだ大きかった」と述べているのである。(61)

しかし、呉樾自身も保定高等師範学堂在学中、『革命軍』など革命宣伝書籍によって蒙を啓かれ、思想を転換させられた人物であった。彼はその遺書「暗殺時代」（『天討』所収）の自序でこう述べている。

逾年《ゆねん》（一九〇二壬寅——引用者、以下同）、同郷某君の勧めに因り、学堂に考入して肄業《いぎょう》す。是に於て出身を得、教習に派せられんとの思想、時に胸中に往来す。豈に復た朝廷の異族たりて此の身日々奴隷の叢中に在るを知らんや。又逾年（一九〇三癸卯）の秋、友人某君、予に『革命軍』一書を授く。三読して置かず。適《たま》たま是の時奉天佔《せん》せられ、各報警を伝う。時に至って国家危亡の邇《ちか》きに在るを知り、昔の（功名・科業を慕った）卑汚の思想を挙げて一変しこれを新たにしたり。然れども朝廷の異族たると否とに於ては仍《な》お意念の中に在らざりき。逾時、某君予に仮すに『清議報』を以てす。閲して未だ編を終えざるに作者の主義は即ち化して我が主義と為れり。日々立憲を言い、日々立憲を望み、人に向って則ち西后の誤国、今皇の聖明を曰《い》い、人の康・梁を非《そし》る者有れば則ちこれを排斥せり。即ち自ら問い亦た信ずらく、梁氏の説の我を彼岸に登らしめたりと。又逾時、『中国白話報』『警鐘報』『自由血』『孫逸仙』『新広東』『新湖南』『広長舌』『攘書』『警世鐘』『近世中国秘史』『黄帝魂』等の書を閲するを得、是に於て思想又た一変し、主義これに随う。乃ち知る、前次梁氏の説、幾《ほとん》ど我を誤たしめんとせしを。

当時南方にくらべて保守性が強く、官憲の眼も厳しかった北方で、しかも清朝のおひざもとの保定で、意外に多種類の革命出版物の入手が可能だったことがわかる。呉樾は科学補習所員王漢が戸部侍郎鉄良を狙撃せんとして失敗、自尽した事件に触発され、清朝の重臣を暗殺して全国の民気を「鼓動」せんものと、友人の革命家趙声の斡旋で爆弾を入手したという。彼には革命的情勢の成熟以前は暗殺が有効な闘争形態である、「暗殺は個人と雖ども為す可し、革命は群力に非ざれば即ち効あらず」との認識があった。だから一方では課余に旅保両江小学で教員として奉仕したり、みずから『直隷白話報』を創刊したり、「群力」を喚起するための革命的啓蒙活動にも熱心だったのである。[62]

さて、呉樾たちが入手した革命出版物は、どのような経路でもちこまれたのであろうか。

呉樾就義の翌年、保定の中学に入学し、同盟会員の教師からひそかに『民報』などを貸与され、のちみずからも同盟会に加入した劉仙洲の回憶によれば、革命書籍は留日学生が帰国のさい持ち帰ったもののほかに、二つのルートで日本から送られていた。一つは保定の長老派教会宛に郵送させ、教会の中国人長老（同盟会員）の手を通じて受けとるもの、いま一つはある日本人経営の洋行が商品として日本で仕入れてくるものであった。[63]

当時、革命宣伝物の安定した供給基地は日本、上海、香港であった。中国内地での非合法出版としては前出の湖北のほかに、長沙、廈門《アモイ》などに例があったが[64]、いずれも、一時的、局地的なものにとどまった。革命派は東京、上海の両地、とくに東京（政治的条件のみならず印刷技術でも差があったため）からの持ちこみ、郵送のために、懸命の努力と工夫を重ねたのである。

上海方面――さらに揚子江中流域――への搬入は比較的容易であった。厳しい取締りのために、ことに工夫を必要としたのは天津方面で、前述のように教会を利用したり、日本人の洋行を利用したりもしたのであるが、ときには満州人の留学生の荷物にまぎれこませたり、革命出版物を学術書のように装幀替えしたりなどの苦心もあった。[65]いったん上海に持ちこみ、さらに華北に送るケースもあり、たとえば通州のミッション・スクール協和書院の革命的教師・

学生は、上海の友人に依頼し、広学会書局の名義で禁書を郵送させたという。清朝の官憲は、米人牧師T・リチャードの創設にかかる同書局の郵便物にはあえて手を触れようとしなかったからである[66]。

内地には革命派の努力で禁制の書籍、雑誌をあつかう書店も設けられた。『蘇報』事件前後、上海では「野鶏大王」と異名をとった徐敬吾が繁華街で公然と革命書籍を販売して有名であったが[67]、広西の桂林、雲南の箇旧、貴州の貴陽・南寧などにも、文具雑貨店、書局、書画社、商行などふつうの看板をかけて営業しながら、裏口では革命出版物の輸入、販売にあたり、かねて革命派の連絡に資するという機関があった。もちろんその活動の真相を秘匿するためには、顧客の選別、紹介状による販売など細心の注意がはらわれた[68]。こうした機関は西南諸省にかぎらず、天津、長沙、開封、西安、山西運城、四川大竹などにもその例があり、およそ革命派の活動した地方では、随時、随地に開設されたにちがいない[69]。湖北の関係では前出の昌明公司、教育図書社[70]等がそれであった。

かくて人々の手に渡った革命宣伝物は、はげしい感動と共感をもって迎えられ、人から人へ、手から手へと回覧されて影響の輪を拡げていった。『革命軍』を手わけして筆写したり、『民報』を枕の中に縫いこんで帰省し、故郷の友人に提供したりした例もある（胡適『四十自述』）。そしてその中心の舞台となったのが学校であった（兵営のなかに系統的に宣伝物がもちこまれた湖北新軍はむしろ例外に属する[71]）。一九〇四年に福建武備学堂に入学した何遂《かすい》は、こう述べている[72]。

福建には武備学堂のほか省立の高等学堂があり、林覚民、方声洞、林之濡らが在学していた。また侯官小学も革命の策源地で陳与燊《ちんよしん》、陳更新がそこの学生であった。私は武備学堂に入ってまもなく、これらの人々と識りあった。そのころ革命書籍がたくさん出版され、革命派と保皇派の闘争も日ごとに尖鋭化していた。私たちは国外の孫中山先生とは直接のつながりはなかったけれども、みなその系統に属するものと自任していた。私たちがいつも革命書籍、雑誌を交換しあったのもこのころで、私は鄒容の『革命軍』や明末の史乗四種で編集された『陸沈叢書』（『揚州十日記』『嘉定三屠記《ママ》』等を含む）を読んだ。灯下で『揚州十日記』を読んだときなど、思わず机につっ伏して慟哭してしまい、反満革命の意志をいっそう固めたものだった。私たちは自分が読むだけでなく人にも強制して読ませた。あるときはこれらの書物を学友のベッドの下に入れ、大っぴらに「君は漢人だろ。なら読めよ。読まぬとぶんなぐるぞ」と迫ったりした。総隊長、区隊長（許崇智などいずれも日本士官学校卒業生）はこれを聞きつけても、あえて放置していた。ときに彼らが宿舎の点検にくると、私は本箱の前に立って不動の姿勢をとった。彼らはそのなかに問題のあることを百も承知で、しかも看すごしていった。

軍直轄の学校ですらこの調子だったから、(73)普通の学校のばあいはいうまでもなかった。革命派も黄興における明徳学堂、秋瑾における大通師範学堂のごとく、当初から学校を宣伝・組織の拠点として重視し、同盟会員や革命的知識人の多くが進んで教職に就いたり、みずから学校・私塾を設立・経営して革命的人材の育成につとめ、また活動の本拠として運用したことは湖北のばあいと同様であった。上海の中国公学、蕪湖の安徽公学などはその尤なるものといえる。(74)

その枚挙にいとまのない実例のなかから一、二をあげるとすれば、たとえば四川叙永の永寧中学堂である。ここには一九〇六年の設立と同時に同盟会員楊庶堪と何楚が招かれて赴任した。彼らはいつも学生自習室に出かけて学生と雑談するなかで、意識的に学生が国内外の情勢を識り、清朝の腐敗無能、喪権辱国に憤激するよう啓発につとめた。また志気ある学生たちには、ひそかに革命的文献、鄒容の『革命軍』（楊庶堪は重慶の人で鄒容とは親交があった）、章炳麟の『訄書《きゅうしょ》』、同盟会の『民報』『天討』などを読ませ、旧書では『水滸伝』、鄭所南の『心史』、顧炎武、王船山、黄宗羲などを読むよう提唱したという。書院で旧学の基礎をたたきこまれていた当時の学生たちは、民族の大義を説か

れると眼のうろこが落ちたように闘志を燃えたたせ、短期間に革命の陣列に加わるようになったのである。(75)

清朝官憲の眼がきびしく光る保定でも、一九〇八年、革命青年の育成と同盟会員の連絡・会合場所の確保を兼ねて育徳中学が創立された。革命派の教師・学生たちは、自校のみならず他校の学生にも革命思想を宣伝し、これを同盟会の外郭に組織しようと努力した。前出の劉仙洲はこう回憶している。(76)

当時の宣伝方法として、人から人へ直接に連絡をつける以外に、よく使ったのは革命書報に載る良い文章を油印して郵送するというやり方だった。ただし、差出人が誰か、どこの学校かは書かないのである。送りつける対象者は、多くは事前に調査済みの各校の成績が良くて思想も進歩的な学生であった。油印した内容は『民報』から採ったのが比較的多く、ときには当時、上海で出版されていた『国粋学報』からも民族思想をもった文章を選んだ。これらの油印物を送りつけたあと、各校にいる少数の同盟会員を通じて相手の反応をしらべ、連絡をつけるうえでの参考にしたのである。かくして、われわれは各校（育徳中学、高等師範、高等農業、法律学堂、盲唖学堂、陸軍学堂、姚村《ようそん》陸軍小学――引用者）の比較的進歩的な学生を一つに結びつけた。少数の条件の整った者は紹介して中国同盟会に加入させたが、大多数の者には暫時ことを伏せておいた。しかし清朝に反抗し、革命を推進するのは共同の目標だったのである。組織の名称としては最初「実行会」を用いたが、辛亥の前年の冬、保定高等農業学堂の学生数人が加入すると「共和会」に改め、また「天賦人権」という図章（印鑑）をつくった。

もちろん学校のすべて、教師のすべてが革命的だったわけではない。全体としては旧体制下での保身に汲々とし、革命思想の影響から学生を隔離すべく必死に努めた学校、教師のほうがはるかに多かったことはいうまでもなかろう。だが、その努力は往々にして逆効果をもたらした。高一涵《こういつかん》は安徽六安の中学を卒業し、安慶の高等学堂に進んだのであるが、かねて眼をかけてくれていた中学の監督（校長）から、注意を受けたという。彼は自分の体験をこう語って

いる。(77)

私が六安県政府から選抜されて安徽高等学堂を受験するとき、彼（監督喩某）ははなむけのことばのなかで「君の将来は非常に有望である。ただ、けっして革命党と往来してはいかん、けっして『民報』を読んではならん」と言った。彼が『民報』をさぞ恐ろしいもののように言ったことが、かえって私の好奇心を引きおこし、安慶に着くとすぐなんとかして『民報』を手に入れようとしたが、見つからなかった。その後、霍丘《かくきゅう》の革命の先輩徐迂亭に『民報』をさがしている話をすると、大きな声で言うなとたしなめられた。ある日、彼は旅館の部屋の地板《ゆかいた》の下に蔵してあった一冊の『民報』を私に読ませてくれた。それまで私は梁啓超主編の『新民叢報』や『中国魂』の類の出版物を愛読していたが、『民報』を読んではじめて、国家が弱いのは「政府が悪劣」だからであって、「国民が悪劣」だからではないこと、共和を樹立すべきで専制を維持してはならないこと、種族革命と政治革命は同時に推進しなければならず、種族革命はけっして政治革命の妨げにならぬことを認識した。『民報』が革命思想を宣伝するうえで、大きな成果をあげていたことがわかる。

保皇党（立憲派）と上層、中層の知識分子を争奪してまず『新民叢報』と大論戦を展開した『民報』としては、その期待どおりの効果をあげたわけである。しかし同盟会の公然たる機関誌として官憲の追及も他の禁書類とは比較にならぬほどきびしく、その取扱いに細心の注意を払っていたことが知られる。その点でも大衆化に困難だっただけでなく、内容も高度にすぎた。とくに一九〇六年、章炳麟が主筆となって以来そうであったことは周知のとおりで(78)、革命派として一般的、大衆的な宣伝には別の工夫をこらさねばならなかった。

合法性の活用という点で広く普及した形態は、新聞、雑誌、新書を備えて一般の利用に供する「閲報社」であった。武昌の日知会ももともと聖公会付設の閲報室の呼称であったことは前章で述べたとおりである。

広西南寧には前述のように『民報』『黄帝魂』『革命軍』『警世鐘』等の革命出版物を蔵匿・販売する恆益商行という商店（店主は同盟会員）があったが、同盟会員を中核とする革命派は、一九〇六年ごろから別に南寧閲報社を邕北《ようほく》鉄路局邕局弁事処内に設けていた。おりからの利権回収風潮のなかで、フランス鉄道利権要求に抗議し、広西人の手で招股自弁すべく設立された鉄路局弁事処であったが、革命派はあわせて「人民の知識を開通する」という名目で、上海の『神州日報』『時報』、シンガポールの『中興日報』、香港の『中国日報』『商報』、ラングーンの『光華日報』および当時の進歩的な雑誌、刊行物を購入し、各界人士の閲覧に供することにしたのである。目的は反帝国主義、反清朝の宣伝にあったが、とくに学生界にあたえた影響は大きかった、という。(79)

『警鐘日報』一九〇四年十二月十二日号の記事によると、浙江呉興の埭渓鎮《たいけいちん》は風気の開けぬところで、新聞、雑誌を購読する者はまれであった。そこへ〇四年春、「人演書社」が組織され、もっぱら新書、新報を購置して借覧させるようになり、いらい半載、いまでは見られぬ新聞はほとんどないようになったという。その記事によれば、書社が購入する新聞、雑誌は次の各種であった。『杭州白話報』一部、『中国白話報』二部、『寧波白話報』一部、『紹興白話報』一部、『福建白話報』一部、『安徽白話報』二部、『江蘇白話報』二部、『新白話報』一部、『青年愛』二部、『南潯通俗報』一部、『絵図西学白話報』一部、『東京白話報』二部、『初学白話報』一部、『繡像小説』一部、『新新小説』二部、『浙江潮』一部、『江蘇』一部、『漢声』一部、『游学訳編』一部、『政法学報』一部、『覚民報』一部、『揚子江』一部、『(二十世紀?)大舞台』一部。(80)

この人演書社は、管見のかぎりでは他の史料や回想録のたぐいに登場していない。それだけ閲報社の原型にちかいものと、逆に言えるかもしれない。新聞や雑誌の普及度が低く、したがってその価格も相対的に高かった当時、革命派がこうした閲報所を、その一般的な宣伝啓蒙活動の拠点としたことは当然であった。

一九〇二、三年ごろ、朱執信は胡漢民、汪精衛らと広州に「群智社」をつくり、共同で資金を集めて「新学書報を購閲した」し、(81)〇四年、南昌の武備学堂、測絵学堂、陸軍小学、義務女校などの進歩的教師、学生は「学術を研究し知識を交換する」ためと称して実は反清反帝の革命組織である「易知社」を結成した。社員は六十余人、各人毎月官銭四百文の会費を払って各種の「書報雑誌」を購備し、社員の閲覧に供したのである。同じころ、浙東で文言、白話の革命書籍多数を搬入、運用して会党員の思想「開導」にとりくんでいた陶成章らは、他方で人の多く集まるところをねらっては『国民報』『国民日日報』や『警鐘日報』など、革命派の新聞を送りつけた。その購読料は彼ら自身が負担したというが、こうした努力も埭渓鎮のような閲報所つくりの呼び水になったことは十分想像できる。(82)

〇六年春、九江から武昌に出て日知会での劉静庵の講演を聴き、大いに感動した牧師胡某は、九江の紳商に資金を出させて「開化閲書報室」を開設し、各種の「新書新報」を買いととのえただけでなく、劉静庵から「革命書籍」を仕入れてひそかに配布した。九江の軍・学両界および紳商有志、海関職員に「書報の益を受けて秘かに革命を謀る者、亦た日に多く」、その影響は南昌にまでおよんだという。(83)

湖北の「武庫」「坪江閲報館」などは前章でふれたが、他にも福州の「下渡文明社」、廈門の「閩南《びんなん》閲報社」、合肥の「我們的学会」付設の閲報館、さらには香港の「民生書報社」、澳門の「濠鏡閲書報社」など、革命派が学校と閲報社を活動の車の両輪とした例は乏しくない。安慶で、〇二年、陳独秀が資金を集めて図書を購入し、「蔵書楼」（図書館）を開設しているのも、形を変えた閲報社と言うことができようし、長沙に禹之謨《うしぼ》が設立した毛巾廠には、常時、最新の反満書報が各種、何部もとり揃えられており、土曜の午後や日曜に付近の湖南高等学堂の学生たちが閲覧にきた、というのも実質上の閲報社であったといえる。(84)

宣伝の大衆性という点では、つとに陳天華が『警世鐘』『猛回頭』に説唱体を採用して大きな成功をおさめたことは前章で紹介したとおりである。秋瑾も一九〇四年、東京で『白話報』の発行に参与し、一九〇七年、上海で主宰した『中国女報』には、みずから白話のアッピール「敬《つつし》んで姉妹們《ら》に告《うつた》える」を執筆しており、さらに殉難のさいには未完の弾詞『精衛石』を遺して、宣伝の大衆化に腐心していたことを示している(85)。

『猛回頭』などは、たんに冊子として運用されたばかりでなく、実際に公開の場所で講釈されさえした。四川の会党の首領佘英《しゃえい》（同盟会員）は、つねに茶楼、酒館で『警世鐘』『猛回頭』を「宣読」していたし(86)、一九〇六年夏には、浙江金華で龍華会員曹阿狗が各処で『猛回頭』を口演した廉で処刑されている。後者のばあい「逆書『猛回頭』を厳禁し、閲者は殺して赦《ゆる》さず」と、曹阿狗を例に告示したところ、かえって評判になり、多くの人がつてをたどって上海方面から『猛回頭』を買い求めたという(87)。

前後して浙江では『新山歌』事件がおこった。「清朝政府の腐敗ぶりを暴露し、外禍の日に亟《せま》るを説き、救亡図存のため大衆に決起を呼びかける」内容を、同地方の民謡「山歌」の形式にもりこんだ小冊子が『新山歌』で、会党の一派、祖宗教の首領敖嘉熊《ごうかゆう》らの編著にかかるものであった。敖の友人陳乃新《ちんだいしん》（夢熊）は、自分の主宰する学校でこれを課本に用いていたが、一九〇六年八月、楽清県城で予備立憲の慶祝会が開かれたさい、陳に引率されてこれに参加した教員、生徒が全員で『新山歌』を唱う、ということがあった。これが発端で『新山歌』事件がもちあがり、陳は歌本を焼却して証拠を湮滅したうえ、日本に亡命するが、碩儒孫詒譲《そんいじょう》らの運動と弾圧の采配をとっていた満州人の布政使の転出とで、ことはうやむやのままに終ったのである(88)。

こうした独立した冊子のほかに、革命派は白話の新聞、雑誌を発行することに熱心であった。前出の埭渓・人演書社の購入「書報」二十三種中、『……白話報』と称するものが十一種を占めている事実もこれを裏書きしている。また実際には白話を用いながら、それと名乗らぬものも少なくなかったと思われ、蔣翊武、劉復基が一時関与していたという『競業旬報』もその一つである。しかも、比較的短命のものが多かった白話報のなかで、一九〇六年九月の第一号から一時期の中断をはさんで、〇九年まで計四十号を重ね、もっとも長期に持続した白話報だったのである。

これは上海の革命的教育機関、中国公学の学生たちがつくっていた「競業学会」の発行にかかるもので、陳独秀ら安徽公学関係者が『安徽俗話報』[89]（〇四年一月創刊、〇五年秋、報道が帝国主義の忌諱にふれ封閉）を発行したのと好対照をなす。『競業旬報』の常連の寄稿者であり、二十四号以降は編集者でもあった胡適によれば、旬報の主張は㈠教育の振興、㈡民心の作興、㈢社会の改良、㈣自治の主張の四条であったが、「その実、これらはみなうわべの話で、内心は革命を鼓吹したいのであった。彼らの意志は『小学校の若い国民に宣伝』したかったので、それで白話文を使うことにきめた」のだという[90]。これは白話報の発行にあたった革命派人士の多くに共通する動機だったにちがいない。

しかし、民衆に字を識る者の少ない当時に、いくら白話を用いても文字にたよる宣伝では限界がある。民衆の日ごろ親しむ演劇を通じて啓蒙・宣伝し、革命思想を注入しようという着想も、ごく自然に生れたにちがいない。

一九〇四年、「粤劇《えつげき》を改良し革命を宣伝する」ことを宗旨に、「采南歌」戯班が香港で結成された。この劇団が経済的破綻から二年たらずで解散したあと、香港のジャーナリスト（各報記者）有志は、澳門に「優天社」を結成し、舞台上での「現身説法」に乗りだしたが、この運動はやがて専門の劇団「優天影」——広東人はこれを旧来の戯班と区別して「志士班」と呼んだ——に継承され、発展した。一九〇八年、「優天影」社は解散し、一部の社員は新たに広州に「振天声」劇団を創立する。

これらの劇団は「地府革命」「文天祥殉国」「黒獄紅蓮」など、迷信、悪習（アヘン、賭博）に反対し、時政を諷刺し、反清の民族意識を喚起する多くの劇本を上演し、人々に歓迎された。ことに「振天声」は「剃頭痛」と題する歴史喜劇で大胆に清朝の政策を嘲笑し、官憲の干渉を招いたが、「当日、民気日に強きを以って清吏畏憚する所あり」、民衆に守られてことなきをえた。その人気に煽られ、旧式の戯班にも「岳飛報国仇」など愛国新劇を上演するものが現われ、広州、香港、澳門などでも革命派人士が「現身説法社」「移風社」「現身説法台」など新劇団を結成したという。

「振天声」は発足後数ヵ月、光緒帝、西太后の死去にともない、服喪のため公演が禁止されると、南洋各地を巡業した。華僑のあいだで公然と革命を宣伝し、シンガポールでは孫文に接見されるという派手な活動が保皇会によって公表され、帰国後の活動は不可能となったため解散を宣言し、「振南天」劇団と改称したが、その後は振わなかった。一九一〇年、一部の関係者は別に「振天声白話劇社」を結成、広東にはじめて背景・舞台装置付きの「話劇」を導入したが、革命運動との具体的な結合は、しだいに弱まっていったようである。(91)

これにたいし、広東東江地方での革命実践のなかから生れて広州、香港に進出し、一〇年の広州新軍の蜂起、一一年の黄花岡の役に重要な役割をあたえられたのが、「醒天夢」劇団であった。東莞《とうかん》師範の卒業生黄侠毅らは、禁書、禁報を愛読して革命を志し、社会事件にことよせて演説したり、『東莞旬刊』を発行したり、織染伝習所を開いて養成工を集めたり、アヘン勧戒を題目に政治の腐敗を衝き、間接に排満思想を煽ったりしていたが、やがて劇団を結成して革命を宣伝することになった。新劇の人気に支えられ、東江地方から広州へ進出し、一九〇九年夏には香港で公演、『中国日報』社長馮自由と連絡をつけて、主要メンバー十数人が同盟会に加入したのである。彼らの新規加入と巨額の献金が、沈滞していた香港の革命運動に活を入れ、同盟会南方支部結成の推進力となった、とは馮自由の述懐である。(92)

演劇が劇場公演という形態をとる以上、そしていわゆる文化工作隊式の軽演劇は、辛亥革命運動ではついに活用されなかったのであるが、革命的演劇運動の発展のためには、民衆の意識が比較的高く、しかも敵権力の干渉が比較的弱い、という根拠地が必要であった。その一つが前述のように香港、広東であり、いま一つは当然に上海であった。

ここでは一九〇〇年前後から、学校演劇で時事的なテーマがとりあげられることがあったが、〇五年から〇七年にかけて、俳優汪優遊兄弟が「文友会」を結成し、「捉拿安得海」「江西教案」などを上演した。これは旧劇の形式によったものであるが、〇七年、留日学生の演劇団体「春柳社」が東京で新派劇「黒奴籲天録《やくてん》」（アンクル・トムス・ケビン）を上演して成功したのに刺激され、王鐘声らは「春陽社」をつくり、第一回公演に同じ「黒奴籲天録」をとりあげた。新派風のこの上演が中国における「話劇」の最初だとされている。

「春柳社」が芸術至上主義的傾向から政治とむしろ一線を画したのにたいし、王鐘声らは演劇運動と当時の革命闘争とを緊密に結びつけた。「中国が富強ならんとすれば革命が必要である。革命は宣伝にたよる。宣伝の方法は一に新聞・雑誌、二に改良戯劇である」というのが王の主張だった。(93)

彼は帰国留日学生の任天知、劉藝舟（同盟会員）らとともに、「春陽会」で「迦茵小伝」「秋瑾」「徐錫麟」「官場現形記」などを上演した。「旧劇の舞台で反映されるのは歴史上の事件であり、表演されるのは歴史上の人物である。新劇が反映するのは現代の生活、現代の人物であり、新しい演劇形式をもって人民の身近な社会問題、人民自身がいちばんよく識っており、いちばん深刻に体験している社会生活を表現する。新劇が出現すると広範な民衆の歓迎を受けたのは当然であった」と欧陽予倩は述べている。(94) 新派風のこうした「話劇」には、まもなく「文明新戯」という呼び名が定着する。

一九〇九年、王鐘声、劉藝舟らは北方に招かれ、北京、天津で公演した。新派の前身、壮士芝居の自覚的継承者だった任天知は、一〇年、中国最初の新劇の職業劇団「進化団」（文友社、春陽社はいずれもアマチュア劇団）を組織し、蕪湖、寧波、揚州、南京、漢口などを巡業し、官憲の圧迫をはねかえし、人々の歓迎を受けた。辛亥前夜、蕪湖の一部の進歩人士は「迪智群」という話劇団を結成し、同盟会と連繫しつつ「革命倒清」を宣伝したというが、(95)あるいは「進化団」の公演に刺激されたのかもしれない。一一年、王鐘声は革命党の嫌疑を受け、北京での公演中に逮捕、上海に押回された。劉藝舟は別に劇団を組んで遼東を巡業して革命宣伝につとめた。瀋陽《しんよう》では現地の革命組織の資金カンパに協力し、とくに地元の一同盟会員の創作にかかる戯曲「潘公投海」を上演したりもした。(96)そして、一日、武昌蜂起の消息をつかむや、「進化団」も、王鐘声も、劉芸舟の一座も、演劇活動を放棄して革命の実践に突入していったのである。(97)

詩文、小説も革命宣伝のために動員された。『民報』をはじめ革命派の刊行した雑誌、新聞では詩文が専欄を飾り、あるいは余白を埋めてかなりのスペースを占めていたし、章回体の小説がほとんど例外なく連載されていた。(98)烈士の遺文、遺詩は人々に愛唱され、陳天華の『猛回頭』の冒頭の詩「大地　沈淪して幾百秋、烽煙滾滾《こんこん》　血は　横《ほしいまま》に流る、心を傷めつつ細かに数う当時の事、同種の何人《なんびと》ぞ恥仇を雪《すす》ぐものは」や秋瑾の遺句「秋風秋雨　人を愁殺す」などは、とくに人口に膾炙《かいしゃ》した。(99)

さらに人々を鼓舞したのは、民族革命の先駆太平天国の、とりわけ翼王石達開の詩文であった。石達開の檄文中の句と伝えられる「上国の衣冠を夷狄のもとに淪ましむるに忍びんや、中原の豪傑を相率いて我が河山を還さん」が、兵士をオルグするさいの殺し文句として用いられていたことは前節で紹介したが、(100)一九〇六年には上海で残山剰水楼主人篇『石達開遺詩』が刊行された。この間の事情を柳亜子はこう述べている。(101)

残山剰水楼刊本『石達開遺詩』共に二十五首、「曾国藩に答う五首」の梁任公『飲冰室詩話』に見ゆるより外、余《た》の二十首は悉く亡友高天梅の手筆に出づ。時は民国紀元前六年、同じく滬上《こじょう》の健行公学に講授しありしに、天梅、余《よ》が為めに言えらく、将に翼王詩の贋鼎を撰し、民気を激発するの用に供せんとす、と。遂に一夕の力を以てこれを成し、並びに叙・跋諸文に及ぶ。信《まこと》に奇事なり。封面題字も亦た天梅の書く所、当時《ただち》に醵金して千冊を印し、四方に流布す。読む者咸《み》な感動せり。是において『無生詩話』『説元室述文』『太平天国野史』競うてあい転載し、盧前輯『石達開詩鈔』、羅邕《らよう》、沈祖基輯『太平天国詩文鈔』亦たこれに拠る。異なる哉。

柳亜子は陳去病《ちんきよへい》とともに一九〇六年、詩文主体の革命雑誌『復報』を上海で発行し、高天梅（旭）は〇九年、柳・陳両友とともに革命的詩社「南社」を上海に結成、「文学を以て民族革命を鼓吹せん」とした人物である。革命派詩人の偽作の詩が思惑以上の効果を発揮したのであるが、高天梅自身はほんものと信じて収録した「曾国藩に答う五首」も、「鞭を揚げ慷慨して中原に莅《のぞ》む」の一句ではじまる有名な七律をふくめて、おそらく梁啓超の偽作であることは、羅爾綱の精細な考証がある。[102]

その他、異色の宣伝活動のいくつかをあげると、宣統年間、香港・澳門間の定期客船内では、同盟会に加入した売薬（成薬）の宣伝販売員たちが、民族革命を鼓吹し保皇論をこきおろし、男女の平等、結婚の自由を説き、迷信反対、纏足反対を提唱して、大いに乗客たちの喝采を博していた。彼らの「出色の通俗宣伝によって、同盟会の革命主張は香港・澳門の各階層に日々に浸透していった」という。[103]

また、山東の革命家で青島震旦公学の創立者劉冠三は、三年の日時を費して華北五省三百余県の城鎮郷村を周歴し、私塾を訪ねては革命を宣伝した。広く同志と連絡して運動を進めねば革命の早期の勝利は望めないと考えた彼は、「遊学」（文人の高等乞食的な行為）をよそおい、『論語』『孟子』『三字経』『百家姓』『千字文』や筆墨の類を積んだ一輪車を推して、本を売り糊口の資を得つつ、革命の必要と道理を説いて歩いたのである。山東、河南、山西、察哈爾《チヤハル》、河北と連絡をつけた志士は千数百人にのぼった。[104]中露関係に着目し、東三省で活動した蒋大同も「販書」を表向きの生業としたが、このばあいは各地で「各種の革命救国の書報を推銷」しており、[105]劉冠三とは用心を異にした。

さらに、山西大同では、おそらく華中、華南と異なる条件のきびしさから、同盟会員が出家して和尚となり、毎日、木魚を敲いて経をあげてまわりながら、ひそかに革命宣伝活動をおこなった例がある。その同志たちも、ある者は拳術の指南として、ある者は売薬人として活動をカムフラージュしつつ工作すること三年、ついに一九一〇年、同盟会大同支部が和尚の住持する呂祖廟に成立したのである。(106)

最後に南洋華僑の本国にたいする宣伝活動をも紹介しなければならない。前出の南寧閲報社の購入・常備の新聞のなかに、シンガポールの『中興日報』(〇七年創刊)、ラングーンの『光華日報』(〇八年創刊)があったが、両紙はいずれも革命派華僑の言論機関であった。国内発行の新聞に比較し、記事、内容、論調すべてに制約を受けることのより少ない両紙は、香港の『中国日報』とともに、内地の革命派の宣伝啓蒙活動にとって貴重な武器だったのである。

しかし、周知のように当初、華僑のあいだでは保皇会の影響力が圧倒的であった。シンガポールにおいては、一九〇一年いらい興中会員尤列《ゆうれつ》の活動があったにもかかわらず、〇四年、はじめて革命派華僑の新聞『図南日報』が発行されたとき、予約購読はわずかに三十余部だったという。最初意気込んで一万部刷ったのが一千部に落ちこみ、その後二千数百部にまで盛りかえしたが赤字続きで、〇六年春、ついに保皇派に乗っ取られてしまう。『中興日報』の登場まで一年以上の空白をよぎなくされたのである。(107)

だが、革命派の華僑は、早くも〇三年、『蘇報』事件に奮起した陳楚楠(廈門出身)、林義順(潮州籍)らを中心に、鄒容の『革命軍』を『図存篇』の名で五千部翻印し、人を派してひそかにこれを福建の漳州、泉州、広東の潮州、梅県にもちかえり、各界人士に配布・宣伝した。(108)こうした活動はこのときかぎりではない。潮州府大埔県の例では、革命派の華僑――その多くは勤労者、仲買商人、学生など――は、帰郷のさい、つねに興中会、同盟会の出版物をもちかえり、親族知友に革命を宣伝した。県城には彼らの努力で「書報社」まで設立されて革命宣伝の機関となったといわれ[109]、他の地方でも程度のちがいはあっても事情は同様であったろう。

出身地にたいする働きかけだけでなく、清国海軍の巡洋艦「海琛《かいちん》」が南洋を遊歴してペナンに寄港した際、現地の華僑は「三民主義の印刷物の巨束」を艦内にもちこませた[110]。あらゆる機会をとらえて革命の輪を拡げようとした華僑たちの能動性をうかがうことができる。

これに支えられて『中興日報』は四千余の発行部数をもってイギリス領・オランダ領の華僑を結び、『光華日報』は保皇派と清国領事とイギリス植民当局の圧迫・陰謀と闘いながらその旗幟を三たび守った。南洋各地に、このほかまた革命派の、あるいは革命派系の華字紙が多く出現してきたさまは、馮自由「南洋各地革命党報述略」に詳しい[111]。

ところで注目されるのは、『新民叢報』『清議報』『中国魂』など、梁啓超を中心とした「維新派」の出版物が、一方では革命排満の主張に敵対して革命派の宣伝活動を妨害する役割をはたしながら、他方では民族的危機について警鐘を打ち鳴らし、広範な知識青年に政治改革の緊急性を理解させるなかで、革命派の主張が容易に接受される広い基盤をつくる啓蒙的役割をもはたしたことである。ことに梁啓超が革命反対の旗幟を鮮明にする一九〇三年末以前の、いわば半革命時期の著作『壬寅新民叢報彙編』や『中国魂』[112]は、著者のおもわくをよそに一人歩きをしたのである。

前者の側面については、すでに呉樾や高一涵のばあいや梁鍾漢の例を紹介しておいたし、またこれまでも通説として指摘されてきたことなので、ここでは省略する。後者の側面についていえば、辛亥革命運動は変法維新運動が到達した高みから、その成果を継承し、その反面の教訓を摂取して出発していることを、いま一度確認しておく必要があろう。

譚嗣同は、その壮烈な死にざまをもって後起を鼓舞激励しただけでなく[113]、梁啓超に出版を託した遺著『仁学』の痛烈な清朝批判、君主制批判によっても知識青年の革命的自覚を促した。横浜で印刷された『仁学』数冊を留日中の友人から送られた包天笑は、閲読を希望する人々の多いのに日本でも品切れであり、しかも再版の見込みなしと聞くや、商務印書館に勤める友人の協力を得て、ひそかに千五百部を翻印、頒布した[114]。あるいは革命宣伝物秘密出版の嚆矢であったかもしれない。鄒容の『革命軍』は、その措辞にいたるまで『仁学』の影響を受けて執筆されており[115]、黄藻（菊人）は『黄帝魂』を編むに際して『仁学』下の一部を「君禍」と題して収録した[116]。『仁学』の刊行は革命宣伝に大きな刺激となったのである。

戊戌政変後、亡命先の横浜で旬刊の『清議報』を主宰した梁啓超は、一九〇一年、百号をもってこれを停刊し、翌〇二年には『新民叢報』（半月刊）、つづいて『新小説』（月刊）を創刊して「筆鋒常に情感を帯び」たる健筆を両誌上に揮った。彼の『羅蘭（ローラン）夫人伝』や『意大利建国三傑伝』、さらには『中国魂』が上海広智書局から発行されたのもこの年のことであった。これらの雑誌、単行本はしばしば版を重ね、また中国内地でも翻印されて広範に流布した。〇四年に廃刊した『新小説』、〇七年に停刊した『新民叢報』が、『中国魂』などとともに、前章で紹介した〇八年の禁書告示に列記されているのも偶然ではないのである。

前出の何遂は、一九〇二年から〇三年にかけて四川瀘州で、兄の友人から『盛世危言』『新民叢報』を借覧して革命への蒙を啓かれたという。彼はさらに『意大利建国三傑伝』を愛読し、梁啓超が『飲冰室詩話』に載せた石達開の数首の詩を反覆愛誦しておかなかった[117]。同じころ、郭沫若が学んでいた四川楽山の郭家の家塾には、成都遊学中の長兄から『新小説』や『浙江潮』などの雑誌、梁啓超訳の政治小説『経国美談』などの新書が送られてきていた。郭沫若はさらに〇七年ごろ在学していた嘉定の中学で『清議報』を愛読したといい、自伝小説『幼年時代』のなかで梁啓超に高い評価を与えている。

『清議報』は非常にわかりやすかった。言っていることは浅かったが、新時代の意気があふれていた。当時梁任公はもう保皇党になっており、私たちは彼を軽蔑していたが、彼の著書は好きだった。彼の著書『意大利建国三傑伝』、訳書『経国美談』は軽妙な筆致で亡命の志士、建国の英雄を描き、まったく人を心酔させたものだった。……冷静に考えれば、梁任公の地位は、当時においてはたしかに革命家の代表たるを失わなかった。……二十年前の青少年——言いかえれば、当時の有産階級の子弟——には、賛成反対を問わず、彼の言論や文章の洗礼を受けなかった者はひとりもいないといってよい。彼はブルジョワ革命の時代の有名な代弁者であり、その功績はまったく章太炎に劣るものではない。

同様の感想は景梅九や胡適にも見えるが、[118] 顧頡剛《こけつごう》もこう述べている。

壬寅（一九〇二）、癸卯（一九〇三）の間の『新民叢報』はたしかに力量があった。梁啓超の筆鋒はこの上なく鋭く、感情もまたたぐいなく激しく、無数の青少年を感動させて新中国創造の決意と勇気をかきたてた。[119] 梁任公先生の言論は、一世を風靡した。私もこの潮流に揺り動かされて、自分でも救国の責任を感じ、いつも忼慨激昂して時事を論じた。『中国魂』のなかの傍観者を叱る文や、『中国の武士道』の長い序文の類は、私のもっとも愛好する読物であった。[120]

梁啓超への青年たちの信仰は、彼が「維新派」から「立憲派」に後退し、清朝の腐敗と無能、売国の本性が誰の眼にも明らかになったにもかかわらず、保皇・立憲に固執しつづけるなかで、しだいに薄れていったが、その初期の言論・著作はずっと一人歩きした。『清議報』の廃刊は一九〇一年十二月だったから、嘉定中学時代の郭沫若は少なくとも六年前の『清議報』に心を揺すぶられたのである。

一九一〇年には、雲南陸軍講武堂で多くの学生が『清議報』所載の「辮髪史」を読んで感動し、辮髪を剪ったためにあわや大事件になりかけたことすらあった。[121]『中国魂』にいたっては、辛亥老人たちの回憶のなかで、しばしば革

命派の宣伝物と混同され、『革命軍』や『警世鐘』と併称されさえしているのである。(122)

もちろん、革命は中国の「瓜分」を招くとして『民報』と論戦を展開したような時期の『新民叢報』が積極的な役割をはたすわけはない。「立憲派」の刊行物は、建前上はともかくも実質上の合法性という点で革命派のそれよりもはるかに恵まれており、流布もまたそれだけに広範であった。(123) 少年時代（おそらく〇九年から一〇年ごろ）の毛沢東が、従兄から借りた『新民叢報』などを愛読して康有為、梁啓超を「崇拝」し、「皇帝も大部分の官吏も正直で善良で賢い人たち」であり、「ただ康有為の改革の援助を必要として」いるだけだと信じていた（『中国の赤い星』）、というのもその一例である。

だが、その毛沢東も一九一一年はじめ長沙の中学に入学すると、急速に革命化する。彼ははじめて革命派の新聞『民立報』を知り、孫文と同盟会の綱領について知る。黄花岡起義の報道に感動し、鉄道国有化反対の運動に巻きこまれるなかで、ついには学校内の剪辮運動の先頭に立つようになる。しかし、清朝打倒の必要は認識しながら、大字報を貼り出して孫文を大統領に、康有為を総理に、梁啓超を外交部長にせよと提唱するなど、その理解に混乱は避けられない。そして十月二十二日、武昌につづいて長沙の新軍が蜂起すると、彼は革命軍への参加を決意し実行するのである。

このとき、長沙では多くの学生が革命軍に志願し、学生だけで編成する部隊さえ出現した。立憲改革から革命排満へ、急速な意識の転換は、当時の学生層においては普遍的な現象であったにちがいない。毛沢東少年はその一つの典型だったのである。

三　種族革命への収斂とその諸要因

宣統年間に入ると、一般的にいって、それまで革命宣伝の主要な媒体であった雑誌、非合法出版物の類が後景に退き、代りに日刊新聞が前面に登場してきた。武昌における『商務日報』『大江報』、上海における『民呼日報』『民吁《みんう》日報』『民立報』三紙の継起が、その代表的な例である。

こうした転換の要因として、まず考えられるのは、一九〇八年十月、日本政府が清朝側の要請にもとづき、『民報』『四川』など革命雑誌の発行を禁止し、東京を基地とした宣伝活動が困難になったことであろう。日本が革命宣伝物供給の本拠となっていることについて、清朝はかねて神経をとがらせていたが、萍瀏醴《ひょうりゅうれい》起義と日知会事件、さらに徐錫麟による安徽巡撫恩銘刺殺事件後は、日本からの宣伝物流入の取締りを強化する一方、すでに〇七年十月、日本政府にたいし、在日中国人が発行する『民報』以下七種の雑誌の禁止方を正式に申しいれていた。日本政府は「満州」における利権交渉の取引き材料として、ついに新聞条令違反をこじつけ、「発売頒布」を禁止し、編輯兼発行人章炳麟を罰金刑に処したのである。(124)

直接には弾圧を受けなかった『雲南雑誌』も、そのあおりで一時停刊したというから、留日学生界に与えた衝撃は大きかった。ただ、『民報』も同盟会の低迷と民報社の内紛、財政窮迫のため、前年後半からは定期刊行すらおぼつかなくなっていた。創刊号のように初版六千、その後も増刷を重ねて少なくとも七版にいたるといった好調はすでに失われ、清朝の取締り強化もあって発行部数も激減していたのである。ひところ盛んだった留日学生の同郷会雑誌も、ほとんど停刊・廃刊し、『民報』発禁当時も継続していたのは、前記の『四川』『雲南』のほかは、『夏声』（陝西）、

『江西』『河南』ぐらいであったから、日本政府の弾圧のみに、革命的雑誌類の衰退の原因を求めるのは妥当を欠くであろう。[125]

最大の理由は、一九〇八年八月、憲政準備を公布する前後から中国国内の情勢が流動化し、月刊や不定期刊の、しかも国外で発行される雑誌や刊行物では対応できなくなったからにちがいない。西太后、光緒帝の死去とともに、それはいっそう決定的となった。『民報』や革命パンフが読まれなくなったわけではない。『新民叢報』や『清議報』などが発行停止後もずっと読者をもったように、いやそれ以上に『民報』のバックナンバーや革命パンフは真剣な読者をもちつづけた。しかし、光緒帝を失って立憲派は決定的打撃を受け、革命か改良かの理論闘争は、革命派にとっての主要課題ではもはやなくなっていた。宣統幼帝と親貴内閣のもとで、とめどなく進行する清朝政府の腐敗無能の実態と売国行為の数々を大量の事実によって暴露・宣伝するなかで、革命の正統性、緊急性はもっとも説得的にアッピールされよう。そして、新聞はそのいちばん強力かつ効果的な媒体だったのである。

Ａ・スメドレーの『偉大なる道』に次のような一節がある。

彼（朱徳――引用者）はさらにつづける。――義和団の後、満州朝への憎しみは深まり強まってゆき、孫逸仙のひきいる共和主義者は、いよいよ強く勇敢になった。香港で新たに発刊された『民報』は、朝廷を打倒すべしと声明した。その機関誌は内地に密輸入された。しかし朱将軍が共和派の刊行物を見たのは、五、六年ほど後のことであった。保守的改革派もまた大胆になって、成都で小さな新聞を秘密に出したりした。朱徳の小塾にも、その新聞が一部舞いこんできた。――それは彼らが見たはじめての新聞だ。それには報道記事のほかはのっていなかった。「だがその頃では報道記事そのものが革命的だった。」人々はそれを写して友人に送った。（邦訳　上　六三～四頁）

封建的愚民政策と夜郎自大の中華観念とで支配を維持してきた清朝のもとでは、事実の報道はそれ自体で革命的意義をもったのである。[126]「維新派」「立憲派」も、さらには革命派も、当初から新聞を重視する点では人後に落ちなかった。もちろん、革命派のばあいは日々に生起する無数の事実を一定の方向に整序して不特定の読者に提供するだけですむものでなく、かならず革命工作者の個別的オルグ活動と結合しなければならなかった。群治学社と『商務日報』、文学社と『大江報』の関係が、その典型であったといえる。

辛亥革命期を通じて、革命派の日刊新聞発行の中心は、香港と上海とであった。香港では一九〇〇年以来『中国日報』が、財政窮迫のため、しばしば困難に逢着しながら、よく発行を堅持した。上海では『蘇報』発禁のあと、前述のように『国民日日報』が継起したが内紛のため数ヵ月で停刊、別に蔡元培らの「対俄同志会」が一九〇三年十二月、『俄事警聞』を創刊し、拡充して『警鐘日報』と改称したが、〇五年三月、山東をめぐる清独交渉を批判したため、ドイツの要求により発行を禁止された。約二年の空白を置いて、〇七年四月、于右任らが『神州日報』を始め、民国成立後まで発行を継続した。まもなく同日報から手を引いた于右任は、宣統元年、一九〇九年五月、『民呼日報』を創刊し、もっぱら官場の腐敗を糾弾して忌諱に触れ、捏造事件によって関係者が租界外に追放されたため九十三日間で停刊した。十月、『民吁日報』として再発足したものの、東北問題で日本帝国主義を痛烈に批判したため、日本領事の強要により、わずか四十二日でその生命を絶たれたのである。

『民吁日報』への弾圧は、印刷機械の使用を禁ずるほど徹底的なものであった。それだけに革命派の受けた打撃は大きく、翌一〇年十月、捲土重来して『民立報』を創刊するまでに約一年の時日を要した。この新聞に賭けた革命派の意気ごみはすさまじく、女性の同志や同情者を動員して「女子進行社」をつくり、茶楼、酒肆、旅館、列車などを奔走して新聞を売りさばいた。武昌や長沙にまで購読者が広がり、革命宣伝に運用されていたことはすでに紹介したが、革命情勢の発展と人々の奮闘によって、『民立報』は発行部数二万に達し、印刷機械は昼夜フル回転のありさまであった。主筆宋教仁の文名は江湖に高く、かつての梁啓超に劣らぬものがあったという。同盟会中部総会の成立とともに、民立報社が長江筋の革命組織の連絡機関として重要な役割をはたしたことも、指摘しておく必要があろう[127]。

このような香港、上海を拠点とした活動とは別に、中国内地においても革命派の手で日刊新聞が発行され、運用されるようになったことが、この時期の特長である。その先駆としては、早くも一九〇四年九月、四川の革命人士卞《べん》小吾が六千両の私財を投じて創刊した『重慶日報』があった。上海の租界や香港とちがって清朝の権力と直接に対決せねばならぬ内地での言論活動の困難はいうまでもなく、日刊の部数が三千に達し、経営が軌道に乗った〇五年四月、卞小吾は重慶知府に捕えられ、新聞は停刊をよぎなくされた。これを予期して日本人竹川藤太郎を社長に据えておいた用心も空しく、竹川が駐重慶日本領事の命令で帰国した直後に毒手が下されたのである（卞は後に獄中で謀殺された）[128]。だが、第一章で述べたように、一九〇八年を境に清朝の権威は急落し、漢人官僚のあいだでは日和見の傾向が広まった。革命派はこの間隙を見逃さなかったのである。

武漢の『商務日報』『大江報』についてはすでに述べたが、そのほかに山西太原では『晋陽公報』が（一九〇七年十月）、広東汕頭では『中華新報』が（〇八年春）、貴州貴陽では『西南日報』が（〇九年七月）、広西梧州では『梧江日報』と商工業界向けの『広西日報』が（一〇年）、安徽蕪湖では『皖江《かんこう》日報』（一〇年末）がそして清朝のお膝元の北京でも『国風日報』が（一一年二月）と、つぎつぎに創刊された。東北にも『長春日報』（〇九年）が生れ、広州でも辛亥の年には『可報』『平民日報』など数種が簇出したという[129]。

しかし、日刊新聞の経営は、資金面ではもちろんのこと印刷事情にも制約されて、奥地や辺地では省都においてすら困難であった。貴陽で「貴州自治学社」に結集していた革命派は、「君憲派」の『黔報《けんほう》』に対抗して機関紙をもとうとしたが、印刷所が相手の勢力下にあって利用できず、ついに上海から印刷機械一式を買いこまねばならなかった。そのためだけに三千三百元を必死で調達し、一年以上の日時をかけて、『西南日報』はようやく呱々の声をあげたのである。[130] 広西梧州で二種類も日刊紙がありながら、桂林では半月刊の『南報』(一〇年、のちに『南風報』、毎期二千部)しかもたなかったのも、印刷事情の関係があったかもしれない。[131]

したがって、革命派が直接に新聞を経営する以外に、既存の非政治的新聞や団体機関紙の類を革命的に運用することも、当然おこなわれた。東北ではカトリック教会の『大中公報』に同盟会員が主筆として招かれ、投稿欄などを巧みに利用して清朝を批判・攻撃した。福州では立憲派と合弁で『建言報』をはじめた(一〇年末)が、黄花岡蜂起を契機に革命鼓吹の論陣を張り、実質上乗っ取ってしまったことなど、[132] その例である。

合法的に発行する新聞として、内容、表現ともに制約がある。しかし、「奴隷のことば」で韜晦しても革命の機鋒はおのずから顕われ、しばしば筆禍と弾圧を惹きおこした。『商務日報』や『大江報』についてはすでに述べたが、『晋陽公報』も交城・文水両県での官憲による農民乱殺事件を暴露し、山西巡撫の責任を追及したため、「革命を鼓吹し人心を煽動した罪」で封閉され、同盟会山西支部はきびしい弾圧にさらされた[133](一〇年)。『長春日報』も一〇年二月、熊成基が逮捕され、吉林で殉難した事件のあおりで弾圧を受け、編集発行にたずさわっていた同盟会員は投獄されたり、地下に潜ったりした。[134] 黄花岡蜂起をひかえ、主として軍人を対象に発刊され、毎日、事実上は無料で配布していた『可報』は、広州将軍孚琦《ふき》を暗殺した温生才を賛えた廉で発行を禁止された。[135]『中華新報』も、はじめ陳去病、ついで葉楚傖を主筆に迎えて発展し、発行部数「万份」を誇るまでになったが、黄花岡蜂起と鉄道国有化反対運動の報道が睨まれ、両広総督によって封禁された。だが党人たちは屈せず、米国籍婦人の援助を受けてアメリカ領事館に登記し、『新中華報』の名で発行を再開した。[136]

清朝政府にとって、こうした弾圧の口実にできる直接話法の革命論調は、まだ御しやすかったかもしれない。いちばん手を焼いたのは内政問題や社会問題をとらえた政府批判であり、間接的な革命宣伝だったようである。

一九一〇年三月二十八日、両広総督袁樹勛《えんじゅくん》は香港からの漢字新聞の輸入・発売を禁止し、かつ税関および郵政局において、これを差し押えた。その前月十日（春節）、広州で発生した新軍と警察の些細な衝突が両者の大規模な武力抗争に発展し、巡防軍（旧軍）の弾圧を受けたため、十二日、革命派は騎虎の勢いで蜂起したが敗北し、指導者倪映典《げいえいてん》ら多くの犠牲者を出した。いわゆる広州新軍起義である。この事件に関する香港各紙の論調が総督を逆上させる結果となった。

この非常措置について、在香港の船津総領事代理は小村外務大臣宛公信のなかで、つぎのように述べている。(137)

是迄広東ニ於テハ香港其他ノ外埠ニ於テ発行ノ漢字新聞ニシテ革命又ハ保皇党ノ機関紙ト認メラルルモノノ広東地方ニ入ルハ之ヲ禁ジ居リシガ、前両広総督時代ニハ対外関係頻繁ニシテ従テ是等革命保皇党ノ機関紙モ其論旨ヲ此等対外問題ニ集中シテ幾分自己ノ政治的論調ヲ潜熄セシメ居リ同時ニ総督側ニ於テモ是等新聞紙ノ広東ニ入ルヲ取締ルニ遑アラザリシト見エ、各漢字新聞ハ漸ク広東ニ購読者ヲ有スルニ至リタルガ、現任袁総督時代トナリテ対外問題ニ関スル世論稍ヤ衰へ却テ塩専売及新軍巡警ノ衝突等内政問題発生セシカバ、彼等革命保皇ノ機関紙特ニ中国日報ノ如キハ好機乗ズベシトナシ、益平素ノ持論ヲ鼓吹シ論鋒鋭ク殊ニ巡警新兵《ママ》衝突ノ如キハ又各新聞共異筆同調ニテ新軍ニ同情ヲ表セシカバ、這回袁総督ハ是等新聞ノ広東地方ニ入ルヲ危険ナリト認メタルニヤ、今後一層厳禁スベキ旨訓令ヲ発シタリ。右訓令ニヨレバ当地ニ於テ発刊ノ循環日報、華字日報、中外日報ノ三種以外ノ各漢字新聞画報等ハ一律入広ヲ禁止セラレ……（公信第九七号、明治四十三年四月一日）

……漢字新聞ハ広東及香港商業界ノ後援ヲ藉リ香港新聞ノ入広ヲ禁止スルトキハ商業上非常ノ不便ヲ来ストノ理

由ヲ以テ解禁方運動シ同時ニ華字日報ハ所有主英人ノ名義ナルヨリ在広東英国領事ノ手ヲ経、若シ人心ヲ煽動シ治安ヲ攪乱スル如キ論説記事アリシナレバ宜シク其記事若クハ論説ヲ指摘セラレタシ、只漠然如上ノ理由ニテ入広ヲ禁ズルハ不当ナリトテ強ク抗議ヲ申込ミタルヨリ清国当局者ニテハ爾来種々調査切リニ証拠ヲ蒐集セントセシモ遂ニ恰適ノ口実ヲ見出ス能ハザルヨリ公然忌憚ナク革命党ノ機関新聞ヲ標榜シ常ニ満清政府ヲ痛罵スル中国日報及世界公益報ノ両新聞ト外ニ循環日報ノ三新聞ヲ除キ其他ノ華字日報、中外新報、寔報《しょくほう》、商報（是保皇党機関新聞）、維新報等ノ五新聞ハ何レモ入広ヲ許可スル事ニ決シタル由、前記循環日報ハ他新聞ニ比シ極メテ温和ノ方ナリシガ、去月中旬頃ノ同紙論説中偶然現政府ヲ攻撃セシモノアリシトノ理由ニテ即チ本件交渉発生後ノ事実ヲ理由トシテ、他ノ純然タル革命党機関新聞ト同様、広東輸入ヲ禁止サレタルハ、頗ル滑稽ノ極ニテ該新聞ニ取リテハ不意ノ災難ト云フノ外無之候……（公信第二四五号、明治四十三年七月二十日）

この一幕は革命的新聞、雑誌の輸入禁止が、広州では有名無実に化していたこと、にもかかわらず、いったん禁令を励行するとなると無差別一律に強行――香港発行の日本語新聞も巻添えにされた――して理由はあとでこじつける専制官僚体制の本質に変りはなかったことを示している。『中国日報』など革命派系の新聞のみが禁止され、「保皇党」（康有為・梁啓超一派）の機関紙が公然と解禁になった結末も興味深いが、革命派の宣伝活動にほとんど支障はなかったと思われる。新軍工作の任務を担当したさい、倪映典は香港の中国日報社で『革命先鋒』（『革命軍』改題）など大量の宣伝冊子を受領して広州に持ちこんだといわれ[138]、香港―広州間の秘密輸送はけっして困難なことではなかったし、新聞の輸入禁止そのものが意味するのは、いわゆる「第三種郵便」の特恵を享受できないということにすぎなかったからである。

ところで、面子のため犠牲になった『循環日報』の悲喜劇があったとはいえ、両広総督がいったん振りあげた大刀を下さざるを得ぬ結果となったのは、広州・香港の商業界の抗議もさることながら、基本的にはイギリス帝国主義の圧力によるものであったろう。資金的にも労力的にも相当の事業である日刊新聞の発行を、清朝専制権力の恣意的な弾圧から守るために、香港や各地の租界内に発行所を設け、さらには発行人も外国人の名義を借るというやり方は当時よくおこなわれたことであった。前出の『重慶日報』『新中華報』が外国人を社長にかついだ例であるし、『蘇報』の後継紙『国民日日報』も、その早期の例であるが、帝国主義の傘のもとで、革命派はそれ相応の代償を支払わねばならなかった。

代償とはなにか。いうまでもなく帝国主義批判の自己規制である。帝国主義者は「カサ」の提供という「アメ」と禁忌を犯す者にたいする仮借ない弾圧という「ムチ」を使い分けながら、革命の指導思想をコントロールすることができた。義和団運動後、帝国主義諸国が中国国内での報道・言論に露骨な干渉を加え、政治侵略はもちろん経済侵略、文化侵略の批判・非難にたいしては、清朝当局に強要して新聞・雑誌の発禁、停刊、購読禁止などの弾圧を加えさせた事実は、戈公振『中国報学史』第四章第九節「清末報紙の厄運」にくわしい。

革命派の関係でいえば、陳独秀らの『安徽俗話報』が帝国主義の圧力で停刊させられたことは前節でふれたが、同報は列強による安徽の礦産資源掠奪を暴露・攻撃したのである。『商務日報』は鉄道借款反対の論陣を張って発行停止に追いこまれたが、このときのイギリスのやり口は陰険で、租界警察を使って印刷所に圧力をかけ、新聞の印刷を拒否させたのだった。(139) 革命派が自前の印刷設備をもつばあいは、新聞を発禁にするだけでなく印刷機まで封印・没収(充公)することもあった。『警鐘日報』『民吁日報』のケースがそれである。

帝国主義者の干渉と弾圧の手口を『民吁日報』のばあいについて、具体的に紹介するとこうであった。(140) 同紙は一九〇九年十月三日の発刊いらい、上海の他紙が日本の暴威を恐れ、口をつぐむなかを、独り堂々とその満蒙侵略政策を暴露・批判し、日本の出先外交機関を驚かせた。「該新聞ハ仏国人所有経営ノ名義ニテ仏総領事館ニ登録セラレアルヲ護符トシ、又清国郵便局ヨリハ逓送ヲ禁阻セラレアルニ不拘我郵便局ノ三種郵便物認可ノ特遇保護ノ下ニ各地ニ配送」されているので、日本総領事（松岡洋右代理）はフランス側に掛けあい、名義人のフランス人を説諭して十一月六日、その登録を取り消させることに成功した。日本側は各国領事館に連絡して再登録の道をふさぎ、かつ口実を設けて日本郵便局の第三種認可を取り消し、さらに同新聞の発行禁止を上海道台に要請した。

総領事館の思惑では、「強圧手段」を用いて即時発禁とすれば「大ニ言論圧迫ノ譏リヲ受クルノ嫌」があり、「全然、道台対該新聞社ノ喧嘩ト為ス方得策」なので道台をつついたのであるが、まず警告を与え、それでも「不謹慎ナ言論記事」が続くばあいは発禁処分をするというのが上海道台の見解で、日本側もこれを諒とせざるをえなかったのである。ところが『民吁日報』側の抵抗は、この虫のよい構想を吹っとばし、松岡総領事代理を逆上させた。「然ルニ該新聞ノ昨日（九日――引用者）我三種郵便物ノ認可ヲ取消サルルヤ本日ヨリハ直ニ第四種郵便物乃チ印刷物毎三十匁二銭ノ郵税ヲ納付シ我郵便局ノ逓送ヲ求メ、我郵便局ハ之ガ逓送ヲ拒絶スルニ理由ナク」、依然として『民吁日報』は読者の手に渡って兵糧攻めは決め手にならなかった。加えて「本月十六、十七日ノ該新聞ハ中国ノ危機及ビ錦斉鉄道ト遠東ノ和平ト題スル論説記事ヲ掲ゲ激烈ナル日本攻撃ヲ為シ……事茲《ここ》ニ至リ禁圧ノ外他ニ適法ナク一日ノ存立ハ一日ノ我不利ナルヲ認メ」ざるをえなかったのである。社説「中国の危機を論ず」（知偽）と時論「錦斉鉄道と遠東和平」（残山）が問題の記事で、「前論後段ニ至リテハ殆ンド人ヲシテ読了ニ耐エザラシム」と指摘されたのは、日本の朝鮮植民地化を論じ、平和を口にしつつおこなう日本の侵略の恐るべき所以を説いた箇所であった。

日本側は「該新聞ニ対シ厳切ナル論告ヲ為サントテ其ノ手続キ中ナリシ」上海道台に、『民吁日報』の即時発禁を要求した。租界内のことは先任領事の承認が要るというので、道台に代ってベルギー総領事の署名をとりつけたものの、慣例上、会審衙門の判決という手順を踏まねば執行できぬと、租界警察に抗議されて十八日中の「封禁」は不能、やむをえず二十日に「一応開廷判決ノ上、愈封禁ヲ実行スル筈ニ」したところ、どうした手違いか、租界警察はいったん返上したベルギー総領事の命令書にもとづき、前夜のうちに「封禁」を強行してしまったのである。

当初の打算とは裏腹に、日本は「言論圧迫」の元凶として指弾の的になった。正式の審決以前に「封禁」を強行したこと、一回ですむ予定がもつれて四回に及んだ会審に、異例にも日本領事が参加したこと、中日邦交を妨げるという漠然たる罪状で、主筆さえ刑を問えないのに、機械設備の封印・再使用禁止が宣告されたこと、などに世論の抗議、批判が集中した。

日本の失点は大きかったが、革命派の受けた打撃も小さくなかった。『民吁日報』は払込資本金六万元と号称した『民呼日報』の資産設備をそっくり引きついでいたが、今回はその道を塞がれていた。于右任らはふたたび数万元の資本を集めて『民立報』を創刊したのであるが、両紙の覆轍に徴しては慎重を期せざるをえなかった。「この新聞は青年たちに不可欠の精神的食糧となったが、……再度の被封を避けるために、論調は比較的に控え目であった」とは、当時読者だった顧頡剛らの感想である。(141)

『民吁日報』が正面切っての対日批判を展開した背景には、『民呼日報』停刊前後から高揚した安奉鉄道問題にかかわる対日ボイコット運動があったことはいうまでもない。そして、安奉線敷設抗議の口火を切ったのは留日学生であったが、その底流には『民報』発禁いらいの日本政府の革命運動弾圧にたいする反撥があった。すでに一九〇五年、日本政府は『民報』の前身『二十世紀之支那』誌を、「満州」侵略政策批判の廉で発禁処分に付した。『民報』がその六大主義に「排外」(反帝国主義)の主張を採らず、「中国・日本両国の国民的連合」を主張したのは、『二十世紀之支那』発禁の轍に鑑みてのことだった、と小野川秀美氏は指摘しておられる。(142) 清朝と日本との反革命的結託が当面の危機として浮び上がってきたのにたいし、『民吁日報』は上海で糾弾の火の手を上げたのであるが、現実の力関係は、革命派にふたたび日本帝国主義批判を自己規制させることになったのである。

ただ、当時の革命派にとって、帝国主義反対は当面の課題としては位置づけられていなかった。積弱の根源である清朝支配を打倒しさえすれば、おのずから富国強兵の前途は開け、民族的独立は達成されるという楽観的な展望のもとでは、帝国主義とのマキャベリスティックな共存――あるいは相互利用――も許されるとしたのである。『民吁日報』事件の前年、〇八年におこった第二辰丸事件では、武器密輸のため辰丸を傭船したのが革命派だった負い目もあり、同盟会が大衆的なボイコット運動を切りくずす側にまわったことはよく知られている。対日批判は『民報』弾圧を画期とした日本政府の対革命派政策の転換――「カサ」提供の拒否――にたいしてであり、さらには「喪権辱国」の清朝政府を主目標とした敵本主義でもあったことを指摘しておく必要があろう。

その点で共通する要素をもつのがキリスト教会の利用であった。黄興は一九〇三年春、帰国の際、革命活動の便宜のために上海で洗礼を受けて長沙に帰った。彼の湖南での活動の拠点の一つが聖公会であり、事敗れて亡命するときもその庇護を受けたことは有名である(143)。

湖北での革命運動と教会の利用については第一章で詳述したが、日知会事件のように、被逮捕者救援のためには、聖公会のルートでアメリカ公使に手を廻し、北京政府に圧力をかけさせることさえあったのである。そのほか、革命宣伝物の郵送や保管、緊急時の避難先に教会を利用した例は枚挙にいとまない。当時、民衆レベルでは教会は帝国主義侵略の先兵・権化として憎悪の対象であったことは、一九〇六年の南昌教案、一〇年の長沙米騒動が端的に示している。知識青年を主体とした革命運動は、この点でも大衆的な、自然発生的な闘争との接点をもたなかった。

辛亥革命の運動において、反帝国主義の観点が、かく曖昧だっただけでなく、民権主義（民主主義）、民生主義の主張も十分には展開されず、三民主義中、「韃虜を駆除し、中華を恢復する」民族主義（排満種族革命）の一点に、宣伝の内容も運動の実際も収斂していったことはよく知られている。その偏向を助長するものとして、国内での革命活動の形態があったことを、さらに指摘しておく必要がある。

革命派が内地での宣伝、組織活動の拠点として、主として依存したのが学校であったことはすでに述べた。しかし、清朝反動支配体制のもとで、そうした活動を展開するためには、学生の支持は当然のこととしても、立憲派や開明的な紳士、官僚との協力関係をうちたて、その掩護を受けることが、いやおうなしに必須の条件であった。留学生取締規則に反対し、一斉帰国した学生たちを収容して発足した、当時においてもっとも旗幟鮮明な学校、上海の中国公学もその例外ではなく、財政困難のため官費の補助、各方面の寄付を受ける必要から、鄭孝胥《ていこうしょ》、張謇《ちょうけん》、熊希齢、陳三立ら名士を理事に迎え、監督（校長）を設け、普通の学校としての体裁を整えざるをえなくなった。この校則「改正」は設立以来、学生、教師一体のきわめて民主的運営を続けてきた中国公学の伝統を否定し、学生の権利を否認するものであったため、一九〇八年には、学生の大多数が退学して「中国新公学」を別に発足させる騒ぎにまで発展した。のちに両者の妥協が成立するが、上海租界にあって条件的に恵まれていたこの学校でさえそうであったから、他は推して知るべきであった[144]。

蕪湖の安徽公学は一九〇四年開設、教員に劉師培、陳独秀、柏文蔚、陶成章、張伯純（通典）、蘇曼珠、謝無量、周震麟ら同盟会員や光復会員の錚々たる領袖を招き、ここを拠点とした活動のなかで秘密結社式の「岳王会」（陳独秀会長、軍人、警官を対象）が組織され、熊成基、倪映典らを同盟会員に獲得するなど、長江中下流の革命運動の中心の一つとなった学校である。その設立者で監督（校長）でもあった李光炯《りこうけい》[145]は、教育を通じて後進を育成し、革命を推進することを信念としたが、固定した財源のない公学のために、毎日、金の工面に奔走しなければならなかった。彼は呉汝綸の門人としての声望と桐城派の文名を利用して安徽の当路と交際し、また安徽出身の開明的官僚、道台の蒯《かい》光典《こうてん》などと親交を結んで、その支持をとりつけた。公学の経費は学生納付金のほかは、主としてこれらの人脈を通じて寄せられる各方面からの補助金（米厘津貼、塩務部門の津貼など）でまかなったのである。

財政困難のなかで知名の教師を招き、はては日本からも教師を招請するために、さまざまな便法が講じられた。李光炯は張伯純（同盟会長江下游支部長）を官立赭《しゃ》山《ざん》中学の監督に推薦し、彼此緊密に合作することにした。知名の教師は赭山中学に招聘してもらったうえで兼任を依頼し、実を取って、しかも経費を節減したのである。だから安徽公学が発展すればするほど、官服官帽に威儀を正した彼の、官紳連中とのつきあいは忙しくなった。最初はこれに陰口をきいていた人々も、事情を知ってはその苦心孤詣に敬意を表さぬ者はなかったという。この交際はまた弾圧のさいの防波堤ともなった。学校内外における教師・学生の積極的な活動は、当然に官憲の注目を招き、とくに劉師培らが校内で公然と清朝打倒を宣伝したために、両江総督端方は安徽公学の革命派に逮捕令を下そうとしたが、蒯光典のとりなしでようやくことなきをえたのである。(146)

いまひとつ、長沙、明徳学堂の例をあげよう。黄興が学監（教務主任）を勤め、華興会の拠点の一つであったことで有名なこの学校は、一九〇三年二月、胡子靖（元倓）が中心となり、龍璋、龍紱瑞《りゅうふつずい》が各一千元の開設費を寄付して発足したものである。龍紱瑞の父、在籍刑部侍郎龍湛霖《たんりん》を学堂総理に据えて、当時、学校そのものを敵視していた反動派官紳の風当りを和らげ、かねて経費募金に利した。開校後三ヵ月、招かれて学堂を参観した譚延闓《たんえんがい》は、ただちに経費一千元の寄付と、別に英語教員雇傭のために毎年一千元の補助とを約束した。翌春、監督胡子靖は湘潭出身の上海道台袁樹勛（後に両広総督）に膝を屈して一万元の寄付をもらい、日本から理科、博物の教師を招き、教材を買いととのえるなど、明徳学堂は着々と内容を充実していった。

さきに多額の寄付を約束した譚延闓は、また頑迷な父親、前両広総督譚鍾麟が在世中で金が自由にならなかったので、夫人が婚嫁のさい持参した金器、首飾りの類を金に換えて約束を履行し、佳話を称された。湖南の革命派の人々は、彼がかくも教育に熱心なのを見て、私立学校設立の認可、補助金の申請、建物（校舎用）の払い下げなど、トラブルを避けるため彼に役所や紳士連との掛合いを頼むことが多かったという。龍湛霖没後、譚延闓は胡子靖の請いで明徳学堂総理に就任しさえしたのである。

胡子靖、龍璋、龍紱瑞は、革命の同情者として誠実な人物であった。一九〇四年秋、華興会の反乱計画が失敗して黄興が危地に陥ったとき、黄興を匿まい脱出させるのに、彼らは身の危険を省みなかった。龍璋は〇七年まで江蘇で現職の知県であったが、在任中も丁憂回籍後も黄興らの革命闘争への資金面の援助を惜しまなかった。明徳学堂も、黄興の事件があったにかかわらず、辛亥当年まで革命派の一つの拠点でありつづけた。だが、学堂をそのように維持するために、胡子靖らは龍湛霖、譚延闓といった超一流官紳の権勢を借りねばならなかったし、巡撫はじめ湖南当路の要人に来校参観を要請したり、立憲派の教員をも招聘してバランスをはかるなど、なみなみならぬ心労を重ねたのである。(147)

安徽公学や明徳学堂のように比較的規模も大きく、有力な官紳の後援をもつ私立学校でもこのようであったから、零細な私立学校を経営したり、あるいは公立学校に奉職しつつ革命活動・革命宣伝に従事する同盟会員や革命派人士の置かれた環境はおよそ想像できる。

こういうエピソードさえある。安徽合肥は周知のように淮系軍閥、官僚閥の本拠であり、反動派の支配の強固なところであったが、ここでも文化教育活動で進歩的な青年たちの結集がみられた。そのうちの一人、呉春陽（暘谷）が留日して同盟会に加入、一九〇六年、合肥に帰ると友人たちを同盟会に組織し、学校を設立し、学会をつくり、閲報館を開設するなど活発に動いた。しかし、彼らの活動は大ボス李国松――雲貴総督李経羲の子、李鴻章の姪孫にあたる――の注目するところとなり、呉春陽は合肥を去るの余儀なきにいたった。残された同盟会員王兼之らは、李国松一派が打倒の対象であることは承知しながら、これと正面から対抗すればいっそうの圧迫を受け、革命活動も展開する術を失うので、逆に李国松およびその手下どもに接近し、協力的態度を示すことにした。以来、李国松グループは革命党人にたいする疑念を釈いただけでなく、一転して彼らをみずからの腹心として遇するようになった。そのため、李のいいなりになる府県の役人も、上賓として革命党人を歓待し、むつかしい問題がおこれば、つねに王兼之に相談した。「これは辛亥革命時期の合肥の革命活動のために、有利な条件の一つを創り出した」と、当事者のひとりは回想している(148)。

反動勢力の「カサ」をマキャベリスティックに利用した合肥のばあいは特異なケースだとしても、前述のように開明的官僚、紳士――その多くが立憲派に属する――の「カサ」を借りざるをえぬ環境は、革命宣伝の内容をも規制せずにはおかなかった。学校でのばあい、教壇という半公開の場でおこなわれる宣伝は、少なくとも彼らの黙認をかちとることのできる内容に限定されざるをえなかった。加えて、宣伝の主体である革命派の教員、対象である学生の階級的出自からする制約も作用した。教員・学生ともにほとんどが中小地主、富農、商人の子弟として、漢人支配階級の末端に連なる家庭の出身だったのである。「彼らの宣伝が人々にもっとも強い印象をあたえたのは、一つは反満、一つは漢族の光栄ある伝統という、二つの点だけであった」(呉玉章『辛亥革命』)というのも、ある意味では当然であった。

だが、方便としての自己規制は、やがて革命の桎梏に転化する。その宣伝に啓発されて革命の戦列に加わる人びとが、みずからの意識水準に運動全体を合致させるよう要求するからである。前出の何遂は一九〇八年ごろ、保定の陸軍大学（軍官学堂）に在学中であったが、北方の「革命党人」と識り合い、さらに同じ保定の陸軍速成学堂の革命派方声濤らとも連絡がとれた。青幇・紅幇が山堂を開くのにさえ儀式があるのだから、革命をやるにも儀式が要るというので、日本留学中に同盟会に加入した方声濤が筆を執り志願書を起草した。「韃虜を駆除し、中華を恢復し、民国を建立し、地権を平均する」と書かれているのを見て、何遂は「これは外国のやりかたで中国人の好み（口味）には合わぬ。『生死を同じうするを誓い、恢復を共にするを志す、此の心　表《しる》す可し、天　実にこれを鑑《みそな》わせ』と改め、下に主盟人、入盟人が署名するようにしたほうがよい」と主張し、みなの賛同を得たという[149]。辛亥革命期の革命派が、一九〇五年にいったんは到達した同盟会綱領の歴史的地歩から、革命情勢の発展とともに、かえってずるずると後退していったことは、すでに指摘したが、この挿話はその端的な表現だといえないだろうか。

ただ、こうした「後退」を革命派の責にのみ帰するのは公平ではない。帝国主義が「アメ」と「ムチ」を使い分けながら反帝国主義の側面を規制したように、漢人支配階級も革命運動に投機的態度をとることで、革命派が抱く漢人の種族的一体感の幻想をますます肥大させ、革命から反封建主義の「牙」を抜くよう、働きかけていたのである。とりわけそれは階級的出自を同じくする知識分子の革命党人にたいして顕著であった。

何遂や方声濤たちは、一九〇九年、保定の学校を卒業して広西に赴任した。開明派として定評のあった巡撫張鳴岐が新軍創設のため、日本留学生（陸軍士官学校）出身者や保定出身者を多数招致したのに応じたのである。募集の任に当った王孝縝（王慶雲の孫、陸士出身）が同盟会員であったから応募した青年も革命派ばかりで、桂林では軍関係の学校のなかで教官として大胆な革命宣伝をおこなった。張鳴岐はこれら青年将校を優待し、しばしば宴席を設けたが、あるとき酔余公然と清朝打倒を口にする将校たちに、みずからも迎合的な言辞を弄し、彼らを「壮士」と賛えて激励するかのごとく振舞った。純真な青年たちは、張巡撫がほんとうに革命の支持者だと信じこみ、意気ますます軒昂たるものがあったという。

ところが、老獪な張鳴岐は革命派の警戒心を弛めさせる一方で、ひそかに態勢を整え、これら軍権を握る「不穏分子」を一掃するために突然クーデター的な弾圧をかけた。青年将校たちが騙されたのに気づいたときは、すでにほどこす術もなく、王孝縝ら例の宴席に連なった者は一人残らず解任・放逐されてしまった（何遂、方声濤は中越辺境に出張していて事なきをえた）。張鳴岐ははじめ、軍事裁判にかけて幾人かは死刑にすると意気ごんでいたのだが、結局、尻すぼみの追放程度ですんだのは、布政使王芝祥の斡旋によったのである。

「政府でさえも勝手には人は殺せないこのごろです。公らはみな漢官ではありませんか。忠義立ても度が過ぎます（何必過于認真）」と、将校の一人が王芝祥に泣きつき、とりなしを乞うた。然諾した王は、張鳴岐にたいし、死刑にすれば上奏して表沙汰にせねばならぬが、かかる革命党を多数集めた側に不明の咎はなかったろうか、親貴を任用して漢人を疎外するこのごろの朝廷のこととて、逆に罪を招く結果となりかねぬ、と説得したのである。この事件で張鳴岐にたいする革命派の幻想はふっとんだが、王にたいする評価は急上昇した。広西独立の際、王芝祥が副都督に推されたのもこのためだったという(150)。

張鳴岐と革命派軍人をめぐる一幕は、辛亥革命における立憲派と革命派の関係を彷彿させるものがあるが、こうした両面派的態度は、当時、官僚・紳士の世界ではごく普遍的であった。そして、張鳴岐のように武昌蜂起以前にその本性を露呈する者こそむしろ例外で、多くは王芝祥程度に革命派に好意を示したり、あるいは少なくとも革命派の敵意を買わぬよう努めつつ、形勢を観望していたのである。

光緒帝、西太后逝世以後、下獄中の日知会員らの処遇が一変したことは第一節で紹介したが、日和見の傾向は全国的であった。革命運動の取締りに漢人官僚は満人・旗人の官僚ほど積極的でなく、弾圧がおこなわれるばあいも、かならずといってよいほど情報は事前に洩れた。[151] 紳士においても同様で、浙江の「新山歌」事件に碩儒孫詒譲が救援に乗りだしたように、少なくとも当事者が知識分子のばあい、革命派に好意を示し恩を売る篤志の士にこと欠かなかった[152]（逆に下層大衆――たとえば『猛回頭』事件の曹阿狗には紳士連の一顧も与えられなかった）。

こうした官僚、紳士たちはどういう心境にあったのか。王独清は自分の父親について、つぎのように観察している。[153]

（光緒帝逝去後）父はあれほど極端に過去に執着する人間であったのに、いまではまるで新しい勢力のまえに少しずつ屈服をしめさずにはおれぬみたいである。半ば皮肉味をおびた態度で、彼は新しい事態にだんだん接近しはじめた。新しい人たちも、当時にあっては、かねて社会に声望のあるものをかれらの安全弁に必要とし、同時に、それをかりてかれらの勢力を拡大しようとしたらしい。父はこのような期待をむかえいれた。そこでわが家には、のちに陝西で革命がおきたとき要人となった、同盟会の党員たちが、しょっちゅう出はいりした。

王独清の父、王注東は西安では錚々たる紳士で、もう一人の紳士張栢雲とともに、革命派のあいだで高い評価を得ていた。ところが、張栢雲が思想的にも行動的にも同盟会と直接のつながりをもっていたのにたいし、[154] 王注東は違った。

新しい人たちとつきあいはするものの、その連中が投げかけてくれる、やがておとずれる社会の影を受けいれたい意向を、かれ自身はけっしてしめさない。いや、かげではかれらの言論をかれらの傾倒を嘲笑しさえする。きわめて明白なのは、新しい方面に対して、父はごますりしていたにすぎず、なんらの理解もなんらの誠意ももたなかったことである。（傍点は引用者）

王注東にとって社会の旧秩序を破壊する「排満」は許せなかった。学校はそういう「謀叛」の雰囲気を育てるというので、息子（王独清）の入学希望を拒絶したくらいである。「排満」反対という点では、それまでさんざん罵ってきた康有為の所説にも共鳴するところがあった。

しかし、父はかの同盟会の会員たちのまえでは、あくまでかれの意見を発表しなかった。かれらに対しては、父は完全に外交手段を採っていた。……父もよくそういうかれの態度を弁明していった、「革命などやる連中としゃべるには、やはり少々注意したほうがいい。なにもやつらの気をわるくして、めんどうを起こすこともあるまいて。」

王注東は一つの典型である。当時、官僚や紳士、はては一部の高級軍人においてさえも、革命活動や宣伝にたいし、見て見ぬふり、聞いて聞かぬふりぐらいから、ある程度の好意を示したり、便宜を供与したりするところまで、さまざまのバリエーションはあったが、発想において共通する対応があったからである。一九〇九年、山西の一同盟会員が学校経営の件で知県と面会したおり、数十通の訴状を見せられたという話など、その意味では象徴的である。彼は知県に「此れ皆な君が謀反を控《うった》えし案《しょるい》なり。我れ君の国士たるを知る。故に抑えて発せず」、しかし、今後は言動に気をつけてほしい、といわれたのである[155]。自分の基本的な立場は保留したまま、相手にたいする人間的共感を一方的に押し売りできる、「国士」よばわりは革命的知識分子にたいする彼らの殺し文句であった。

こうした状況のなかで、中国内地で活動する革命派にとって、立憲派との界限はもちろん、一般の開明派との界限すらかならずしも明確ではなくなったようである。第一節で武昌蜂起後の黎元洪擁立が、けっして偶然でなかったことを指摘したが、湖南における譚延闓、広西における王芝祥についても、おそらく同様のことがいえるであろう。そして広西の張鳴岐と青年将校たちのエピソードが前駆的に示したように、「国士」「壮士」よばわりに流された革命派は、冷徹に階級的利害を打算した立憲派・開明派に足をすくわれたのである。

一九一〇年、一一年になると、清朝の威信はまったく地に堕ちた。第一節、第二節でも触れた剪辮の風潮は全国的に広がり、一一年七月、清朝のお膝もと、北京清河鎮の陸軍部第一中学に十一省の陸軍小学から選抜されて送られてきた学生千余人中、七百余人にはすでに辮髪がなかったという[156]。旗籍の学生を除くほとんど全部が剪っていたわけで、一般の学校はいうにおよばなかった。

こうした情況のなかで、伝単や街頭演説が新たな宣伝の武器として登場する。つぎに湖南での例をあげよう。鉄道国有化反対の大衆運動が澎湃として盛りあがると、革命党人はこれと緊密に結合して宣伝をおこなった。講演会を開き伝単を配るというのが当時よく使った方法だったが、なかなか感動的な場面もあった。「湖南保路同志会」なる名義で撒いた伝単（保路同志会は四川の組織で、これは巻施社の同志が名を拝借したのである）があったが、内容はたった数句、「お尋ねします。君は中国人ですか？　良心をおもちですか？　亡国奴になりたいのですか？

救国運動に参加してください（請問、你是不是中国人？　你有無良心？　你願当亡国奴麼？　請加入救国運動）」。わずか二十数字の白話文だが、清末ではめずらしい新文体であり、簡明扼要《やくよう》、人の心をゆさぶるものがあった。伝単の配布者は巡査に遭っても何枚か手わたした。巡査にも伝単を読んで感動する者がいた[157]。

同じころ（一一年四月）、山西陸軍小学の同盟会員は、同学に呼びかけ資金を集めて同盟会の「救亡伝単」を数万部重印した。列強が今年八月（陰暦）に中国を分割することを決定、北満・蒙古・新疆はロシア、南満・福建は日本、山東はドイツ、長江流域はイギリス……とそれぞれ範囲を画定し、直隷省だけが大清帝国の領土として残ることになったと告げ、国民に救亡のため決起するよう訴えたものだったという。

ある日曜の午前、学友たちは伝単を街頭で撒き、各大学堂や専門学堂に届け、かつ各府・州・県の中学および高小に郵送した。たちまち人心は動揺し、各大学、専門学堂の学生は続々と集会を開いて罷課を準備するなど太原は大さわぎになった。山西反動当局は巡撫部院で緊急会議を開き、郵便の停止、伝単の没収、罷課の禁止などの措置を採って革命活動を抑えつけ、陸軍学生には「革命党人　従中《なかより》搗乱し、謡言を製造、伝単を散発して、人心を煽惑し、不軌《むほん》を図謀《くわだ》つ」という罪名をかぶせて恫喝をかけた。各学堂の学生は山西の反動当局が学生の愛国運動を唱導・支持しないばかりか、逆にこれを取り締り、圧迫するのを見て亡国奴たるに甘んずる者と断じ、反対の対象を列強から清朝へ転換させたのである。(158)

前年七月の第二回日露協約と八月の「日韓併合」とが激発した民族的危機意識の、ことに北方における深刻さを示すものであるが、南半部における清朝の売国政策（鉄道国有化）に反対する運動の高まりとともに、闘争の鋒先きは当面の敵、清朝打倒へ向けられていった。広州における四月二十七日の武装蜂起（黄花岡起義）は、失敗には終ったが、人心を鼓舞し、支配階級を動揺させ、革命への号砲となった。乾坤一擲の蜂起に敗北して同盟会指導部は意気沮喪し、統一的指導の能力を失ってしまったことは周知のことであるが、革命情勢はその混迷を乗りこえて発展したのである。広東においても末端の革命党人は果敢な闘いをつづけ、請仮回籍中に状況を見聞した御史温某によれば、「刺客を密布して当事の心を寒うし、土匪と勾結して響応の勢いを為し、演説を以って愚民を煽惑し、報紙を以って輿論を淆乱」し、「紳民は紛々として遷徙し、時《つね》に大乱将至《ちかし》との心を懐く」にいたらしめた。(159)

武昌蜂起の前月、温某は「広東は乱機四伏す、急ぎ消弭《しょうび》の善法を籌《はか》るべし」と条陳し、革命運動の取締り、ことに革命演説の「厳拿」を要請して、つぎのように述べている。

> 近来、逆党は各属に分赴し、動《つね》に演説を以って人を招《あつ》めて党に入らしめ、これを播種子と謂う。巡警・官勇有りと雖も、亦た佯《いつわ》って聞かずと為して過ぐ。尚お復た何の体統を成さんや。応に請うらくは各省に飭下し、凡そ地方官及び郷紳にて、此等の匪類有るを見て厳に駆逐を行なわざるものは、即《ただ》ちに坐せしむるに縦匪の罪を以ってせよ。倘《も》し匪徒抗拒すれば格殺するも論ずる勿れ。其の逆書及び逆報を刊售《かんしゅう》する者も亦た同じ。蓋し近来の風気たる、凡そ此の輩と難を為す者は時論必ずこれを詆毀す。官吏苟くも愛好の心存すれば、便ち罪を時論に得る

を敢てせざるなり。明らかに逆党に係るに其の名を美にして民党と曰い、其の戮せられるや、反ってこれが為に装点粉飾し、慷慨激昂、尊んで志士となす。順逆明らかならず、天下安《いず》くんぞ得て靖からん。

たしかに順逆は完全に逆転していた。人々が清朝政府の正統性をまっこうから否認するにいたって、その支配機構の麻痺は末端から急速に進行し、革命に対応する能力を喪失してしまった。長沙では武昌蜂起の三日後に確報を入手してから十月二十二日の「光復」にいたる旬日たらずに、革命派は省当局による戒厳を突破して連日、伝単を撒き、街頭演説をおこなって武昌方面のニュースを宣伝し、呼応決起を訴えた。非常手段による弾圧を指令されていた警察も「東の人を逐い散らしたら、もう西に大勢聚まっており、北側の演説者を追い払ったと思えば、南側に伝単配布者が現われていた」というありさまに、なすすべを知らなかった。(160) 湖南新軍内部でも共進会の指導で蜂起の準備が急ピッチに進められた。当局はこの動きをつかみ、それなりの対策は講じたのだが、ついに蜂起を阻止することはできなかった。(161)

伝単、演説は、情報が権力によって封鎖されている情況下で、その機動性と速報性で大きな役割をはたし、民衆に歓迎されたという。武昌蜂起後五十日を出ずして、湖南をはじめ十五省が独立を宣し、清朝支配体制の崩壊は、すべての当事者の予測を超えて急速だったが、各地それぞれの条件によって形態・対象を異にしても、革命党人は長沙のばあいと同様、公然・非公然の革命宣伝を精力的に展開したのにちがいない。ただこの時点にあっては、もはやプロパガンダではなくアジテーションとして「起義」の軍事過程、政治過程の一部をなしていたためか、関係者の記述も回憶も、「起義」「光復」の軍事的政治的経過については熱心に語りながら、活動のこうした側面に言及することはまれである。

まとめ

革命宣伝の内容が、主要には運動主体のがわから規定されることはいうまでもない。その意味では辛亥革命運動は、ブルジョア民主革命をめざしながら、幾多の弱点を最初から内包していた。たとえば中国近代史叢書『辛亥革命』(上海人民出版社、一九七二年)は、同盟会の綱領的文献そのものがもった重大な欠陥として、つぎの諸点を指摘している。

第一に、もともと副次的な「満漢の矛盾」が主要な矛盾として誇張され、革命の反帝国主義的内容が希釈されただけでなく、列強に革命への中立を保持させうるかのごとき幻想に支配されていた。第二に「民族主義」が単純な反満と等置され、「民権主義」も実際的な内容を欠き、革命の反封建的性格が弱められた。漢人の民族的一体性が強調されるなかで、漢人官僚・軍閥の苦衷を理解する必要が説かれ、反動的人物にたいする幻想が、当の革命陣営のなかでかきたてられた。第三に、「平均地権」の主張も、農民のさし迫った土地要求にはむしろ敵対するもので、革命的ブルジョアジーは革命の主力軍(農民)を指導して反封建闘争を展開する意志も能力も喪失していた、というのである。

この時期の革命宣伝が、さまざまの困難と制約を乗りこえ、創意に富んだ形態で展開されながら、その対象は学生、知識人、新軍兵士からせいぜい都市居民までの範囲にかぎられ、広範な被搾取大衆、ことに農民が埒外におかれたのもそのためである。宣伝の質的な内容も、陳天華の帝国主義批判、鄒容のアメリカ的民主政体礼讃、「民報の六大主義」における三民主義解釈と、一九〇三年から〇五年にかけて、それぞれの高みに到達しつつ、以後はかえって年を逐って単純化し、反満一本に収斂していったのもそのためである。〇三年に『猛回頭』『革命軍』などが出版されたあと、一一年まで、ついにこれを凌駕する大衆的宣伝物を、革命派が提供しえなかったのも、そのためであった。ただ、これには宣伝の客体、宣伝を受けるがわの条件によって、逆に規制された面のあることを指摘しておかねばならない。

宣統年間、香港—澳門間の定期客船内で、反満革命の鼓吹と同時に、男女平等、結婚の自由が宣伝された事実を第二節で紹介しておいたが、前述のように同盟会綱領では反封建主義の立場が曖昧であったにもかかわらず、同盟会香港支部は、そして香港支部のみが、韃虜の駆除と中華の恢復に重点をおいたほか、たとえば家庭専制に反対し、婚姻の自由を主張し、女権を提唱し、妾になることに反対し、纏足に反対するなど、反封建の社会革命問題をとりあげて宣伝した。「これは当時の若い婦人にとって一定の吸引力をもった。」「(秋瑾の犠牲の刺激もあって、広州、香港、澳門の)自覚した婦人たちが、あい率いて辛亥革命の隊列に身を投じた。彼女らは一般に封建家庭またはブルジョア家庭の出身で、女学生、家庭婦人、職業婦人などであったが、なかには富商の寡婦あるいは侍妾(姨太太)もおり、親の決めた結婚を拒んで逃げだした少女もいた[162]」という。

香港支部のこの宣伝が、いちはやく資本主義の洗礼を受けたこれら地域の社会的条件とそのなかで知識婦人が到達していた一定の意識水準と不可分であることはいうまでもない。ところが内地では、第三節で述べたように、清朝権力下における活動条件(形態、環境)によって内容を規制せざるをえない事情のほかに、宣伝対象の意識水準によっても制約されて、宣伝は反満に集中させられた。それは搾取階級に出自する学生や知識分子においてのみならず、被搾取階級に出自する新軍兵士のばあいにおいてすら同様だったのである。

武昌新軍に入隊し、兵士のあいだで活動した李六如は、貧農家庭出身の兵士に、いくら清朝の売国媚外の実状と亡国の危機を説き、台湾や朝鮮における民衆の受難のさまを熱心に語っても、さっぱり乗ってこなかったのが、「清朝が中国本土に侵入したこと、『揚州の十日』『嘉定の三屠』など漢人大量虐殺についての話になったとたん」、興奮して復仇を誓う、といった情景を『六十年の変遷』に記している。そして、おそらく彼自身の体験にもとづくこの情景が、当時の新軍内では典型性をもっていたことは、第一章に紹介した章裕昆のばあいなど、文学社のオルグ諸例が傍証している。兵士たちの感性に訴えるには、満漢の種族矛盾がもっとも速効性をもっていたのである。

辛丑条約以後、帝国主義は中国の半植民地化を達成し、陳天華が鋭く指摘したように、太上皇帝として中国に君臨した。義和団運動の教訓から、列強は中国人民を直接統治する愚を避け、「政治、経済、文化など比較的温和な形式をとって」侵略し、間接的に中国反動派の「人民大衆への圧迫を援助」したのである。そのため中国人民にとって国内の反動支配階級との矛盾が、とくに鋭く意識された。ただこのとき、革命の指導勢力、ブルジョアジーはその政治的未熟さと弱さから、清朝政府を反動支配階級の政治的代表としてとらえることができず、前述のように支配階級を満・漢に区分し、前者に憎悪を集中した。兵士や一般民衆にたいする革命宣伝は、真の敵を明らかにして彼らの認識を理性的な段階に引きあげる方向ではなく、その感性的認識に迎合する方向で展開されたのである。

一方でこれは反満革命の戦線を広げ、中国人支配階級の一部を革命に動員し、かなりの部分を中立化することを可能にした。他方でこれは革命を基本大衆である農民から遊離させ、帝国主義が余裕をもって清朝にかわる乗換え馬（反動軍閥）を用意することを可能にし、支配階級が自己の利益を擁護するために沈着に行動することを可能にした。

光復後の湖南が逢着した最大の困難は財政問題であった。陶菊隠はつぎのように回憶している[163]。

（革命軍の）兵員数が急増したのに徴税がまだ統一されていなかったので、革命政府が負担する膨大な軍事費は出どころがなく、「籌餉局《ちゅうしょうきょく》」を置いて土地・家屋・田畑など財産の多寡に応じて寄付金（捐款）を割りあてる以外になかった。この措置はたちまち地主・紳士たちの猛烈な反対を受け、「暗無天日」「鶏犬不寧」と非難された。

上流社会で革命に同情的だった人でさえ、みな賛成しなかった。たとえば、清朝の前軍機大臣瞿鴻禨《くこうき》は上海に寓居していたが、草潮門正街に大きな屋敷をかまえていたので、しょっちゅう人が往っては寄付を取りたてていたところ、大紳士の熊希齢や譚延闓の同科の張其鍠が省外から電報をよこしてこれを阻止した。彼らにしてみれば皇帝打倒は関わりのないこと（另一回事）だが、個人の財産を侵犯し、地主・紳士の利益を侵害することは絶対に許せなかったのである。かくて革命政府は貨幣の増発という手段で財政上の赤字を補塡するほかになかった。当時、湖南の官銭局を改称して発足した湖南銀行は、資本はわずか数十万両だったのに、前後発行した紙幣（鈔票）はなんと二千二百余万元に達した。……このため貨幣価値はたえず下落し、物価はたえず上昇して、直接の被害を受けたのはすべて勤労人民であった。

湖南軍政府都督で共進会員の焦達峰らが殺害され、立憲派譚延闓らが権力を掌握した事件が、軍隊にたいする給与不払いを口実におこされたことが想起される。軍隊は清朝新軍の給与をそのまま引きついだ傭兵制で膨大な軍費を必要とし、しかも旧支配階級を革命的に収奪する道は封ぜられたとあっては、革命政府はいやおうなしに人民に敵対するたちばに追いこまれることになる。これが湖南だけの特殊事情でなかったのはいうまでもない。辛亥革命の失敗は必至であった。

だが、一方で辛亥革命は偉大な成果をあげた。二千年来の専制王朝に終止符をうち、封建主義の要《かなめ》をはずしたことがそれである。革命宣伝において、たとえば前後百万部以上も出たという『革命軍』がそうであるように、「駆除韃虜」はつねに「建立民国」と表裏の関係で説かれていた。民主主義政治についての啓蒙はきわめて不十分だったとはいえ、清朝政府打倒後に出現するのは漢民族の共和国だということを、大衆的に自明のこととしたのである。立憲派も反動勢力も、この現実だけは承認しないわけにはいかなかった。彼らにすれば破帽を棄てるぐらいの気で見棄てた清朝だったろうが、やがてそれがたんなる帽子ではなく、実は封建主義の要石《かなめいし》だったことを思い知らされるのである。君臣の義が宙に浮いて三綱五常は動揺をはじめた。人々は精神的、思想的に解放され、強力な思想革命「五四運動の到来を不可避的なものにした」（呉玉章『辛亥革命』）のである。

いまひとつ、辛亥革命は複雑な中国革命の分数式から異民族支配という分母を払い、帝国主義、封建主義の、真の敵としての正体を人々に把握させるという、大きな役割をはたした。高度の文化と伝統をもつ大国が異民族王朝の君臨下で帝国主義の侵略をうける、他に類例のない条件のもとで、未熟な中国のブルジョアジーに透徹した認識と正確な革命指導を求めるのは、非歴史的なないものねだりにひとしいが、辛亥革命の戦士たちはみずからの生命を賭して前面の遮光幕をとりはらったのである。孫文をはじめすぐれた革命家の多くは失敗に屈せず、帝国主義・封建主義にたいする闘争をひきつづき堅持した。だが、その闘争はいかなる勢力に依拠して進めるべきか、清朝打倒をめざしたとき、彼らは主観的には漢民族総体に依拠できたのであるが、新たな局面でより強大な敵と対しつつ、この点での確信をもてないまま、彼らは試行錯誤をくりかえさねばならなかった。

実は辛亥の際においても、革命青年たちが体当り的蜂起をくりかえしながら、ゆるがすことのできなかった清朝支配の屋台骨を白蟻のように食い荒らし、一朝にして倒壊させた原動力は義和団運動いらい全国に蔓延した民衆の闘争であった。それは一切の負担を人民におしかぶせつつ体制の補強をはかろうとした清朝の企図（新政）を大小無数の一揆、暴動、反乱で粉砕し、空洞化し、ついに武昌の一撃に堪ええぬ状況をつくりだしていたのである。さらにいえば、孫文がいみじくも述懐しているように（『心理建設』）、一九〇〇年を境いに革命家にたいする「全国の世論」を、それまでの「乱臣賊子、大逆不道」よばわり、「毒蛇猛獣」あつかいから一変させ、「前後をくらべてみると天と地ほどの差」を生ぜしめたのも、義和団の闘争にほかならなかった。革命家たちのために舞台をしつらえ、舞台を廻したのは、これら被搾取大衆の闘いであった。

辛亥革命時期に大衆の自然発生的な反帝国主義闘争を「野蛮排外」としてむしろ敵視し、反収奪・反権力の抵抗闘争を、利用はしても指導しようとはしなかった革命派であったが、かかる倒錯を克服し、人民大衆に自覚的に依拠すべきことを覚るには、やはり五四運動の体験が必要だったのである。

〔付記〕小論では『天義報』『新世紀』に拠るアナーキズムの宣伝については、ことさらにふれなかった。アナーキストたちは強権反対・専制打倒のたちばから、同盟会、革命派と戦列をともにしていたし、また種族革命論が人心をとらえるなかで、アナーキズムの宣伝はほとんど効果をもたなかったからである（景梅九・大高訳『留日回顧』一五〇、一九四～五頁参照）。アナーキズムが独自の役割をはたし、マルクス主義受容までの過渡を担当するのは、辛亥革命直後から五四運動前後にかけての時期である（中国文明選15『革命論集』の拙稿「総説」参照）。

注

（1）「拒俄義勇隊・軍国民教育会」（『東洋学報』五四―一）、「華興会と光復会の成立過程」（『史林』五五―二）。

（2）周作人『知堂回想録』一一三頁。

（3）『国民日日報』は章士釗ら『蘇報』の関係者が、表向きは外人経営ということで創刊した。『蘇報』案の難航のため、清朝は発禁の措置に出ることができず、購閲を禁止する通牒を発するほかに手がうてなかった（戈公振『中国報学史』第四章）。

（4）馮自由「沈翔雲事略」（『革命逸史』初集）、朱和中「欧洲同盟会紀実」（『辛亥革命回憶録』第六集）。

（5）朱和中前出書、および張難先『湖北革命知之録』など参照。

（6）『湖北学生界』は一九〇三年一月から九月まで、八期を発行しておわった。第六期からは『漢声』と改称した。第四期の広告に、一、二、三期を数千部再版するとあって（資料叢刊『辛亥革命』第八冊六四六頁）、相当の部数が発行されていたものと思われる。
（7）鄂城の生員朱峙三は〇三年十二月、友人から『新広東』『浙江潮』『江蘇』『揚州十日記』『嘉定屠城紀略』など新書十余種を借覧したことを日記に記している（『辛亥首義回憶録』第三輯一二三頁）。なお後出の武漢報紙銷数調査をも参照。
（8）曹亜伯『武昌革命真史』自叙。なお中村哲夫氏は『蘇報』に楊が途次革命党の嫌疑で拘引、身体・行李を捜検されたが、何一つ発見されなかった、という記事のあることを指摘して、楊が『猛回頭』を持ち帰った事実に疑いを存しておられる。だが、禁制品を持ち帰る以上、後に述べるように、教会の名義を利用するとか、外国人に託するとか、万全の偽装を講じていたことは疑いなく、『蘇報』の記事が官憲にたいする揶揄であることを考えれば、記事そのものが楊自身の通信にもとづくものである可能性すらある。
（9）（10）楊玉如『辛亥革命先著記』（科学出版社）一〇～一一頁。『辛亥革命回憶録』第一輯、一八六頁。
（11）『辛亥革命回憶録』一、一八六頁。
（12）楊玉如前掲書一一頁。科学補習所の成立とともに武庫は自然消滅したという。
（13）朱和中前出書によれば、呉の湖北新軍中における威勢は非常なもので、彼の紹介による入隊者はとくに優待された。
（14）欧陽瑞驊「武昌科学補習所革命運動始末記」（中国近代史資料叢刊『辛亥革命』（一））。
（15）（16）張難先『湖北革命知之録』五五頁など。
（17）曹亜伯前出書。
（18）張之洞『張文襄公全集』巻一〇五「公牘」二〇「札北臬司通飭各属査禁逆書」、光緒三十年十一月初三日。
（19）『辛亥首義回憶録』第一輯七八頁。
（20）これには丙午正月と二月との両説がある。前者は張難先（前掲書八一頁）、楊玉如（前掲書一二頁）など、後者は范鴻勛「日知会」（『辛亥首義回憶録』第一輯）、程起陸「日知会在黄岡的活動」（『辛亥革命回憶録』二）などであるが、ここでは後者を採った。

(21) 当時、東京にあって『民報』の発行に関与した曹亜伯は、キリスト教会のルートを利用して湖北に送りこんだという(『辛亥首義回憶録』第二輯一〇七頁)。

(22) 日新学社については張難先前掲書八五、一〇一頁参照。なお黄岡にはこれより先、一九〇三年夏に休暇で帰った留日学生祝蘭亭らが城内に「黄光学社講習所」をつくり、一般の青年を集めて『警世鐘』『猛回頭』などの小冊子を配ったとする回憶がある(『辛亥首義回憶録』第二輯八二頁)。記事の前後に矛盾があるので時期は確定できないが、黄岡県でかなり早くから革命運動の種子が播かれていたことは疑いない。

(23) 『辛亥首義回憶録』第一輯七八頁。

(24) 明新公学の例(『辛亥首義回憶録』第二輯六頁)、殷子衡も一時教鞭をとった団風公立小学校で同様の授業をした(『辛亥革命回憶録』二、七七頁)。こうした方式はごく普遍的で一九〇二年、湖南の新化中学で教えた曹亜伯のばあいなどが早い例であろう(『武昌革命真史』自叙)。

(25) 殷子衡「獄中記」(『辛亥首義回憶録』第三輯)。

(26) 『辛亥首義回憶録』第二輯七頁。なお、呉貢三や殷子衡らは大冶、鄂城までも宣伝行脚をしたという(『辛亥革命回憶録』二、七六頁)。

(27) 同前および『辛亥革命回憶録』二、七六頁。『孔孟心肝』は二四頁の小冊子、春秋の大義から種族の関係を論じたもの、書中満州の二字はすべて黒点で代用し、トラブルを避けた。知識分子に歓迎され、黄岡で万余部、別に英山でも万余部が飜印されたという。

(28) 曹亜伯前掲書一三〇頁。

(29) 同前一三五～七頁、張難先前掲書八〇頁。『辛亥首義回憶録』第一輯一〇七～九頁。

(30) 『辛亥首義回憶録』第一輯七八頁。

(31) 張難先前掲書八二頁、『辛亥首義回憶録』第三輯九頁など。

(32) 『辛亥首義回憶録』第一輯一一二頁。

（33）同前二一〇頁。
（34）『辛亥首義回憶録』第三輯六八頁。当時両湖総師範在学中の朱峙三が范から学校気付で『民報』『天討』などが郵送されてきたことを記している（同前一二九～三〇頁）。
（35）張難先前掲書一三四～六頁。
（36）たとえば『辛亥革命回憶録』二、八一頁参照。
（37）『辛亥首義回憶録』第三輯一三一頁。戈公振『中国報学史』一六八～九頁。
（38）『辛亥革命回憶録』一、八二頁。当時、江西萍郷の県立小学堂に在学していた張国燾は、規則どおり服喪のため辮髪に白布を結んで登校したところ、級友に嘲笑され、あわててその孝帯を取り去ったという（『我的回憶』一九頁）。少なくとも華中、華南では一般的な風潮だったのであろう。
（39）被告九名中、拷問と獄中の悪劣な条件のため、朱子龍は病死（無期刑を宣せられた劉静庵も一九一一年獄死した）、季雨霖、張難先の二人は保釈された。アメリカ公使の干渉を記した資料は多いが、危うく極刑を免がれた情況は『辛亥革命回憶録』六、四八～九頁参照。
（40）監獄によって待遇に差はあったが、たとえば武昌府候審所に収監された呉貢三、李亜東、梁鐘漢は、革命に同情的な獄官の庇護を受け、三人で「中華鉄血軍」を結成、獄外の革命組織と連絡をとり、新聞に寄稿したり、依頼されて檄文を起草したりした（『辛亥首義回憶録』第三輯二三頁）。武昌の臬司獄につながれた胡瑛は、無期刑の身でありながら、典獄談某の娘と恋愛し、結婚を許された。もちろん革命党人の出入も自由で、武昌蜂起にも参画したという（同上第二輯一八、四〇頁）。
（41）同前書第二輯一六～七頁。
（42）張難先前掲書一〇〇、一四五～六頁。
（43）文学社社員万鴻階は、一九〇八年の入隊後、朝鮮、インドの亡国の惨痛と中国の現状を対比して宣伝するように指示され、一〇九年になると中国の富国強兵実現のためには清朝を打倒せねばだめだと、宣伝の内容を変更するよう群治学社社員から指示を受けたという（『辛亥首義回憶録』第一輯一一七～八頁）。

(44)『商務日報』については関係者の回憶に出入があり、不明の点が多い。温楚珩らによれば詹大悲等は買い取りはしたものの日常経費に窘しみ、軍学両界の同志の合力籌措にかかわらず二ヵ月足らずで停刊をよぎなくされたといい（『辛亥革命回憶録』二、四八〜九頁、『辛亥首義回憶録』第二輯五一頁など）、李六如、張難先らは一定期間（少なくとも数ヵ月）発行を続けたあと、後述の楊度糾弾事件のため封閉されたとする（『辛亥革命回憶録』一、三〇八頁、張難先前掲書一四七、一六八頁など）。ここは李六如の回憶にしたがう。『競業旬報』については胡適『四十自述』に詳しい。張難先は劉復基（堯澂）もそれに関係していたとするが、直接関係のあったのはたぶん蔣翊武だけであろう（張難先同前書一六六、二六二頁）。

(45)張難先前掲書一四七〜八頁。

(46)同前書一五四頁、および章裕昆『文学社武昌首義紀実』一七頁。創刊の経費三千元は革命同情者の出資によった。『辛亥革命回憶録』二、四九頁など参照。

(47)以上は章裕昆前掲書一七〜二三頁。『辛亥革命回憶録』二、四九頁。『辛亥首義回憶録』第一輯五一、一一九頁、第二輯九〇、一二四頁に拠った。

(48)章裕昆同前書。

(49)『辛亥首義回憶録』第二輯八九〜九〇頁。『辛亥革命回憶録』二、九四〜五頁。

(50)同前書第一輯八頁。

(51)同前書第二輯一二三〜四頁。

(52)張難先前掲書一七九〜八〇、一八九〜九〇頁。会党（幇会）方式のオルグについては『辛亥首義回憶録』第一輯三頁を参照。

(53)『辛亥首義回憶録』第一輯七〇頁。

(54)李時岳『辛亥革命時期両湖地区的革命運動』六二〜三頁。

(55)『辛亥首義回憶録』第二輯四五〜六、九〇頁。

(56)『辛亥革命回憶録』二、八〇〜一頁。

(57) 『辛亥首義回憶録』第一輯一二二~三頁。出席者中に共進会の孫武の名が見えるのは、四月が合作折衝開始以前なのでいぶかしい。ただ武昌光復のさい黎を都督に推戴するよう孫武が指示したと張難先も記しており(『湖北革命知之録』一九一頁)、孫武がこの謀議に参画していた可能性は少なくない。あるいは時期に記憶ちがいがあるのか。なお章炳麟「黎公碑」も黎擁立が予定の行動であったとしている。

(58) 『大江報』査封の時期について『鄂州血史』二六頁、『文学社首義紀実』二七頁は六月(旧暦)とし、『辛亥首義回憶録』第一輯五一頁はただ夏とする。

(59) 他に『夏報』『雄風報』『政学日報』など、革命に同情的か、または革命党人自身が発行する新聞があったが、次々に査封されたり、財政難のため発行停止に追いこまれたりしたという(『辛亥首義回憶録』第三輯一四五~六頁)が、革命派自身が後継紙づくりにそれほど熱意を示さなかったにちがいない。

(60) 革命派も自覚的にこれを運用した。蜂起やテロにおとらず大きな反響を呼んだ陳天華や姚宏業の憂憤自殺事件のばあいなど、両烈士の出身地湖南では、革命派の禹之謨、寧調元らが学生を動員して大規模な公葬を挙行した(〇六年七月)。追悼に藉りて革命を宣伝し、学生の奮起を呼びかけたのである(『湖南近百年大事紀述』参照)。

(61) 景梅九・大高巌他訳『留日回顧』(原名『罪案』)二四、五五頁。

(62) 馮自由『革命逸史』第三集一九七~二〇四頁など。呉に爆弾を提供し、その使用法を指導したのは北京に逗留中の楊毓麟だったというが、李宗鄴「呉樾伝」(『革命先烈先進伝』五三~五頁)では趙声自身だとしている。

(63) 『辛亥革命回憶録』一、三七五頁。

(64) 一九〇四年、華興会の蜂起を予定した黄興らは、長沙で『革命軍』『猛回頭』『警世鐘』などを大量に黐印し軍商各界に散布した(『辛亥革命回憶録』二、一三四頁、楊世驥『辛亥革命前後湖南史事』九九頁)。廈門では宣伝物の欠乏に苦しみ、『革命軍』を『図存篇』と改名して、一千冊印刷し、郵送したり、夜中に商店の扉の隙に投入したりしたこともあるという(『辛亥革命回憶録』四、四七〇頁)。

(65) 景梅九前掲書一〇八頁。

(66)『辛亥革命回憶録』一、三七四頁。なお北京東交民巷の公使館区域内に『民報』の発行機関があったとする伝聞もある（『辛亥首義回憶録』第一輯五〇頁）。
(67) 馮自由前掲書初集一二三頁、周作人前掲書七九頁、『辛亥革命回憶録』四、七七頁。
(68)『辛亥革命回憶録』二、四五六、四五七、四九六頁。同三、三九六、三九七頁。『近代史資料』一九五六年第四期八一頁。
(69) 天津に利亜書局（景梅九前掲書五二頁）、長沙に集益書店（『辛亥革命回憶録』二、一九二頁）、中外各報代派所（張難先前掲書二六二頁）、西安に公益書局（景梅九前掲書一七三頁、王独清・田中謙二訳『長安城中の少年』平凡社五四頁）、運城に淮文書局（『辛亥革命回憶録』五、一六四頁）、大竹県に大竹書報社（同三、三〇〇頁）などがあった。臨時のものとしては一九〇三年の郷試の際、受験者に宣伝する目的で湖南人劉寿昆が南京貢院の近くに書店を出し、時務書、禁書をそろえていた例がある（周作人前掲書一二二頁）。
(70) 教育図書社については『辛亥首義回憶録』第一輯九一頁を参照。
(71) 新軍の一般兵士への宣伝活動は、熊成基らが安徽新軍にたいし、倪映典らが広東新軍にたいしおこなった例があり、湖南新軍でも『兵目須知』なる表紙で偽装した『猛回頭』『革命軍』がもちこまれたりしたが、いずれも湖北のばあいほど系統的・持続的なものではなかった（『辛亥革命回憶録』二、一五九頁、同四、三八〇、三九九頁、馮自由『革命逸史』初集二〇二頁、同第三集二四五頁、『近代史資料』一九五五年第四期八六頁、『辛亥革命前後湖南史事』一八〇頁）。
(72)『辛亥革命回憶録』一、四五六〜九頁。
(73) 同前書一、三頁に雲南講武堂の、同二、六九頁に南京陸軍第四中学の、同三、四八〇頁に貴州陸軍小学の禁書閲読の例が見える。
(74) 中国公学については胡適『四十自述』四、五、安徽公学については『辛亥革命回憶録』四、三七七〜八一頁を参照。
(75)『辛亥革命回憶録』三、二四七頁。
(76) 同前書一、三七八頁。
(77) 同前書四、四三四頁。

(78) もちろん『訄書』『駁康有為書』などにはじまり、『民報』誌上でも健筆をふるった章炳麟の古奥淵雅な文章と学殖の深さは、旧式知識人や留日学生のあいだで別の意味の影響力をもった。たとえば『辛亥革命回憶録』一、四一四頁、同六、二四～五頁、周作人前掲書二二七頁参照。

(79) 『辛亥革命回憶録』一、四七〇、四九五、四九六頁。なお四七〇頁の記載では『民報』なども備えてあったとあるが、鉄路局は立憲派と反清派と構成が複雑だった（四九六頁）というから、おそらく『民報』は置けなかった。

(80) 同じ記事によれば埭渓鎮には他に『申報』三部、購読者は官場、『新聞報』一部、商、『中外日報』一部、商、『警鐘日報』一部、学生社会、『湖州白話報』二十一部、中下等社会、『新小説』一部、学生、『新民叢報』三部、各種社会、『大陸報』一部、学生、が購読されているだけだった。人演書社の比重の高さがわかろう。

(81) 『辛亥革命回憶録』二、四二二頁。

(82) 同前書四、三二八、三四五頁。中国近代史資料叢刊『辛亥革命』三、二五頁。

(83) 曹亜伯前掲書一二九頁。

(84) 『辛亥革命回憶録』四、三八二、三八五、四五四、四七〇頁、同二、二一七、二二二、三〇八頁。

(85) 同前書四、二〇九～一三、二三〇頁。

(86) 同前書三、六頁。『近代史資料』一九五八年二期二五頁。

(87) 馮自由前掲書第五集四七頁。

(88) 同前書第五集四六頁。『辛亥革命回憶録』四、一三五、一八八～二〇〇頁。

(89) 埭渓人演書社の購入目録にある『安徽白話報』は、おそらく『俗話報』のあやまりであろう。なお『安徽白話報』と称するものは一九〇八、九年ごろ、別個に発行されている。

(90) 胡適『四十自述』。なお、このときの白話文づくりの体験が、七、八年後の文学改良提唱の基礎になったという。陳独秀についても同様のことがいえるかもしれない。

(91) 馮自由前掲書初集九四頁、第二集二四一～六頁。なお旧式の戯班が愛国劇を上演し、人々を感奮させた例としては『辛亥革命回憶録』二、三〇五頁を参照。

(92) 馮自由前掲書第五集二六二〜七頁。なお、広東、澳門でのこうした活動に学んで、広西梧州でも一一年夏、有志によって「優者勝劇社」が結成され、広州から教師を招いて粤劇を学び、ついで話劇をも学習するため澳門に往って「優天影劇団」の教師に就いた。しかし武昌蜂起のニュースに接して梧州に帰り、劇社を解散して革命の実際活動に投じたという（『辛亥革命在広西』上集一六一〜二頁）。

(93) 『辛亥革命回憶録』五、三五六頁。なお梅蘭芳は王鐘声を留日学生出身とするが、欧陽予倩によればその事実はない。

(94) 欧陽予倩『自我演戯以来』一九八頁。

(95) 『辛亥革命回憶録』四、三八一頁。

(96) 同前書五、四〇〇、五三八頁。

(97) 進化団の団員の多くが辛亥革命で犠牲になった（欧陽予倩前掲書一九六頁）。王鐘声は天津にもどり独立を画策中逮捕され、十二月処刑された（『辛亥革命回憶録』一、三五七〜九頁）。劉藝舟は武装した一座を率いて山東に渡り、登州を光復して「臨時都督」になった（同前書一、三六二頁）。

(98) その一斑は阿英『晩清文学叢鈔』説唱文学巻上下を参照。

(99) たとえば『辛亥革命回憶録』二、七七、一五九頁などを参照。

(100) その他の例としては、同前書二、三三一頁、五、一六三頁を参照。

(101) 羅爾綱『太平天国史料辨偽集』一三四、一三五頁。

(102) 同前書一二七〜三三頁。

(103) 『辛亥革命回憶録』二、三〇六頁。

(104) 同前書五、三五六頁。

(105) 馮自由前掲書第二集二七六頁。

(106) 『辛亥革命回憶録』五、一九七頁。

(107) 馮自由前掲書初集一七〇～四頁。
(108) 同前書初集一七二、一七五頁。第二集一七五頁。この注（64）で紹介した廈門における『図存篇』の秘密印刷は、華僑のこうした活動が直接・間接の刺激になったにちがいない。
(109) 『辛亥革命回憶録』二、三七一頁。
(110) 資料叢刊『辛亥革命』（七）四七六頁。
(111) 馮自由前掲書第四集一四五～五五頁。
(112) 『中国魂』については『梁任公先生年譜長編初稿』でもまったく言及はなく、『中国近代（現代）出版資料』各編にもその名を見ない。ただ民国二五年中華書局刊の『飲冰室合集』所収の『専集』第一冊の目次に「新民説　清光緒二十八年（広智書局発行『中国魂』単行本即新民説之一部分」とあるが、『新民叢報』一〇号（光緒二十八年五月十五日付）の「広智書局出版広告」等には「飲冰室主人輯　中国魂　全二冊　定価四角、本書採集近今名士所著論説、専以発揚国民精神為主、精思偉論、光燄万丈、一字一涙、一棒一喝、凡中国血性男子不可不一読也」とあって、一種の論説集として刊行された。
(113) 島田虔次・小野信爾編『辛亥革命の思想』七四～五頁参照。
(114) 包天笑『釧影楼回憶録』二三四～六頁。
(115) 島田・小野前掲書、初版第二刷、六八頁（補注二）。
(116) 『辛亥革命回憶録』一、二二四～七頁。
(117) 同前書一、四五七～八頁。
(118) 景梅九前掲書二五頁、胡適前掲書三。
(119) 『辛亥革命回憶録』六、四九六頁。
(120) 平岡武夫訳『ある歴史家の生い立ち』一七頁。
(121) 『雲南貴州辛亥革命資料』一五～六頁。「辮髪史」とは、おそらく『清議報全編』巻二十六（群報擷華二）の「論髪辮原由」を指す。

(122) たとえば『辛亥首義回憶録』第一輯四九頁、熊瑾玎『革命老人徐特立』八頁など。

(123) 一例をあげると、東北は革命出版物の持ちこみが非常に困難な地方であったが、「梁啓超在海外出版的『新民叢報』和『中国魂』等書刊、流行到東北、幾乎家有其書、当権者禁網漸疎、談立憲者日日増多」といった状況が○七年から○九年ごろにかけてあった（『辛亥革命回憶録』五、五七三頁）。また遼陽県では「『新民叢報』原是官方禁書、但日本郵局能為寄逓、因而有閲読機会、学生対這一刊物極為歓迎。当時城内有男女師範、八旗、啓化等十余個学堂、学生両千多人、受到『新民叢報』的啓発很大」という証言もある（同前書五六八頁）。具体的な数字としては第一節の付表および第二節の注（80）で紹介した武漢、埭渓鎮のほかに江蘇の泰州、鎮江、浙江の杭州、衢州の三個所の報紙銷数調査が『警鐘日報』一九○四年十一月十七日、同十二月八日、同十二月十日、○五年一月二日付にあるが、どこでも革命派の雑誌より圧倒的に優勢である。

(124) 小野川秀美編『民報索引』下「民報解題」を参照。

(125) 馮自由前掲書第三集二八二頁によれば、『河南』雑誌も、清国公使の要求により一○号までで発禁になったという。しかし『辛亥革命時期期刊総目』（一九六一、上海図書館）によれば『河南』第九号は一九○八年十二月二十日の発行日付になっており、発禁になったとしても『民報』とはかなり時間のずれがあった。『夏声』『江西』とも短命であったが、『雲南』は○六年十月創刊から武昌蜂起まで総計二十三期を発行、○八年には毎期数千部、同郷会雑誌中、異彩を放つ存在であった。雲南の地元と華僑の寄付で一万元以上の基金をもち、一貫してフランス帝国主義の雲南侵略問題をとりあげ、ローカル性と報道性をもったことが、その成功の原因だった（『辛亥革命回憶録』一、三二三頁）。

(126) それどころか、一枚の地図さえ革命的意義をもった。景梅九は『晋話報』に載せた小説「玉影楼」の冒頭を、「ある御曹子が一幅の色別けの地図を見て国家観念を動かし、いたく激昂する」ところから始めた（前掲書四九頁）というが、これはわりと普遍的な現象だったようだ。李六如、郭沫若の各前掲書参照。

(127) 上海における革命新聞の動態については、戈公振『中国報学史』第四章、馮自由『革命逸史』第三集（「上海民呼日報小史」「上海民吁日報小史」「上海民立日報小史」）、『辛亥革命回憶録』四、七八～九頁、同六、七○、四九六頁、「民吁日報関係雑纂」（外務省現存記録一―三―一―三二）などに拠った。

(128)『辛亥革命回憶録』三、三三六〜八頁。
(129)以上は主なものを挙げただけである。その他は馮自由前掲書初集「広東報紙与革命運動」、同第三集「開国前海内外革命書報一覧」を参照。ただしこのリストには明らかに立憲派系の新聞もあるし、日刊か否かさだかならぬものも含まれている。
(130)『辛亥革命回憶録』三、四四二、四五四頁、『雲南貴州辛亥革命資料』一八〇頁。
(131)『辛亥革命在広西』上集五二、九〇、二〇〇〜一頁。
(132)『辛亥革命回憶録』四、四五五頁、同五、五三八〜九頁。
(133)同前書五、一一八頁。
(134)『近代東北人民革命運動史』一九八〜二〇〇頁。
(135)曹亜伯前掲書前編二八〇頁。
(136)黄季陸編『革命人物誌』第七集九九〜一〇〇頁。ただし戈公振前掲書一七二頁は、『可報』と同じく温生才関係の報道に起因するとしている。
(137)「香港其他ノ地方ニ於テ発刊スル漢字新聞、広東輸入禁止一件」(外務省現存記録一―三―二―三五)。このとき、日本人経営の日本語新聞『香港日報』が巻添えを食って輸入禁止されたため、日本総領事館も介入した。『世界公益報』(〇三年創刊)については馮自由前掲書初集八四頁参照。
(138)馮自由前掲書初集二〇二頁。
(139)李六如『六十年的変遷』第四章参照。
(140)馮自由前掲書第三集「上海民吁日報小史」。「民吁日報関係雑纂」、とくに公信四五九号(明治四十二年十一月十日)、機密第七〇号(明治四十二年十一月十九日、外務省現存記録一―三―二―三二)および「上海週報」(同上一―三―二―三〇)及び本書第二章などを参照。
(141)『辛亥革命回憶録』六、四九六頁。
(142)小野川編前掲書下「民報解題」。

(143) 楊世驥前掲書八四、九九、一〇二頁。
(144) 胡適前掲書五参照。
(145) 李光炯、名は徳膏、挙人。一九〇二年、呉汝綸に随行して日本の教育事情を視察した人物。帰国後、湖南に奉職、一九〇三年、旅湘安徽公学を設立、翌年これを蕪湖に移したのである。湖南時代、黄興、劉揆一、張継らと交際があった。
(146) 『辛亥革命回憶録』四、三七七～八一頁。黄季陸編前掲書第三集一三三～四頁。
(147) 『辛亥革命回憶録』一、三三二～六頁、同二、一三二～六、一三九～四〇、一五〇～一頁。なお龍璋、龍紱瑞を兄弟としている記述が多いが、彼らは表兄弟で龍湛霖は龍璋の父汝霖の末弟にあたる（黄季陸編前掲書第八集二一七～二二頁参照）。
(148) 『辛亥革命回憶録』四、三八五～九、四一二～六頁。武昌蜂起の消息が伝わると、王兼之らは李に勧告して上海に避難させ、反間の手段をも弄しつつ、反動派の武装力を切りくずして革命派の指揮下に入れ、ひと月たらずで合肥軍政分府を成立させた。ただし、原任の知県はその民政部長に就任し、知県衙門はそのまま民政部となったのである。
(149) 同前書一、四六二頁。保定での同志の一人耿毅は、これを一九一〇年桂林でのこととして述べ、かつ広西同盟支部では両種の誓詞を併用したとしている（『近代史資料』一九五八年四期九二頁）。
(150) 同前書一、四六二～六頁、二、四八四頁、『辛亥革命在広西』上一九四～六頁など参照。
(151) 秋瑾も情報を事前に入手していたことは有名。弾圧の指令が総督から知府へ、知府から知県へと、かならずいくつも衙門を通過するので情報洩れの機会も多かった（『雲南貴州辛亥革命資料』一六頁など参照）。
(152) 湖南諮議局副議長陳樹藩は、一一年夏、明徳学堂に潜入して工作中の唐蟒、黄一欧（唐才常、黄興の子）らに指名手配があると、ただちにこれを通報、事前に逃走させた。その陳樹藩が数ヵ月後には焦達峰、陳作新の暗殺を主謀したのである（『辛亥革命回憶録』二、一三六、一三七、一五二頁参照）。
(153) 王独清『長安城中の少年』五一～七頁。
(154) 張栢雲のことは景梅九前掲書一七一～二頁に見える。西安にはなおこのほか革命派の往来のある数人の老先生がいたようである。

(155) 『辛亥革命回憶録』五、二〇九頁。

(156) 同前書五、一六五頁。

(157) 同前書二、一一四〜五頁。

(158) 同前書五、一六四頁。

(159) 資料叢刊『辛亥革命』(七)二五九頁。

(160) 『辛亥革命回憶録』二、一一五頁。武昌首義のニュースを湖南巡撫は即日入手したのにたいし、革命派は三日目にようやく確報を得たという(『辛亥革命前後湖南史事』一八三頁)。

(161) 『湖南近百年大事紀述』二八四〜九頁。この間、易秉生なる兵士は貯えをはたいて紙を買い、混成協付属の石印職人の協力をえ、『猛回頭』など袖珍宣伝品数万冊を刷って全省各地にばら撒いたという(『辛亥革命前後湖南史事』一八九頁)。

(162) 『辛亥革命回憶録』二、三一三頁。組織的かつ具体的に女権問題をとりあげた宣伝はこの例以外に知らない。あとは個人的な主張か、せいぜい女子教育の提唱ぐらいだった。

(163) 同前書二、一九八頁。

第二章　『民吁日報』の闘争
――辛亥革命前夜における中国新聞界と日本帝国主義――

本稿は筆者が一九八一年十月、中華人民共和国武漢市で開催された辛亥革命七十周年学術討論会に提出した論文である。討論会は、「辛亥革命と中国ブルジョアジー」を主題とし、中国本国の学者一二七名と香港をふくめ一〇カ国四四名（うち日本から一二名）の招待された学者が参加し、提出されたすべての論文は『紀念辛亥革命七十周年学術討論会論文集』全三冊に編集され、北京の中華書局から公刊された。

一　日本の清国新聞界懐柔工作

一九〇八年（明治四一）九月二五日、日本政府は「対外政策方針」ならびに「満洲に関する対清諸問題解決方針」を閣議決定し、一〇月二日、小村外務大臣は在北京の伊集院公使に「対清交渉」の開始を訓令した。「清国将来ノ運命ハ元ヨリ予測スベカラズ」と清朝の危機的状況は承知の上で、「専ラ名ヲ去リ実ヲ取ルノ方法ニ依リ我勢力ヲ同国内ニ扶植シ、万一同国ニ於テ不測ノ変事アルニ際シテハ常ニ我優勢ノ地位ヲ確保スルコトヲ得、併セテ満洲ノ現状ヲ将来永遠ニ渉リテ持続スルノ目的モ亦之ヲ達シ得ベキノ策ヲ講ズルヲ必要ナリトス」と、間島問題・安奉線問題など、いわゆる「満洲諸懸案」の一括交渉を清朝政府に要求したのである(1)。

そして「清国ノ帝国ニ対スル反感ニシテ今日ノ如クナルトキハ独リ如上ノ目的ヲ達スルニ由ナキノミナラズ、他国ノ離間中傷其間ニ入ルノ虞アルヲ免レザルナリ。是ヲ以テ帝国ハ今後清国ニ対シ努メテ其感情ヲ融和シ彼ヲシテ成ルベク我ニ信頼セシムルノ方針ヲ取」らねばならぬとし、[2] 一〇月一九日、雑誌『民報』二七号の発売禁止、ついで『四川』、『衡報』の発売禁止とそれぞれの編集発行人の起訴にそれを具体化した。おりから奉天巡撫唐紹儀が訪米の途次に滞日中（一〇月一一日～一一月五日）で、小村外相はこの間数回にわたって唐紹儀と会談し、「諸懸案」について折衝した。『民報』など中国革命派の諸雑誌の発売禁止は、そのさいの唐紹儀の要請を容れたもので、まさに「外交に関わり、法律に関わらざる」事件だったのである。[3]

だが、もともと不法不当な日本の諸要求は清朝側の反対を受け、交渉は難航した。しかし「諸懸案」の多くは日本にとって「既ニ我ノ把握ニ属スルモノニシテ談判ノ継続スル限リ我ニ於テ現状ヲ維持スル時ハ之ガ為帝国ニ於テハ何等失フ所」なく、ただ「安奉鉄道改築ノ件」と「吉長鉄道借款細目ノ件」のみが「現状維持ヲ以テ満足スベカラザルモノ」だった。そのため一九〇九年六月二二日、日本政府は閣議で安奉線改築を強行する方針を決定した。「我ニ於テ安奉鉄道改築ノ権利ヲ実行スルトキハ、清国政府ハ我ニ対シ悪感ヲ懐キ其結果彼我交渉ノ案件ハ益々解決ノ困難ヲ見ルニ至ルコトアルベク、又列国中日清両国反目ノ隙ニ乗ジ其間ニ離間中傷ヲ試ミ以テ自国ノ利ヲ謀ルモノヲ生ズルコトアルベク、清国官民ハ又或ハ消極的反抗ノ手段ニ依リ日貨排斥等ノ行動ニ出ヅルコトナキヲ保シ難ク、広東ノ一隅ニ於ケル抵制運動（辰丸事件にかかわるもの——引用者）スラ尚且我貿易業及航海業ニ重大ナル損害ヲ与ヘタルコトニ鑑ミルトキハ北清又ハ清国全体ニ亙ルベキ日貨排斥ハ其結果恐ルベキモノアルベシト思考ス」[4]と、最悪の事態をも想定した上での決定であった。

もちろん、その事態を回避するために、日本政府はかねてよりさまざまな手を打っていた。清朝政府への直接の恫喝と懐柔、英・米両国への疏明などの工作とならんで、重視されたのが中国で発行される外字新聞、漢字新聞の「操縦」であった。

外字新聞への資金供与、株式の取得、記者の買収などによる世論操作は、日露戦争中から試みられていたが、一九〇八年にはその対象が漢字新聞にも拡げられ、いっそう系統的となり、「新聞操縦」のための機密費も急増した。その情況を一九〇八年三月三一日付の上海総領事の報告・機密第一八号に見れば以下の如くである。

（前略）

一　英字新聞　　最モ勢力ヲ有スル北清日報ハ社主ヘンリー・モリスヲ始メ故主筆リットルハ共ニ本邦贔屓ノ人物ニ有之候間、常ニ本邦ニ対シ厚情ヲ表スル記事ヲ掲ゲタリシガ〝リットル〟死去後新主筆トシテ来滬シタル〝ベル〟ハ東洋事情ニ通ゼザル為メ如何カト苦慮シ、常ニ同人ニ近昵セムコトヲ勉メ、又同人妻子ニ対シ物品ヲ寄贈シ或ハ旅行ノ際無賃乗車券ヲ贈ル等之ガ歓心ヲ得ルニ力ヲ致シ居候為メ、大体上我ニ対シ厚意ヲ表シ候ヘ共、元来同新聞ハ英国人ノ利益拡張ヲ目的トシ、且ツ当共同居留地会ノ機関紙タルヲ以テ、常ニ我ノ利益ニノミ操縦スルハ不可能ノコトニ有之候間、今後モ従前ノ如ク社主及主筆ト懇親ヲ保チ、事ニ臨ンデ利用スルノ策ヲ講ズルコト便宜ト存候

上海マルキュリー　　社長クラーク副主筆ニシーハ共ニ我ニ厚意ヲ表シ我ガ利益ノ弁護ニ勉メ候間、本官モ其ノ好意ヲ維持セシムルニ力ヲ尽シ居候ヘ共、社長クラークハ老年ナルヲ以テ、同人去職後ノコトヲ慮リ、該社ノ株金ノ半額本邦人ヲシテ所持セシメ置クヲ安全ト思考シ、昨年本官帰朝中、山本條太郎（当時三井物産理事――引用者）ト謀リ、郵船・日清・満鉄・正金・三菱等ニ交渉シ、各会社ヨリ壱万両ヅツ出資ノ約束略ボ成立シタルヲ以テ、帰任後主筆ニ協議シ、同人ガ前年売払タル株式ノ買戻シヲ試ミシメタルモ、同株式ハ已ニ独逸商会ノ手ニ

帰シ之ガ買戻ノ望ナク、又其他ノ株式ハ怡和洋行等ニ属スルヲ以テ急速処弁方困難ナリトノコト故、遺憾ナガラ其偬中止致居候。

上海タイムスハ一昨年来本官ヨリ主筆ニ対シ毎月報酬ヲ贈リ、我ニ於テ利用シ来リタルモ、先般具申セル如ク主宰者ドクトル・ファガソン帰来後専ラ米国及清国ノ利益ヲ標榜シ、新聞報（是亦同人主宰）ト相呼応シテ其維持発展ニ力ヲ注ギ、我ニ対シ時ニ攻撃的態度ニ出ヅルコトアルニ至リ候へ共、本官ハ主筆ニ説キ激烈ナル筆鋒ヲ弄セザル様注意致居候。

チャイナガゼットハ依然毒筆ヲ弄シ候へ共、其売高毎日四百枚ヲ出デザルヲ以テ、其記事ノ如キ意ニ介スルヲ要セズト存候。

右之外昨年夏創刊セルサタァデーレヴューナル週刊雑誌アリ。時ニ故意的毒筆ヲ弄スルコト有之候へ共、今ヤ其維持甚ダ困難ニ陥リ遠カラズ廃刊スルカ又ハ他ニ譲渡スベシト伝フ。

一　清字新聞　昨年来清字新聞ノ数俄ニ増加シタリシガ損失多キ為メ南方報・民議報等ハ廃刊シ、現存スルモノハ中外日報・新聞報・申報・時報・滬報・神州日報・輿論日報・上海等ナリトス。其内外国人発行名儀ノモノハ新聞報（英人）、時報・滬報（日人）ニシテ、最モ読者ノ多キハ時報・新聞報・中外日報タリ。又神州日報・輿論日報ハ本邦へノ郵送高最モ多キモ読者ハ多ク留学生ナリト言フ。以是本官ハ常々時報及滬報ノ外、他ノ新聞ヲモ利用セムコトニ苦心シ、記者又ハ株主ヲ説キ、或ハ我ノ利益ヲ弁護セシメ、或ハ其ノ筆鋒ヲ緩和ナラシムルヲ勉メ、且ツ中外日報ヲ邦人名儀トナサシメムトシ、三井物産会社員ヲシテ交渉セシメ、稍成議ニ近キタルモ俄ニ先方ニ於テ中止スルニ至リタルヲ以テ、本官ハ機ヲ見、本邦人ヲシテ同新聞ノ株式（毎年相当ノ利益ヲ配当ス）ヲ購入セシメ度相考居候。

以上ノ如キ実情ナルヲ以テ、今日ニ於テ一定ノ新聞ヲ我機関紙トナスコトハ頗ル困難ナルノミナラズ、世人ヲシテ我機関紙タルコトヲ知ラシムルハ、同文滬報ノ経験上、却ッテ充分ノ実益ヲ得ル能ハザル恐有之候間、機ヲ見テ有力ナル新聞紙ノ株主トナルヲ得バ格別、否ラザレバ利ヲ以テ記者ヲ誘ヒ、事ニ当リテ之ヲ操縦スルノ方策ヲ採ル方便宜ト思考致候。然レドモ之ヲ行フニ当テハ少クトモ年額二千円以上ノ特別経費アルニアラザレバ実行出来ザル次第ニ有之候間、先ニ及具申候通リ本年度限リ廃止相成候同文滬報補助金ノ内ヨリ前記二千円以上ノ金額御支出相成候様特ニ御詮議相煩度、此段得貴意候　敬具。[5]

文中の『同文滬報』とはもともと東亜同文会の機関紙として上海で創刊されたものである。一九〇一年、外務省はこれに補助金を与えて独立させ、日露戦争前後は中国向けの宣伝機関として、その拡張に大いに力を注いだものであった。だが最盛時三千の発行部数——当時、上海で第一位の新聞報は七千部であった——は戦後激減して公称でも千部を割るにいたる。日本外務省は「現今ノ如ク劣勢ノ同文滬報ニ向ッテ年額一万円ヲ投ゼンヨリハ……他ノ有力ナル新聞ヲ操縦スル方□（不明）益ナラント思考」し、明治四〇年度をもって補助金を打切ってしまった。[6] 同紙失敗の真の原因が日露戦争後の日本の東北侵略政策への清朝上下の反感にあったことは言うまでもなかろう。

ところで、前掲の報告から一年たった一九〇九年二月、在上海総領事は外務大臣に「新聞紙操縦ニ関スル件回答」（機密第七号）を提出し、機密費の使途を説明するとともに、その大幅な増額を要求した。

（前略）当館ニ御送付ノ新聞紙操縦費ハ本年度金弐千円ニシテ、其額多カラザルヲ以テ十分ノ応用ヲナスハ不可能ナルト、我機関紙ヲ設クルハ同文滬報ノ例ニ照シ其効果甚ダ少ナキヲ以テ、本官ハ専ラ記者懐柔策ヲ講ズル事トナシ、重ナル新聞記者ニ対シ或ハ金品ヲ寄贈シ或ハ宴会ニ招キ、平常親密ノ交際ヲ保ツニ勉メ居候処、北清日報、上海マルキュリー、上海タイムスノ如キハ或ル特殊ノ問題ヲ除ク外、我ニ厚意ヲ表シ、又本官ノ依頼ニ応ジ時ニ論説ヲ起草シ大ニ便宜ヲ与ヘ呉レ、又清字新聞中最モ発行高ノ多キ時報ハ人ヲシテ我機関紙タルヤノ感ヲ起サシムル程ニ候ヘドモ、其他ノ新聞ニ至リテハ費額多カラサルヲ以テ、之ガ操縦ニ頗ル困難ヲ覚ヘ候ニ付、明年度ニ在リテハ更ニ年額参千円ヲ増加セラレ、金額五千円ヲ定額トシ、上海マルキュリーニ日本電報料トシテ約弐千円ノ補助ヲ与ヘ、又清字新聞ニ対シ一層ノ操縦相試度候（下略）[7]。

回答別紙の「収支表」によれば、「本年度」（一九〇八年四月～一九〇九年三月）定額二千円の内「銀六百両　上海タイムス主筆へ毎月五十両給与　墨銀三百弗　時報ニ電話料補助　同三百弗　新聞報記者ニ毎月弐十五弗ヅツ給与　同弐百弗　北清日報記者へ寄贈品代　同百六十弗　上海マルキュリー記者へ同断　同弐百弗　記者接待費」というのが支出の内訳であった。上海総領事館は一九〇六年五月、「新聞操縦機密金配付方請求ノ件」（機密第二六号）で、従来の機密金額では不足なので「少クトモ年額千円」を出すよう要求している[8]。引用資料の記述からすると、一九〇七年度には千円、一九〇八年度には二千円、一九〇九年度には五千円と機密費は急増していったのであろう。そして在北京の公使館をはじめ、中国各地の総領事館、領事館においても、これは共通の現象[9]だったはずである。

それまで外字新聞に重点のあった「新聞操縦」で、漢字新聞対策が重視されるようになったのは、一九〇八年の辰丸事件が一つの契機であった。日本帝国主義の横暴と清朝政府の屈服に抗議し、華南、南洋に拡がったボイコット闘争は、前出の閣議決定も確認しているように、日本に大きな打撃をあたえた。その間、新聞がボイコットの鼓吹にはたした役割は大きく、対策に苦慮した在広東領事は、四月一〇日、「日刊新聞ノ中有力ナルモノ三、四種ヲ手ニ入レボイコット終熄の方向に世論を誘導するため、「一新聞ニ二千円内外ノ金員ヲ与」えることを外務省に具申した[10]。また在漢口領事も同月末、漢口の有力紙『公論新報』の経営に日本人を参加させるため、洋銀二千元の支出を稟請した。ボイコット、利権回収に対抗するのに「中清枢要ノ当方面ニハ未ダ我レノ利用使役スベキ支那新聞無之」というのが理由であった[11]。

同年五月二十九日、外務省は『公論新報』への貸付許可ヲ打電し[12]、翌三〇日、「在清代理公使、在香港領事、在天津・漢口・上海・芝罘・廈門・広東・福州・奉天・哈爾賓各領事宛」に各管轄地で発行される「新聞紙の主義、持主、主筆、系統、勢力等」について、「至急御取調ノ上可成詳細御報告相成度、尚自今右等新聞紙ノ記事論説ニシテ帝国ニ関係アリ、参考トナルベキモノハ切抜トナシ御送付相成度、此段申進候也」と訓令したのであった[13]。辰丸事件にかかわるボイコットの予想外の展開に、日本政府は新聞対策の緊急性を痛感させられたのである。

一九〇九年八月六日、日本政府は安奉線改築について合意を得られねば、ただちに改築工事を開始すると、清朝政府に最後通牒を発した。狼狽した清朝政府は、この事実をひたかくしにするとともに、八月一九日、安奉線改築に関する覚え書に調印して表面をとりつくろい、ついで九月四日には間島問題をはじめとする「満洲諸懸案」に関する協約に調印した。ことは日本政府のもくろみどおりに運んだ。そして、中国人民の耳目を塞ぎ、決起を阻むことで利害の一致した両国政府は、奇妙な二人三脚で報道の管制、日貨排斥運動の弾圧に協同することになったのである。

「唯今良弼ヨリ青木（宣純、公使館付武官――引用者）ヲ経、摂政王ヨリ各省督撫ニ向テ此際管内各新聞紙ヲシテ安奉線問題ニ関スル記事論説ヲ載セシメザル様極力取計フベシトノ電訓ヲ発セラレタル旨ヲ内報シ、同時ニ日本ノ側ニ於テモ之ト同様ノ注意ヲ加ヘ呉レタシト希望ヲ通ジ来レリ」と、在北京公使は八月七日――着工強行を通告した翌日――に外務省に打電、八日には「今朝ノ漢字新聞ハ何レモ安奉線問題ニ関シ一片ノ記事スラ載セ居ラズ」と清朝政府の「苦心」の結果を電報した[14]。

在天津総領事も八月一〇日付で報道管制の効果を次のように報告している。

今般我政府ニ於テ安奉鉄道線路改築ノ通告ヲ清国政府ニ与ヘラレタルニ付時節柄当地各新聞ノ論調厳ニ注視致候

得共、今日迄ノ処当地ニ於テ発行スル各新聞ハ何レモ事ノ外平静ノ態度ヲトリ英仏独字新聞ニ於テハ単ニ日本政府が独力安奉線改築ヲ実行スル旨ノ記事ト「リュター」電報ニヨリ伝ヘラレタル倫敦「タイムス」ノ本件ニ対スル批評ヲ掲載セル外、未ダ筆ヲ本件ニ染メタルモノナク、外字新聞ノ紙上ハ本件ニ関シテハ予期ニ反シ至テ静粛ニ有之候（中略）

次ニ漢字新聞ハ従来ノ例ニ徴スレバ、如此問題ニ対シテハ筆陣堂々盛ニ論議ヲ逞フスベキ筈ナルニ、之モ数日前中央政府ヨリ各省督撫ニ打電シ、此際東三省問題、殊ニ安奉線改築事件ニ関シテハ各新聞紙ヲシテ過激ノ筆鋒を弄シ日清ノ邦交ヲ害シ民心ヲ動揺スルガ如キ態度ニ出デシメザル様厳命セル趣ニテ、何レモ本件ニハ事実ノ報道ヲ為ス外、矯激奇警ノ言議ヲ試ムルモノ一モ無之候。唯ダ昨今新聞紙条例ニヨル中央政府取締ノ厳重ナルニハ二三其不当ヲ極論致候モノ有之候[15]。

文中に言う新聞紙条令とは、一九〇八年三月に裁可（施行日不明）された大清報律で、毎月四回以上発行する新聞には銀五百元の保押費を納付させ（第四条）、日刊新聞のばあいは発行の前夜一二時までに所轄の巡警官署または地方官署に提出して検閲を受けることを義務づけ（第七条）、さらに外交・海陸軍の事件で関係官署が通達して登載を禁じたものは掲載してはならぬ（第一二条）などと規定していた。この悪法が清朝政府の報道管制に威力を発揮したのである。違反に問われれば、保押費の没収、発行禁止の処分が眼に見えていたから、諸新聞も安奉線問題や東北新協約を正面からは取りあげられなかった。もちろん、前述した日本の「新聞操縦」工作が一定の相乗効果をもったことも否定はできない。

二　「中国の政府は誰の政府ぞ」

安奉線問題に抗議の声をあげたのは現地東北の小新聞『奉天醒時白話報』であった。八月一一、一二両日「我同胞ニ大声疾呼スト題スル論説ヲ掲ゲ」日貨排斥をもって対抗することを訴えたのである。小新聞のため検閲の目が行きとどかなかったと奉天当局は釈明し、日本側の要求に応じてただちに「厳重ノ取締」を加えた[16]。前後して留日学生が決起した。八月一二日、東京神田の学生会館に集まった一三省四〇余名の学生は「為安奉鉄道警告同胞公函」(留日各省联合会公啓)を発して対日ボイコットを呼びかけ、本国の新聞社などに送付するとともに、直接本国の関係人士に訴えるため、王蔭藩ら代表六名を帰国させた(一八日、東京を出発)[17]。

在上海総領事はかれらの動静とその取締りについて、つぎのように報告している。

在本邦清国留学生団ノ代表者ト称スル神戸日華新報ノ主筆王蔭藩以下数名ハ留学生団体ノ委任状様ノモノヲ携ヘ当地ニ来リ、当地官場及商工業各界及新聞社界ヲ歴訪シ、盛ンニ日本貨物ニ対スルボイコットヲ勧説運動セルニ、当地道台初メ官場側ハ勿論商務総会等ニテハ一向ニ取合ハズ、又夕新聞界ノ見識考慮アルモノハ面会サヘ拒絶シ居レルニモ不拘、其後日本ヨリ又々白某ナル(満人)運動加勢ノ為本邦ヨリ渡来シ、有ユル手段ヲ以テ運動勧説シ、本月六七日頃ヨリ居留地内外ニテ別紙ノ如キ愛中国的人請仔細一看ナル印刷セル長文ノ広告ヲ散布シ、又各所ノ壁間ニ之ヲ貼付シ、夜間或ハ混雑ニ紛レ多人数集会ノ場所ニ至リ演説ヲ試ムルモノアルニ至リ、本官ハ道台ニ対シ口頭及書面ニテ注意ヲ喚起シ厳重ナル取締ヲ求メ、又夕居留地会ニ対シテモ其取締ヲ交渉シ置ケリ。先是道台ニ於テモ已ニ聞知スル所アリ、一般ニ厳禁シテ其貼付ケヲ扯破セシメ、以上ノ行動アルモノハ見当リ次第逮捕ス可キヲ命ジ、又タ居留地内ニ付イテハ会審衙門判官ニ命ジ居留地警察ト共同シ厳重ノ取締ヲ為サシメ、又タ八日ニ至リ別紙切抜ノ通リ厳格ナル告示ヲ発スルニ至リ、今日当上海ニテハ彼等一輩モ殆ンド其形跡ヲ斂ムルニ至レリ。

当地道台及商務総会側ノ見地ニ因レバ当地ニシテ一旦ボイコット等暴挙アランカ、両国商業上相互ノ損失タルハ勿論、地方ノ治安上如何ナル事態ヲ醸出スルニ至ルヤハ其尤モ憂慮スル所ニシテ、当地清国官商一般ハ断ジテ此挙ニ加入スルカ如キ事ナキモ、若シ一旦他ノ商業地ニシテボイコットヲ挙行スルニ至ランカ、自然当地ニ於ケル商業ニモ影響スル所アルハ勿論。当地道台、本官ニ密告スル所ニヨレバ、責任アル地方官ニシテ厳重ノ態度ニ出デバ毫モ憂慮スルニ足ラサルモ、広東杭州南京湖北ノ官憲（ママ）態度ハ尤モ懸念サルル所ニシテ、杭州及広東ニテハ已ニ其影響アリ。公使ヨリ北京政府ニ交渉シ、各督撫ニ対シ厳訓セシメタル方尤モ必要ナル可シト申候。

先日北京外務部ノ各督撫ニ発シタル電報ハ這味甚ダ稀薄ニテ少シク遺憾ノ点ナキニアラズ候ヘバ、今一応厳訓ヲ発サシムルコト必要カトモ上存候(18)。

日本側が清朝政府当局者を叱咤して弾圧を励行させている事情が露骨に語られているが、上海道蔡乃煌も積極的に迎合し、協力していることがわかる。そしてかかる状態は上海に限ったことではなかったのである。

「留日各省聯合会公啓」は、投書の掲載は必ずしも報律に抵触しなかったにもかかわらず、政府の弾圧を懸念した新聞社の自己規制に遭い、ごく少数の新聞が取りあげただけだった(19)。「右投書ハ当地ニ於テハ各新聞社共之ヲ受領シタルモ幸ニ平生全ク信用ナキ忠言報ノミ（ママ）ヲ掲ゲ他ハ皆其投載（ママ）ヲ見合シタル次第ニ有之候(20)」と在天津総領事が報告（八月二七日）しているような状況であったが、勇気をもって掲載した新聞、たとえば北京『国報』などは、さっそく日本側の狙い撃ちに遭い、他の口実で九月一五日、封禁処分を受けた。公使はその裏面の事情をこう述べている。

過般、安奉線問題及ビ懸案問題解決当時ノ如キ当地ノ国報及中央大同日報（国報ハ留学生ノ経営ニ係リ上海神州日報ノ分身トシテ安徽人ノ機関紙ナリ、中央大同日報ハ憲政公会ノ機関紙トシテ満人勢力ヲ占ム）ノ両紙ハ其連日ノ紙上ニ於テ盛ニ我ニ悪声ヲ放チ、且ツ「ボイコット」ヲ煽動スル等、断ジテ許シ難キ態度ヲ持続致候間、偶々懸案問題ニ関スル外務部ト東三省督撫間ノ機密往復電報ヲ掲載セルヲ機トシ、ソレトナク那桐へ注意スルト同時ニ両新聞従来ノ不都合ヲ指摘シ（中略）、其ノ為スガ儘ニ放任セバ遂ニ両国ノ間ニ不快ノ影響ヲ及ボスコトナキヲ保シ難キニ付、此際断然タル処置ヲ取ラルル方可然旨ヲ以テセシニ、那桐ハ深ク我方ノ厚意ヲ謝シ（中略）、翌日軍機大臣ノ会議ニ於テ愈々発行禁止ヲ命ズルコトト決定シ即日勅令ヲ奉ジテ両社へ厳達セラレタル次第。[21]

清朝政府の弾圧にもかかわらず、日本商品ボイコットの運動は各地に広がった。その具体的な状況については、すでに菊池貴晴、林明徳両氏の詳細な研究があるのでここでは触れない（菊池貴晴『中国民族運動の基本構造――対外ボイコットの研究』一九六六年、第三章「安奉鉄道改築問題と対日ボイコット運動」、林明徳「安奉鉄路改築与抵制日貨運動」『中央研究院近代史研究所集刊』第二期　一九七一年　所収）。

これに対し、日本は各地の清朝地方官を督励し、「彼我官憲協力して此種運動の撲滅」に躍起になった。[22] その具体例を漢口で見ると、従来はこうした闘争の「圏外」にあった漢口にも、このたびは「排貨檄文」が出現した。まず「哭勧中国同胞不買日本貨白話（愛国同人公啓）」、つづいて「為日本築安奉鉄路事敬告国民書（中国留日学生団敬啓[23]）」という、いずれも長文の檄が配布・貼付され、運動の気勢が高まったのである。在漢口総領事代理は、さっそく総督はじめ各大官を歴訪して鎮圧を要求し、総督は所轄の道台、洋務局、夏口庁、総務商会（ママ）等に取締りを厳命した。驚いた下僚たちは「漢口ニ於テハ毫モ排貨運動ノ形跡ナシ」と答えたが、総督の再度の厳命を受けた「洋務局長官ハ態々来館ノ上、排貨ニ関スル証拠物件ヲ示サレ度シト申候ニ付、別紙檄文ヲ提示致候処、直ニ発行所ヲ探知センガ為メニ持帰リ候位ニテ、大ニ狼狽致シ居ルモノノ如ク見ヘ、夏口庁ニ於テモ署長会議ヲ催シ、ボイコット鎮圧方法ヲ講究シツツアリ。先日、本官ヨリ清国警察官ヲシテ各所ニ貼附セラレタル檄文ヲ剝取ラシメラレン事ヲ要求致候処、快諾ヲ与ヘ中々忠実ニ約束ヲ実行シ居ル模様ニ有之候[24]」と、官憲の対応は総領事代理を満足させるものであった。

「試みに思え、中国の政府は誰の政府ぞ、日本の政府か。北京の官吏は誰の官吏ぞ、日本の官吏か。」清朝中央から地方官にいたるまで、唯々として日本の頤使に従がうありさまに、人びとの憤激はつのるばかりであった。『民吁日報』が上海に出現したのは、まさにそのときであった。

「当地ニテ漢字新聞民吁日報新刊サル。総理于右仁《ママ》（前民呼日報総理）、常務委員朱少屏、主筆王僇生ニヨリ経営サル。資本ハ二万ト称スルモ実際ノ既収額ハ不明ナリ。毎日ノ印出二千枚、大部ハ上海ノミニ配布サル。未ダ清国官憲ヲ経ザルニヨリ清国郵便局送付ノ便宜ナシ。官府ノ所為ヲ非議シ日本ノ政策ヲ揣摩臆測シ、好ンデ欠点ヲ指摘ス。自ラ是レ軽薄ナル速成留学生ノ手ニナルモノ、本年十月三日第一号発行セリ[25]」と、上海総領事館はさっそく報告した。

三　『民吁日報』弾圧

これより先、『民報』への弾圧を契機として革命派の対日姿勢に転換が生じていた。東京では革命運動の拠点としての位置を顧慮し、指導者たち（黄興、宋教仁ら）の言動はなお慎重であったが、香港、ホノルルなどでは変化は非常に明瞭であった。

在香港日本副領事は、その間の事情を次のように説明している。

当地ニ於ケル革命党機関新聞ハ中国日報及世界公益報ノ弍種ニ有之。ボイコット（辰丸事件に対するもの——引用者）発生以来、近日ニ至ル迄、ボイコットに反対シ単ニ該新聞紙上ニ於テ其意見ヲ発表セシノミナラズ、中国日報ノ如キハ（中略）、『二辰丸』ト称スル一小冊子迄著シ、日本ノ是ニシテ清国ノ非ナルヲ攻撃セシ位ナリシガ、過般東京ニ於テ革命派ノ機関雑誌タル民報、雲南、四川等前後発行停止ヲ命ゼラレタルヨリ以来、漸次其体度《ママ》一変シ（中略）、日本外交当局者ノ反省ヲ促ガスナドノ題目ヲ掲ゲテ（一一月一四日号の論説――引用者）帝国ノ対清策ヲ非難シタリシガ、一昨日発行ノ中国日報ニハ更ニ東京来稿トシテ別紙切抜ノ通リ「今後中国民党与日本之関繋」ト題シ、大ニ日本ガ清国ニ対シ野心勃々トシテ機会アラバ進ンデ呑噬ノ欲ヲ擅ニセントスルヲ攻撃シ、其証トシテ間島其他満洲ニ於ケル諸問題ヲ列挙シ（中略）、日本ガ民党（即革命党）ノ成功ヲ忌ミ、特ニ之ヲ抑圧シテ満人ニ恩ヲ売リ、且ツ媚ヲ呈スル陋態見ルニ堪エズトテ極力日本政府ヲ中傷スル論文ヲ掲載致候。(26)

辰丸事件にさいし、革命派がボイコット切りくずしの側に廻った理由には諸説がある。しかし、その要因の一つが東京を革命運動の根拠地とする上での、日本帝国主義との相互利用関係にあったことはまちがいない。だが、その顧慮も無用となった。「中国民党の目的はまた漢族を振興し、四億漢人をして同に自由平等の幸福を享けしむるにあり。日本の支那経営の目的と実に間接に衝突するの地位に立つ。故に苟《も》し民党の目的達するを得ば、彼の中国経営の政策発展するを得ず。審してかくの如くんば、彼日本の民党の成功するを欲せず、遂に満人を利用して民党の行動を妨碍し、以て其侵掠の目的を遂げんとすること知るべきなり」（東京心漢来稿「今後中国民党与日本之関繋」）と、かれらは日本帝国主義との両立し得ぬ立場を明確にしたのである。したがって安奉線問題の発生とともに、香港・広州の革命派は対日抗議、ボイコット鼓吹の先頭に立った。シンガポールの『中興日報』に拠る革命派も檄文を発して南洋華僑に対日ボイコットを呼びかけた。(27) そして上海では、『民吁日報』が日本帝国主義批判の急先鋒となったのである。

周知のように『民吁日報』は、清朝政府の腐敗無能を暴露・糾弾して当路の忌諱に触れ、一九〇九年八月一四日、安奉線改築強行着工の直後に停刊をよぎなくされた『民呼日報』の後継紙であった。再挙までの五〇日間、清朝政府と日本帝国主義の共同圧迫と懐柔工作のもとに、有力新聞が沈黙・韜晦するなかで切歯扼腕していたにちがいない于右任らは、『民吁日報』発刊のその日から、「満洲」問題を中心に鋭どい対日批判と忌憚のない報道を展開したのである。

たとえば一〇月一九日号の時論「論日本対満洲外交之深険（波）」は、こういう調子である。

（前略）設《も》し其の自由行動を宣布せるの日、中国政府深く列強の大勢を明らめ、倭奴の隠情を洞燭し、内外の利害を揣り、事実の顚末を籌りおれば曰わん、彼既に自由行動す、これと協商すれば彼固より其の要求する所を堅持せん、これと協商せざるも彼亦た其の要求する所を実行するに過ぎず、且つこれと協商すれば彼或いは将た更にその要求を肆にせん。これと協商せざるも彼敢て其の要求を実行するとは未だ必せず、其の協商して彼の計に堕つるよりは協商せずして彼の謀を乱し、これに聴すに如かず、これを置きて理めず、懸けて聞く罔《な》きが如くし、既に開戦せず復た協商もせず、乃ち外は曲直是非の状を具ねてこれを列強に訴え、内は其欺詒の情、播弄の計、驕横無礼の状、侵略兼併の野心を挙げて痛告流涕、開誠布公、敬んで全国民に告げ、以て外交の失敗は談判の人無きには在らずして兵力の不足に在ることを明らかにせん、と。

こうして国民の発奮図強を促がすならば、日本もうかつには手を出せず、国内外の情勢に迫られ窮地に立ったにちがいない。しかるに清朝政府は日本の巧妙な外交に手玉にとられ、東北のすべての「優恵特権」を日本に独占させてしまったのである。

我が政府苟くも天良を具え、稍も血性あらば、これに対して当に已に愧死すべし。乃るに反って大いに淫威を肆にし、厳しく報律を行ない、文明世界の大不諱を冒し、天下の口を箝して人の為めに秘密の義務を守る。今日一報を封じて曰く、満洲外交を言いしが為なり、と。明日一報を封じて曰く、満洲外交の秘密を漏せしが為めなり、と。今日一学生を捉えて曰く、日貨を排せるが為めなり、明日一学生を革して曰く、日貨を排するを煽動せるなり、と。……試みに思え、中国の政府は誰の政府ぞ、日本の政府なるか。北京の官吏は誰の官吏ぞ、日本の官吏なるか。或いは曰わん、政府全国の報章に禁止して満洲交渉の事を談ぜざらしむる所以は、蓋し政府亦た自から此次外交の大いに失敗たるを知り、無能すでに露われ、国民群起してこれを攻めんことを恐るればなり、と。果して此の若くんば其の愚すでに甚だし。何となれば前に説きしがごとく、政府の当時、果して開誠布公、痛哭してこれを国民に訴えしならば、国民は必らず大いに感激し、方且《まさ》に同心共済、以て外侮を禦がんとすべし。又た誰ぞ肯て起ってこれを攻めざらん。乃るに計此に出でず、虎の為めに倀と作り、人の為めに罵を受け、全国の民をして日本を怨まずして政府を怨ましむ。内に国民の攻撃を受け、外に世界の笑侮を買う、其の愚豈に及ぶ可けんや。

『民吁日報』の痛烈な対日本、対清朝の批判は人びとに快哉を叫ばしめた。神戸で発行されていた、在日華僑向けの新聞『日華新報』一一月三日号は、「上海有反対日本報出現、民吁日報無日不反対日本」と、「五号活字ニテ顕表」したというが[28]、それだけに日本帝国主義を逆上させるに十分であった。『民吁日報』創刊当時は「是レ当地新聞中民論ヲ代表シ官場ニ反抗セント擬スル一新聞ナリ[29]」と、多寡をくくっていた上海総領事館は、あわててこれが禁圧策を講ずることとなった。

（前略）該新聞ハ近来殊ニ一般ノ風潮ニ駆ラレ、事苟クモ日本ニ渉ル論説記事ハ一意揣摹臆測ノ記述ヲ為シ、伊藤公爵遭難ノ事ニ就テハ徒ニ冷罵ノ悪声ヲ放チ、殆ド没常識ノ筆法ニ出デ、本官等ノ頗ル不快ニ感ゼシ所ナルノミナラズ、道台等ノ官憲ハ勿論、苟クモ思慮見識アル清国一般士民モ見テ頗ル苦々シキ事ニ感ゼルモ、該新聞ハ仏国人所有経営ノ名義ニテ仏総領事館ニ登録セラレアルヲ護符トシ、又清国郵便局ヨリハ逓送ヲ禁阻セラレアルニ不拘、我郵便局ノ三種郵便物認可ノ特遇保護ノ下ニ各地ニ配送セラレ、僅カニ成立シアルノ奇観を呈シ居候処、本官ハ該新聞ノ成立関係等ヲ調査候処、曩ニ陜西人于仁佑《（ママ）》（本邦留学生出身）ガ発行人ニシテ、発刊匆々一意清国官場ヲ怒罵スルヲ以テ主義トシ痛ク当地道台等官員ノ忌憚ニ触レ、終ニ別事件ニ依リ新聞関係人等上海居留地放逐ノ命令ヲ受ケタル為メ、自然廃刊トナリタル民呼日報ノ変身ニテ発刊以来当地一般官民ノ注目スル所ナルニ、其不穏当没常識已ニ前陳ノ通リナルニヨリ、本官ハ先チ《（ママ）》仏総領事ニ対シ注意ヲ喚起シ（中略）、該新聞ヲ仏国領事館ニ於テ保護スルハ即チ徒ニ清国官憲ノ悪感ヲ買フモノニシテ、仏国ノ利益ノ為メニモ甚ダ取ラザル所ナル旨ヲ説タル結果、仏国総領事モ深重ニ考慮スル所アリ（中略）、名主ノ仏人ヲ説諭シテ遂ニ本月六日、其登録ヲ取消シタルニヨリ、本官ハ一面直ニ道台ニ告知シ、再ビ別国人ノ干与ヲ拒ギ置ク為ニ予メ各国領事ニ対シ民吁日報ノ登録ヲ為スベカラザル旨通知注意スル所アラシムルト同時ニ（中略）、我郵便局ニ対シ交渉シ、其認可ヲ得ルノ際発行人ヲ欺ハリタル廉ヲ以テ其認可ヲ取消サシメ候[30]。

一一月一〇日、在上海総領事代理松岡洋右は上海道蔡乃煌に『民吁日報』は「連旬《（ママ）》載する所の論説・記事の日本に関与する一面は、多く揣摩臆測に係り、造謡横議、貴国官民の悪感情を惹起し、本国各界の好誼を傷害するを以て旨と為すに似たり。両国の邦交睦誼に於て大いに妨碍あり、断じて容認し難し」として「厳しく懲弁を行なう」よう申しいれた。

> 本官ノ道台ニ対シ該新聞ノ処罰及ビ取締方法ヲ道台ニ一任シタルハ（中略）、当国官民ガ注目スル該新聞ヲ已ニ世上ニ発布サレタル既往ノ言論記事ヲ捉へ、強圧手段ヲ以テ直ニ発行禁止セシムル等ノ処置ハ大ニ言論圧迫ノ譏リヲ受クルノ嫌アリテ、却テ一部人士ノ我ニ対スル反抗悪感ヲ強ムルノ虞アルノミナラズ、寧ロ之ヲ道台ノ処置

> ニ一任シ、之ヲ以テ全然道台対該新聞社ノ喧嘩ト為ス方得策ナリト認メタルガ故ニ在リトス。而シテ道台ノ意見トシテハ清国郵便局ノ逓送及ビ居留地外ノ発売ヲ禁止シ、再ビ不謹慎ノ言論記事アルニ於テハ立口《タチドコ》ニ発行ヲ禁止スベシト予告ヲ与フベク、其結果恐ク経済上自滅スベク、少クトモ自ラ謹慎ノ態度ニ出ヅルノ止ムナキニ至ルベシト言フニ在リ候。

しかし、『民吁日報』の当事者にとって弾圧は覚悟の上であった。[31] かれらは最大限の抵抗をおこなって総領事館を慌てさせた。

> 然ルニ該新聞ノ昨日（一一月一〇日——引用者）我三種印刷物ノ認可ヲ取消サルルヤ、本日ヨリハ直ニ第四種郵便物乃チ印刷物、毎三十匁二銭ノ郵税ヲ納付シ我郵便局ノ逓送ヲ求メ、我郵便局ハ之ガ逓送ヲ拒絶スルニ由ナク、為メニ非常ナル苦痛ナガラモ尚ホ我郵便局ニヨリ各地ニ配送スル一脈ノ活路ヲ有スル次第ニ有之候。

当時、第三種郵便物すなわち定期刊行物の料金は三〇匁につき〇・五銭（一号分）であったから、『民吁日報』は四倍もの郵送料をあえて負担し、発行を継続したのである。[32]

一一月一六、一七両日、『民吁日報』は社説「論中国之危機（知偽）」を連載し、一六日号にはまた時論「錦斉鉄道與遠東和平（残山）」を載せた。いずれも日本帝国主義の侵略政策にたいする正鵠を射た批判を展開したが、松岡総領事代理は両篇の論文が「激烈ナル日本攻撃ヲ為シ、意ヲ恣ニシテ怒罵シ、前論後段ニ至リテハ殆ンド人ヲシテ読了ニ耐ヘザラシムルノ語調ヲ弄セリ」とした。かれは「事茲ニ至リ禁圧ノ外他ニ適法ナク、一日ノ存立ハ一日ノ我不利ナルヲ認メ[33]」、『民吁日報』即時封禁のために奔走を始めた。その焦躁が思わぬ紛糾を招き、黒幕におるはずの日本が「会審」の舞台に上り、「言論圧迫」の張本人たる正体をさらすことになるが、松岡はその経過を次のように述べている。

本官ハ十七日道台ニ面会シ、此際厳切禁圧ノ必要ヲ忠告シ、且ツ本件ハ固ヨリ清国ノ自主権ニ属シ、本官ノ敢テ干与スル次第ニアラザルモ、両国ノ邦交上断乎タル処置ニ出デン事ヲ希望スルノミト述ベタルニ、道台ハ潔ク旨ヲ諒シ、自分ハ決シテ責任ヲ推諉スルモノニ非ズ、直ニ封禁ノ処置ヲ為スベシ、但シ該新聞ハ居留地内ニアレバ、之レガ命令施行ハ先任領事ノ承認簽字ヲ要スル次第ニ付キ、此点ニ関シ貴官ヨリモ好意斡旋セラレン事ヲ希フ旨ヲ述ベタルニヨリ、本官ハ之ヲ諾シ、道台派遣ノ傭外人ト共ニ先任領事タル白耳義総領事ノ許ニ至リ手続等ノ打合セヲ為シ、且ツ予メ其承認ヲ得、立帰リ候。而シテ道台ハ直チニ直接施行官タル会審衙門ヲシテ封禁命令ヲ発セシメ、手続上其夜本官先ヅ簽印シ、続キ十八日朝先任領事簽印ヲ了シ、会審衙門ハ居留地警察ノ協力ヲ求メ封禁ヲ施行セントシタルニ、警察ハ領事団及居留地会主張ノ慣例上、普通会審衙門判決ノ形式ヲ具備セズシテ、直ニ如斯命令ヲ執行スルノ理由ヲ先任領事ニ質問シタルノ結果、先任領事ハ右ハ自分ノ錯誤ニ出ヅトテ、一旦為シタル承認ノ簽印ヲ取消シタリ。随テ封禁命令ハ自然執行不可能ト相成リ……[34]。

松岡としては、法解釈上、この「慣例」には大いに異議があったが、行きがかり上、会審衙門の判決を待つことにして、必要な手続きをとった。

会審衙門ハ十九日正午頃、該新聞主筆范鴻仙ヲ呼出シ、当番会審委員ナル英副領事立会ノ上、一応ノ訊問ヲ為シ、二十日午前十時、日本副領事ノ会審ニ之ヲ譲ル事ト決定シタルニ、豈圖ランヤ、同夕七時頃、居留地警察ハ会審衙門ノ差役ト協同シ、一旦先任領事ノ簽印ヲ取消シタリト称スル命令ニ因リ封禁ヲ遂行致候[35]。

審訊を経ずに『民吁日報』を封禁したこと、形式上は原告でない日本が、普通刑事事件は常置会審員たる英米独三国委員のうちの一人が担当するという慣例に反し、会審員を出したことで法廷は紛糾した。『民吁日報』側弁護人は、法廷の構成自体が不法であるとし、上海道の告発事項についての弁論を拒否して争った。だが、会審官はこれを押しきり、一二月九日、三回目の法廷で「該報をもって永遠に出版を停止せしむ。所有《すべて》の主筆人等は均しく探究を予ふるを免じて完案す。機器は報紙を印刷するの用に作《な》すを許さず、該被（告?――引用者）由り切実に具結（誓約書を提出――引用者）し、領取して可なり」と判決したのである。(36) 弁護人の抗議は、その後、領事団に持ちこまれ、英・米・独三国と日本の対立で決着のつかぬまま、北京の公使団会議に裁定を委ねることになるが、ここでは触れない。

こうした強引な『民吁日報』弾圧には、「日領の要挟に因り、いまだ訊せずして先に封ず。既に主権を失ない、復た報律に背く」（寧蘇贛皖四省学界劉仁航……等八百人公叩）などと、抗議の声が各方面から起った。上海の領事団や北京の外務部、民政部には、留日学生の諸団体や香港、広東の報界公界などから抗議の電報や要請文が寄せられた。(37) とりわけ糾弾を浴びたのは上海道蔡乃煌であった。一二月九日、辰丸事件のボイコットの中心勢力であった広州の粤商自治会は大会を開き、「共ニ広東出身ナル梁（敦彦）外部尚書并ニ蔡上海道台ノ失政ヲ鳴ラシテ、前者ノ罷免ヲ政府ニ迫ルノ件、并ニ蔡道台ニ対シ民吁報発行禁止処分ヲ撤回セシムル様詰責的電報ヲ送ルノ件ヲ議決」「蔡乃煌　報を封じて国を売り、人群を蹂躙す」と非難した。(38) 翌年一月、蔡乃煌は御史江春霖によって弾劾されたが、「封報媚外」もその罪状の一つであった。(39)

これより先、『民吁日報』発刊に前後して、立憲派も東北についての日清協約の失敗と対日屈従を批判して動きはじめていた。一〇月中旬、広西按察使王芝祥が、民論を喚起し、条約の改正を実現して危局を救へと各省諮議局に通電したのに応じ、直隷諮議局員らは「利権挽回国権ノ伸張ヲ標榜セル憲政研究会」でこの問題を議論した。一〇月二九日、同研究会は「中日新協約ハ種々失敗アリ、各国悉ク之ニ藉詞スルニ至ランカ、清国ノ危急実ニ目前ニ在リ、直隷省ハ即チ政府ニ電致シテ挽回ヲ図リ、並ニ梁敦彦国ヲ誤ルノ罪ヲ治セント欲ス、各省共ニ联合シテ力争センコトヲ請フ云々」と各省諮議局、予備立憲公会等へ通電した（前記の粤商自治会の大会は、おそらくこの呼びかけに応じて開かれたものであろう)。さらに、かれらは一一月中旬、孫洪伊ら一二人連名の「直隷人民中日七月条約ノ為メニ政府ニ上《たてまつ》ルノ書」を発表し、東三省新協約が発端となって中国瓜分の危局が到来せんとしていることを訴え、「梁敦彦国ヲ誤ルノ罪ヲ治シ、以テ天下ニ謝シテ而禍胎ヲ絶」つことを要求した。(40)

当時、清朝外交の最高責任は慶親王奕劻、那桐の親貴にあり、前出のように日本は那桐を通じて清朝中枢へ働きかけていた。憲政研究会が梁敦彦を指名して糾弾したのは親貴への配慮であると思われ、実質は清朝政府への不信任の表明にほかならなかった。もちろん清朝政府は梁敦彦をかばった。日貨排斥運動も、辰丸事件における広東のような中心を欠き、盛りあがりのないまま、力づくで押さえこまれてしまった。東北諸懸案に関して言えば、日本帝国主義はむしろ予想外の成功をおさめたのであるが、清朝政府の腐敗無能と売国的本質は、立憲派人士によってすらも看透されてしまったのである。

四　『民立報』のばあい

『民吁日報』の封禁、ことに印刷機械の再使用禁止は、上海の革命派にとって大きな痛手であった。「最初道台ノ意見ハ器械ハ没収ス可シト言フニ在リシモ、此等ノ強圧手段ハ延イテ本館(総領事館——引用者)ニ対スル彼等ノ反感ヲ増長スルニ至ル可キヲ慮リ、一応注意ノ上」「緩和ノ判決ヲ為サシメタリ」と総領事は報告しているが、(41)それでも『民呼日報』停刊のさいのように、全資産を後継紙に引きつぎ、改頭換面して再起するという道は杜されたのである。于右任らは印刷機械その他の資材を商務印書館に売った。(42)そうとうの減価は避けられなかったはずであり、新規に新聞を発行するには、なによりも資金の問題を解決しなければならなかった。

上海では、その後『民吁日報』の〝変形〟と噂された『中国公報』が創刊されたが、極く短命に終った。「先年我ガ文部省ノ取締規則ニ反抗シ帰国セル清国留学生ノ発起・組織シタル中国公学ノ機関新聞紙タリシ丈ケ、日本ニ対シテハ奇離ノ論評記述ヲ為シ居リシニ、出刊匆々第十七号ヲ寿命トシ一月十七日ヲ以テ自滅廃刊セリ。右ハ経済根拠ノ薄弱ト記者間ニ意見ノ衝突アリシニヨルモノト察知セラル」と上海総領事館は報告している。[43]『中国公報』と于右任らとのつながりは審かにしないが、[44]革命派の直面した資金難の程度をうかがうに足る事例である。

この窮地に上海紳商の有力者から于右任に支援の申し出があった。「民吁報被封後のある夜、上海南市商会々長沈縵雲、名は懋昭が先生の寓所を訪ねてきた。沈氏は金融界で重きをなす人物で、かれの来訪はまったく先生にたいする仰慕に出たものであった。かれはもし先生になお新聞を発行したいという気持があるならば、自分が経済的責任を持ちたいと表明し、また王歩瀛を先生に紹介して連絡をとらせた。先生が王一亭、李平書を識ったのも沈の紹介によ る。[45]」張静江、葉恵君（恵鈞）もこれに合力支持したと言う。[46]

かれらは上海における立憲運動の推進者であった。沈縵雲は信成銀行経理で、一九一〇年六月には上海商務総会代表として上京し、慶親王に謁見して国会招集の繰り上げを請願した人物でもあった。[47]上京請願と于右任訪問との時期の先後は明かにしないが、その沈縵雲が于右任らの再挙のために奔走し、みずから二万元を出資し、さらに三万元を融資したと言う。立憲派ブルジョアジーの一部が、清朝政府の頑迷固陋と対外屈服、とりわけ日本帝国主義の頤使のままに動く軟弱無能ぶりに見切りをつけ、革命派に接近をはじめた顕著な事例であった。[48]

一九一〇年一〇月一一日、『民立報』が上海で発刊された。民気を激揚し革命を宣伝する宗旨に変りはなかったが、『民呼』『民吁』両報と異なり、上海の商場や市況に関する記事にかなりの紙面が割かれ、この新聞が上海ブルジョアジーの協力によって支えられている事情を反映していた。

例によって上海総領事はさっそく日本政府外務省に報告を送った。

清字新聞民吁日報ナルモノ常ニ我国ニ対シ反対ノ主義ヲ持シ、不穏ノ筆鋒ヲ弄セシヲ以テ、客年末ニ上海道台ハ当館ノ請求ニ基キ遂ニ該報ニ発行禁止ヲ命ジ、従而種々ノ物議ヲ惹起シタル顚末ハ、已ニ当時及稟報置候処ニ有之候。然ルニ本月十一日以来、民立報ナルモノ発刊セラレ候処、同新聞ハ報館組織及主義ニ於テ全然前者ノ変体物ト認ム可ク、已ニ発刊四号ヲ重ネタルニ、其記事ハ他ノ問題ニ比シ我国ニ関スルモノ多ク、排日ノ主義ヲ有スル事、其筆端ニヨリ明白ニ有之候。同社ニハ日本留学生出身ノモノニシテ、従来天鐸報ニ従事セルモノモ亦関係致シ居リ、其ノ語ル処ニ依レバ、目下当地ニ於テハ排日説最モ人気ニ投ジ、新聞事業ニ従事スルモノハ之等ノ風潮ニ従フニ非ザレバ購読者ノ多数ヲ羅致シ難キ結果、主義ハ兎モ角、営利上已ムラ得ズ此種多少我ニ反対ノ態度ヲ持スルノ必要アルモノナリト申居リ、何レニシテモ従来ノ関係上多少ノ注意ヲ要スベキモノト認メラレ候。(49)

しかし、『民立報』の対日批判は『民吁日報』ほど鋭くはなかった。「この新聞（民立報――引用者）は青年たちに不可欠の精神的食糧となった。『民立報』発刊後は、再度の被封（発禁）を避けるために論調は比較的控えめであった」と当時の愛読者・顧頡剛は印象を述べている。(50) この年の八月、日本が「韓国併合」を実行したことで、朝鮮を殷鑑とする人びとの危機意識はいちだんと深まり、日本の侵略政策にたいする関心が切実となる一方で、日本側も対日批判の圧殺にますます躍起になっていたからである。

新聞界の日本への暴圧への顧慮を示すものとして、こういう事例がある。上海の英字紙『ナショナル・レヴュー』の一九一一年八月一二日号は、日本で東亜亜細亜協会なる団体が結成され、参謀本部直轄の研究に従事することになったと報道した。

該記事ノ漢訳文ハ客月（八月）下旬ニ至リ、果シテ当地ノ各漢字新聞ニモ等シク転載セラレ、時節柄恰好ノ新聞種ナリトシテ各紙共競テ勝手ノ評論ヲ試ミ、極力日本ノ態度ヲ攻撃致居候。

当惑した在北京公使は、かねて懐柔中の新聞人（国民公報総理徐光勉）に当該記事の出処を尋ねたところ、

右ハ二ヶ月程以前ニ在日本ノ留学生ヨリ当地ノ某へ日本文ノ草稿ヲ送リ、新聞ニ掲載方ヲ求メ来リタルモ、当地ニテ之ヲ発表セバ、或ハ又外交上ノ関係ヨリシテ直接累ヲ新聞社ニ及ボスノ虞アルニ付、一先ヅ之ヲ上海ニ送リ、同地ノ漢字新聞ニ掲載セシメテ後、之ヲ当地ニテ転載セント企テタルニ、上海ニテモ矢張リ当地同様ノ虞ヲ抱キタルモノト見へ、転ジテ英訳ノ上第一ニ『ナショナルレビュー』ニ掲載セラレ、其レヨリ当地ニ転載セラルルニ至リタル次第。

公使も表向きは「本件ノ如キ幼稚極マル捏造記事」は問題とするにたらぬと強がって見せたが、内心「該記事ノ内容、殊ニ会則ナルモノガ割合秩序的ニ出来上リ居ルニ拠テ見ルモ、強チ留学生等計リノ細工トモ受取レズ、或ハ本邦人中一部ノ有志、例ニ於テ或ル目的ノ下ニ窃カニ起草セラレシモノガ、不計モ留学生等ノ手ニ入リ、更ニ転ジテ本国ニ送ラレシモノニハ非ザルカトモ推測」せざるをえなかった(51)。事実、その本体はこの年のはじめに犬養毅、頭山満、河野広中らの発起で設立された「亜細亜義会」だったが、重訳の間に「東亜亜細亜協会」などという奇妙な会名に変ってしまったのである。清朝政府を頤使した日本帝国主義の重圧のほどと、これに抗して中国の愛国的新聞人が展開した、したたかな闘いぶりを示す好箇の事例といえよう。

これより先、同年五月四日付で上海総領事館が外務省に送った「上海漢字新聞及雑誌類調」の「備考欄」には、次のように記入されていた。

各紙共、当国近時ノ風潮ニ棹シテ各国ニ関係スル一事件ノ発生、又ハ謡言ノ伝フルアレバ、何国ニ対シテモ排外激憤ヲ満スヲ事トス。殊ニ日露両国ニ対シテ尤モ鋭筆ヲ弄シ、唯米国ニ対シテハ好感ヲ表スルノ傾アリ。当地某

漢字新聞経営者ノ曰ク、吾等ハ可成排外的記事ヲ掲ゲズ、穏健ナル態度ニ出デ度キモ、排外的記事ナリ、満蒙問題其他ニツキ、日露ニ対シ鋭筆ヲ弄セザレバ、忽チ購読者ヲ減少ス。従テ各社トモ新（聞）紙販売拡張上、排外記事ヲ加味スルノ要アリト。以テ現時、当国人士ノ一般思想界ヲ推察スルニ足ル(52)。

これは前年一〇月、『民立報』関係者の発言として伝えられたものと基調を一にするが、いっそう現実性をもっている。少くとも中国国民のうち新聞を購読するような階層が民族的危機意識にかられ、諸新聞もそれを紙面に反映せざるをえなくなっていた。日本も『民吁日報』のばあいのように特定の新聞を狙い射ちにするわけにはいかなかったのである。

清朝政府は東北権益の放棄、売国的な鉄道国有政策の強行によって「洋人之朝廷」たる正体を白日のもとにさらした。「世界ノ大勢ヲ観ルニ英日協約、俄日協約相継デ成立シ、其目的皆中国ニ在り。曰ク共ニ和平ヲ保ツ、曰ク相侵犯セズト。其宗旨皆権利ヲ中国ニ攫ムニ在リ。激烈的瓜分已ニ変ジテ而シテ和平的瓜分トナル。竊ニ恐ル、世界和平之声愈高クシテ中国危亡ノ命運愈速カナラン事ヲ」。これは前出の直隷憲政研究会の「上政府書」の一節であるが、清朝政府のもとでは中国民族の明日のないことは、すでに立憲派分子もふくめた広範な人びとの共通認識であった。かつて瓜分を恐れて革命に反対した立憲派は、いまや瓜分を憂えて清朝政府に見切りをつけた。人びとは武昌蜂起を迎える思想的準備を、いやおうなしに整えさせられつつあった。

注

（1）外務省編『日本外交年表竝主要文書一八四〇～一九四五』上三〇五～三一二頁。諸懸案とは間島問題、法庫門鉄道、大石橋営口鉄道の撤去、京奉鉄道の延長、撫順及煙台炭礦、安奉線其他の鉄道沿線鉱山に関する件であった。

（2）同右三〇六頁。
（3）章炳麟に命令書を手交した東京牛込区警察署長は「此事関於外交、不関法律」と語ったという（「民報ニ関シ清国留学生其他ノ行動」乙秘第一〇七五号　一九〇八年一〇月二五日付、外務省現存記録一―三―一二、一七）。
（4）前出『日本外交年表竝主要文書』上三一三～三一五頁。
（5）外務省現存記録一―三―一二、一五。
（6）同右一―三―一、一別冊『同文滬報』。
（7）同右一―三―一二、一五。
（8）同右一―三―一一。なお臨時的支出は定額の枠外にあった。たとえば一九〇九年七月『新聞報』（資本金六万ドル、当時の発行部数一万五千）二万ドル増資にあたり、上海総領事は一万ドルないし一万五千ドルを日本人名義で引受けたいと、該当金額を新聞操縦費または機密費から支出するよう外務大臣に要請したが却下されている、
（9）在北京の伊集院公使は一九〇八年、天津の『チャイナ・タイムズ』に年額三千ドルを供与し、〇九年には日本人を同紙の「日本及支那欄主任」として送りこんだこと、同じく〇八年、北京日報の「主宰者広東人朱淇〈記者仲間ノ頭株〉」に本人の「申出ニ応ジテ一千五百弗貸シ与ヘ置」いたこと、〇九年九月、日本の圧力で封禁させた『国報』の後継紙『中国報』の主筆黎宗嶽が「曩ニ国報ノ発行ヲ禁止セラレタルニ就テハ多大ノ損失ヲ被リタルニ付若シ当館ニ於テ之ヲ補ヒ呉ルルニ於テハ今後日本ノ為メニ尽力スベシ」と申しこんできたので、「洋銀千弗」を貸与し、かつ毎月若干金を給与するようにしたことなどを報告している（外務省現存記録一―三―一、一別冊『チャイナタイムズ』、一九〇九年一一月一五日付在清国伊集院公使より外務大臣宛機密第一六三号、同前一―三―一二、一五）。
（10）『日本外交文書』第四一巻第二冊六九頁。ただし支出が許可されたかどうかは不明。
（11）外務省現存記録一―三―一、一別冊「漢口公論新報」。
（12）同右。
（13）外務省現存記録一―三―一二、二一別冊『清国之部一』。

(14) 『日本外交文書』第四二巻第一冊四〇二頁、四〇七頁。
(15) 同右四一一～四一二頁。
(16) 同右六二四～六二五頁。
(17) 同右四三二頁、四三三頁。
(18) 一九〇九年九月九日付在上海永瀧総領事より外務大臣宛公信第三六五号(外務省現存記録三―三―八、一―八)。別添の「愛中国的人請仔細一看」は「日本強横改築安奉鉄路我当不用日本貨以抵日本的演説」と題し、上海不買日貨会刊行とある三千数百字の伝単。王蔭藩は『日華新報』の東京支局主任であることが同前一―三―二『日華新報関係雑纂』に見える。
(19) 日本外務省の掌握するところでは、広東の『国民報』、『七十二行商報』、天津の『忠言報』、北京の『国報』であった(『日本外交文書』第四二巻第一冊四三四頁、四三六頁)。
(20) 同右四三六頁。
(21) 一九〇九年一一月一五日付在清国伊集院公使より外務大臣宛機密第一六三号(外務省現存記録一―三―二、一五清国之部一)。なお『国報』は天津租界に移り「中国報ト改題シ前国報ノ号ヲ逐ウテ発行を継続シ更ニ一層悪辣ノ筆ヲ弄シテ我ニ当リ、又一方ニハ政府当局ヲ罵テ已マズ。殊に我正金銀行ノ紙幣取付の出来事ハ全ク同報一派ノ魂胆ニ出テタルコトヲ付キ留メタルヲ以テ再ビ当局ヲシテ懲罰ヲ加ヘシムルノ必要ヲ」公使に感じさせたほどであったが、おそらく資金難から主筆黎宗嶽が公使に取引きを申しいれ、その後は「紙面モ大イニ面目ヲ改メ」たこと、注(9)を参照。
(22) 外務省現存記録三―三―八、一―八所収資料、ことに一九〇九年九月二六日付、在牛荘大野領事代理より外務大臣宛機密第三三号。『民吁日報』一〇月三日号「抵制日貨之烟消火滅」。
(23) 「留日各省联合会公啓」とは別の文書。
(24) 一九〇九年一〇月二六日付、在漢口渡辺総領事事務代理より外務大臣宛機密第三四号(外務省現存記録三―三―八、一―九)。
(25) 一九〇九年一〇月一二日付、在上海松岡総領事代理より外務大臣宛公信第四〇四号(外務省現存記録三―二―二一、清国之部一）。

(26)　一九〇八年一二月一八日付、在香港船津副領事より外務大臣宛機密第五七号（外務省現存記録一―三―一、一七）。

(27)　バタビア領事館は田桐派送、施新東承印と署した「実行抵制与世界之平和」と題する文書が、檄文「嗚呼福建」などとともに流布していることを報告している（外務省現存記録三―三―八、一―八）。田桐は『中興日報』主筆として革命宣伝に当っていた。

(28)　一九〇九年一一月一九日、在上海松岡総領事代理より外務大臣宛機密第七〇号（外務省現存記録一―三―一、三二）。

(29)　一九〇九年一〇月一一日付、上海週報第一号（外務省現存記録一―三―一、三〇）。

(30)　一九〇九年一一月一一日付、在上海松岡総領事代理より外務大臣宛公信第四五九号（外務省現存記録一―三―一、三二）。

(31)　すでに一〇月二三日の『民吁日報』「社説」で、日清両国は安奉線問題に関し「於訂約之時、先議定両国報紙如有反対此条約者、則各封禁其報館」と指摘していた。『民呼日報』の経験によっても早晩弾圧の下ることは予測していたと思われる。

(32)　注（30）に同じ。

(33)　注（28）に同じ。

(34)　注（28）に同じ。

(35)　一九〇九年一一月二〇日付、在上海松岡総領事代理より外務大臣宛機密第七一号（外務省現存記録一―三―一、三二）。

(36)　一九〇九年一二月三一日付、在上海有吉総領事より外務大臣宛電報第八四号「本件ニ関シテハ松岡機密第七〇号往信ノ趣旨ニ基キ当領事館ハ原告ノ地位ニ立ツニアラザルヲ明カニセルヨリ、被告弁護人ハ之ヲ普通警察事故同様ト見做シ、日本ノ「アッセッサー」ノ立会フベキモノニアラズ、常置ノ「アッセッサー」英米独ノ前ニ於テ審判セラルベキモノトシテ、法廷ノ組織ニ付口論ヲ試ミタルモ行懸リ上右ヲ「イグノア」シテ判決シタルヨリ、外人間に多少ノ物議ヲ生ジ、被告弁護人ハ領事団ニ抗議ヲ提出セリ」（外務省現存記録一―三―一、三二）。その後の経過は一九一〇年三月一八日付、在上海有吉総領事より外務大臣宛機密第二一号（同前）を参照。

(37)　『民吁日報関係雑纂』（外務省現存記録一―三―一、三二）を参照。

(38) 一九〇九年一二月一三日付、在広東瀬川総領事代理より外務大臣宛機密第六六号(同右)。
(39) 一九一〇年一月二四日付『上海週報』第一六号(外務省現存記録一―三―二、三〇)。
(40) 『日本外交文書』第四二巻第一冊三六二～三六六頁。なお上政府書は一一月二〇日の天津『民興報』『忠言報』に掲載された。
(41) 一九〇九年一二月二九日付、在上海有吉総領事より外務大臣宛公信第五三五号(外務省現存記録一―三―二、三二)。
(42) 王成聖『于右任伝』(中外図書出版社 一九七三)四五頁、劉鳳翰『于右任年譜』(伝記文学出版社 一九六七)三七頁など。
(43) 注(39)に同じ。
(44) 『中国公報』は陳其美が創弁したとされるが、于右任とまったく無関係ではなかったであろう。
(45) 劉鳳翰『于右任先生年譜』(伝記文学出版社 一九六七)二一～二二頁。
(46) 王成聖前掲書四六頁。劉鳳翰『于右任年譜』四〇頁。
(47) 沈渭濱、楊立強「上海商団与辛亥革命」(『歴史研究』一九八〇年第三期)。
(48) 上海社会科学院歴史研究所編『辛亥革命在上海史料選輯』(上海人民出版社一九八一)九八二頁。丁日初「辛亥革命前的上海資本家階級」は、未刊稿『沈縵雲先生年譜』などにより、沈縵雲は一九〇九年に于右任らの紹介で同盟会に加入し、かつ『民吁日報』に万余元を投資したとする。だが于右任自身は民国三年の詩「弔沈縵雲」に「余辦民立報時、多得助力」とのみ付記して『民吁日報』に言及しない(『于右任先生詩集』一九七八年 台北 上巻一九頁)。『中国公報』廃刊の状況などからしても、この時期に沈縵雲らの強力な支援があったとは考え難く、上記の説には疑問が残る。いずれにしても、李平書・王一亭ら後に上海商団の中心となる人物が『民立報』創刊の後援者であったことは、もっと注意されてしかるべきであろう。
(49) 一九一〇年一〇月一四日付、在上海有吉総領事より外務大臣宛公信第三八七号(外務省現存記録一―三―二二、二一 清国之部二)。
(50) 『辛亥革命回憶録』第六集(中華書局 一九六三)四九六頁。

(51)　一九一一年九月二日付、在清国伊集院公使より外務大臣宛機密第一〇八号（外務省現存記録一―三―一二、一五　清国之部一）。

(52)　外務省現存記録一―三二―一二　清国之部二。なお該『調』によれば『民立報』は「主義及宗旨民党ヲ標榜シ社会主義ヲ含ム。経営主任者　朱少屏。主筆　王歩瀛。毎日発行約数七千」であった。ちなみに当時上海最大の新聞『時報』は「一万五千部」となっている。

第三章　ある謡言――辛亥革命前夜の民族的危機感――

はじめに

一九一一年春、列強が中国分割を協定したという謡言が中国を震撼させた。おりしもイギリスの片馬占領、ロシアの伊犁《イリ》出兵、フランスの雲南鉱山採掘権要求が重なり、人々の危機感が高まっていた時期であった。日本留学中の学生は国民会を組織し、清朝政府の無能無力を非難するとともに、本国の各界に自衛のため義勇軍［国民軍］を組織するよう呼び掛けた。謡言はこの運動と呼応するように流されたのである。

留日中国人学生および国内の学生の宣伝、立憲派を含む各地の有力者の呼びかけで武装自衛の運動がひろがった。分割協定の成立がデマであったことはまもなく明らかになったが、これによって増幅された清朝政府への不信・絶望は消えなかった。それは直後に起こった鉄道国有化政策への反対運動の高揚と無関係ではない。

謡言の作製と流布にはおそらく革命派が深く関わっている。その核心は日本帝国主義が分割策動の元凶とされたこと、協定が日の目を見なかったのはアメリカが反対したからだと辻褄をあわせたことにある。日露戦争後の中国をめぐる列強関係の新たな局面がそこには反映されていた。

留日学生の国民会運動についてはすでに小島淑男氏に専著『留日学生の辛亥革命』（青木書店　一九八九）があり、

この謡言についても言及しておられる（同書六〇頁）。ただ、小島氏は四月五日の『時報』にはじまる一連の報道が、一時停頓していた留日学生の国民会運動にふたたび活をいれる作用をはたしたことを指摘されるに止まり、その背景の考察にまでは踏みこんでおられない。小論は謡言そのものの展開過程を追い、さらにそれが福建において引き起こした反響を紹介して、当時の中国人が抱いていた民族的危機感の深刻さと革命との関わりを明らかにしてみたい。

一　中国分割協定むすばる

一九一一年二月末、在東京の中国人留学生は国土、権益を守ることは清朝政府には期待できないとし、全国人民が武装自衛に立ち上がるよう呼びかけた。かれらが本国各省の諮議局・新聞社などに送った緊急アッピールの電報が北京・上海の新聞に掲載されるのと前後して、三月三日、上海の有力紙『申報』と革命派の新聞『民立報』は、日本の提唱で各国がパリで秘密会議を開き、中国分割の協定を結んだことを報じた。「請看列強對付中国之大会議」と題する『申報』の記事は全文次のとおりである(1)。

『帝京新聞』が欧州訪員（在欧記者）の加緊《きんきゅう》報告を挒《う》けたるに謂う。去冬（一九一〇年一一月〜一一年一月）各国は法京巴黎《フランスパリ》に在りて秘密会議を開いて謂わく、中国政府の腐敗は日一日と甚だしく、何時に拘らず迫るに兵威を以てすれば、皆枯《かれき》を摧き朽《くちき》を拉《ひ》くが如し。但だ中国人民は久しく政府の恃むべからざるを知り、又日（本）の朝鮮を併せ危亡即《ちか》きに在るを見て、洶洶として動かんことを思い、政府を挟《さしはさ》んで以て革新の謀を行わんと欲す。国会を請願するの踴躍たるを観れば、以て一斑を窺見《うかが》うべし。日本は此において即ち急進主義を採り、以て速やかに東三省を併せざるを得ず。吾れ各国機会均等の約に対して、尤も隣接適当の土壌に就きて併呑を実行せざる能わず。此の時分割の能く平均なると否とは既に知るべからず。而して分割の不平なるの故に因り、戦端を生ずるを致すも亦事実の避け難き所なり。但だ今日の兵学の発達、火器の精利を以てすれば、往往一番の戦事を経たるの後は、十年休養すると雖も亦元気を復還し難し。得失を相較ぶれば未だ必ずしも相償わず。然らばすなわち吾《われ》儕《ら》何を苦しみて、中国一塊の土に因って無数の生霊を荼毒せんや。故に平和の瓜分を舍《お》いて殆ど二策無し。且つ瓜分は今日においてせずして後来においてすれば、亦断じて平和の望みを達し難し云云と。衆均しく其の説に賛成し、遂に草議を定む。但だ事甚だ秘密にして迄《つい》に未だ発表せず。

又謂う、徳《ドイツ》皇儲（皇太子）の東遊中止は此の事と関係有るが似《ごと》し。蓋し聞くに徳人曽て此の事を議するに与《あずか》る、今既に草議を定め有れば、再び強顔もて吾が国と周旋するは便ならず。故に特に鼠疫（東北でのペストの流行）に託詞して以て耳目を敷衍す云云と。知らず、我が政府、我が国民将に何を以てか此れに処せんとするかを。

ドイツ皇太子が日本・中国をふくむアジア各国訪問の旅行をインドで打ちきり、帰国したことは二月はじめに新聞で報道されたことであった。[2] それをさっそく状況証拠として取りあげたこの記事を『帝京新聞』がいつ掲載したのか、いまのところ確かめる術はないが、当時の郵便、鉄道事情からすると少なくとも四日は先行すると考えられるから、東京で留日学生たちが決起するのとほぼ同時に出た可能性を排除しない。ちなみに留学生総会臨時大会が開催されたのは二月二六日、大会決議にもとづいて電報が発せられたのは二七日であった。[3] 日本留学生の訴えがロシア・イギリス・フランスの脅威を強調し、おそらく弾圧への配慮から日本のそれには言及していないのにたいして、ここでは分割の元凶を日本と明示しているのが注目されるが、この記事そのものはただちには反響を呼ばなかったようである。わずかに『申報』が三月一九日の「時評」で間接的にふれたぐらいで、[4] 連日の各新聞は伊犂・蒙古、片馬問題、中国・ヴェトナム辺境へのフランス軍の集中、日本の「満州」での兵力増強などを巡って危機感をかきたて、中国分割は一般論として取り上げられることはあっても、とくに差し迫った問題とはみなされていなかった。

ところが四月五日、上海のこれも有力新聞である『時報』は北京からの電報として次のようなニュースを報じた。

駐某国使臣（公使）より報告あり。近ごろ秘密消息を探り得たるに、列強は各おの大員を派して法京巴黎にて集議し、中国各省を佔拠することを実行せんと擬す。僅かに山西・河南両省を留めて之れを中国に還す云云と。（初六日亥刻北京専電）

『時報』の編集者自身はその真実性について疑問をもち、「按ずるに、此の耗（消息）は殊に聴聞を駭《おどろか》すも、諒《おも》うに外人の造謡して我を傾けんとするに係る。然れども我が国人は固より自警せざるべからざるなり。故に之れを録す」とわざわざコメントを付けていたのだが、四月七日また関連の電報を掲載した。

探聞するに、各国法京巴黎にて集議し、中国各省の分拠を謀りしとき、惟だ美国《アメリカ》のみ東亜の和平を保つことを力主し、大いに此の議に賛成せざりしと。（初八日未刻北京専電）

同じ日、『民立報』はこう報じた。

駐英・法の両劉使（劉玉麟・劉式訓）政府に電告すらく、各国は法京にて大いに密議を開き、中国を瓜分《ぶんかつ》するさいの割據の範囲を商定せり。俄国《ロシア》は蒙古・新疆・甘粛・伊犂・山西・直隷を分かち、日本は奉天・吉林・黒龍江・福建を分かち、徳国は安徽・江北・山東を分かち、法国は廣西・廣東・雲南・貴州を分かち、英国は江西・浙江・江蘇・湖南・湖北・四川・西藏を分かち、陝西・河南の二省を留めて一小朝廷を安置す。美政府出でて反対し、事因りて発露せりと。政府中の人此の電に接して相向いて哭き、連夜密議するも未だ決せず。（六日北京電）

『民立報』は引きつづき四月八日から九日まで連日関連のニュースを掲載した。こういう調子である。

監国は英・法両使より各国が瓜分政策を商議すと警電ありしに因り、朝に臨んで嘆泣し、大いに督・撫を集めて会議せんと擬す。故に瑞澂（湖広総督）・李経羲（雲貴総督）・程徳全（江蘇巡撫）・張鳴岐（両広総督）を電召し、均しく来京陛見せしむとの説有り。（七日北京電）

聞くに中国瓜分の主謀者は東方の一国と欧州の某某両同盟国なりと。（七日北京電）

巴黎にて中国を瓜分するを密議せる事件発露してより、各報紛（しき）りに伝え殆ど遍し。昨日、俄・日・法三国公使は、特に外（務）部の人に対して声言し、処分を首謀する等の説を認めず。（北京八日電）

そして、四月一〇日『民立報』は日本留学生の国民軍編成の提唱に呼応する形で論説「敬《つつ》しんで我が救国の同胞に告ぐ（大愛）」を掲載した。

予謂《おも》うに、果たして能く民団を実有すれば、瓜分の禍は即ち以て免るべし。……我が民誠に示すに拚死の決心を以てすれば、すなわち我を分割せんと欲する者の中、某国の如き者は、重兵を以《ひき》い来たれば其の国以て自守する無く、彼と相両立せざるの美《アメリカ》或いは能く起ちて之れを蹴踏するを慮らざる能わず。其の他の諸国も亦皆此れに類すれば、すなわち瓜分の議或いは暫らく熄《や》み、以て吾人の徐に自強を図るを待つべし。顧《た》だ吾人の尤も慮り有る者は、政府が亡国に甘心《あまん》じ、特に民気・民力を利用して死亡を救うを肯んぜざるのみならず、甚だしきは且《まさ》に反って死力を出し、外人に代って我が民を圧伏し、動くを得ざらしめて、以て外人に献媚するの計と為し、一小朝廷を博し得て以て彼等の偸活に便ならしめんと庶幾《ねが》うことなり。此れ誠に吾人の痛心疾首して忿懣不平なる所の者なり。此の一阻障若し去る能わざれば、すなわち吾儕《われら》必ず安南・朝鮮人の後に随って亡国の民と為らん。

つまり民団（自衛団、後出の郷団・商団もその一種）を組織し、徹底抗戦の態勢をとることが亡国の危機をまぬがれる唯一の方法であるが、そのためには先ず売国的な満州政府を打倒する革命が必要である、とするのである。革命派が提示した運動・宣伝の方向であった。

『民立報』がこれきりで列強の分割協定について口を噤んだのにたいし、[5]その後も各新聞は列強の計画がちゃくちゃくと実施にむかっているとの刺激的報道を、しばらく掲載し続けた。四月一一日の『時報』は「要聞」欄に「パリ分割問題密議記」を載せ、各国がすでにそれぞれの勢力範囲に応じて分割地図を作成して、各国の北京駐在公使館に送付してきていること、山西・河南を「永久中立の国」として「大清帝室」を据えること、中国の民気の盛り上がりと陸軍の訓練ぶりからして分割に軍事力を行使することもやむをえないとしていることを報じた。さらに伝聞として大学士那桐がその親戚である河南巡撫寶芬に「八月（旧暦）に恐らく瓜分の禍あらん」と書き送った話を紹介し、記者自身が連日顔をあわせる外務部の役人がみな憂い顔［蹙額］で「今年中は持つまい」［恐今年不了］と語りあっているなどと報道した。また、それまで慎重に自制してきた『申報』さえもが四月一七日の「緊要新聞」に雲南辺境のイギリス・フランスの脅威増大をつげるニュースとともに、つぎのような二つの記事をのせた。

「瓜分中国の一租約　△禍亟《せま》る　若何すべきや　猛省　猛省」

各国中国を瓜分するの計劃は現已《すで》に規定されて完全《かんせい》し、土地を租借するを以て入手す。本月初三日（四月一日）、外務部已に法国公使の通牒を接到したるに、雲南全部の租借を要求せり。外務部は此の事に対して甚だ棘手を形《あらわ》し、連日、答覆の辦法を会議し異常に秘密なり。聞くに各国は我が国が法国に答覆するの後を俟って再《さら》に接続の要求を為すと云う

「東北三省岌岌として危ぶむべし　△是れ謡言か　謡言に非ざるか　△我が政府は猶お耳を充ぎて聞かざるや」

本月十三日（四月一一日）の『帝国日報』に載す、近ごろ東友（東北の知人）の来函を得たるに、各埠の日・俄の官商眷属は多く陸続として回国する者有り、是れ何の用意なるかを知らず。日来外間に謡言紛起して謂わく、東北三省は将に不了の局に成らんとし、而して東清鉄路の火車亦将に售票（切符の販売）を停止せんとす云々と。

これら一連の報道は人びとを驚かせ、すでに高まっていた民族的危機意識をいっそう煽りたてた。また二月に国民会を結成していらい、駐東京の清国公使館の妨害や学生相互の対立などさまざまな障害に逢着して一時沈滞していた留日学生たちの運動をも、ふたたび高揚させた。留日学生たちは一部の学生を帰国させて中国各地で人びとに決起を呼びかけ、すでに三月一二日、全国商団連合会を結成していた上海の革新派紳士たちや『民立報』社を拠点とする革命派に支持されて、六月、中国国民総会本部を上海に設立するにいたるのである。

本土各地でもこれに呼応する救国運動が起こった。もちろん満州政府はその弾圧、取締に躍起になった。当時、山西陸軍小学校に在学中だった劉精三はこう回想している(6)。

宣統三年、私が一八歳の時、列強が中国を分割するとの説が喧伝され、革命の気運が全国に広まった。級友中の愛国者はぞくぞくと救国団体を結成したが、……私たちは武道会をつくり、白兵戦にそなえて武術を練習した。……陰暦三月下旬（四月下旬）、私たちは学友に呼び掛けて寄付を募り、同盟会の救国伝単数万枚を増刷した。それは列強が今年八月に中国を分割することに決定したこと、北満州・蒙古・新疆はロシアへ、南満州・福建は日本へ、山東はドイツへ、長江流域はイギリスへ、……と範囲を画定し、直隷省のみを清帝国の領土として残すことになっていることを告げ、国民に救国のために奮起することを訴えたものであった。

ある日曜日の午前、学友たちは伝単を街頭で配り、各大学・専門学校に届け、また各府・州・県の中学・高等小学校に郵送した。いっぺんに人心は動揺し、各大学・専門学校の学生はぞくぞくと集会を開き、授業ボイコットを準備して、騒然たる雰囲気となった。山西の反動当局は巡撫部院（長官官邸）で緊急会議を開き、郵便の停止・伝単の没収・罷課の禁止などの手段でもって革命活動を制限し、陸軍学生にたいしては「革命党の党員が内部で画策し、デマをとばし、伝単をまき、人びとを扇動している」との罪名をかぶせ、ありとあらゆる威嚇をくわえた。

各学校の学生は山西の反動当局が学生の愛国運動を指導・支持しないばかりか、逆にこれを取り締まり破壊することは、売国奴たることに甘んずる者だとして、列強への反対から矛先を転じて清朝打倒にむかった。

『民立報』が期待した路線で中国分割のニュースが作用した例であるが、伝単が革命派「同盟会」の伝単として記憶されていることは注意されていい。しかし、このニュースが各地でどのような反響を引き起こしたか、官憲の報道管制もあって実は当時においても明らかでないし、のちに謡言であったことが明らかになったためか、回想録の類にもほとんど登場してこないのである。ただ、福建省の場合のみ、当時、福州と廈門とに駐在していた日本外交官が詳細な報告を本国に送っていたおかげで、かなり前後の状況を明らかにすることができる。次章でそれを述べよう。

二　郷土を守れ——福建での反響

一八九八年に日本の勢力範囲に画定されていらい、福建省はつねに日本の脅威に敏感であった。義和団戦争のさい英国の反対によって未遂におわったものの、廈門を占領しようとする陰謀が実際にしくまれたし、日露戦争直後にも遼東半島を中国に「還す」かわりに福建を日本に割譲するという謡言が流れて人びとを緊張させたことがある。国民会運動がおこると、ここでは三月早々、上海福建学生会、留日学生会などの要請電報を受けて、さっそくに武装自衛の運動が開始された。一九一一年三月三一日、駐福州領事高洲太助は外務大臣にあてて次のように報告している。[7]

当地ニ於ケル一部紳士等ハ三月十三日頃城内ニ於テ時局ニ関シ何等会議セルノ模様ナリシカ継テ別紙第一号ノ如キ印刷物ヲ市中ニ播布セリ其大要英国ハ片馬ニ来侵シ仏国ハ鉄道保護ヲ名トシ重兵ヲ雲南ニ進メ露国ハ満州蒙古

伊犂方面ニ強迫シ来リ瓜分ノ禍ハ急ニ目睫ニ迫リ来レリト又日本独乙モ亦起テナスアルヘキニヨリ外患アラハ必ス内憂之ニ伴フ湖南ノ兵新徴ノ軍皆ナ頼ムニ足ラス宜シク郷団ヲ組織シテ以テ自ラ備フ所アルヘシト云フニアリ右ハ英国人設立ノ学校内ニ貼付セリトテ英国領事先ツ福建官憲ニ向ッテ抗議ヲ申込ミタリ当地先任領事タル米国領事ハ本件ニ関シ各領事館ヲ歴訪シ領事団ニ於テ何等手段ヲ執ルヘキヤヲ商議シタルニ現下何等動揺ノ実情ヲ認メス単ニ印刷物ノ播布ノミニ対シ領事団ヲ煩ハス程ノ事ナキニ各国領事一致セリ然ルニ市内ニハ種々謡言アリテ四郊郷間ニハ刀鎗銃器旗布等ヲ用意シ日本人ヲ迫害スルヤヲ唱ヘ其最モ無稽ナルハ台湾ヨリ帰任ノ途次当地ニ立寄リタル瀬川広東総領事船津香港領事カ小官帯同ノ上将軍総督以下各官憲ヲ歴訪シ継テ練習艦津軽来港ヲ附会シ来訪両領事ハ重大ナル任務ヲ帯ヒテ総督ニ談判スル所アリト云ヒ軍艦ハ来リテ福建ノ動静ヲ偵察スルモノナリト云ヒ又戦艦六隻外海ニ集中セラレ居ルト云ヒ尚ホ甚シキハ津軽艦乗組ノ清国学生（留学実習中の海軍学生）ハ日本ニ服従シテ其服制スラ改メタルモノト云フモノアルヲ聞ケリ

高洲領事は人を派遣し各方面にわたって実状を偵察させたが、なにも異常は発見できず、在留日本人の活動にも支障は生じていなかった。イギリス領事の照会に対しては当局者が「印刷物ノ播布ヲ禁止シ主動者ヲ厳罰スヘシ」と回答してきたが、さらにつづいて第二の伝単「再び郷里に団練を速辦せんことを告《うった》える」（前出報告別紙第二号）が出た。

皆さん［列位伯叔列位兄弟］、イギリスは片馬を占領し、フランスは雲南の鉱山を狙い、ロシアは蒙古・伊犂に迫り、在日本・アメリカの中国人留学生、各省の諮議局はぞくぞくと急電を発している。皆さん［列位］は私どもの第一次の伝単を見られて、すでによくお分りであろう。皆さんは北京・上海の新聞および福州で新たに発行された『建言報』を看て、私どもがけっして誇大に宣伝しているのでないことを理解くださったと思う。私どもは皆さんが急ぎ対策を講ずれば、或いは身体・家族・財産を守ることができようかと待ち望んでいたのだが、思いもかけず旬日以来、外からの警報はさらにさし迫り、他の省の人びとはみな行動を起こしている。目下、福州の商務総会、南台鎮董事会および各学堂はいずれも対策を講じつつある。あるいは商団を編成し、あるいは民兵の訓練をはじめ、あるいは体育会を設け、あるいは兵式体操を課するなど、名目はいろいろであるが、目的は同じである。

ただ（福州以外の）他の府・州・県ではどんな方法で自己の身家・財産を守ろうとするのか、なんの動きも見られぬのは実に不思議である。私どもは自己の身家・財産を守るためにも、皆さんの身家・財産を守るためにも黙ってはおれず、再度我が郷里の皆さんに訴えたい。

伝単はイギリス・ロシアの最近の動きをくわしく述べたあと、こう続ける。

皆さん、最近の日本を見られよ。日本は各国がつぎつぎと事を起して以来、政府も国民もこぞって我が東北三省をその目標としている。以前入手した詳細な報告によれば、日本の東北駐屯の軍隊は中国の全軍隊の四倍「日本駐東之兵有中国全国四倍之多」に達し、また蒙古一帯に無線電信を設けて密かに情報を通じている。

近日、また二個師団を東北に派遣しようとしているとのこと(9)。

さらに伝単は駐ドイツ中国公使、伊犂駐在の将軍が政府に危急を告げた至急電報を紹介し、また各省諮議局の電報を紹介する。福建にかかわるものは次のとおりである。

西安諮議局が福建諮議局へ致すの電に云う「填《ママ》電を按ずるに英は片馬に拠り、日・俄又東省を侵す。人自ら兵と為るに非ずんば以って救亡する無し。擬すらくは、各省を聯ね緝補巡警に借名し、就地《ちいき》に団練を辦ずるを実行せん。初九日（三月九日）、院（資政院）に電して開辦を奏請せり」。

福建諮議局が天津諮議局に致すの電に云う「事迫れり。（各省諮議局）聯合會は提前《くりあげ》するに非ざれば不可なり」。

福建諮議局が軍機処に致すの電に云う「国事危急、人々旦夕淪亡の惧れ有り。外交逼《あつぱく》を受くれば当に国中の民気を以て後盾と為すべし。懇わくば即ちに代奏して資政院臨時会を召集し、国人の忠憤をして得て以て表見せしめられよ。或いは少しく外侮を戢《しず》め、再び補救を図るべし。

以上は一二の例を挙げただけである。警報はもっとたくさん伝わっているが、北京・上海の各新聞および福州で新たに発刊した『建言報』が詳細に報道しており、とうていここには書ききれない。

伝単はこう結ぶ。

皆さん、考えても見られよ、財産が亡び身体が亡び家族が亡び国家が亡ぶ、その災難が間近に迫っている時、一時逃れができるだろうか？　俗諺に云う、やるからにはとことんまで［一不做二不休］、見込みはなくとも手は尽くせ［死馬当作活馬医］と。我が九つの府・二つの州の人民が甘んじて亡国奴となり、身家財産を失ってもかまわぬというならそれまでのこと。もしそうでなければ、速やかに団練を設立せられよ。一団が呼びかければ諸団が応え、一郷が立ちあがれば諸郷がこれに続く、一郷から一県に、一県から一府に、一府から一省にと広げ、方式を統一し、連絡を緊密にすれば、平時は郷土の治安を保障し、有事には軍隊の援護ができる。救亡の大計としてこれがもっとも急務である。

皆さん、時は二度と帰らない。ただちに決起すれば天下の事は或いはまだなんとかなるかもしれない。謹んで血誠を披瀝し、伏して公鑒を惟《ねが》う。

高洲領事の報告は福州商務総会が、すでに設立されていた上海南市・北市商団公会の方式に倣い、福州商団公会の設立を発起し、三月二二日福州商団規則を定め、二八日会長ならびに会董の投票による選挙を行なったことを述べ、そのさいの回状と規則の写しを添えている（別紙第三号）。商務総会加盟各店舗は設立費四千元、経常費（年間）四千元を分担・拠出するほか、壮丁一名づつを参加させ軍事教練を受けさせねばならなかった(10)。前述のように上海で中国分割協定の確報らしきものが報じられたのは四月五日であったが、上海福建学生会は四月七日、次のような電報を郷里にむけて発した(11)。

『福州公報』『建言報』『新聞報』に致し各社会《だんたい》に転ずる電

駐英法両（公）使　政府に各国法京に在りて瓜分を実行せんことを密議し、範囲を劃定して日は閩（福建）満を割く、美の反対に因って以て発露するを致せりと電告したり。望むらくは速やかに民団を辦じ、死抗を図られんことを。　初九夕。

かれらは同時に福州諮議局にあてて電報を送り、各省諮議局にたいして民団の組織を呼びかけ、促すよう要請した。
四月一八日、高洲領事は福州市内で聞きこんだ謡言・情報について以下のような報告を外務省に送っている(12)。

一　摂政王ハ分割ノ議ヲ容レ福建及ヒ満州三省ヲ日本ニ割與シ其餘各省ハ電報伝フルカ如ク各国ニ讓與スル為メ已ニ上諭ヲ発セリ云々

一　日本領事館ハ総督ニ交渉シ烏石山［師範学堂所在地］ヲ租借シ兵ヲ駐屯セシメントシ十七日総督領事ヲ訪問スルモ此事件ヲ議スル為メナリ［秋津洲艦長片岡大佐ト訪問交換セシヲ指ス］

一　馬尾ヨリ伝説《うわさ》ニ拠レハ日本軍艦港外ニ徘徊スルモノ五隻ナリ

一　福州高等学堂事務室ニ無名貼出アリ曰ク瓜分ノ事已ニ決セリ課業ヲ停止シ民団ヲ設立スルヲ議スヘシ云々

一　各学堂ニ毎周《ママ》体操一時間乃至二時間ナリシモノ近頃三時間乃至四時間ニ増シ以テ国民軍ヲ組織スルノ基礎ヲナスモノナリトノ説ヲ聞ク

一　耶蘇教会設立ノ英華書院及格致書院ノ学生等ハ体操ニ銃器ヲ用ヒン事ヲ議シ校長ニ請願セシモ許可セラレス

云々

高洲はこの公信の末尾に「當地ハ情況平静ニシテ何等変態ハ認メ」ないと但し書きを付けながらも、「当地福建公報、建言報等ニ数日前掲載セル日本福建ヲ謀ル的《ママ》ノ論説ハ目下無根ノ流言ニ浮サレ居ル人心ヲ激発スルモノト認メ総督ニ対シ相当取締」を要求した。総督も新聞社に厳重な警告をあたえるとともに、警察にたいし市中に密偵を放ち、「分割ノ流言ヲナスモノハ勾引厳罰ニ処スヘ」きことを命じたのである。[13]

福建省第二の都市、廈門での運動は四月に入って活潑になった。廈門駐在の矢野領事代理は五月一日付けの公信でこう述べている。[14]

過般露清条約談判困難ナリシ際一方ニハ英兵雲南ニ侵入シタリトノ報アリシヨリ当地方ニ於テハ或ハ露清間ニ戦争起ルベシトカ或ハ英国ト戦端ヲ開クニ至ルベシトカ種々ノ風説ヲ生シ其中広東将軍代理暗殺セラレタルヲ以テ人心少シク不安ノ状アリシニ四月十七日東京ヨリ帰来セリト称スル留学生柳邦俊［柳忠烈トモイフ］[15]ナル者廈門鎮自治公所ニ於テ演説会ヲ開き自治会員及学生等二三百人ノ傍聴者アリ

右柳邦俊演説ノ主旨ハ目下国事危急ナルヲ以テ東京ニ於ケル清国学生ハ国民軍組織ノ議ヲ決シ各省ノ学生代表者五十余名帰国シテ地方ノ分担ヲ定メ各府県ニ演説シ国民軍組織ヲ勧誘ストイフニ在リテ諮議局議員黄廷元之ニ賛シテ演説シ衆議ヲ問ヒ在会者亦之ニ賛成シ其会名ハ国民軍又ハ義勇軍ト称スヘシトノ説アリシモ結局体育会ト称スルニ決シ挙人黄某王某及ヒ教員楊某蘇某ノ四人ヲ会則起草委員ニ挙ケテ散会シタリ

然ルニ両三日ヲ過キ更ニ左ノ如キ主旨ノ印刷物ヲ市中ニ配布セル者アリ其大要ヲ挙クレハ

一　今福州ヨリノ来電ニ依レハ我父祖以来ノ楽土ハ他国ニ瓜分セラレ人ハ奴隷トナリ惨トシテ天日無カラントス此時ニ於テ各々民気ヲ伸ヘ先声ヲナシ速ニ義勇ヲ聯合シ以テ後歩ヲ図リ財産ハ私嚢トナス勿レ郷兵ハ自ラ固フス

ルニ足ルベシ只事秘密ニ属スルヲ以テ野蛮者ヲシテ知ラシメ却テ交渉ノ禍ヲ起シ破壊ヲ生セシムル勿レ其原電トハ左ノ如シ

一　初九日、初十日〔清暦三月〕北京特電ニ曰ク監国ハ各国カ清国ヲ瓜分スルノ政策ヲ商議中ナリトノ在英仏本国公使ノ急電ニ接シ朝ニ臨テ嘆泣シ大ニ督撫ヲ集メテ会議ヲ開カントシ瑞瀓、李経義、程徳全、張鳴岐等ニ電報ヲ発シ上京ヲ命セリ

聞ク所ニ依レハ清国ヲ瓜分セント提議セル首謀者ハ東方ノ一国ト欧洲某某ノ両同盟国ナリト又英仏駐在我公使ノ政府ニ電告スル所ニ依レハ各国ハ巴里ニ於テ密議ヲ開キ清国分割ノ割拠範囲ヲ商定セリ露国ハ蒙古、新疆、伊犂、甘粛、山西、直隷ヲ取り、日本ハ吉林、奉天、黒龍江及ヒ福建、独逸ハ安徽、江北、山東、仏国ハ両廣、雲貴、英国ハ江西、浙江、江蘇、湖南、湖北、四川、西藏ヲ取リ陝西河南ノ両省ヲ留メ一小朝廷ヲ安置スルニ決セントセシカ米国政府ノ反対ニ依リ此事暴露スルニ至レリ清国朝廷ハ此電報ニ接シ相向テ哭シ連夜ノ密議未タ決セス

一　瓜分ノ風潮雷ノ如ク耳ヲ貫ク昨日ノ電報ニ依レハ列強ハ巴里ニ於テ分割ノ実行ヲ議シ部署已ニ定マレリト聞ク嗚呼痛マシイ哉五千年来神明ノ華冑今ニ至ッテ将ニ断絶セントス我同胞ハ我国垂亡ノ局ヲ挽回スル為メ民団ヲ組織セントスルニ因リ同志ヲ集メ廿三日夜七時半〔清暦〕（四月二一日）英華学堂ニ於テ演説会ヲ開キ以テ抵禦ノ策ヲ議セントス云々　　英華学校同志会公啓

情報が上海より一週間ないし一〇日ほど遅れて伝わり、センセーションをまき起こしている様子がうかがえる。伝単が「頗ル悲壮慷慨ニシテ人心ヲ激セシムルモノナルヲ以テ其演説モ亦注意ヲ要スヘキモノト思考」した矢野領事代理はひそかに会場に人を派して傍聴させた。

来会者ハ重モニ学生ニシテ合計二三百名アリ演説者同学堂ノ卒業生謝文田及林重馥ナル者登壇シテ曰ク清国分割

ニ関スル電報到着シタルカ右電報ハ全然虚報ナルコトヲ確メタリト前提シ「尚武ノ精神ヲ養成シテ政府ヲ輔ケ外患ヲ防クノ緊要ナルコト」ヲ説キ多数ノ主《ママ》意書ヲ印刷シテ一般人民ニ配布シ民気ヲ振作スヘシトイヒ尚ホ瓜分ノ風説盛ナルモ決シテ排外ノ思想ヲ生シ外国人ニ危害ヲ加フヘカラサルコトヲ戒ムト云フニ在リテ其所説ハ意外ニ温和ナルモノナリシトイフ

しかし、それからの数日間、中国分割の風説はなお盛んでさまざまな印刷物や手書きのビラが市中に配布あるいは貼付されており、なかには「日貨排斥」を訴えたものもあったと伝えられて領事館があわてたりもした。そのさなか四月二四日、たまたま「英国水雷駆逐艦五隻舳艫相銜テ入港シタルヲ以テ今ニモ戦争起ルナラントノ噂ヲ生シ人心恟々」となった。各国領事は二五日領事団会議を開き、総督にたいし大意以下のごとき照会を発した。

目下清国分割ノ浮説アル為メ人心動揺シ或ハ意外ノ事変ヲ生スルヲ恐ルヽヲ以テ所属地方官ニ命シ無名ノ掲示又ハ印刷物ヲ配布スルヲ禁シ又矯激ナル演説ヲ差止メ其首謀者ヲ処分シ人心ヲ鎮静セシムヘシ

四月二九日北京外務部からの通達が福建総督をへて廈門の官憲にとどいた。列強がパリで中国分割の協定を結んだとする新聞等の報道はまったくのデマであり、不法の徒輩が謡言をつくり、扇動・撹乱を企図するものであるから、この旨を各新聞に掲載させるとともに流言を捏造する者を厳罰に処し、この種の演説会を禁止せよ、というのであった。同日廈門自治公所・教育会・商務総会の呼びかけで体育会設立の会議が開かれ、二、三百人が参集したが、演説を禁止されたため、会長および役員の選挙をおこなっただけで散会したという。

前引の資料に見るように体育会会則の起草に挙人二人、教員二人とこの地の知性の最高レベルの者があたったこと、発起の三団体が矢野代理公使によれば「当地ニ於ケル最モ有力者ノ加入セルモノ」だったこと、会長に選出されたのが前出の諮議局議員黄廷元であったことは、危機意識が廈門市民の上層部をもまきこむ深刻なものであったことを示している。(16) 矢野が公信に添付した三団体連名の趣意書はこう述べている。

時局は艱危、外交は棘手にして瓜分の警報は環球に喧伝す。吾が国民苟《も》し及早に奮興して以て政府の後盾と為らざれば、鷹のごと瞬《にら》（瞵?）み虎のごと視《うかが》うもの（列強）に、豈に能く空拳を張りて以て幸免せんや。始めにして我が土地を臠割せる者は、継いで且に我が人民を魚肉せんとす。覆巣の下必ず完卵無きなり。誰ぞ敢えて国は自ずから国、民は自ずから民なりと曰い、切身の痛みを以て対岸の観を作さんや。然らばすなわち此の時局に丁《あた》りて、縦《たと》え家を毀って難を紓《すく》うも、本より左計に非ず。況や家を愛するは必ず国を愛するより始まる。国存して後、家頼りて以て安し。

夫れ愛国の事は一端に非ざるも、今日当務の急為《た》る者は、民兵を訓練し以て国家の任使に備え、桑梓の治安を保つに如く莫し。何となれば、此の強権の世界に処するに鉄と血を有せずして誰か和平を共にせん。顧みるに吾が国近年財政の支絀は已に極点に達す。武備を拡張せんと欲すれば、官民の全力を合して以て之れに赴くに非ざれば、必ず其の目的を達し難し。民兵を儲けて以て後盾と為すは、実に四百兆億同胞の其の責めを辞し難き所の者なり。

東省、雲南は禍眉睫に在れば警覚尤も深く、首先に（民兵を）創辦せり。此の外風を聞きて興起する者一にして足らず。吾が廈門も亦中国の一部分たり。何ぞ独り異なり以て同胞に羞を貽《のこ》すに忍びんや。窃かに自ら揣《はか》らず、逕ちに体育会簡章を擬し、印刷して奉呈す。伏して望むらくは、時に先んじて研究され、一たび日を擇んで開会するを俟って公同に議決し、以て至当に帰せんことを。総じて宗旨は努めて和平を求む。目的は実効を収むるに在り、奇を矜《ほこ》り異を立て人に口実を貽すは決して本会の賛成する所に非ざるなり。吾が廈の各界公益に熱心なる者乏しからず。如し能く各おの心力を尽くし以て不逮《ふそく》を匡《ただ》し、本会をして克く成に底《いた》らしむれば、特に閤廈の光栄なるのみに非ず、抑も亦同胞の幸福なり。

パリ分割協定がデマであったことが判明しても、いったん火のついた武装自衛の運動に動揺はなかった。民族的危機に地方レベルで対処する方策は、かえってこれを契機に具体化していったのである(17)。

三　見限られた清朝政府

列強が協調して中国を分割する危険のあることが主張されたのはこの時が初めてではない。日露戦争後、日本は中国の東北への侵略を強化し、一九〇九年八月、おりから難航していた安奉鉄道（安東～奉天間）の改築交渉について、中国側が合意せずとも、ただちに改築工事を開始すると、いわゆる「自由行動」を通告した。清朝政府はあわてて安奉鉄道改築の覚え書に調印して表面を取り繕い、九月には日本側の要求を丸呑みにした「満州諸懸案に関する条約」に調印した。かつ自己の無能無策を隠蔽するために、日本と協力して情報を封鎖し、国内の抗議運動を弾圧することすらあえてした。直隷省諮議局議員が「利権挽回国権ノ伸張ヲ標榜」してつくった憲政研究会は、同年一一月孫洪伊ら一二人の連名で「直隷人民中日七月条約ノ為メニ政府ニ上《たてまつ》ルノ書」を発表し、日英同盟の改訂（〇五年）、日露協約（〇七年）がいずれも中国を対象としたものであることを指摘し、東三省新協約すなわち前記「満州諸懸案に関する条約」が発端となって中国分割の危機的局面が到来せんとしていることを訴えた。

世界ノ大勢ヲ観ルニ英日協約俄日協約相継デ成立シ其目的皆中国ニ在リ曰ク共ニ和平ヲ保ツ曰ク相侵犯セズト其宗旨皆権利ヲ中国ニ攫ムニ在リ激烈的瓜分已ニ変ジテ而シテ和平的瓜分トナル竊ニ恐ル世界和平ノ声愈高クシテ中国危亡ノ命運愈速カナラン事ヲ況ヤ復々我ヲ亡サン事ヲ謀ルノ日本アリテ以テ之ヲ挑動スルヲ乎(18)

一九一〇年七月の第二次日露協約の締結とその直後、八月の日本による韓国併合はいっそう危機感を高めた。国会の即時開設を要求した第二次、第三次の請願運動は、外交の危機に対処するためにも国会の開設による挙国一致の体制が必要だという理由を前面に押し出しておこなわれた。日本とロシアに批判的な記事を載せなければ新聞の売れ行きが落ちると言われるほど、両国、ことに日本の野心にたいする警戒心が高まった。とりわけ一九一一年二月六日、伊犂方面に兵力を増強しつつ、ロシアが清朝政府にたいし、新疆・蒙古・長城以北における貿易特権の維持と拡大を要求して六項目の要求を突きつけたことは大きな衝撃をあたえた。そのうちの一項でも満足されないばあい、ロシア政府は中国にたいして「自由にそれが必要とみなす一切の措置をとる」であろうと、ふたたび「自由行動」を宣言していたからである。しかも日本政府はロシアを支持し、清朝政府にロシアの要求を承認するよう勧告していた（三月二四日ロシアは最後通牒をつきつけ、二八日清朝政府はこれに屈伏した）[19]。くわえてほぼ同時期にイギリスによる片馬占領、フランスの雲南鉱山利権の要求がいっせいに表面化した。

三月二〇日孫洪伊ら北京国会請願同志会は、公開書簡を発して全国各省の諮議局議長が北京に入り、「現政府の以て命を託するに足らざる」事態にさいし、「共に最後の自立の方針を謀る」ことを呼びかけ[20]、広範な反響を引きおこした。前後して資政院議員のあいだからは外交問題を主題に資政院臨時会の召集を要求する声があがっていた[21]。中国分割協定成立のデマが流されたのはこうした状況のもとにおいてであった。

それにしても巧妙であった。おそらく二月末、北京で在欧記者の緊急報告が創作されて『帝京新聞』に載せられ、『申報』『民立報』が転載したあと、一ヵ月以上沈黙を守り、四月初めになって今度は堰をきったように北京特電が連発された。前述のように最初はニュースの真実性に疑問を呈していた『時報』も四月九日・一〇日と社論「国民は宜しく予め瓜分に対待するの策を謀るべきを論ず（孤憤）」を発表して、こう述べている。

初七日（四月五日）本報専電に記載するに列強各おの大員を派し、巴黎にて中国瓜分を実行する一事を集議したりと有り。其の時は猶以て外人造謡すと為し、未だ敢えて遽には信ぜず。既にして初九日京電に接するに、仍《な》お各国中国を分たんと謀るの一事は惟だ美国のみ出て反対すと謂う。其の後滬上（上海）の各報連日聯翩登出しあれば、此の事の伝説因無しと為さず。蓋し英俄発難して以来此れ第二次の警耗と為す。亦支那処分論沸騰してよりの後、今日に至りて諸を実行に見るに迨《およ》びし者なり。

『申報』も四月一三日・一四日・一七日・一八日と四回に分載した論説「今日吾国は宜しく救亡図存の大計を籌るべきを論ず（嘉言）」で、「此《これ》れ諸を風説に得、未だ敢えて拠って以て実と為さずと雖も、之れを聞く者能く之れが為に驚駭恐怖せざらんや」と、「日韓合併よりして東亜の風雲一変し」た情勢のもとでは、中国分割会議の開催は大いにありえたこととした。同時に「唯美国のみ東亜の和平を保たんことを力主して大いに此の議に賛成」しなかったというからには、分割の実行はひとまず先送りされ、中国にとってまだ挽回の余地のあることとして論じられている点は両紙に共通していた。

一方、第一節で紹介したように、一連の北京電や報道は清朝政府を、列強による分割協定の押しつけに、ただ周章狼狽、なす術を知らぬ哀れな存在、たった二省でも保留されて小朝廷を存続できることに安堵する国民不在の発想の持ち主として描きだしていたが、『時報』『申報』の社論・論説も清朝の毅然たる対応などに期待も幻想も抱いてはいなかった。両紙の提出した処方は再度大請願を挙行して政治の根本改革を促すという域を出なかったものの、たとえば『時報』前出の社論はこう述べている。

近ごろ聞くに、各省諮議局議長京に赴き聯合大会を開かんと擬するの挙有り。又資政院議員も亦昨日に上書して臨時会を開かんことを要求す。吾国民已に隠《ひそ》かに一活溌之機を呈す。吾謂うに、此の二団体を除くの外、宜しく各省の商会・自治会と夫《か》の教育会等をも参加入《ママ》させ、挙国の人を合して挙国の事を謀り、列隊叩閽、以て破釜沈舟の挙を為すべし。此の一番の活動有れば、外は以て強隣の魄を褫《うば》うべく、内は以て老朽（政府要人）の心を寒うすべし。或いは曰わん、此の如き挙動民政部の干渉を慮る毋きを得んやと。余曰く、是れ慮り無かるべし。凡そ文明国の法律は凶器を持有し聚衆する者にして、然る後之れを暴動と謂うべし。今列隊請願するは、跡、聚衆するに近きに似るも、然れども未だ凶器を持有せざれば、仍お当に平和の要求と為すべし。……如し彼竟に武力を以て干渉すれば、吾民亦将に群力を以て抵禦せん。彼時曲は政府に在りて曲吾民に在るに非ず。或いは一度の争持に藉りて以て数千年の垢穢を盪滌すべし。

「叩閽」すなわち皇帝への直接請願という大衆行動によって、一気に国政の主導権を国民の側で握ろう、そのさい政府の出方によっては非暴力が暴力に転化することもありうるという主張であった。「近日聞く所に拠れば、瓜分の事は美、意《イタリー》、奥《オーストリア》等の国出て反対し、此の事未だ必ずしも能く成らざらんと謂う。或いは尚吾れ国会を開くの一日を容《ゆる》すこと有らん。然れども国民一度政府と争持するを経るに非ざれば、此の後の議院法恐らくは未だ其の能く尽くは民意の如くなるを見ざらん。是れ吾民の急起直追するに在るのみ」。はっきりと君主立憲・改良主義の立場をとっていた『時報』も、[22] もはや清朝政府を見限っていた。たとえ国会が開設されたとしても恩賜では意味はなく、下からの力で勝ちとったものでなければならないというのである。

分割協定をデマとして否認する報道もあるにはあった。天津の有力紙『大公報』はそれまでいっさい関連の記事を載せなかったが、四月一〇日「外（務）部の瓜分謡伝に対する解釈《せつめい》」との見出しで、次のような文章をのせた。

近日報章《しんぶん》は巴黎にて中国を瓜分せんと会議せり等等の伝説を登載し、社会及び政界の時局に関心ある者は異常に恐惶せざる無し。昨曾《さくじつ》人有りて特に此の事を以て諸を外部某堂（某高官）に詢ねたり。該堂は其の拠無きを力辯して、駐法劉欽使は従《かつ》て未だ此の電報を来さずと云えり。継いで又各国が決して中国を瓜分する能わざる理由、実に将来全球と利害の関係有ることを詳陳し、後更に此の種の謡伝は多く某国より捏造し、人心を恫嚇揺惑するを希図するに係ると申言せり云云[23]。

某国とは日本を指すと思われるが、在北京の日本公使館も上海総領事館もこの一連の報道にとくに神経を尖らせた形跡はない。一年半前、安奉鉄道問題のさいは「真相」を報道した各新聞を反日的だと目の敵にし、清朝政府に圧力をかけて北京の『国報』『中央大同日報』、上海の『民吁日報』を発行禁止に追いこんだのとは対照的であった[24]。日本筋がデマの発信源だったとは考えにくい。図星をつかれるといきりたつが、脛に傷のない今回はおっとりとかまえておれたのであろうか。清朝政府の対処も列強の圧力がなかったせいか、だいぶ遅れた。「京師瓜分を謡伝するの説甚だ盛んなり。枢府は民（政）部に飭《めい》じて厳禁せしめんと擬す」と『申報』が北京電を伝えたのは四月一八日であった。厦門では四月二一日の演説会で主催者の学生が分割協定が「虚報」であることを告げ、二九日になって北京政府からの「謡言」禁止命令が到着したことは前章で紹介したとおりである。

さて、在福州の高洲領事は五月九日付けで次のような報告を送っている[25]。

本件ニ関シ兼テ委曲報告致置候処其後清国官憲モ相当鎮撫ノ手段ヲ採リ候結果目下表面ハ平静ニ復シ従前ノ如ク過激ナル飛文謡言ヲ見ズ候ヘトモ当館ノ探聞ニ拠レバ裡面ニ於イテハ反官排外ノ傾向反テ着実ニ発達シツヽアリ特ニ過日広東革命党ノ変乱（四月二七日の黄花岡起義）ハ一層之ノ傾向ヲ助ケタルモノアルヤニ感ゼラレ候二三ノ表ハレタル例ニ見ルニ清国政府ハ旧習ヲ改革スルハ一面革命ノ気風増長スルアルベキヲ恐レ人民ノ断髪ヲ喜ハズ学部ハ本年正月（陽暦二月）特ニ各省ニ訓令シテ学生ノ断髪ヲ禁ジ当地各学堂ニ於テモ禁令ヲ告示スル所アルニ係ハラズ目下当地ニ於テハ其禁令ニ反シ学生ノ断髪スルモノ総数ノ凡四分ノ一有之学堂監督者ニ於テハ之ヲ如何

トモスル能ハズ告示ノ明文ニ拠リ退学ヲ命スル事モ為シ得ズ其侭黙過シ居レリト聞ク又常備軍ニ於テモ将校及下士卒ノ大部分ハ断髪シ其他下等社会ノ無頼漢ニシテ之ヲ真似ル者亦頗ル多シト云フ
又商団ニ関シテハ官憲之レガ発展ヲ妨ゲ候ニ依リ当地ニ於ケル各結社及団体ハ聯合シテ体育会ナルモノヲ組織シ消防隊ヲモ合併セントスル目論見有リ多数ノ学生亦之ニ参加シ身体ノ錬磨尚武精神ノ発達及団結力ノ養成ヲ以テ本旨トナシ名ヲ体育ニ仮リ商団ノ実ヲ行ハントシツヽアリ当地南台外国人居留地ニ於テ多数集合シテ兵式運動ヲナシ居リ候陸軍学堂ノ卒業生ハ之ニ対シ団結以テ郷国ヲ守護スル的ノ演説ヲナシ居レリ又当地台湾人ノ重ナル者ニテ当地人ニシテ爆弾製造又ハ買入ノ方法抔ヲ窃カニ聞キツヽアル者モ有之ヤニテ一般ノ人気ハ排外的危険ニ傾キツヽアリト云フモノ有之候

これより先、四月二三日の『時報』は「福建の武風」との見出しで、福州の武装自衛運動の状況を報じていた。それによると、各中学堂・高等学堂で兵式体操・教練を課し、商務総会が商団公会を組織したほか、橋南区が百名規模の郷団の設立を、橋南公益社が「緊急時の報国に予備する」主旨で体育会の設立を決定したこと、南台鎮董事会が橋北の各公益団体に体操部の設備を呼びかけたことなどが紹介されている。当時の通信事情から内容は四月一八日現在のことで、ここに引いた高洲の報告とは三週間のタイムラグがあり、その間に中国分割会議の虚報であったことが明らかとなったにもかかわらず、廈門と同様人びとの運動には動揺がみられなかった。列強の分割の野心が消えたとは見なされなかったし、清朝政府に対する絶望感も深刻だったからである。

前節で紹介した伝単がしばしば信頼すべき情報源として言及していた『建言報』は表向きは立憲派系の新聞と目されていた。四月二五日付けの高洲の報告によれば[26]、この年一月五日『福建公報』、一月一〇日『建言報』と、いずれも週三回刊の新聞が、福州であい次いで創刊された。前者は福建教育総会の機関新聞、後者は「当地諮議局書記長ニシテ我早稲田大学出身ノ林長民之ヲ主宰シ主ニ日本留学生一派ノ主導ニヨリ諮議局議員中ヨリ募集セル龍銀約六千元ノ株式組織ニヨリ成立シタルモノニシテ専ラ立憲ノ精神ヲ鼓吹スルヲ其主義特徴トナスモノ」で、劉伯仁・張海珊が「正副主筆」、発行部数は「約千五百部ナリト云フモ内実ハ五六百部ニ過ギズトノ説ヲ聞ク」とされていた。ところが「右二新聞ハ近頃外電ノ清国分割ノ噂伝ハルヤ頗ル悪毒ナル筆ヲ揮ヒ日本反対ノ声ヲ高メ居リ是レ同新聞カ売捌ニ熱心シ無責任ノ言論ヲ弄スルモノナリト当地官憲ノ談アリシモ当館ヨリ已ニ閩浙総督ニ対シ取締方ヲ注意シタル事アル程本邦ニ対シテハ不利ナル新聞紙」であり、[27] 高洲がその厳重取締まりを総督に申しいれたことはすでに述べた。[28]

ところが『建言報』は実際は革命派と立憲派の合弁の新聞で、橋南公益社を拠点とする同盟会員らが、福建諮議局の急進的立憲派林長民（書記長）や劉崇祐（副議長）と協力して創刊し、社長には林の弟で東京高等工業学校を出た林天民があたったが、[29] 編輯スタッフは革命派で固めた。その目的はもちろん言論機関を利用して清朝打倒の世論を「鼓吹」することにあった。同盟会関係者の回想によると「当時の宣伝工作はもっぱら清朝政権の偏横腐敗への攻撃を事とし、直接には政治制度の改善を主張し、間接にはそれで（満州族への）民族的反感を挑発した。『建言報』はもっとも巧みにこの活動をおこない、かつ敏速なニュース、穏正な議論が群衆に歓迎された」ため、影響力が大きかった。[30] 黄花岡起義の失敗後も「時方に鉄路国有を以て風潮を醸起せるを以て、党人益ます之れを鼓吹する所以を謀る。又各国瓜分の警耗あり、革命に非ずんば必ず救亡の道無きを知れるを以ての故に、粤事敗ると雖も党人の志気は則わち是れに至りて更に一往無前《たかまる》」と、時間的に順序は逆にはなっているが、「『建言』引導の功」を自賛してもいる。[31]『建言報』の同人たちが分割の謡言の創作に無関係であったことは疑いないが、これを清朝政府批判の好材料としてその流布宣伝に力をつくしたのである。

福建だけではない。中国全体においてもこの謡言は小さからぬ作用をおこした。革命派がこれに藉りて革命を扇動したことはもちろんとして、国会請願運動の挫折からの再起をはかる立憲派にとっても、中国分割協定のショッキングなニュースは、清朝の無能無策を暴露するかっこうのテーマであった。前述の孫洪伊らの呼びかけに応じ、福建から上京した劉崇祐・林長民もふくめ一四省三五人の代表が参加して第二届直省諮議局聯合会が五月一八日から開かれ、六月四日立憲派の政党憲友会の結成が宣言されたが[32]、その過程における世論の盛りあげにこの謡言が一役買ったことは、前出の『時報』『申報』の社論・論説に徴しても明らかである。

この間、五月九日清朝政府は鉄道国有令を発した。列強にたいしては軟弱無能の政府が国民にたいしては問答無用で強行した鉄道国有が、大規模な借款の導入と引きかえに国土を売りわたすものだとして、広範かつ激烈な反対闘争すなわち保路運動を高揚させ、辛亥革命の発端となったことは周知のとおりである。そして四川・湖南・湖北で鉄道国有化反対運動が激化しはじめたころ、広西桂林で諸官庁の顧問医師を勤めていた「予備陸軍二等軍医須藤理助」は、一九一一年六月二二日付けで在広東の瀬川領事に次のような報告をよこした[33]。

桂林唯一ノ新聞紙官話日報ハ近頃ニ至リ支那分割問題ヲ論シ官吏ノ無能ヲ絶叫シタル為メ遂ニ発行ヲ禁止サレタリ分割問題ノ伝ハリシ以来一般士民ノ排外思想ヲ高メ米国ヲ除クノ外他ノ諸外国人ニ対シテハ益々悪感情ヲ抱クニ至レリ

それは民間にとどまらず湖南出身者の多い官界でも同様であって、外国人教師たちはつぎつぎに「解傭」され、須藤本人も正式の契約のない「陸軍兵備処学兵営幹部学堂等」の「薪水」は五月一日で打ち切られた。

巡警堂《ママ》審判庁監獄署等ハ不完全ナカラ合同《けいやく》及辞令ヲ有スル為メ薪水ハ依然支給サレツツアルモ湖南人等ハ前記三箇所ノ長官并ニ平素小生ニ同情ヲ有スル各人ニ対シテハ悪口ヲ吐キ居ル様子ニ付小生ハ此等ノ人ニ迷惑ヲ掛ケン事ヲ恐レ遺憾ナカラ当地引上ノ準備ニ取掛リ居レリ

『官話日報』がどのような論調であったのか、詳細は確かめようもないが、時期から考えて四月以来の分割問題と五月以来の鉄道国有化問題とが併せ論じられていたであろうことは間違いなかろう。そして、それは一〇月一〇日の武昌起義にいたるまで、全国各地で公然・非公然に論ぜられた主題であったに違いない。かつて革命は「瓜分」を招くとして漸進的改革を唱えた立憲派人士も、いまや清朝政府の存続が逆に「瓜分」を招くという認識に到達せざるを得なかったのである。

むすび

では、誰がパリ中国分割会議にかかわる一連の記事・電報を創作し、流布させたのか。デマや虚報が新聞をにぎわすのは当時の中国では珍しくもないことだが、そのいずれも単発か一過性のもので、この謡言のように前後四十余日間、組織的系統的に発信された例は他に知らない。それはおそらく個人的な行為ではなかったであろう。当時の北京の各新聞に目をとおす機会の得られない今、手がかりとなるのは『申報』が情報源として『帝京新聞』『帝国日報』の名をそれぞれ一回づつ挙げていることだけである。中国の新聞について日本の在外公館は定期的に調査報告を外務省に送っていたが、在北京の日本公使館は、ちょうど一九一一年三月二日付けの機密第一八号「当地漢字新聞経営の内幕取調報告ノ件[34]」のなかで、この両新聞について次のように述べている。やや長文だが史料紹介の意味もふくめて関係部分を引用しておく（傍線は引用者）。

帝国日報〔現時ハ米国ノ機関紙〕

此新聞ハ楊度ガ袁世凱ヨリ支出セラレタル資金ニ依リテ中央日報ト命名シ前門外羊肉胡同立憲公会事務所ニ於テ

発行シ専ラ憲政鼓吹ヲ以テ主義トセリ当時袁世凱ハ大ニ満漢融和論ヲ唱ヘシヲ以テ楊度ハ直ニ此新聞ヲ利用シテ袁ノ意ヲ迎合シ其手段トシテ当時満洲新派ノ機関トシテ同シク立憲ヲ標榜セル大同日報ト合同シテ中央大同日報ト改題セリ

袁世凱ノ失脚後ハ袁樹勲ノ補助ヲ受ケ居リシカ安奉鉄道自由行動問題ノ興リシ時国報ト共ニ筆禍ヲ買ヒ封禁セラレタルヲ以テ改題シテ帝国日報トナシタルナリ

発行以来日尚浅キヲ以テ旗色ヲ鑑別スルヲ得ス宣統二年春頃ヨリ漸ク米国人ニ接近シ遂ニ米国側ヨリ毎月一千弗ノ贈与ヲ受ケ其機関トナリ居レリト云フ

現時ノ社長ハ日本ニ留学セシ湖南人陸鴻逵ニシテ主筆ハ寧調元ナル者ナリ其紙上ニ於ケル匿名ノ号ハ大一〔太一〕若シクハ山ト称ス其他ニ劉少々ナル記者アリテ時々論説ヲ草ス

発行紙数ハ上海ニ於ケル二三大新聞ヲ除キテハ恐ラク此新聞ガ最多数ヲ発行スルナラン読者ハ学界政界ニ多クヲ有シ財政又裕ナリト云フ

帝京新聞〔現時ハ独乙ノ機関紙〕

此新聞ハ宣統元年ニ於テ元久シク帝国日報ニ在リテ要聞記者タリシ康士鐸ガ同社ヨリ分離シテ設立セル者ナリ

創立当時ノ資本主ハ彼ノ疑獄事件ニテ有名ナル綏遠将軍貽穀タリシモ発行後毎月ノ欠損甚シキト彼カ期待セシ程ノ利益〔疑獄問題ノ弁護〕ナキニ由リ出資ヲ拒絶セラレタリ設立後日尚浅クシテ秩序未タ立タザルニ資本主ヨリ振離サレタル康士鐸ハ大ニ困難シ帝国日報ニ執筆セル恒鈞ナル者ニ謀リタルニ恒鈞ハ是ヲ独逸人ニ話シ遂ニ独逸ヨリ補助ヲ受ル事トナリタリ

恒鈞ハ独逸ヨリ毎月四百元ノ補助ヲ受ル事トナリシヲ以テ自ラ入テ社長トナリ主筆ハ康士鐸ニ於テ担任ス

恒鈞ハ宗室旗人ニシテ日本ニ留学セシ事アリ康士鐸ハ直隷易州ノ籍ニシテ天津師範学堂出身ナレハ共ニ日本人ノ教育ヲ受ケタル者ナリ而シテ恒鈞ハ大同日報ノ創立者ニシテ康士鐸ハ同日報ニ執筆セシ者ナリ
紙上ニ於ケル匿名号ハ衡ト書セルハ恒鈞ニシテ小乙、小陰若シクハ乙ト書スルハ康士鐸ノ草スル所ナリ社内財政ノ状態ハ余リ裕ナリト云フヲ得サルモ亦甚窮セルノ模様ナシ今日ニテハ発行紙数中国報ノ上ニアリ読者ハ学界ヲ第一トシ政界第二其他中流以下ノ官吏ニ多シ

ここでアメリカ・ドイツの機関紙というのは親米・親独的傾向くらいの意味にとっておけばよい。記者を買収し、補助金を出して新聞を「操縦」することは当時日本自身が躍起になっていたことで[35]、自分の間尺で他を測ったきらいを免れない。それよりもここで大事なことは両紙とも、傍線部分が示すように安奉線問題を正面から取りあげて日本に憎まれ、一九〇九年九月発禁処分をうけた『中央大同日報』の直接・間接の後継紙であったことであり、当然、日本にたいする敵愾心は強かっただろうことである。またいずれも立憲派系の新聞でありながら（『帝京新聞』の主筆康士鐸は、孫洪伊らの同志として、憲友会の結成のさい北京総部の幹事〈調査担当〉に選出されている[36]）、とくに『帝国日報』の主筆にはれっきとした同盟会員の寧調元が就いており、同じく白逾桓らも編輯に携わっていたのである。

また、この年二月八日景梅九主辦、社長白逾桓、編輯田桐、仇亮等の『国風日報』が北京で創刊されていた[37]。「此新聞ハ十刹《ママ》海爆裂弾事件ノ汪兆銘等ト同一派ノ革命党ナリト伝エラル、呉友石程家檉等ノ設立セシ者」と前述の「当地漢字新聞経営ノ内幕取調報告ノ件」が書いているほどだから、革命派の拠点として隠れもない新聞だったのである。ただなにしろ清朝のお膝元である。公然と革命の扇動ができるわけはない。「日尚浅キヲ以テ其旗色ヲ明ニスルヲ得ザルモ」と報告者が判断を保留したほど、『国風日報』も立場を韜晦せざるをえなかったのである[38]。寧調元らにとっても事情に変わりはなかった。

少なからぬ革命家たちがジャーナリストとして北京に集まりながら、隠晦曲折した筆運びで間接に清朝打倒を宣伝するだけで満足していただろうか。いや、筆致の隠晦曲折はやむをえないとして、生起する諸事象を追いかけるだけで事足れりとしたであろうか。かれらが意図的に「謡言」を創作し、計画的にそれを流布することを企てたとしても不思議ではない。『帝京新聞』が最初の記事を載せたことから、立憲派の誰かがこれに噛んだ可能性はもちろん否定できないが、第一章で述べたような『民立報』の鮮やかな引き際からしても、革命派が中心にことを進めたに違いないと私は推測する。

では、紹介した記事・電報でしばしば示唆されたように、「外人」あるいは「某国」の陰謀であった可能性はないのか。廈門駐在の矢野代理領事は前出の報告のなかで「当地方ニ於ケル清国瓜分ノ風説ハ最初上海ニ於ケル福建学生会ヨリ電報シ来タルモノヽ如ク其中清国分割ノ首謀者ヲ日本ナリト暗示シ米国独リ之ニ反対シタリトアルハ注意ニ値ス」と所見を加えているが[39]、この一連の「謡言」で、いちばん悪役をつとめたのは日本であり、逆に二枚目を割り振られたのはアメリカであった。日本が損な役回りをみずから志願するはずはないし、といってアメリカが演出したとも考えにくい。やはり、「日韓合併よりして東亜の風雲一変」せりとする危機感のもとで、日米の帝国主義間矛盾の顕在化を織りこみ、迫真性のあるシナリオを作ったのは中国人以外ではない。

冒頭に書いたように列強による中国分割協定の成立という謡言は、日本留学生の国民会運動と符節を合する形で生まれ、中国の主敵としての日本をクローズアップしたのである。留学生の国民会運動が同盟会の黄花岡蜂起にむけた準備活動をカモフラージュする役割をはたした可能性のあることは小島淑男氏の指摘するところであるが[40]、救国の宣伝と結合して国民の武装を推進することが革命の戦略と深く関わっており、革命派がこの謡言に乗じていっそうの危機感を煽り、立憲主義者をも巻き込んで清朝政府打倒の世論を準備しようとしたことは間違いない。しかもそれは期待どおりの成功を収めたのである。ちなみにこのとき設立された商団・体育会は福州「光復」にさいして実際に革命の武装力として機能したのであった。

ソウル大学の金衡鍾氏によれば、辛亥革命勃発後、汪精衛（兆銘）らが楊度と組んで国事共済会をつくり、袁世凱擁立による革命の早期収拾をはかったのは、列強の干渉と「瓜分」を憂慮してのことであった[41]。革命前夜において分割の危機感を煽ったことは、その勃発後、逆に革命派自身を拘束することにもなったのである。一八八二年の壬午軍乱いらい一二年、朝鮮にあって日本と張り合い、日露戦争後の日清交渉にあたっても日本をてこずらせた失脚前の袁の経歴も人びとの考慮のなかにあったであろう[42]。深刻な民族的危機感が辛亥前後の事態の展開を解くキーワードの一つであることだけはまちがいない。

注

（1）『民立報』の見出しは「驚心動魄之大会議　△列強対中国之陰謀」。ただ、『帝京新聞』からの転載であることは記さない。なお『民立報』のそれは明らかな誤植をふくめ、細部では異同がある。

（2）たとえば『申報』一九一一・二・三「独儲避疫罷游確信」など。

（3）小島淑男『留日学生の辛亥革命』（青木書店　一九八九）三七～四一頁。

（4）分割の危機一般についての議論がなかったわけではない。たとえば『申報』一九一一・三・一九「時評」其一はこう評論している。「列強瓜分中国之説、東西各報唱之已久。而自某国勃興以後、其心尤熱。第其事発之太暴、新進之国或不能均霑利益也。於是倡為保全独立保全領土諸説、以作緩兵之計。迨夫機縁既熟、声勢既壮、則一変而為第一激進家矣。機会均等誰倡其説、自由行動孰開其先。今者列強紛紛群起、陳師境上、以探瓜分之機之是否純熟。設一不測、則直一蹴、而使四百兆黄帝之子孫永永堕於泥犂之獄矣。豈不危哉」。某国が日本をさすことはいうまでもない。

（5）わずかに四月一四日号の「北京電」に「某国謡伝中、政府近日屢次会議遷都西安。京中並無是説」とあるだけだが、これは明らかに分割協定報道からの離脱を示すものである。

（6）『辛亥革命回憶録』五（中華書局　一九六三）一六四頁。

（7）在福州高洲領事より外務大臣宛機密第八号「時局ニ関スル福州民間運動模様報告ノ件」一九一一・三・三一（外務省外交史料館所蔵文書　以下外務省文書と略称　一―六―一　四―二―三）。

（8）福州では左宗棠が湘軍を率いて総督の任についていらい、湘軍系の軍隊が配置されていた。

（9）日本の満州派遣の陸軍が八個師団に達し、さらに二個師団増派されようとしていると三月九日の『時報』が報じていた。

（10）上海全国商団聯合會事務所が福州商務総会から商団成立の公電を受け、四月六日祝電を送ったことが、『申報』一九一一・四・七「全国商団聯合進行之一斑」に見える。なお、注（7）所掲高洲領事の報告によれば、「開辦費ニ義捐スルモノ大抵五元六元ヲ上下シ約一千元程ノ義捐総高ヲ見タリト云フ」とある。なお天津『大公報』一九一一・四・二〇「閩省之武士道」を参照。

（11）『申報』一九一一・四・一〇「上海学生会之警電」。

（12）在福州高洲領事より外務大臣宛公第三四号「福州ニ於ケル時局ニ対スル市中謡言及其ノ他情報報告ノ件」一九一一・四・一八（外務省文書　一―六―一　四―二―三）。

（13）在福州高洲領事より外務大臣宛公第三五号「閩浙総督松寿謡言ニ対シ取締方命令シタル件」一九一一・四・一八（外務省文書　一―六―一　四―二―三）。「当地福建公報建言報等ニ数日前掲載セル日本福建ヲ謀ル的ノ論説ハ目下無根ノ流言ニ浮サレ居ル人心ヲ激発スルモノト認メ総督ニ対シ相当取締ヲナスヘキ旨小官ヨリ面談セシニ総督ハ巡警道ニ命シテ新聞社ニ厳重ニ警告ナサシムヘキヲ答ヘ居レリ尚ホ当館偵者報スル所ニ拠レハ松寿総督ハ左ノ意味ノ命令ヲ巡警道ニ与ヘタリト云フ先ニ露清交渉アリシ後我国人一時誤解ノ下流言ヲ散布スルモノアリ大局ニ通セサル愚民ハ此ノ影響ヲ受ケテ種々疑念ヲ抱クモノアリ近頃其風潮益々急トナリ若シ一旦事起ランニハ真ニ国ヲ害スモノナリ速ニ密偵ヲ市中ニ放チ分割ノ流言ヲナスモノハ勾引厳罰ニ処スヘシ云々」

（14）在厦門矢野代理領事より外務大臣宛公第八〇号「厦門ニ於ケル排外思想ニ関スル件」、一九一一・五・一（外務省文書　一―六―一　四―二―三）。
（15）柳忠烈は厦門尋源中学の卒業生で数カ月日本に旅行し、近ごろ帰来した者だと矢野は書いている（同前）。
（16）注（7）所掲高洲領事の報告は福州商団の「会長会董ニ擬セラル、モノカ矢張り商務公会員ノ中ニ属シ何等一廉ノ人物トモ見受ケラレス」としている（名は挙げず）。
（17）その後の福建における運動は小島前掲書一一一～一一六頁を参照。
（18）『日本外交文書』第四二巻第一冊三六六頁。なお安奉線問題については第二章「民吁日報の闘争――辛亥革命前夜における中国新聞界と日本帝国主義――」（中文訳「民吁報的闘争」『紀念辛亥革命七十周年学術討論会論文集』下　中華書房　一九八三）を参照。
（19）中国社会科学院近代史研究所『沙俄侵華史』第四巻下（人民出版社　一九九〇）六七二～六七八頁参照。
（20）『申報』一九一一・三・二八「同志会請各団体電約各議長入都定計書」。
（21）『大公報』一九一一・三・一一「資政院竟不許干与外交」など。
（22）国会請願運動の失敗以後、『時報』が清朝政府と対決姿勢を強め、強硬な大衆闘争の必要を力説したことは丁守和主編『辛亥革命時期期刊介紹』第二集（人民出版社　一九八二）二六四～二六七頁を参照。
（23）背後に某国の陰謀を匂わすなど、この記事もほんとうに外務部筋から出たものかどうか疑わしい。
（24）前掲拙稿を参照。福州・廈門の両領事館だけが例外であったのは、福建が日本の勢力範囲であったために、日本側としてもそこでの反日動向に敏感ならざるを得なかったことを反映している。
（25）在福州高洲領事より外務大臣宛機密第九号「福州民心動揺ニ関スル件」一九一一・五・九（外務省文書　一―六―一　四―二―三）。
（26）在福州高洲領事より外務大臣宛公第四二号「福建公報及ヒ建言報発行ノ件」一九一一・四・二五（外務省文書　一―三―二　二一―二　清国ノ三）。

(27) 同前公第四二号によれば福建公報（部数一千）は建言報と対抗関係にあったが、対日批判では共通していた。逆にいえば日本にたいして妥協的では、官憲が指摘したように新聞の売れゆきに響いたのである。

(28) 注（13）参照。

(29) 在福州高洲領事より外務大臣宛公四七号「新聞紙ニ対スル報告提出ノ件」一九一一・五・二（外務省文書　一—三—二二一—二　清国ノ三）によれば「持主　建言報社社長　林天民」とあり、備考欄に「福建諮議局議員ノ機関新聞ナリ明治四十四年一月十日創刊」と。なお福建における立憲・革命両派の合作については張朋園『立憲派与辛亥革命』（中国学術著作奨助委員会　一九六九）一六四〜一七一頁を参照。

(30) 劉通「福建光復紀要」中華民国開国五十年文献第二編第四冊『各省光復（中）』（正中書房　一九七七）三〇八〜三一四頁。劉通（伯瀛）は高洲の報告に正主筆とある劉伯仁と同一人物ではないか、疑いを存しておく。

(31) 鄭権「福建光復史略」同前三一四〜三二一頁。なお『建言報』は革命とともに『共和報』と改題、日刊になった。在福建土谷副領事より外務大臣宛公第一七号「新聞紙ニ関スル報告提出ノ件」一九一二・一・二三では、「〔名称〕共和報〔主義〕共和思想ノ鼓吹ヲ標榜ス〔持主〕株式組織　社長李温如〔主筆〕史盛明〔備考〕明治四十四年一月十日創刊　発行部数一千五百　日刊　元ト建言報ト称セシモノ事変以来改題シテ大ニ紙面ヲ改良セリ」。次いで同公五四号同前一九一二・五・二一では名称・主義は変わらず「社長王慶瀾〔主筆〕張海珊〔備考〕………事変以来改題シテ閩都督府並ニ橋南公益社ノ機関紙トナリ毎月二百元ノ補助ヲ受ク」とあり、同公八号同前一九一三・一・二三では「〔主義〕………同盟会派ニ属ス〔主管者〕劉通〔主筆〕黄光弼〔備考〕同盟会派橋南公益社ノ機関紙トシテ有力ナリシカ彭寿松ノ失脚ト共ニ挫折シテ凋落ノ状アリ主管者劉通黄光弼ハ米国領事ヨリ毎月各々三十元ノ補助ヲ受クトノ説アリ　発行部数約七百　日刊　排日ノ傾向アリ」とされたが、一九一四年一月一三日の報告政公第七号ではその名が消えている。（外務省文書一—三—二　二一—二　清国ノ三）

(32) 張朋園前掲書注（29）一一五〜一三〇頁参照。

(33) 在広東瀬川領事より外務大臣宛公信第一〇九号「広西省桂林ノ状況報告ノ件」一九一一・六・三〇（外務省文書一—六—一　四—二—三　支那地方之二）。

（34）在清国本田臨時代理公使より外務大臣宛（外務省文書一―三―二　二一―二）。

（35）本書第二章を参照。

（36）張朋園前掲書一一八頁。

（37）史和等編『中国近代報刊名録』（福建人民出版社　一九九一）二二六頁。なお、『帝国日報』『帝京新聞』については同書二六七～二六八頁を参照。

（38）この引用部分に続けて「其資本カ天津巡警道舒鴻貽ヨリ出テ居ルヲ以テ察スルニ天津巡警道ノ機関タルベシ」とある。『帝国日報』『帝京新聞』をアメリカ・ドイツの「機関紙」とするのも、要するにこの程度の理解である。

（39）菅野正「福建辛亥革命と日本――米国とも関連して――」（『奈良大学紀要』第二十号　一九九二・三）によれば、福建での革命政権樹立を日本側はアメリカの画策と支援の結果であるかのごとく見、被害妄想的にアメリカの影響力拡大を恐れていた。

（40）小島前掲書五九頁。

（41）「一九一一年的王精衛――以国事共済会的活動為中心――」（一九九一年一〇月辛亥革命八〇周年紀念東京国際学術会議における報告）。

（42）『民立報』の前身『民吁日報』が袁世凱を「近代外交才」と持ちあげ、「擁袁聯美」を宣伝していたことが想起される（前出『辛亥革命時期期刊介紹』第三集　五四四～五四六頁を参照）。

第四章　〈策電〉艦襲撃事件——第三革命と日本海軍傭兵——

はじめに

一九一一年、武昌における政府軍（新軍）の蜂起にはじまった辛亥革命は、一二年の中華民国の樹立、清朝皇帝の退位（第一革命）、一三年、大総統袁世凱の約法［憲法］無視の独裁にたいする孫文ら革命派の挙兵と敗北（第二革命）、一五年、自ら新王朝を開こうとした袁世凱の野望に反対して共和の国体を護ろうとする護国戦争の勃発、袁の死去と約法の復活・中華民国のいちおうの定着（第三革命）という曲折した経過をたどった。この事態をいっそう錯綜させたのは日本の対中国干渉であった。第二革命に敗れて一三年八月、日本に亡命した孫文ら革命派人士に渋々滞在を認めた日本政府は、かれらを厳重な監視下においた。一四年、世界大戦を好機としてドイツの租借地膠州湾［青島］およびドイツ権益の山東鉄道を占領・占拠した日本は、翌一五年袁世凱政権に二十一ヶ条の要求を突きつけたが、袁との交渉のなかで日本における革命派の活動取締を駆け引きの材料に使おうとさえした。しかし、同年五月、最後通牒を発して二十一ヶ条要求の基本的条項を受諾させると、時の大隈内閣は袁世凱政権の存続を日本にとって不利だとして、その打倒のために直接的武力行使を除くあらゆる手段を行使した。大隈内閣は反袁勢力でさえあれば、清朝の復活をめざす宗社党から孫文の中華革命党まで、無原則に支援・加担したが、一六年六月、袁世凱の急逝によって日本の対中国政策は目標を失い、収拾がつかなくなった。多数の日本海軍の退役軍人が雇われて革命軍に加わり、上海で中国海軍の軍艦を襲撃してぶざまな失敗を演じたのは、その間のことである。

一九一六年七月、寺内朝鮮総督の腹心・西原亀三は、駐中国日本公使館ほか関係者の資料提供を受けて謄写印刷のいわゆる秘密出版物を作り、大隈内閣の対中国政策の不法・不当を攻撃して貴族院など政界に配布した。(1)その一部分をなす「満蒙ニ於ケル蒙古軍並宗社党ト日本軍及日本人ノ関係　附鄭家屯事件ノ真相」は「九月二十八日西原亀三氏提出ノ意見書」として『日本外交文書』大正五年第二冊九三九に付録されているが、このなかで西原は大隈内閣の画策した「支離滅裂ナル対支方針」として、

一、上海ニ於テ支那軍艦ヲ分取シ日本予備海軍水兵ヲ乗組ミシメ革命ノ声援ヲ為サントセルノ策

二、山東省ニ於ケル土匪ヲ煽動シテ革命軍ヲ起シ騒擾セントセルノ策

三、満州ニ於ケル宗社党ヲ煽動シテ満蒙ノ独立ヲ企図セントセルノ策

の三項をあげた。ただ、秘密出版物では二、三に関して事実を詳細に述べながら、一については項目を挙げるのみで具体的内容に言及することはいっさいなかった。なぜなのか。

一九三四年～三六年、黒龍会出版部は「満州国」樹立にいたる「アジア主義」の軌跡を誇り、『東亜先覚志士記伝』上・中・下巻を刊行した。西原の云う三項にあたる第二次「満蒙」独立運動、二項にあたる山東での中華革命軍東北軍、および一五年一二月、上海で中華革命党員らが巡洋艦を乗っ取り、反袁武装闘争の最初の火蓋を切った〈肇和〉艦起義などについて、日本軍人・浪人の参与・干渉、日本軍の援護など国際法を公然と無視した諸活動を、むしろ得意げに書き立てておりながら、一項にあたる標題の事件に関してだけは「王統一によって海軍方面の事が計画され、

多くの日本海軍兵の雇用などが行われたが、これも亦発せずして終わった」（中巻五九八頁）と一行余り、なにごとも起きなかったかのように片づけている。これもまたなぜか。実はこの事件が日本海軍の「威信」に関わる性質のものであり、関係者としては、できれば記憶から抹消し、闇から闇に葬りたい事件であったからである。前記の秘密出版物は大隈内閣の倒閣運動のために作られた。その対中国政策の罪状の第一にこれを掲げながら、西原があえて内容に踏みこまなかったのは、こうした事情に配慮して凄みを利かすのみに止めたか、詳細な資料を誰からも提供してもらえなかったか、いずれかの理由があったのであろう。

この事件をタブーとしたことは、中華革命党・中国国民党の側も同様であった。日本の傭兵にたよって「起義」の口火を切ろうとしたなど、後になってみれば不面目もきわまることである。幸い事はうやむやに終わった。羅家倫・黄季陸編『国父年譜』増訂本（一九六九）では一言もこれに触れないし、劉紹唐主編『民国大事日誌』（伝記文学出版社一九七三）民国五年五月五日の条には「△革命党人陳其美、呉淞にて警備艦を襲撃し成功せず」とあるものの、当の陳其美についての『陳英士先生年譜初稿』（秦孝儀主編『陳英士紀念集』一九七七　中央文物供応社　付録）はまったく関連の記載を欠いている。孫文を国父として、陳其美（蒋介石が師事した人物、陳立夫・果夫兄弟の父）を革命の先烈として絶対化していた「中華民国」（台湾）と異なり、両者を相対化できる立場の中国で出された『孫中山年譜長編』（陳錫祺主編　中華書局一九九一）では、さすがに〈策電〉襲撃事件を取りあげてはいるものの、資料として挙げているのは、当時、中華革命軍の海軍総司令・王統一が秘書として使っていた日本人青年太田宇之助の、事件から六〇年後に書いた回想記のみである。(2) 当然、事件の全容は把握できていない。

この件に関しては、日本外務省と駐上海総領事館とのあいだで電報・文書の往復が頻繁であったはずだが、ほとんど残されていない。わずかに事件の発生を報ずる電報一通が『日本外交文書』に収録されているが、まさに史料の断片であった。だが、一九九五年から外務省外交史料館で閲覧に供されるようになった『外務省警察史』「在上海総領事館」本編第一冊のなかに、日本人関係者にたいする領事館警察の処分の理由・内容および事件の顛末についての有吉明総領事の「報告要旨」が収められていた。(3) 邦文タイプで印書された二次的な史料に属し、誤字・誤記も少なくないが、原件が既に失われている現在、事件の全貌を知る上できわめて貴重な資料である。本稿はこれを中心に日本海軍傭兵団の従軍の経緯と長年ヴェールに包まれてきた、いわゆる〈策電〉襲撃事件の全貌を明らかにし、かつ反袁世凱の闘争における孫文ら革命派と日本政府・軍部との同床異夢の関係を考察しようとするものである。

一　事件の顛末

一九一六年五月五日、上海の有吉総領事は本省に電報を入れた（発信時間不明）。

貴（往？）電一〇四号ニ関シ昨夜呉淞ニテ襲撃セル軍艦ハ策電ニシテ参加セル水兵ハ十七名ナリ右計画ハ陳其美王統一ノ計画ニ出テ両人ハ終夜山田純三郎宅ニ在リテ指揮ニ当リ陸上ニテモ事ヲ起シ一挙ニ上海ヲ陥シ入ルル積リナリシト見エ王統一ヲ宿泊セシメ居ル実業協会書記長東ヨリ上海ハ明朝陥落スベシトノ説ヲ昨夜中電話ニテ各処ニ伝ヘタル事実アリ右襲撃ニ参加セルモノノ談話ニ依レハ彼等ハ王ヨリ軍艦ニ多数ノ内応者アルニ付小蒸汽ニテ赴キ乗艦セバ事ナク奪取シ得ヘシト伝ヘラレ其言ノ如ク小蒸汽ヲ軍艦ニブッツケ火夫二名ヲ残シテ全部乗艦シタルモ支那語ニ通スル者ナク彼是レ押問答中発砲セラレ慌テテ小蒸汽ニ飛乗リ逃出シタルモノノ由ニテ残余ノ八名ハ軍艦中ニ取残サレタルモノラシク二名ノ負傷ハ逃ケカケニ烟突ナドニ当リテ受ケタルモノナリトノコトナリ……

文中往電云々とあるように、これが事件の第一報ではなかったかもしれないが、文書として現存するのはこの一通のみである（「陳其美、王統一等ノ上海襲撃計画ニ関スル件」『日本外交文書』大正五年第二冊一三二）。だが、前後の詳状は「大正五年五月十八日附在上海有吉総領事発信石井外務大臣宛報告要旨」（外務省記録五―一八『外務省警察史』在上海総領事館第一冊）によって、よほど明らかになる（以下本節に引用する文章はとくに注記しないかぎり本報告による）。有吉は述べる。

王統一ノ大仕掛ナル我海軍予後備兵募集等ノ計画ハ本邦諸新聞ニ掲ケラレ小官ニ於テモ内々注意中ノ処客月中旬松島某ナル者露国貿易ヲ営ム者ナリト称シ大隈副参政官(4)ノ紹介ヲ持参シ小官ニ面会ヲ求メタル事アリ同人ノ行動革命党ニ何等カノ関係アリト認メラレタル処其ノ後軍人上リラシキ日本人ノ来滬スル者多キヤノ説アリ王統一モ実業協会書記長東則正ノ住宅ニ潜伏シ居リ海軍駐在武官中島少佐及客月二十四日来滬ノ高倉中佐トモ面会シ居レル趣ニテ海軍側トハ幾分意思ノ相通ジ居ルモノナルヤニ考察セラレ高倉中佐ヨリモ何等申出モ之ナカリシ処同月二十七日突然貴官（石井外務大臣――引用者）御訓令ニ接シ次デ高倉中佐ヨリモ打合セ越ノ廉アリ茲ニ詳細ノ事情判明スルニ立至リタル次第ニシテ之当時碇泊中ノ連勝丸ハ四月中旬入港セルモノニテ前述松島某ノ王統一側ニ周旋セルモノナリトノ事ニテ当時南京方面ニ向フ計画ニテ下士卒其ノ他ヲ召集シテ呉淞ニ在リ

外務大臣からの訓令の趣旨は不明であるが、おそらく海軍関係者・大陸浪人あるいは志士と称する者が、国際都市上海で暴発することを恐れて制止するよう命じたものであったろう。外務省の意向は海軍省などを通じて現地の軍人にも伝えられたため、それまで総領事を無視して事を進めていたのが、一応の了解をとろうとしたものと考えられる。有吉は当然参戦の取りやめを求めたにちがいない。しかし、

高倉中佐ニ於テハ是迄折角準備セル彼等ノ計画ヲ全ク中止セシムル事ハ武器弾薬等ヲ所持セル三百名近クノ下士卒ヲ激昂セシメ却テ失態ヲ醸スノ恐レアルベク既ニ連勝丸ニ乗船セシメ居ル事ニテモアリ寧ロ此ノ儘呉淞沖ニ碇

泊セシメ置キ徐ロニ説得帰国セシムルヲ可ナリトシ殊ニ少数ノ者ハ之ヲ使用セシムル事モ将来ノ為不利益ニモアラザルベク軍令部ノ方針ニモ背カザルベキヤノ意見ニシテ然モ小官ニ於テハ彼等ヲ強制帰国セシムル手段方法ヲ有セザル処ナルヲ以テ一切同官ノ裁量ニ一任シ置キタル処連勝丸上ノ下士卒等ハ其ノ後陸続上陸セルモノノ如ク支那市街ニテ戒厳時間中武器携帯ノ廉ヲ以テ引致セラレ当館ニ送付セラルル者アリ或ハ居留地内ニテ車夫ト闘争シ拳銃ヲ擬シ若クハ弾丸ヲ遺留シテ居留地警察ヨリ当館ノ注意ヲ求メ越スニ至ラシムル者アル等事故漸ク続出セルニ付更ニ高倉中佐ニ対シ先ヅ武器ノ取上ゲ方等ニ速ニ処置方再三注意ヲ与ヘ若シ必要アルニ於テハ如何ナル厳重ナル処分ニ出ヅルモ差支ナキ旨申含メ置ケリ

次デ十一（五の誤印字――引用者）月一日ニ至リ連勝丸ハ漸ク日本ニ帰還スルコトニ手筈調ヒ同日午後出帆水兵ノ一部二十七名乗船帰国シ全三日他ノ全部モ帰国ノコトニ無事決定セル趣内報ト同時ニ之ガ送還方ニ就キ打合アリ日本ニ於テ無用ノ報道ニ却テ時日ヲ遷延セシムルニ付寧ロ毎便船毎ニ乗船セシムルヲ得策ナリト認メ其ノ旨勧告ヲ与エ置キタリ越エテ翌四日小官ハ孫文ノ希望ニ依リ其ノ潜伏セル村井南満〔州鉄道上海――引用者補〕支店長社宅ニテ同人ニ会見ノ際本件ニ言及シ斯ル計画ノ独リ我国ニ累アルノミナラズ又革命自体ノ恥辱タル所以ヲ極説セル処彼ハ日本ニ於テ少数ノ「エキスパート」ヲ借受クル事ハ当事者ヨリモ内諾ヲ得居タルモ日本人ヲ如此多数ニ使用シ是ニ依リテノミ事ヲ成サントスルハ均敷反対シ居ル処ニ付キ既ニ王統一ニ命令シテ水兵等ハ帰国セシムル事ニ取計ヒ置ケリト述べ無用ノ騒擾ヲ起ス事モ之ヲ避クベキ旨言明シ他意ナキヲ表シ居タルヲ以テ本件ハ無事結末ヲ着クベキモノト想像シ居タリ

ところがなんと、その夜、日本人のみによる軍艦襲撃が決行されたのである。有吉は続ける。

然ルニ翌五日朝高倉中佐中島少佐及王統一関係ノ東則正田中逸平等ヨリ其ノ前夜深更ニ行ハレタル策電襲撃失敗

事件ノ内報ニ接シ之ト前後シテ水上警察ヨリハ四日（正しくは五日――引用者）未明水兵ラシク認メラルル者四十名内外港内遊船ノ際曳船タル「モーターボート」破壊セリトノ口述《ママ》ニテ居留地内北京路桟橋ニ上陸セル旨報告シ来レリ右ハ当時電報ノ如ク(5)製造局前ニ碇船セル舞鳳ヲ襲撃ニ赴キタル者等ノ「モーター」機関破損ノ為実行ニ至ラズ引返シタルモノナリトノ事ニテ何レニシテモ事態甚ダ穏ヤカナラズト認メラルヲ以テ高倉中佐竝王統一関係ノ田中逸平、東則正等ニハ本件ノ余リニ外聞ニ伝ハラザル前直接襲撃ニ参加シタル者ヲ除キ百《ママ》余ノ水兵ヲ急速送還セシムベキヲ命ジ直ニ夫々手続キヲ為サシメタルニ水兵側ニ於テモ其ノ失敗ニ恐レヲ抱ク者生ジタル如ク概ネ帰国ヲ望ミ其ノ翌出帆汽船ヨリ毎便約百名乃至数十名ヅツヲ送還セシメ目下単ニ数名ヲ残スノミニ至レリ

さて、有吉がもっとも神経を尖らせたのは中国側の出方であった。普通なら日本が一方的な被告となって国際批判にさらされる内容と場所である。前出の五日の電報で、有吉は今のところ「支那側ヨリハ何等申出ナキモ巡警事件に付本日会見ヲ約セル楊護軍使（地方の最高責任者である淞滬護軍使楊善徳――引用者）が突然取込ミノ理由ヲ以テ両三日延期ヲ申込タルニ見テ何等カ混雑シ居ルモノト認メラル」と身構えざるを得なかった。ところが案に相違して、

一方支那官憲ヨリハ五日深更電話ヲ以テ呉淞警察署ニ留置シアル日本人六名アルニ付受領ノ為同地ニ員ヲ派セラルルカ又ハ護軍使署ニ送付引取ラルルカヲ問合セ来リタルニ付兎モ角翌朝迄留置キヲ依頼シ六日午前呉淞ニテ受領スルノ寧ロ利益ナルヲ認メ更ニ打合セヲ遂ゲ四《ママ》日午後西田書記生巡査二名ヲ従ヘ同地ニ至リ一応ノ取調ヲ為シタル処本人等ハ先方ニ対シテハ飽迄襲撃ノ事実ヲ否認シ居リ且一方言語不通ノ為先方ニモ余リ要領ヲ得サセ居ラザル模様ナルヲ以テ下等無知ノ輩多少ノ金銭ニテ雇ハレ来リタルモノナルベシト做シ尚厳重取調ブベキヲ約シテ引取リヲ了シ爾来当館ニ留置シタリ策電襲撃前後ノ情況ハ右引渡ヲ受ケタル者等ノ口供写ニ依リ御承知相成様致度要ハ彼等ハ軍艦側ガ略ボ内応シ居ルモノナルヲ信ジ格別ノ準備モナクシテ決行ニ参加セルモノト認メラレ結局

行方不明者三名ヲ出ダシ此等ハ多分溺死セルモノト察スルノ外ナク其ノ結果ヨリ見レバ革命ニ参加シ日本人ノミヲ以テ友国ノ軍艦ヲ襲撃シタルモノナルモ事実殆ド滑稽ニ類シ無知無謀憐ムベキモノアリ然ルニ一方支那官憲側ニアリテハ楊交渉員ハ軍側及探偵等ヨリ各種真偽区々タル情報ヲ得居ルモノト察セラレ其ノ態度ニ依リテ本官モ相当ノ取計ニ出ヅル必要ヲ認メタルニ付七日西田書記生ヲ派シテ予メ其ノ意向ヲ探ラシメタル処楊交渉員（上海の渉外責任者・特派江蘇交渉員楊晟、字は小川――引用者）モ聊カ当惑ノ気味ニテ諸方ヨリ種々ノ情報アル事及之ニ伴ヒ申入モ少カラザリシモ是等ニ就テ其ノ真偽ヲ相互ニ争ヒ合フモ甚ダ面白カラザルベキニ付先ヅ本人等ノ口供ヲ得テ小官トノ間ニ平タク打合セ為シタキ希望ヲ漏ラセル趣ナリ

袁世凱政権の先行きを見越してか、面倒な交渉や会審公所（租界の裁判所、治外法権を持つ外国人と中国人との訴訟事件は中外裁判官の共同審理で行われた）での紛糾を避けたいとする護軍使・交渉員の面子を立てつつ、早期決着を有吉は目論んだ。

然ルニ本人等ノ真実ノ口供ハ固ヨリ之ヲ先方ニ提示シ難クサリトテ本人等ガ支那側ニ取調ベラレタル際ニ陳述セリトスル所モ全ク児戯的ノ誤魔化シニ類シ前後ノ情況ニ照ラシ到底右ニテハ糊塗シ難キハ勿論却テ先方ノ反感ヲ購フノ虞モアリ旁々寧ロ其ノ革命党ニ関係アル者ノ甘言ニ誘惑セラレタル事ヲ初メヨリ明白ニ為シ置クヲ可ナリト認メ行方不明トナリ多分溺死シタル者ト認メラルル篠沢ナル者ハ同一隊ノ指揮官ニシテ事実最モ内情ニ通ジ居ル者ナルニ付同人ヲ主タル責任者トシ其ノ他ハ軍艦ニ内応シ居リテ容易ニ好地位ヲ与ヘラルベシトノ言葉ヲ信ジ如此結果ヲ来シタルモノナル旨ノ口供書ヲ作製シテ小官ハ去ル十二日楊交渉員ヲ訪問ノ際右ノ趣旨ニ依リ事実ヲ平タク説明シ彼等ノ無知ハ憐ムベキモ其ノ結果ニ顧ミ相当処分ノ上本国ニ退去ヲ命ズベキ旨申通《ママ》ジタリ

之ニ対シ交渉員ハ前記西田書記生ニ為シタルト同様ノ言ヲ繰返シ支那官僚ノ弊トシテ此ノ種事件ヲ大袈裟ニ吹聴

シテ国交ニ累ヲ及バサントスルハ甚ダ慨嘆ニ堪ヘズトシ自国ノ立場ヲモ訴ヘ結果何レニスルモ法ニ依リ処断セラルルノ外ナカルベキニ付右口供ノ漢訳ト共ニ処分ノ結果報告ヲ得バ出来得ル限リ誤解ナカラシムル様努ムベシト申述ベ居リ大ニ好意ヲ以テ応対致シタルニ付寧ロ急速解決ヲ得策ト認メ本月十六日大山儀作以下六名ニ三年間在留禁止ヲ命ジ十八日出帆熊野丸ニテ送還ノ取扱ニ出テ交渉員ニ対シテハ別紙甲号写ノ通リ声明致置キタリ尚製造局方面ニ向ヒタル者等ニ対シテハ水上警察税関等ノ猜疑ヲ招キタル位ノ外遂ニ幸ニモ外面ニ現レズ其ノ儘相済ミタルモノト認メラル本件ハ当地限リニ於テハ右ニテ解決ヲ告ゲタルモノト相認ムルモ尚北京等ニ於テ何等申出ノ場合モアルベク為念別紙本人等ノ口供書竝ニ当館作成口供書等報告ス（報告要旨末尾に「別紙省略」と編者の注記がある）

最後に有吉は中華革命党および日本側関係者の内情と事後の処置に簡単にふれる。

本事件ハ陳其美一派ニ依リ主トシテ画策セラレタルノ事実ハ明白ニシテ許崇智主トシテ之ニ参加シ王統一モ彼等ノ言ヲ信ジテ水兵等ニ下命致シタルモノニテ孫文モ承知ノ上ノ事ト認ムベク海陸竝ビ起チテ一挙ニ上海ヲ陥落セシムル計画ヲ夢想セル結果ニ出デタルモノノ如ク然モ自力ニ頼ルニアラズ主トシテ買収ニ依ル他ノ内応ニ依頼セル事依例例ノ如キ始末ナルヲ以テ再ビ滑稽ニ類スルノ笑ヲ購フニ止マリタル次第ニシテ失敗ノ後ニ至リテハ互ニ責任ヲ回避シ王統一ハ孫文ノ命令ニテ已ムヲ得ズシテ決行セルモノナリト称シ孫文ハ陳等ガ十分ノ成算アリト誓言ニ対シ強テ之ヲ中止セシムル能ハズ其ノ儘黙過セルモノナリト言ヒ陳一派ハ王統一ニ責ヲ帰シ居レル姿ニシテ其ノ間彼等内部ノ不統一ナル情態ヲ窺フニ足ルベク王統一ハ爾来孫及陳等ニ不快ノ念ヲ起シ過日日本ニ赴キタル由ナリ

尚同人ニ付随シテ来滬セル所謂幹部ト称スル日本人等ハ失敗後互ニ反目シ金銭問題ニ就キ種々失態ヲ演ジ居レル

模様ナルモ漸次引揚ゲッツアルモノト見受ケラレ將又溺死セリト認メラルル者ニ対シテハ革命党同志ヨリ夫々弔慰金ヲ贈リ他日志ヲ得バ更ニ表彰ノ道ヲ講ズル等ノ内約モアルヤニ聞及ベリ（別紙省略）

強制退去させられたのは大山儀作（新潟県　明治十年生）鈴木與太郎（神奈川県　明治二十四年生）竹内島吉（愛知県　明治二十四年生）大内正名（岩手県　明治二十二年生）吉村常治郎（京都府　明治十四年生）伊藤與治（岩手県　明治二十二年生）の六名であり、その理由として「大正五年五月在留邦人不羈ノ行動（在上海総領事館警察署沿革誌ニ依ル）[6]」は次のように記す。

右等ハ予テ上海法租界在住支那人王統一等ノ依頼ヲ受ケ支那軍艦奪取ノ上上海独立ヲ謀ルノ企画ニ参与シ居タル処愈大正五年五月四日夜半之ヲ決行スル事トシ呉淞砲台ヨリ約半哩沖ニ碇泊中ノ軍艦策電虎威ヲ襲撃セントシ同志十数名ト共ニ税関波止場ヨリ虎威行小蒸気ニ乗リ込ミ下江シタル処翌朝四時頃策電ノ付近ニ到リシ時同艦ヨリ空砲ヲ発射セラレ続イテ同汽艇ハ策電ニ衝突セシニヨリ同艦ニ飛ビ乗リタルモ固ヨリ軍艦奪取ノ如キハ思ヒモヨラズ小銃ヲ以テ射撃セラレ中ニハ同艦水兵ト格闘セシ者アリシガ力及バズ遂ニ捕虜トナリ一時監禁取調ヲ受ケタル上江蘇水上警察第一庁ニ移送セラレ次デ当館ニ引渡サレタリ

右ニ対シ五月十六日三年間在留ヲ禁止セラレタリ

事件は実は〈策電〉（砲艦四〇〇トン）だけでなく、呉淞《ウースン》では他に軍艦〈虎威〉（不詳）を、江南製造局（上海機器局、造船造兵工廠であった）前面の江上では軍艦〈舞鳳〉（砲艦五〇〇トン）を同時に奪取し、成功後は三隻とも集結して製造局を艦砲で制圧し、陸上部隊が突入して占領するという大がかりな作戦の一環として行われたこと、大山らのグループは本来〈虎威〉襲撃を任務としていたらしいことが、これで初めて明らかになった。なお、六人が強制退去となり上海を離れた五月一八日、陳其美は革命党の上海総機関であった山田純三郎邸で袁世凱の放った刺客の手に倒れたのであった。

二　上海の新聞報道

当然、この事件は各新聞で取りあげられた。有力紙『申報』は五月六日から九日まで、『民国日報』は一一日まで、『時報』は一二日まで連続して関係の記事を載せたが[7]、当時、革命派の蜂起騒ぎはしょっちゅうのことだったから、小艦の襲撃に失敗したことなどさほどニュース性もなく、各紙ともそれほど紙幅を割かなかった。なによりもニュースソースは中国側当局に限られていたため、内容は大同小異であったから、誤記などを訂正しつつ、だいたいの動向を紹介しておく。

『申報』によると、水上警察はつとに革命党員に軍艦への蜂起工作があるとの「密報」を得て、巡視艇にパトロールを強化させていた。当夜不審な大型汽艇を発見したので、「ただちに警笛（号筒）を鳴らし停止させ査問したところ、船上から呉淞口に商船が着いたので貨物を見に行くと答えがあった。巡視艇は該汽艇が某国（云うまでもなく日本の――引用者）の旗を掲げており、また商船でもあったので強制阻止するわけにいかず、そのまま航行させた」。ところがその汽艇は〈策電〉に近づき、わざと船を衝突させ、おおぜいが「策電」に乗り移ってきた。「策電艦長はただちに命令し、すでに乗艦した洋服の男六人を縛り上げる一方、水兵に汽艇に向かって銃撃させ、その場で数名を打ち倒した。他の者は船から水に飛びこんで逃げ多数が溺死し、該汽艇もスピードをあげて逃げ去った」。「いっしょに来た小型汽船も、この様子を見て失敗を悟り、また南の方向に逃げ帰った」。誇張された記事だが、日本人水兵三名が行方不明となり、多分溺死したと推定されていることは前述の通りである。ただ、六日の記事では「洋服を着た者六人は、みな〝上等砲手〟であり、内に某国人らしき者両名あり」と、当初は全員が日本人だとは報道されなかった。

事件の発生した後、五日早朝、水上警察は北京路の碼頭（船着き場）で汽船〈翔南〉号を発見、「船中に某国人らしい二三十人、華人五六人とが鳩首密談しているのを発見」（『民国日報』）、「様子がおかしいので乗船し尋問したところ、各人は次々と上陸し逃げ去った」（『時報』）ため、船員の葛阿龍ら三人を捕らえ、同号汽船をも拘留した。状況から見て、これが有吉の報告にあった〈舞鳳〉襲撃未遂の一団に相違ない。また五日午前、「江海関（上海税関）巡江処も、下海浦の江辺で無人の小型汽船一艘を発見し、調べると同船の窓ガラスなどは被弾破壊されていた」。これこそが〈策電〉を襲撃した〈江平〉号であり、〈翔南〉はその「接応船」だと水上警察は推定した。〈舞鳳〉襲撃計画があったとは気が付かなかったのである。「次ぎに下海浦で小型汽船〈国慶〉号一艘を査獲し」、「行動不審な丁徳銀」ら八人を拘捕したが、これも「党人に雇われたものであった」（『時報』）。実は〈国慶〉こそ〈江平〉と行動を共にした小型汽船で、本来は〈策電〉襲撃を割りふられた船だったはずであるが、前述のように護軍使側は事を穏便に済まそうと懸命だったから、後で真相が分かっても公表するはずもなかった。かくて三隻の汽艇が拘留され、〈策電〉艦上で捕らえられた日本人六人以外に船員とおぼしき中国人一一人が逮捕されたらしい。

ところが、七日の各紙はこの事件の首謀者として「（革命）党人姜永清、杜鶴麟、劉某、林某」ら一一人が逮捕されたと報じた。「姜・杜二人はいずれも福建籍で、前清の時期に海軍の教練員だったことがあって、海軍関係には知り合いが多い。最近上海で福建・広東の海軍を罷免（落職）された人員一百余人を招集したが、そのなかには東瀛（日本）に留学した者もおり、大半が新教育を受けている。一昨日夜（四日）姜・杜二人は某処から小汽船二隻、モーターボート（汽油船）三隻を借りて虹口に停泊させ、予め集めてあった数十人に拳銃・爆弾を持って乗船させた。某国人もその内に含まれていた」。事件発生後「新関水巡捕房は、この消息を得、五日午前、該小汽船を截留し、党人姜永清、杜鶴麟」「等十一人を逮捕し、また旗幟・機関銃・爆弾等の物を没収した」。いかにもまことしやかであるが、これは実は意図的な誤報だった。有吉が報告しているように、六日の午後には逮捕した「犯人」を日本側に引き渡しており、〈策電〉襲撃が日本人によって行われたことは、水上警察も護軍使署もとっくに承知していた。にもかかわらず、かかる情報を当局者が流したことは、襲撃の主体が革命党員であり、日本人は補助的役割しか果たさなかったかのように印象づけ、裏面の取引をカモフラージュするためであったに違いない。はたして八日以後の各紙の記事に被逮捕者として列記される一一人の名単には前記の船員たちが並び、姜永清、杜鶴麟はもちろん、劉姓の人物すら見あたらなかった。(8)

この情報操作は効果をあげた。孫文系の新聞『民国日報』が六日「党人襲取兵艦之挫折」（革命党員が軍艦を奪取せんとして挫折）と見出しをつけて報道したのは当然として、『申報』は「運動策電兵艦之失敗」、『時報』は「運動軍艦起事之未成」（運動は働きかけるの意）と、内容はほぼ同一ながら慎重な見出しをつけていたが、七日からは各紙とも「党人……」と革命党員の所為たるを強調する見出しに統一してしまった。日本人傭兵の影はすっかり薄れたのである。

九日の新聞は、前日交渉公署が大内正名・伊藤米治・吉村常次郎・竹内島吉・大木太郎・鈴木與太郎の六人を、条約の規定に従い日本側に交還したことを報じた。護軍使側が故意に日付をごまかし、発表を遅らせて体面を取り繕ったに違いない。(9)注意を引くのは六人のうち四人までが素直に本名を名乗っていることで、万一失敗して捕らえられた場合の対応など全く考慮の外にあったことを示している。彼等が水上警察で弁明した内容として、一〇日の『時報』が報ずるところでは、「該外人伊藤米治等は水警庁の詰問にたいし、酒に酔って知覚を失い、汽艇に乗って皆で呉淞に往った。酒酔い操船（駕駛）で間違ってぶっつけ船首を損壊し、策電の傍に停まって救援を請うた。また誰が自分たちを拘捕したのかも分からぬ。また同行者は九人いたはずだが、他の仲間は今行方を知らないと答えた。云うことは支離滅裂で、何のために拳銃を携帯していたのかと詰問しても（所持していたこと自体を）承認しなかった」という。有吉ならずとも「児戯的誤魔化し」を嘆ぜざるを得なかったであろう。その後の交渉で「双方あい譲らず」、中国側は一時、律師（弁護士）をたてて正式に会審公所に提訴すると凄んでみせた（一一日『時報』）というが、護軍使署の体面を取り繕っただけで、実際には両者の妥協が進んで事件の幕引きが急がれていたのであった。なお、逮捕された一一人の船員たちについては、八日水上警察から護軍使署に移管されたと報じられた後、『申報』も『時報』もその後の消息を伝えない。一一日の『民国日報』のみが「最初に逮捕された華人七名が、星期六（土曜日　五月七日――引用者）製造局で銃殺された」と伝えたが、続報はついになかった。

前述したように、この月の一八日には上海の革命派の責任者陳其美が暗殺され、六月六日には袁世凱が死去した。大ニュースが紙面を飾るなかで〈策電〉事件はいつしか忘れられていった。

三　孫文の焦燥

一九一五年一二月五日、孫文の指示を受けて上海で武装蜂起を準備していた陳其美は、江南製造局前に停泊していた軍艦〈肇和〉（巡洋艦二四〇〇トン）〈応瑞〉（同二七五〇トン）の両艦を乗っ取り、海陸相呼応して上海を制圧しようとして失敗した。皇帝即位の準備を進めていた袁世凱を、武力で打倒しようとする最初の本格的「起義」として内外に与えた衝撃は大きかったが、護国戦争の旗手としての地位は、同月二五日、雲南で反袁独立の軍をあげた西南軍閥・進歩党に譲ることになった。

「肇和艦起義」のあと、孫文は上海での再挙を期して陳其美らを督励していたが、海軍については、一六年一月の段階から「当に王統の策を行うべし」（『孫中山全集』第三巻中華書局　一九八四年　二二七頁、以下『全集』第三巻による場合は頁数のみをあげる）とその意向を明らかにしていた。太田宇之助によれば、王統、すなわち王統一は福建の人、日本の商船学校出身で元清国海軍軍人であったが、第二革命失敗後、日本に亡命し、孫文の側近にあった。彼の策が日本から資金を引き出し、多数の退役海軍下士卒を募集して上海に連れていき、袁派の軍艦を奪取してこれに乗組ませるということであったことは間違いない。〈肇和〉奪取のさい、軍艦の制圧には成功したが、拳銃の威嚇のもとに機器局砲撃を強制された砲手たちは、故意に照準を違えて発砲し、敵に効果的な打撃を与えられなかったという[10]。元海軍兵の大量雇用には、この時の教訓に学び、軍艦内のそれぞれの専門職種をそろえておく意味があり、またそれには秋山真之（当時、海軍省軍務局長）ら日本海軍関係者の強い示唆と支援があったはずである。必要な資金も秋山らの口利きで実業家久原房之助から調達したが、一月から三月にかけて孫文・王統一と久原の間を奔走し、斡旋したのは有吉報告に登場する日露貿易会社社長松島重太郎にほかならない[11]。

一九一六年三月二二日、袁世凱は帝制を取消し、共和政体を回復した。洪憲皇帝の前途を懸念して、上海方面で革命派と誼みを通じていた北洋軍の一部も袁の後退で形勢を観望するようになり、また、進歩党と西南実力派が新たな政府を構成する動きも出てきた。中華革命党が時局の主導権を握るには、上海での起義を成功させることが、どうしても必要だと孫文は焦慮した。三月一三日には「滬（上海）事は王統の行動を俟ちて発動すべし、王に確信あり、期待に背かざるべし」（二四九頁）と陳其美に電報していたのが、二三日には「時機此に至る、先んずれば人を制す、必ずしも王を待たざれ」（二五二頁）、二五日には「前に滬急ぎ動かんと欲し、海軍は已に別に全策を謀れり。今、滬先に動くと雖も、また妨げ無し。王と商量するを必せず、各々機を見て動くべし」（二五四頁）と変わった。ただ、その時点で陳其美に任されていたのは第二艦隊への働きかけのみであったが、日本水兵を載せた連勝丸がすでに上海への途上にあったはずの四月一一日、孫文は「兄（陳）に全権を付す。一・三艦隊と接洽《れんらく》し、機を見て事を行い、王統を待つ毋れ」（二六九頁）と打電した。

その督促をうけ陳其美らは一二日—一四日と三夜連続して海陸呼応した蜂起を発動しようとした。「肇和艦起義」当時のように頼みとする手兵はない。孫文から送られる資金で買収した（はずの）軍艦・軍隊の内応に期待をかけた。一日目は協力した日本人「浪人」の手違いから発動できず、二日目は蜂起の合図に艦砲射撃を開始するはずの海軍が沈黙したまま、三日目は督戦のために〈同安〉艦（不詳）に乗りつけた革命党員が逆に犠牲となる始末で、結局、失敗に終わってしまった。一五日、上海から二百キロもはなれた江陰要塞の占領にはいったん成功するが、孤立無援、まもなく放棄せざるを得なかった。

日本人水兵たちを載せた連勝丸が呉淞口に投錨したのは、おそらくその直後のことだった。太田宇之助の記憶によれば四月一〇日、王統一は彼を伴って東京を離れて上海に赴いた。[12] 連勝丸と時日を合わせていたはずである。その報告に接した孫文は、同一六日、陳・王両人に宛てて「自後海軍の事は悉く王兄より指揮せよ、両兄の協力を切望する。軍艦を得ば、即《ただ》ちに先ず機器局を奪取し、吾党の基礎を立てよ」（二七三頁）と改めて指示したのである。

ところで、東京『報知新聞』の一三日夕刊は、一二日午後七時上海発一三日午前二時着電報として、革命軍は「明日（十三日）未明より機器局及び呉淞砲台攻撃を開始すべし」と報じ、また南京に拠る袁世凱股肱の将・馮国璋が政府にたいし独立を宣言したとも報じた。そのニュースで号外をも出したようである。東京「青山の革命党本部（民国社——引用者）に横溢する活気」「最早天下を取ったやう」と書きたてたのだが、前記のように上海の蜂起は不発に終わり、南京独立は虚報にすぎなかった。[13] 同日付けの孫文の電報（二七〇頁）は「滬にて企図する所、今日の号外に見ゆ。菊池（良一）より報館に告げしに係る」と伝え、「請う、切に山田に嘱し、嗣後未だ発現（実施）せざる事は他処に電報する母《なか》らしめよ。否《しか》らざれば事を誤つこと少からず、人は皆な吾人の党を視て児戯と為さん」と憤慨している。当時フランス租界の山田純三郎邸は前述のように中華革命党の総機関となっており、山田が東京の菊池に情報を伝えたものらしい。

一方、海軍傭兵の派遣は応募者の口から漏れ、新聞におおきく報道された。東京日々や朝日、読売などの大手はさすがに自制したようだが、一流半といったところの東京『時事新報』では四月一八日号に次のような記事を見いだすことができる（なお▲印による改行及び空欄は原紙のまま）。

●革命党が我海兵募集　准士官は八百円から下士は三百円
近来革命党員は内地に入り込みて密に何事をか画策しつつあり今聞く所に依れば同党員等は横須賀鎮守府を中心とし呉佐世保
▲舞鶴等に亘り　莫大なる俸給並に手当を以て海軍予後備兵の傭聘募集に着手し居れり、右は支那長江艦隊に乗組しむ可き計画の由なり[14]此募集は第一期五百人第二期五百人とし第一期の応募兵は過般神戸より同地に向け出発せし形跡あり又今般
▲舞鶴に来りし　は横須賀海軍予備役一等信号兵曹某及び二三の者にして最も秘密の中に募集し居れるが応募者六十余名あり其内准士官一名下士二十五名にして准士官は月俸八百円下士三百円卒二百円の外支度料として百円乃至二百円を支給し本月四日夜陰に乗じ発足せしめたる由、当地憲兵隊にては極力之れが内偵を為し居れり尚ほ目下第二期傭兵募集を為し居れる様子なり（舞鶴十七日電報[15]）。

当時、兵曹長（准士官）の年俸は九〇〇円台であった（『大正五年職員録甲』「海軍給与令・軍人俸給表」）から、「莫大な

る俸給並に手当」の実体を窺わせ、この下士卒たちが掛け値なしの傭兵団であったこと、募集実務は中国革命党員ではなしに日本側が請け負って進めていた様子を窺うことができる。

有吉はこうした新聞報道で海軍が何ごとか画策していることを察知していたし、その情報は当然北京政府・松滬護軍使にも伝わっていた。もちろん、呉淞に不審な日本船が停泊し、屈強な日本人が上下船している情況も政府側密偵によって刻々通報されていたと考える方が自然である。

孫文は四月二七日東京を離れ、五月一日、上海に着いた。二年半前に袁世凱に敗北して亡命を余儀なくされた孫文らが故国の土を踏めたのは、袁世凱を追いつめた人民闘争の前進によって実現したのであるが、彼等にはそれをさらに推進する企図があった。彼等の東京出発を知らされた有吉は「未タ確タル地盤ヲモ有セサル際彼等ノ渡来ハ大局上得策ナラサルベキノミナラス彼等ノ周囲ニ在ル我浪人ニハ危険ノ分子多ク此等ノ行動ハ折角順潮ニ運ヒ来レル中外ノ関係ヲ傷ツクルガ如キ虞尠ナカラサルヘシト思考セラル」と外務大臣に打電したが[16]、危険な浪人の範囲には当然海軍傭兵団の関係者が含まれていたであろう。五月四日、孫文をその隠れ家に訪ねた有吉が海軍傭兵を使用しないよう直接申し入れたことは、第一節の報告要旨に見える[17]。

諸条件を勘案すれば、孫文は即時に計画の中止を命令すべきであったろう。〈策電〉事件の失敗の責任は孫文にあったと、太田宇之助は見ている。水兵たちが上海に着いて「私たちの準備がなお完成していない状態だったにかかわらず、孫氏がむやみに実行を急がせたため、実行期が早められた」(太田前掲書)とする。そうではない、革命における傭兵利用の是非を別にして云えば、鋭気の失せぬうちに兵力を投入すべきであり、孫文も四月四日には「其の事二十(日)前後に発す可し」(二六三頁)と打電していた。むしろ発動の時期を失したのである。前述のように「むやみに実行を急が」されて、陳其美らは傭兵団が到着する直前に上海で起義を再度発動しようとして失敗していた。

前年末の起義失敗の傷跡が未だ癒えないうちに、さらに新たな創傷を負って、上海の革命派には日本の傭兵を主体的に運用する力量は、もはや残っていなかった。連勝丸が四月中旬に呉淞に投錨して三週間、ずるずると時日が遷延する中で、有吉が報告するように、兵員の規律は弛緩し、事故が続出した。しかし、全員の送還を総領事に要求され、引っ込みがつかなくなった軍令部特派の軍人たちと、この機を逃せば傭兵が空しく帰国してしまうことを恐れた孫文らの意向とが合致して、陳其美・王統一に急遽冒険的な作戦を立案させたのであろう。その判断が願望と事実とをすり替えた「夢想」に出ていたことは実際の経過が示す通りである。太田宇之助はいう、

「いよいよ明朝未明に決行することに決まったところ、その主任格の要員が前夜密かに外出して飲んだ結果らしく、時刻が迫っても帰ってこないため、急遽配置転換を行って出発した。チャーターしてあったランチに二〇名ほどの要員を乗せ、目指す「策電」号に向かったが、舷側に取りついて一部が甲板に乗り移ったトタン、突然、艦上の敵兵から銃射撃が始まった。わが兵員たちは大いに狼狽した。乗り込めば、戦わずしてわが方に降ることになっていると聞かされてきたからであった。艦長との間に諒解済みであったはずが、まだ部下への指令が徹底していなかった結果のようである。いったん甲板に乗り移っていた兵員たちは、筋金入りの日本海軍の古強者どもであるのに、見苦しくもあわてて江へ飛び込む者、傷を負ってランチに駆け戻る者など、醜態をつくして万事はおわった。一名死亡、二名負傷（実際は六名捕虜、三名溺死）の結果が出た。〈策電事件〉として中国革命史上にも取り上げられたこの始末は、実際は誠に惨めなもので、これがすべて日本人によって行われたものであることが、ついに一般中国人に知られずして終わったのは不幸中の幸いであった。」（太田前掲書）

艦長は諒解済みだったが部下に指令が徹底していなかった。太田は王統一らの弁解を聞いたのであろうが、はたして真相はどうだったか。陳其美らの海軍への運動は、〈肇和〉艦起義失敗後は、長期の努力で軍艦内に同志を組織す

ることよりも、買収による内応者の獲得によって速効を期したようである。[18] 福建人で固めた当時の中国海軍の特殊性から、その人脈を頼って運動する外にない事情もあって、実際の効果を他のルートから検証することは極めて困難であり、容易に欺騙に遭った。

四月一四日夜、直接軍艦に督戦のため乗りこみ、却って犠牲になったというのは、福建の人宋振である。彼は日本に留学して海軍を学び、辛亥後、福建で海軍の職務に任じたが、第二革命の敗北で日本に亡命した。東京で孫文から海外籌餉特派員の命をうけ、フィリッピンで活動していたが、「討袁之役」（第三革命）に際し、上海で海軍の職務に当たるよう、呼び戻されたのだという。「振、未だ滬に回《かえ》らざる時、陳英士（其美）已《すで》に毛仲芳に托し海軍に聯絡せしむ。毛、多款を携去し、已に〈同安〉など数艦運動を受けたりと謂う。軍情緊急なるに及び、首先に発難する一節に関し、陸・海軍又各々観望して前《すす》まず、振、会議の席上に在り憤然として曰はく、事は急なり、若し親往督率せずんば、事必ず成る無し、願くば仲芳と同に往かんと。衆之れを壮とす。……吾海外に在て募款すること数次、同志多く家を傾け捐して党の用と為し、以て革命の早日に成功するを期する有り。此次苟《も》し成績無くんぱ、何の面目有りて総理及び海外の同志に見《まみ》えんや」。宋振は「卒《つい》に毛仲芳と小輪（小型汽船）に同乗して同安軍艦に登り、其の艦長に約の如く挙義せんことを迫る。艦長服せず、振と闘い、終に衆寡敵せざるを以て、殺され海に墜ちて死せり」[19]。ここに暴露された軍艦買収工作の弱点は、わずか三週間ほどで一挙に克服されるような性格のものではなかった。〈策電〉の滑稽劇もその意味では当然の帰結であった。

孫文の焦燥だけではない。日本陸軍と競う海軍の面子がこれに加わってくる。「満蒙」と山東で参謀本部が派手に行動しているのにたいし、海軍では上海でぜひ実績を示す必要があった。特派された高倉中佐、駐在武官中島少佐とともに、[20] 折角苦労して編成した水兵部隊が一度も出動せずに、むざむざ引き返すという屈辱には耐え難かったであろう。

まして背後にあって久原から金を引き出し、その大部分を傭兵の募集と派遣に費消させた海軍省・軍令部関係者の大きな期待が圧力となったことはいうまでもない。往年の日本軍人特有の自信過剰と中国軍人への蔑視・軽視も手伝って、彼等が陳其美・王統一らに即刻挙事を迫った可能性は大きい。かくて日本人水兵たちは何故か通訳さえも伴わずに〈策電〉に乗り込み、醜態を晒すことになったのである。とりわけ、退役者であるとはいえ六名もの元軍人がおめおめと捕虜となった事実は、当時の日本の通念からすれば、「帝国」海軍の面目を大いに失墜させたものだった。[21]

〈策電〉奪取失敗後、まもなく王統一は孫文のもとを去り、陳其美は五月一八日、刺客の手に倒れて、孫文は羽翼をもがれた。六月六日、袁世凱は死去し、中国の政局は大きく転換する。黎元洪が大総統に昇任し、民国元年の臨時約法と国会が復活した。中国の形式上の統一が回復し、中華革命党も軍事行動の名分を失い、孫文は武装闘争の停止を指示せざるを得なかった。日本は元反袁世凱勢力への支援をうち切り、「日華親善」の看板を掲げて北京政府のなかに代理人を育成する政策に転換した。各地に組織されていた武装組織はたちまち深刻な経済困難に直面した。漢口の日本租界に本拠をおいていた田桐らの湖北護国軍は、湖北督軍王占元に解散費の支給を交渉したが、不満足な結果しか得られず、一部が武装闘争の堅持を主張して分裂した。日本当局が彼等を租界から退去させたことから、七月三〇日夜、約五百名が暴動を起こし、放火・略奪しつつ市外に逃散する事件を起こした。[22]居正を総司令とする山東の中華革命軍東北軍は二箇師一混成旅を号称したが、北京政府および山東督軍に正規軍に編入することを要求した。一七年一月、いったん縮編は実現したものの、革命の火種を政府軍中に留めるという願望も空しく、まもなく幹部は殺され、あるいは逐われ、部隊は解体されて終わった。

むすび

孫文が第二革命の失敗で日本へ亡命して以後、少なからぬ日本人の誠実な支援を受けたが、日本政府は最初は袁世凱との取引材料として、次いでは袁世凱打倒の手段の一つとして、孫文および中華革命党を利用した。孫文も主敵である袁世凱と闘い、第三革命を成功させるために、日本帝国主義と周旋せざるを得なかったが、自己の革命的主体性に不動の確信を有する彼は、むしろその条件を積極的に運用しようとした。日本人海軍傭兵の募集、上海派遣もその一つであった。しかし、革命党の名義を用い、実際には日本人水兵が「友国」の軍艦を襲撃した前代未聞の大事件は、淞滬護軍使・上海交渉員の卑屈な対応と駐上海総領事館の隠蔽工作によって、大を化して小と為し、うやむやのうちに幕を引いた。日本側関係者にとっても、中華革命党にとっても、以後この事件に触れることは禁忌となった。

〈策電〉事件の後日談を紹介しておこう。一九一八年五月、軍閥は所詮南も北も「一丘之貉の如し」との所感を残して広東軍政府の大元帥を辞任した孫文は、翌六月一〇日来日し、一一日から一九日まで箱根に逗留した。同月二〇日、『時事新報』は「孫逸仙氏急遽京都へ　▽五万円を要求する革命従軍邦人」と見出しを付け、次のような記事を載せた。

> 去る十一日以来箱根小湧谷三河屋ホテルに滞在中の孫逸仙は、少くとも二ヶ月間は滞在する予定であったのに十九日午後六時三分国府津発下り列車で、急遽京都に向け出発した。京都では田原屋（俵屋?）旅館に投宿する予定。これは去る十二日京都府下新舞鶴町の予備海軍一等兵曹大山利吉（四十二）という者が、大正元年《ママ》に孫氏が革命軍を募集したさいに、下士以上は一名死亡の場合には三万円、下士以下の場合には一名四千円の扶助料を提

供する契約を結び、軍士卒三百名を率い参加したところ、大正五年の革命戦に三名戦死したので、当時の契約に基き五万余円の請求をした。しかし、革命は失敗に終り、孫氏もまた姿を晦ませたため、そのまま未払いとなっていたので、箱根に来て交渉した結果、十九日、後日に継続商議することを約束して退去したそうである。この間、同人の部下数名が絶えず孫氏を付け狙っていた事実がある。今回の急遽出発することになったのは、そのためであるという。なお当局の警戒はきわめて厳重で、常に四名の刑事が付き添っていた。而して孫氏は廿七日神戸抜錨の便船にて某方面に向うそうである。（箱根十九日電話）(23)

この件に関して報道したのは『時事新報』のみであるが、弔慰金（撫恤金）の支払いを要求して、〈策電〉襲撃事件の残党が孫文の宿泊先に押し掛けたことは間違いない。大山利吉と前出の大山儀作とは数え歳での年齢は完全に符合し、「三名戦死」の数も合致する。失敗後の混乱で契約が履行されなかったことは十分あり得ることで、孫文の来日を知って要求を提出し、面会を強要したのであろう。ただし、革命後の孫文が「姿を晦ませた」わけでは決してなく、広東軍政府の大元帥をさえ務めていたように、記事の細部の信憑性には問題があり、孫文の箱根滞在予定が、この騒ぎで急遽変更されたものかどうかは断定できない。確実なのは事件から二年を経て、なお余燼が残っていたということである。

第三革命は孫文にとって、「光彩」のある時期ではなかった。東京に亡命し、日本政府の日常的監視のもとに置かれながら、中華革命党の軍事闘争を指導したのであるが、日本側の許容した範囲、設定した枠組みから出ることは困難であった。彼はその条件のもとで最大限の能動性を発揮して、日本側（建前として民間人）の援助を引き出すことに努力し、そのためには革命成功を条件に様々な利権の供与を約束することも辞さなかった。(24)海軍元軍人の大量雇用もその一つの例であり、またその結果でもあった。久原からの資金援助（名目は借款であるが）は、事実上この計画のために行われたものであり、日本海海戦の英雄・秋山真之が口を利いて初めて実現したものであった。

この点で一六年五月、彼が上海に帰ったこと、あるいは帰り得たことは極めて大きな意味をもった。帰国早々に〈策電〉襲撃の失敗、王統一の出走、陳其美の遭難という試練に遭ったにもかかわらず、彼は約法復活の大旆を掲げ、辛亥革命の継承・発展を主張して袁世凱後の政治舞台に登った。その後の日本の対中国政策の転換によって、日本にとって彼の「手駒」としての利用価値は失われたのみか、むしろ障害となり、一八年六月の来日のさいの日本朝野の対応は、二年前に比して手のひらを返す冷遇であった。彼が東京にも赴かず、旬日余にして上海に去ったのは、必ずしも大山某らの面会強要に辟易してのことではなかった。

不屈の革命家であった孫文は挫折をも前進の糧としていく。第三革命での失敗とその後の曲折は、彼の軍事思想にも影響を及ぼさなかったはずはない。蔣介石は山東東北軍での短期間の経験で、思想的に統一され、規律を持ち、よく訓練された「党軍」の必要性を痛感したというが、それは孫文および中華革命党が得た教訓でもあったろう。ただ、それを具体化する方式に巡り合うまでには、まだ数年以上の彷徨と模索が必要であったが。

注

(1) 全文は西原亀三自伝『夢の七十余年』(平凡社　一九六五)第五章。「一　山東省に於ける革命党と日本人　二　山東に於ける革命軍並に青銭買の既往及現状　三　満蒙に於ける蒙古軍並宗社党と日本軍及日本人の関係　付鄭家屯事件の真相」の三部からなる。

(2) 太田宇之助『中国と共に五十年』(鷹書房　一九七七)二四—三四頁。初出は「孫文と私」(原載『中央公論』七五年一二月)。回憶は必ずしも正確でなく、かつ『年譜長編』の引用部分には誤訳がある。

(3) 『外務省警察史』は、一九四三年から四四年(つまり外務省がもっとも時間的余裕のあった時期)に、在中国の各公館別に当該領事館警察の歴史を纏めさせたものであるが、駐上海総領事館は本編二冊（5―18）、朝鮮民族運動五冊（5―19）、共産・無政府主義運動一冊（5―19）を編んでいる。ただし、同総領事館は一九三四年三月二日、「抗日不逞支那人の謀略放火によって庁舎が類焼し、記録・文献の多数が灰燼に帰した」ため、当時は外務本省に保管されていた文書によって編集ぜざるを得ず、すべて「未定稿」とされた。従って一次的史料にきわめて近いものといえる。なお、タイプ印書の性格上、せいぜい数部が製本されただけであろうが、現存するのは現在公開されている一部のみである。一九九六年不二出版より公刊された。

（4）大隈信常、大隈重信の養孫。第二次大隈内閣の成立と同時に総理大臣秘書官兼内務大臣秘書官となり、一五年一〇月、参政官制の新設とともに外務省副参政官に転じた。なお、参政官の柴四朗（筆名東海散士）は袁歿後、第二次満蒙独立運動の収拾に当たったことが西原の意見書に見える。

（5）本報告要旨末尾欄外に墨書で「註記　本件ニ関スル有吉総領事発外務大臣宛電報記録見當ラズ」とある。前出の一〇七号がむしろ例外で、外交記録から意識的に排除された可能性もなしとしない。

（6）外務省記録5―18『外務省警察史』「在上海総領事館」第一冊。なお、六人それぞれに本籍・生年月日を記すが、現役当時の軍階は記さない。

（7）『申報』民国五年五月六日「運動策電兵艦之失敗」、七日「党人図襲策電兵艦続誌」、八日「党人図襲策電兵輪三誌」、九日「党人図襲策電艦四誌」。
『民国日報』六日「党人襲取兵艦之挫折」、七日「党人襲取兵艦之挫折（二）」、八日「党人襲取兵艦之挫折（三）」、九日「党人襲取兵艦之挫折（四）」、一〇日「党人襲取兵艦之挫折（六）《ママ》」、一一日「党人襲取兵艦之挫折（七）《ママ》」。

『時報』五月六日「運動軍艦起事之未成」、七日「党人図襲策電艦詳情」、八日「党人図襲策電艦続誌」、九日「党人図襲策電艦四誌」、一〇日「党人図襲策電艦五誌」、一一日「党人図襲策電艦六誌」、一二日「関於党人図襲警艦之部電」。

（8）『近代上海大事記』（上海辞書出版社　一九八九）一九一六年五月五日条に「△晨、中華革命党人数十人分乗汽船数艘、由滬駛行呉淞口、図襲〝策電〟兵艦、未成、姜永清・杜鶴麟等二十余人先後被捕」と、新聞の報道をそのまま事実として採り、逮捕者数を単純に加算したのに違いない。

(9)『時報』のみは六日の記事で六人全員の氏名を載せている。一〇日の記事で「又一訪函云、此事発生後、聞某国副領事当事出之時、得悉本国人有被呉淞水警拘拿等情、当即親自率同譯員、乗車前往呉淞鎮水警庁、会晤温庁長、請將所獲大納《ママ》正銘等六人一併交出、以便帯署訊辦。温君以事関外交、准交該副領事帯回自行訊辦。」とあり、『時報』が正確な情報を入手するルートを持っていたことを示している。

(10)『日本外交文書』大正四年第二冊二四一　十二月十三日有吉総領事より外務大臣宛機密第一〇〇号付属書「上海ニ於ケル革命党ノ動乱ニ関スル報告書」。

(11)『対支回顧録』下巻(対支功労者伝記編纂会　一九三六)列伝「秋山真之」。太田宇之助前掲書では早稲田の学生だった彼が王統一の秘書に選ばれたいきさつについて「(孫文の命で)海軍の方を受け持つことになった王統一氏は、本国に於いても、また日本に於いても、部下の持ち合わせはなく、つまり現地での仕事にはとりあえず〝日本兵〟に頼らねばならなかった。そこで王氏の東京に於ける活動は、上海で事を挙げるための要員としてもっぱら元海軍兵を募集することに重点がおかれた。もちろん孫氏の指示によるのだが、その実際的な工作はわが海軍省の援助によって行われ、主として横須賀海軍工廠に働いている元海軍兵の工員や予備役の士官から集められた。結局、百五十名ばかりの要員が得られたのである。つまり海軍側は日本人ばかりを動かして上海で事を挙げる計画であるため、王総司令の秘書にはぜひ日本人が必要となり、その結果、すでに知己の間柄にある、まだ大学在学中の私にお鉢が回ってきたわけである。……海軍省へは最も多く足を運んだ。軍令部の八代大尉参謀(後に有名となった八代中将)に合って連絡をとるのが常であった。秋山軍令部長が熱心に支援して下さっていたお陰で、海軍側の準備は順調に運ばれたのであった。孫文氏の東京に於ける革命準備は海軍のことが主であったので、従って久原氏からの借款の大部分はこの方に使われたことになる」と述べている。松島重太郎の関与については『孫中山年譜長編』一九一六年三月九日条を参照。なお、八代大尉参謀とあるのは正しくは八角三郎少佐、当時軍令部にいて後に中将にまで進んだ。

(12)『孫中山全集』第三巻二六三頁「致上海革命党人電」(一六年四月四日)に「王統昨晩離京、其事廿前後可発」とある。四

月三日に東京をでたことになるが、これではあまりにも間隔が空きすぎる。四月一六日の「致陳其美・王統一電」（二七三頁）に王統の上海到着を報じているが、太田は「四月十日、忘れもしない桜の満開の三宅坂を通り」、東京駅から王統一といっしょに「生まれて初めての」一等寝台車で長崎に向かい、上海に渡ったのであるが、これだと一五日ないし一六日の到着と時間的には符合する。王は三日東京を離れ、例えば横須賀で連勝丸出港までの詰めの作業をし、いったん東京にもどって太田を同行したと推測するのが合理的である。疑いを存しておく。

(13)　また『報知新聞』四月一六日朝刊は「◎上海の支那艦南支呉淞及上海に碇泊中なる現在支那軍艦は左の如し　△呉淞　海容、南琛、海籌（以上三巡洋艦）策電、虎威（二砲艦）合計五隻　△上海　鏡清（巡洋艦）鎮和、舞鳳、楚謙（以上砲艦）超武、福安（運送船）日安（駆逐艦）飛鷹（水雷砲艦）以上八隻」（日安は同安か?）と一連の中国報道のなかに、さりげなく小さな記事を載せている。同紙は海軍兵雇用は記事にしなかったが、ことが起こったときの用意であったろう。

(14)　長江艦隊云々には案外根拠があるかもしれない。当時中国の海軍は第一艦隊・第二艦隊・練習艦隊（第三艦隊）および各省所属の艦艇で構成されていたが、第三艦隊は〈肇和〉事件後南方に移され、上海を警備していたのは小型艦艇を主力とした第二艦隊であったようだ。孫文が三月二五日、陳其美への返電に「今滬雖先動、亦無妨也。王不必来商、各可相機而動。惟一・三艦隊、兄処切勿接洽」（三巻二五四頁）と釘をさし、四月一一日には「付兄全権与一・三艦隊接洽、勿待王統」（二六九頁）とこれを取り消した。有吉報告にも当初、連勝丸は「南京方面ニ向フ計画」で呉淞に停泊したとある。当時の艦隊配備はわからないが、上海を陳に任せて、王は長江方面に専念するつもりだったかもしれない。多少の手がかりを王はもっていたのであろうが、二年半も日本にあった王に成熟した構想があったようには思われない。太田宇之助前掲書にも関連した記述がある。

(15)　なお『新聞集成　大正編年史』大正五年度上（明治大正昭和新聞研究会　一九八〇）六五六頁に『神戸又新日報』大正五年四月十八日「○孫文日本軍兵を募る」が採録されている。『時事新報』と同じく舞鶴発の記事である。

(16)　『日本外交文書』大正五年第二冊二三四　四月二十八日　有吉より外務大臣宛電報八五号「孫文等の上海渡来ハ大局上得策ナラザル件」。

(17) 同上二二三五　五月五日　電報第一〇六号「時局ニ対スル孫文ノ態度ニ関シ報告ノ件」は、有吉が策電襲撃事件を知らされる前に、前日孫文と会った際の情況を報告したものだが、孫には反袁諸勢力を結集する力量はなく、「要スルニ其ノ周囲ニ居ル危険性ヲ帯ヒタル陳其美、王統一等腹心ノ徒及同一味ノ日本人等ト軽挙妄動ヲ敢テシテ事端ヲ滋カラシムル位ノ所ナルヘク」と酷評していた。おそらくこれを打電した直後に〈策電〉事件の情報が入り、仰天したに違いない。

(18) 蔣介石は「陳英士先生癸丑後之革命計画及事略」(『革命人物誌』第四集)で「公(陳)告其左右曰：肇和之役、所費者不過二万余金、吾輩革命全在精神、如借金銭以為運動之具、實啓今日亡国之機」と書いている。事実、『孫中山全集』第三巻によるかぎり、〈肇和〉艦事件以前には孫文から陳其美あるいは上海革命党人への送金の記録は見あたらない。しかし、久原からの資金の入った後は、三月一六日に二〇万、二三日に二万、四月八日に一一万と少なくとも計三三万円が電報為替で陳もしくは上海革命人宛に送金されている(二四九、二五二、二六六頁)。三月三一日には、さしもの孫文も陳に「恐前聯絡之人皆多不実、故托此為辞、欲再得款耳、望兄詳察、勿受其欺」(二五九頁)と注意したほどである。肇和之役の前後で判然と相違していた。

(19) 黄季陸主編『革命人物誌』第三集(中央文物供応社　一九六九)「宋振」。ただし同第四集「陳其美」は海軍が約束通りに動かないので「由担任運動海軍的同志宋振率領一部分同志親到艦上去指揮、因艦長不在、兵士開槍抵抗、宋振憤極、投江自殺」とする。太田が、買収した艦長の指令が部下に徹底していなかったことが失敗の理由だと告げられたのと、同工異曲の観がある。買収工作の失敗、貴重な資金の空費を糊塗するものでなかったろうか。

(20) 一六年二月、元日本公使館付陸軍武官で「支那通」として知られた青木宣純中将が政府から派遣されて上海に赴いた。孫文は陳其美に青木と連絡をとるよう指示したが、傭兵団との関連は明らかでない。『全集』三巻二三〇頁および『孫中山年譜長編』上冊一六年二月九日・二月一八日条。

(21) 東則正は一九一二年四月、上海日本人実業協会の書記となり、一四年一月には書記長となっていたが、一六年五月「一身上の都合」で退職したという。策電事件と関係していたことはほぼ間違いない。前出『対支回顧録』下巻「列伝」「田中逸平」は彼の上海での活動には一言も触れない。なお、田中は後にイスラム教を奉じ、日本人として最初に?メッカを巡礼した人物であったという。

(22)『日本外交文書』大正五年第二冊二四九　八月一日駐漢口瀬川総領事発政機密第九六号付属書「漢口暴動詳報」。

(23) 第三節で紹介した『時事新報』の記事が「舞鶴発電報」であったことと、大山利吉の現住所が「新舞鶴町」となっていることとは無関係ではあるまい。太田宇之助は海軍工廠に働いている元海軍兵の工員や予備役の士官から、要員は募集されたと述べているが、大山も退役後は舞鶴鎮守府の周辺で働いていたのであろう。『時事新報』は舞鶴に情報源を持っていて下士卒募集の具体的内容をつかんだし、大山らが箱根に押し掛けることも事前にキャッチしたのだと思われる。

(24) 日本政府が中国政府にたいし二十一ヶ条要求を突きつけ、交渉中の一九一五年二月五日、中国側孫文・陳其美、日本側犬塚信太郎（前満鉄理事）・山田純三郎を署名人として中日盟約（漢文）・日中盟約が交わされた。その全文は三月一四日、王統一が外務省に持参した孫文の書簡（政務局長小池張造宛）にも収められている（『日本外交文書』大正五年第二冊三一一「日中同盟案内示ニ関スル件」）。要するに革命支援と引き換えに政治・軍事・外交・経済面における日本の優越的地位を保障しようというもので、詳細は藤井昇三『孫文の研究』（勁草書房一九六六）第五節、同「〈史料紹介〉孫文の中日盟約」（『辛亥革命研究』第八期）、「孫文と日本——〈中日盟約〉を中心に——」（『孫文と華僑』汲古書院　一九九九）を参照されたい。これら文書は三点とも当時海軍省軍務局長であった秋山真之少将が筆を執ったものだと山田純三郎は回顧しており、秋山の日中関係の重視、ひいては孫文支援への打ち込みようは尋常ではなかった。海軍傭兵団の着想から実現まで、彼の関わりは当然深かったはずである。それだけに〈策電〉襲撃の無惨な結果は大きな打撃だった。前出『対支回顧録』「秋山真之」は「蓋し君の大亜細亜主義の首唱は日支の提携日支の交歓を以て真髄とし、為に犬塚信太郎、小池張造等と謀り孫文を助けて第二第三革命を起し南方政権の支那統一を策し、田中義一等を動かして久原房之助其他から巨万の軍資を孫に送らしめたのは当時の事である」と云い、「而して君の大亜細亜主義は海軍部内に大衝動を与え毀誉の評罵々たるものがあった」と結ぶ。その行間に〈策電〉事件の失敗の衝撃と秋山批判の大合唱を聞き取ることができよう。

第五章　山東独占か、「門戸開放」か――《五四運動》――

一　五・四運動の発端

一九一九（大正八）年五月四日午後二時、北京天安門前に、北京大学をはじめ大学・専門学校十余校の学生三千余人が集合し、山東問題抗議集会を開いた。「死をかけて青島を取り返せ」「二一ヵ条を破棄せよ」「中日軍事協定を破棄せよ」「売国賊曹・章・陸を懲罰せよ」などと大書した幟《のぼ》りを押したて、かれらはデモ行進に移った。まず各国公使館のある東交民巷《とうこうみんこう》に入ろうとして外国人警官に阻止され、「祖国のなかの異国」＝治外法権の実態を見せつけられたデモ隊は、いっそう激昂《げきこう》して、市内趙家楼《ちょうかろう》の交通総長曹汝霖《そうじょりん》の私邸に押しかけた。学生たちは厳重な警戒を突破して邸内に突入した。曹は風呂場にかくれて難を逃がれたが、居合わせた駐日公使章《しょう》宗祥《そうしょう》が学生たちに殴打された。もちろん警官隊は学生を弾圧し、三十二名を逮捕し、多数を負傷させた。これが中国革命史上の画期となった「五四運動」の発端である。

その日午後五時すぎ、日曜にもかかわらず、中日軍事協定にもとづく参戦軍訓練処に出勤していた、北京政府軍事顧問・陸軍少将坂西《ばんざい》利八郎は章宗祥が負傷入院したという報せをうけ、自動車で「同仁病院」（日本人経営）に急行した。かれはそこで、「すこぶる昂奮せる態度にて白襦袢《じゅばん》の前面は全部血潮にまみれ、頭上には四つ五つのコブをつくり顔面も血にて汚れ、ずいぶん凄《すさ》まじき状態」の中江丑吉《なかえうしきち》から、当日の模様を聞かされ、それを詳細に西原亀三宛ての手紙（五月八日付）にしたためている。

中江は、幣制局長陸宗輿《りくそうよ》の家が学生に包囲されているのを目撃し、「こはてっきり曹氏の宅も危険なるべし」と駆けつけ、門前に雲集した「群衆」を避けて裏口から入ったが、「すでに二、三の学生は棍棒その他をもって廊下のガラス等を打ちこわしおれるをもって中江はこれを制したり。しかるに突然室内より洋服を着せる一人出で来り庭に打倒れたる者ありしをもって、ただちに駆けつけ、これを抱き起したるに、何ぞ図らん、こは章公使なりき」「しかるに暴漢等はここに集り来り、こは章か曹か、国賊打つべし殺すべしと叫び打たんとせるをもって、中江は章公使を抱きて離れず、さすがに日本人は打つなと叫ぶ声あるがため、中江を打つ事はなるべく避くるも章を打たんとして焦りつつあり。この時暴漢は家屋の破壊を続け放火をなせり」。

学生が一斉に曹邸から引揚げたため、中江は章を抱き、裏口から出て付近の民家にかくまおうとした。「しかるにこの時遅くかの時早く、暴漢再たび襲来し」「屋内に入り捜索を始めたる故、中江は上衣を脱し、いざ来れ、殺すならまず予を殺せ、と叫びて章公使の上に仰《あおむ》けになり、彼等を防げり。暴漢の大部は日本人もともに打ち殺せと叫びたるものもありし由《よし》なり。彼等は中江を章公使より離さんことを努めたるも中江はついに離れず。しばらくするうち群衆は四散せり、けだし着剣せる兵隊が来りしためなるが如かりし。中江はこの際を利用し、人力《じんりき》を雇い章公使を同仁病院に担ぎこみ、坂西に電話をかけたるなり」。

中江丑吉（一八八九〜一九四二、明治二二〜昭和一七年）が兆民のひとり息子であり、鈴江言一はじめ左翼の中国研究者との交友も深かった異色の中国学者であることはいうまでもない。曹汝霖が日本留学中、中江家に出入りしていた関係もあって、曹家とはとくに親しかったというが、かれがわけもわからぬままに過ごしていた自称「放蕩無頼《ほうとうぶらい》」の北京生活から、「一念発起して学に志す」転機となったのが、実にこの五四運動の体験だったという。だが寺内内閣の、段祺瑞《だんきずい》援助政策の北京における代表的執行者だった坂西が、陸軍随一の「シナ通」として、この事件に下した判断はいぜんとして権謀術数《けんぼうじゅつすう》的把握の域を出なかった。

「さて、この暴行の原因が進歩党一派の煽動になるは明瞭にして、柄にもなきは汪大燮《おうだいしょう》にして参謀総長はかの林長《りんちょう》民《みん》に御座候《ござそうろう》。大学校長の蔡元培《さいげんばい》や金がほしくてたまらない熊希齢《ゆうきれい》、遠方から差図《さしず》している梁啓超《りょうけいちょう》等が時機ござんなれと活動しおるは確に御座候。或は軍閥派と国民党との間に立ち、或は交通系と手を握り、時によりて主義思想を巧みに変更しつつある、いつかは政権を握り一もうけせんと齷齪《あくせく》しつつある彼等は半官僚、半民主、時として過激の真《ま》似《ね》までもやり得る、彼等もっとも支那に適合の政党屋に御座候」

こう西原に書き送った坂西は、さらに四日後（五月一二日）にも、英米側の後押しという要素をつけ加えただけで同様の見方を再確認している。

「今回の暴動が見事、林長民の煽動が図に当りたるは前便の通りに御座候が、林長民も少し薬がききすぎたと申居る由に御座候、英米人の此機逸すべからざるなる排日運動の煽動は当然のことと存じ候。あい変らず北京の清華学堂、南京の金陵大学なぞは屈指の根拠地、その上例のＹＭＣＡ即ち耶蘇《やそ》青年会は至るところ、この排日の重要機関たるは争うべからざる事実に御座候」

二　山東問題の背景

しかし運動を推し進めたのは、坂西のかれなりにうがったつもりの理解をこえて、まったく新しい力であった。北京の学生は弾圧に抗議して五月一九日からゼネストにはいり、街頭に宣伝隊をくり出して市民に訴えた。排日はたちまち二十余の省、百余の都市に波及し、日本商品不買（日貨排斥）の運動は野火のように広がった。学生についで市民、商人、労働者も立ちあがり、上海はじめ各地で、抗議のストライキ、罷市《ひし》（商店の閉店スト）が実行され、世論もこれを支持した。

孤立した軍閥政府は、凶暴な弾圧に乗り出し、六月三日から北京で街頭講演中の学生をかたっぱしから逮捕し、三日間で千人をこえた。だがそれに備え、はじめから洗面用具を腰につけて街頭に出る学生たちには、弾圧も火に油をそそぐ効果しかなく、世論をいっそう激昂させるばかりだった。日に日に高まる広範な反帝国主義運動の前に、大総統徐世昌《じょせいしょう》もついに逮捕した学生の釈放（六月七日）、前記三人の親日派要人の罷免（同一〇日）、対独講和条約への調印拒否（同二八日）をもって答えざるをえなかった。

さすがに坂西も事態の深刻さに気づいた。かれは六月一二日、「英米なかんずく米人の煽動」と進歩党、旧交通系派の政客の暗躍により、「排日の気運しだいに高上《ママ》」するなかで、「無政府主義と過激派思想とは時を得顔《えがお》に侵入し、曹汝霖・陸宗輿・章宗祥三人の免職の如きは到底この風潮を防止することなかるべく……この形勢をもって進まば支那が第二のロシアたること、けだし遠きにあらざるべしと感ぜられ」ると、参謀次長福田雅太郎あてに打電した。「この際、帝国は支那にたいし欧米との協調専門主義を改ため、毅然として率先、日支の特殊関係に鑑《かんが》み、支那前途の危険を未然に防がざれば帝国の将来もまた危険たるを免れず」とし、かれは北京の現政府に「月額五百万ドル（四百万にて可ならん）を数ヵ月間融通」し、徐世昌政権に強力なテコ入れをするよう要請した。

坂西が憂えたように、この運動を契機として、中国の先進知識分子は新しい解放のモデルとしてのロシア革命に注目し、マルクス・レーニン主義に救国の処方を求めはじめた。そして、翌々年、一九二一（大正一〇）年の七月、毛沢東はじめ五四運動のなかで思想的、政治的に成長した青年幹部を中核に、中国共産党が結成されるのだが、そのことはしばらくおくとして、話を運動の直接の発端となった山東問題にもどそう。

欧州大戦が終わるや、中国は戦勝国の一員として、山東省の旧ドイツ権益の返還を当然の権利として要求した。日本が大戦中に火事泥的軍事占領のもとで、むりやりに継承し、拡大した既成事実を中国は絶対に認めることはできなかったのである。日本が二一ヵ条の要求を最後通牒をもって強要した日、五月七日は、中国人によって自主的に国辱（国恥）の日として記念されてきた。さらに、一九一八（大正七）年五月、中国の日本への従属をいっそう深める日中軍事共同防敵協定（内外蒙古での日本軍の自由行動権と中国側の支援義務を規定した）が結ばれると、まず日本留学中の学生が決起した。かれらは日本政府の弾圧をけって続々と帰国し、事態の重大性を訴えてまわった。まもなく北京、上海など各地に「学生救国会」が結成され、全国的な連絡をもつようになる。五四運動の中核となったのは、これに結集した学生たちだった。

しかし、かなりの先進分子をふくめて、当時の中国人は、一九一九（大正八）年の一月からパリで開かれていた対独講和会議の「公正な裁き」に期待をかけていた。北京政府はドイツに宣戦を布告しており、弱国とはいえ戦勝国である。その中国において戦敗国ドイツがもっていた権益は、当然返還さるべきものであり、他の戦勝国たる日本が中国の同意もなしに、それを継承できるなどという道理がどこにあろう。しかもイギリス、アメリカはもともと二一ヵ条要求に反対していたし、アメリカ大統領ウィルソンのごときは、かねて「弱小民族の援助」「民族自決」を提唱している。国際的にも条件は有利だと判断されていた。

だが、期待は無残に裏切られた。パリ講和会議は帝国主義列強が獲物を分配するための会場であり、中国側の要求（二一ヵ条要求の取消し、山東権益の返還、不平等条約の解消）には一顧だにあたえられなかった。ウィルソンの「公約」は、たんなる「口約」にすぎなかったのである。山東問題で日本の主張が承認されたという悲報が北京に伝わったのは、四月三〇日だったが、それまでの期待が大きかっただけに、中国人の憤激もまたひとしおだった。しかも、実は段祺瑞政権が山東への日本の要求にたいし、「欣然同意する」という一札をいれており、それが日本の切札とされた事実まで明るみにでた。「外に国権を争い、内に国賊を除け」を合言葉に、まず北京の学生が立ち上がったのである。

三　凶悪な敵〝日本〟

坂西は学生たちを、「暴漢」と罵り、曹家焼打ちを、「蛮行の極」と非難した。「曹や章にあたえられたる打撃は、要するに吾人の打撃なり」とするかれの立場からすれば当然であったが、ひとにぎりの親日派を除くほとんどの中国人は、これを、「暴漢」だとも、「蛮行」だとも考えなかった。学生たちの行動は中国人一般の憤激を代表していたからである。もちろん坂西が本末を顛倒して把えていたように、日米帝国主義間の矛盾、中国の政客集団間、軍閥間の矛盾も運動の発展に有利だったことを認めねばならない。

だが五四運動の画期的意義は、中国史上最初の工業労働者の政治スト（上海だけで参加者七万）が示すように、民衆が民族解放のために自発的に立ちあがり、先進知識分子がこれと結びつく方向をつかんだことにあった。

湖南での運動を指導した毛沢東は、湖南学連の機関紙『湘江評論』に論文「民衆の大連合」（一九一九年七月）を書き、農民・労働者を主体に、各界各階層がそれぞれの要求にもとづいて組織をつくり、その連合の力で闘争を進めることを提唱した。「天下はわれわれの天下であり、国家はわれわれの国家であり、社会はわれわれの社会である。われわれが語らずしてだれが語ろう。われわれが行なわずしてだれが行なおう」という毛沢東青年の呼びかけは、五四の精神の典型的な表現でもあった。

大戦中の日本の「大陸進出」が、欧米列強勢力の一時的後退に乗じたものだったことはいうまでもない。だが同じ条件のもとで、中国の社会的・経済的基盤にも大きな変化と発展があった。列強の経済的圧力の減退と好況のなかで、民族産業は軽工業を中心に急速な成長を見せ、中国の資本主義はいわゆる黄金時代（一九一六〜二一＝大正五〜一〇年）を迎えた。資本主義の浸透にともなう教育の普及は、小ブル知識人・学生を階層として定着させ、ジャーナリズムの発達をもたらした。五四運動の下地となった一九一五年いらいの新文化運動＝反封建思想運動の基礎もそこにあった。

このような中国の発展の前途に、もっとも凶悪な敵として日本帝国主義が立ちふさがったのである。「満蒙」、山東の軍事的制圧はいうまでもないが、経済的にいえば後発資本主義国たる日本の商品輸出（大戦中に三倍に増加）、在華紡に代表される資本輸出はいずれも中国の民族産業と正面から競合するものであったし、政治的に日本が支持し、育成したのは、安徽軍閥・奉天軍閥など、中国のもっとも反動的な勢力であった。

とくに寺内内閣は、北京と広東と中国に南北両政府が対立するなかで、安徽派軍閥段祺瑞の北京政府に軍事的財政的援助をあたえ、段の手で中国全土を統一させる方針をとった。一億四千万円の西原借款がその具体化である。寺内やその私設顧問西原の主観では、二一ヵ条要求の「覇道《はどう》」にたいし、この援助こそ無担保、無手数料の王道主義の実行であったが、西原と曹汝霖が、「日支永遠の親善に関する覚え書」を交換したとき（一九一八年＝大正七年四月）、中国側代表の陸宗輿は、「将来売国奴たる譏《そし》りを受けんことを恐れ戦々兢々として署名せり」とは、西原自身がその日記にしるすところであった。

中国側にとっては、「王道」どころか、段政権を通じて全中国を支配下におこうという、もっとも露骨な帝国主義侵略の陰謀にほかならなかったのである。

だが中国人民の抵抗と世界大戦の終了による米・英両国勢力の中国への復帰とによって、この大きすぎた野望は、一時、断念をよぎなくされる。

なによりも朝鮮の三一独立運動、中国の五四運動とともに、ロシア革命後の人民闘争の世界的な高揚の一環だった米騒動の発生で、一九一八（大正七）年九月、寺内内閣は総辞職し、段祺瑞もその翌月、政権から離れた。後継の原内閣は大戦中に二歩も三歩も踏みこんだ対中国政策を一歩後退させ、既成事実化した「満蒙」、山東の特殊利権を、米・英の了承のもとに確保する方針に転換したのである。「対支不干渉」を看板に、北京政府への援助は打ち切られた。対独参戦軍を訓練するという名目で、実は、安徽軍閥の強化にあたっていた坂西は、「わが政府、陸軍までも力《ちから》瘤《こぶ》を入れてくれぬが如何にも残念」と、取残された者の悲哀を西原に訴えねばならなかった。

五四運動のさいの徐世昌の動揺についても、坂西は「彼は初めは主として段祺瑞一派曹汝霖・陸宗輿の如き、いわゆる親日派のために支持せられ、その財政はほとんどこの者等の主動力によりて進行しつつありしも、帝国政府対支方針が欧米との協調を主義とし、……絶対的に物質的援助の途を杜絶したる結果、……物質的援助を受くべき公算あり、しかも一般の気受けよき親英米派の言を聴かざるべからざるに至り、今回の学生暴動に対する如き優柔不断の結果を暴露し」（前出電報）たのだ、とその原因を説明し、さきに述べたように緊急財政援助の必要を訴えたのだが、もちろん、一顧もされなかった。

四　ワシントン会議

日本はパリ講和会議で、はたして「満蒙」、山東の利権について、列強の承認をうることに成功した。だが歯牙にもかけていなかった中国人民の抵抗のために、かんじんの相手国に拒否され、問題は懸案のまま持ちこされることになった。それは重大な外交的敗北であった。そして中国では、見放された安徽軍閥が、翌一九二〇（大正九）年七月、米・英の支持する直隷派軍閥との戦いに敗れ、坂西が苦心の参戦軍（辺防軍）もあえなく壊滅したのである。

当時、日本がもっとも警戒していたのはアメリカの動きであった。大戦中に世界最大の工業国にのしあがったアメリカは、「門戸開放」「機会均等」を大義名分として、中国市場への割りこみの努力をいっそう強めていた。それは獅子《しし》の分け前《わけまえ》の争いであり、中国での帝国主義侵略競争における対等の権利と平等の機会を要求するものにすぎなかったが、他国の排地的特権の拡大に反対する点で、現象的には中国自体の民族主義的要求と結びつき、日本の対中国政策のもっとも手強い対立者となった。

アメリカは二一ヵ条要求以来、一貫して日本の山東侵略、中国独占の野望に反対してきた。ロシア革命への共同対処（シベリア出兵）の必要から、ウィルソンは石井・ランシング協定、パリ講和条約では日本に妥協したものの、他方では一九一八（大正七）年一〇月、イギリス、フランスを抱きこんで四ヵ国銀行団の結成を日本に迫って捲き返しにでた。中国の中央・地方を問わず、政治的、経済的なあらゆる借款をこの銀行団で引受け、各国が単独で金融活動をおこなうことを禁止するというその主旨が、西原借款のような日本の独走を牽制するとともに、「満蒙」特殊化を阻止しようという目的に出たことは明らかだった。

日本は、「満州」・内蒙古を銀行団の活動範囲にふくむことに最後まで反対し、結局、「満州」の鉄道（既設および計画中のもの）だけを除外することで、一九二〇（大正九）年一〇月、新銀行団の協定に調印した。軍備拡張競争に息を切らしている日本が、この上、アメリカとの借款競争に加わってもとうてい勝ち目はない。むしろ妥協し、参加することで、内部から銀行団の活動を妨害し、破壊しようというのであった。

全員一致制の規定を利用した日本の牽制と、帝国主義列強の暗闘を反映した中国の政情不安、民族革命運動の高揚にたいする危惧《きぐ》とがあいまって、はたして銀行団はその五ヵ年の有効期間内には、ついになにひとつなすところなく終わったが、ここにわれわれはいわゆる対米協調主義の本質を見ることができよう。大戦によるにわか成金の日本は、寺内内閣のもとで、まねごとの「円外交」を試み、たちまち壁にぶちあたった。本家の「ドル外交」が極東に本格的に復活しないうちに方針を転換し、名を棄てて実を収めようとしたのが協調外交だった。

「帝国の特殊利益を有する地域に対してはその権利を確保し、かつ列国をしてわが優越権を認知せしめ」「これを外にしては努めて列国との協調を計《はか》」られたしと寺内は退陣にあたって原敬に申し送った。

原内閣は内外情勢の変化のもとで、それなりに忠実にこれを追求し、パリ講和会議でその努力が実ろうとしたとき、思いもかけず五四運動に足をすくわれたのであった。

パリ講和会議から帰ったウィルソンは、山東問題での対日譲歩のため、世論の非難を一身に浴びた。そして、かれが譲歩の理由としたソビエト革命への共同対処の必要が、干渉戦争の失敗によって消滅したとき、後任の大統領ハーディングのもとで、アメリカは一九二一（大正一〇）年一一月一二日、軍備制限および太平洋・極東問題をめぐってワシントン会議を招集した。その極東委員会で中国は二一ヵ条条約をはじめとする不平等条約の撤廃を要求し、山東問題で日本は被告席に立たされた。日本は「門戸開放、機会均等」の原則を全面的に――そして名目的に――受け入れ、膠州湾租借地（青島）の返還、駐屯軍の撤退、山東鉄道（済南―青島間）の返還などを約束し、一九二二（大正一一年）二月六日、アメリカ、イギリス、フランス、イタリア、中国、ベルギー、オランダ、ポルトガルとともに、中国に関する九ヵ国条約が結ばれたのである。

山東問題での屈服は、日本政府でもすでによぎなきことと覚悟はしていた。七年間の軍事占領のもとで、青島や済南はすでに在華紡はじめ日本資本の前進拠点として確保されており、のちに実際にそうしたように、地元の軍閥勢力をカイライとして育成する余地も残されていた。だが九ヵ国条約はやはり帝国主義日本にとって大きな打撃であり、これにともなう石井・ランシング協定、日英同盟の破棄で日本の孤立化はいよいよ深まった。

五　日貨排斥の運動

ワシントン会議によって、中国は大戦中の日本の独占的支配からふたたびもとの列強共同管理の状態にもどった。生れたばかりの中国共産党は、その機関誌『嚮導《きょうどう》』（第三期、一九二二年九月）でつぎのように論評した。

ワシントン会議後、中国の国際的地位ははたして向上しただろうか。従来のいわゆる門戸開放・機会均等は、その意義を開港場に限っていたが、いまや公然と中国の一切の商工業に及ぼすことが規定された。つまり中国の今後の一切の商工業は均しく国際帝国主義の共同の支配を受けるのである。かくして『協定関税』のほかに、さらにもうひとつ『協定商工業』の束縛が加わる。中国の国民経済に、なお自由発展の余地があるだろうか。

政治の面ではどうか。ワシントン会議はふたたび中国を英・米・日・仏の保護下（中国の主権独立および領土の保全という名目のもとで）に置くほか、さらに明白に、かれらが中国に協力し、援助して、『有力にして基礎強固な政府』を確立すると規定した。かくては中国に、国際上、まだ口にしうるほどの政治的独立があるのだろうか。会議前にふたたびかきたてられたアメリカの善意への幻想は、会議の結果によって、ふきとばされた。関税自主権の回復、租借地返還をはじめ一切の不平等条約撤廃を期待し、親米的な人々を中心に、「国民外交聯合会」を結成し、代表をワシントンにまで派遣するなど大いに力こぶを入れた中国人は、再度、裏切られた。「中国全土にわたり、各国国民の商工業における機会均等主義を有効に樹立」することが高く謳《うた》われただけで、関税自主、租借地返還はおろか、二一ヵ条条約の廃棄すら決定されなかった。

一九二三（大正一二）年、中国人民は二一ヵ条の残された条項、旅順・大連の租借期限延長に反対して、大規模な「旅大回収運動」に立ちあがった。また、その前年の春、アメリカをスポンサーとする世界キリスト教学生同盟大会が北京で開かれようとしたことをきっかけに、帝国主義の文化侵略に反対する闘争が、反キリスト教運動、教育権回収運動の形で組織され、持続的に発展した。中国共産党の指導する労働運動も、香港の海員ストをはじめ、直接に帝国主義・軍閥の反動支配と対決しつつ発展し、一九二二（大正一一）年から一九二三（同一二）年にかけて最初の高揚を見せた。

民族ブルジョアジーも人民の反帝運動に近づいていった。ワシントン会議による帝国主義相互間の矛盾の一時的緩和は、各国の資本輸出の急増、金融支配の強化、商品ダンピングなど中国にたいする経済的圧力の強化となって現われ、一九二二年以後、民族産業は不況のどん底に叩きこまれた。

黄金時代に急成長した紡績業は、設備投資の縮小・中止・操業の短縮・停止などをよぎなくされ、はては日本資本をはじめ外資に吸収・併合されるものも少なくなかった。大戦以来、輸出の花形だった小麦粉は、一九二二年から逆転して大幅な入超に転じ、中国の製粉業は壊滅的打撃を受けた。

一方、五・四以来、日貨排斥は国産品愛用運動と表裏の関係で進められていた。国産の綿布は「愛国布」と呼ばれるようになり、日本のライオン歯磨に対抗する「愛国牙粉《はみがき》」、仁丹にたいする「人丹」などが市場に出現し、歓迎された。人民の自覚こそが事実上の関税障壁として働き、「日貨排斥の機会ごとに支那には必ず幾つかの工場ができた」といわれるように、中国の民族資本は人民の反帝闘争に支えられてしか発展の道はなかった。

パリ講和条約とワシントン会議と二度の教訓に中国人民が学び、反帝反軍閥（反封建）の闘いを進めていたとき、新生のソビエト連邦はこれに戦友としての援助の手をさしのべた。一九一九（大正八）年七月、旧帝制ロシアの一切の在華権益を放棄することを宣言して中国人民にまったく新しい国家関係の方向を示した。ソ連とコミンテルンは、翌年から中国共産党の結成を指導する一方、独自に中国唯一のブルジョア革命政党＝国民党の指導者孫文への働きかけをはじめた。

孫文らにとって、ソ連の私心のない援助と労働者、農民との提携は革命の行きづまりを打開し、民族自立の至上命題を達成するうえで、残されたただひとつの道であった。五四運動は老革命家の開眼の機会にもなったのだった。

一九二三年、孫文は国民党改組宣言を発し、中国共産党の協力をえて、労働者、農民、小ブルジョア、民族ブルジョアの統一戦線組織としての新しい国民党の結成に取りかかった。翌年一月、連ソ・容共・労農扶助の三大政策をかかげて、国共両党の合作＝反帝反封建の統一戦線が成立し、中国の民族革命は急速に高揚する。中国人民との矛盾が日本帝国主義の最大の困難となった。

一九一九年、約六億円とピークに達した日本の対中国輸出は、中国人民の民族的抵抗と列強のまきかえしによって、一九二一（大正一〇）年には三億六千万円に激減し、以後も低迷をつづけた。日本帝国主義は戦術的後退によっても、その苦境を打開することはできなかった。安徽軍閥を見すてたあと、「満蒙特殊権益」維持の虎の子として育成した張作霖《ちょうさくりん》の奉天軍閥も、その地盤である東北（満州）三省にまで波及した民族主義風潮の牽制をうけぬわけにはいかなくなる。

この苦境はやがて日本帝国主義内部に対中国強硬論を生みだすことになる。前出の参謀次長福田宛の電報を、山県、寺内にも送り、さらに写しを浪人の西原にまで送って、なんとか徐世昌政権への財政援助を続けさせようとした坂西の努力はごまめの歯ぎしりにも当らなかった。しかし、のちに関東軍を中心とする軍部の強硬派が郭松齢事件に干渉し、張作霖を爆殺し、「満州事変」を挑発するとき、かつて西原や坂西が口にした「王道」が、ふたたびもっとも露骨な帝国主義侵略の代名詞となって登場するのに一〇年を要しなかったのである。

〔参考文献〕

百瀬　弘「五四事件関係坂西利八郎書翰おぼえ書」（『鈴木俊教授還暦記念東洋史論叢』同記念会　一九六四）
西原亀三『夢の七十余年――西原亀三自伝』（平凡社東洋文庫四〇　一九六五）

第六章　五四時期の理想主義——惲代英のばあい——

理想主義は新文化運動——五四運動の精神的基調であった。

デモクラシーとサイエンス、「徳先生」と「賽先生」を擁護して旧思想、旧文化、旧道徳、旧習慣を打倒するなかで、なにを打ち立てるのか。人びとは明日の中国のありようを模索しつつ、まず変革の主体としての自己を確立することから実践を開始する。理想の中国がいかなるものであれ、その建設は道徳的影響の拡大を通じてしか達成できない、というのが共通の確信だったのである。

だから新文化運動の二本の柱、倫理革命と文学革命とでは、前者への共鳴者は後者のそれよりもはるかに広範であった。長沙の新民学会をはじめ各地に出現した禁欲主義的なグループは、ほとんどが倫理革命の実践をめざすもので「文学改良」のそれではなかったのである。そのなかでまず、クロポトキンの相互扶助論とトルストイの汎労働主義が青年たちの魂を捉えた。

社会発展の原理が相互扶助にあるとするアナーキズムの主張は、人びとを競争の原理にもとずく社会進化論の重圧から解放した。徹頭徹尾資本主義的な弱肉強食の世界観を、社会主義の世界観で代置することで、中国民族の滅亡の必然論、宿命論を克服することが可能となり、前途に光明が見出された。トルストイ主義は、知識青年が、その出身家庭の堕落退廃から自己を隔絶し、ストイックな生活の実践に身を投ずる跳躍板としてはたらいた。

したがって、これらの運動はアナーキズムの影響を色濃く受けていた。だが、人びとの多くは当時としてはもっとも科学的・進歩的・未来的綱領であったアナーキズム（スカラピーノ）の武器庫から当座の得物を借用したのであって、全面的にこれに帰依したわけではなかった。国家、民族を度外に視るその立場は、中国の境遇からしてあまりにも非現実的であった。

もちろん中国は永遠に、世界の主人公になるなどという妄想を抱いてはならず、また他国や他民族の主人公になろうなど考えてはならない。しからばこれと同様の理由で、われわれは中国が他国や他民族の奴隷となってはならぬことを知るべきではないか。中国を亡国させてはならぬことは、中国人を資本家の略奪に任せてならぬことと同様である。まして今日では亡国と資本家の略奪とは平行した現象である。われわれが人道を説くのは人類平等の幸福を希求してであるから、われわれは他人が略奪を受けるのを望まないし、また自分が略奪を受けるのも望まない。もしわれわれが日々略奪を受ける道を歩みながら、無政府主義とやらを論ずるなら、それは割肉飼虎の左道、従井救人（共倒れ）の謬説にすぎない。（「怎様創造少年中国?」『少年中国』二巻一期）

これは本篇の主人公・惲代英の文章の一節であるが、五四時期の青年の多くがアナーキズムの主張に共鳴しつつ、しかも完全には同調しえなかった理由の核心を衝いている。

アナーキズムを克服するものとしてのマルクス主義は、ロシア革命によって中国へ送りこまれた。それは「群衆」を革命の主体に据えるまったく新しい視野を人びとに開き、五四運動で実際に眼のあたりにした民衆運動の力、罷市罷工の威力とあいまって、その権威をいっそう高めた。だが、人びとは直線的にはマルクス主義に接近せず、工読互助運動など理想主義的実験に社会主義への独自の道の可能性を探るのである。学生のやむにやまれぬ決起が、全国的な共鳴と広範な各界各層の呼応を引きだし、意想外の成功をかちとった五四の体験が、先進的事例の道徳的影響力についての確信を強めさせ、理想主義的気風を助長したのであろうか。その頂点に少年中国学会があった。だが、工読互助運動の失敗と五四後の大衆闘争の体験とは、人びとを小市民的幻想から解放し、諸経験の総括を通じて「ロシア人の道をあゆむこと」をかれらの「結論」とさせた。そのなかで李大釗や陳独秀を先達としてマルクス主義への理解を深めた青年・学生たちは、一九二一年、中国共産党の創設に向って結集することになる。

ここにたどろうとするのは、小市民的理想主義者として五四運動に参加し、みずからの執拗な実践の挫折とその総括を通じて、やや遅れて中国共産党に参加し、革命的理想主義者として南京雨花台で偉大な生を終えた惲代英の、五四時期の軌跡である。

一　青年運動のリーダー

惲代英（うんだいえい） Yun Daiying　一八九五・六・一二―一九三一・四・二九　湖北武昌の人、字は子毅、筆名代英、但一。中国共産党初期の著名な宣伝家、組織者で、中国社会主義青年団（のちに共産主義青年団）の機関誌『中国青年』（週刊　一九二三年一〇月創刊）の編集長として、とくに青年のあいだに威信が高かった。一九二三年八月、南京で開かれた社会主義青年団第二回大会で中央委員兼宣伝部長に選出され、上海を中心に活動していたが、五・三〇運動後、広州に移り、二六年一月、国共合作下の国民党二全大会で中央委員に選出された。中山艦事件後、黄埔軍官学校の政治総教官となり、二七年一月、国民政府の武漢移転後は中央軍事政治学校の校務常務委員と政治総教官を兼ねた。武漢ではそのほかに国民党中央の常務委員、湖北省政府委員など多くの要務を担当し、五月の中国共産党五全大会では中央委員に選ばれた。七月の国共分裂後は南昌蜂起、広東コミューンに指導的立場で参加し、二八年には上海へ帰って地下の中共中央の宣伝部秘書長をつとめ、非合法出版の中共機関誌などに健筆をふるった。一九三〇年、中共の実力者・宣伝部長李立三は、その極「左」路線、いわゆる李立三路線を推進したが、彼はこれに正面から反対、ために宣伝部から追われ、中央委員としては異例に上海滬東区委員会の書記に転出させられた。もっとも危険な第一線の党活動に従事するなかで、四月、国民党特務に捕えられ、三一年四月、南京で銃殺された。享年三五。

さて、柯祖基（カウツキー）著『階級争闘』（エルフルト綱領解説）は、毛沢東がマルクス主義への信念を固める上で決定的な影響をもった三冊の本のうちの一冊である（A・スノー『中国の赤い星』）が、惲代英はその翻訳者であった。かれはおそらく英訳本から重訳して、新青年社の新青年叢書第八種として公刊したのである[1]。同じころ、かれはまたエンゲルス『家族・私有財産・国家の起源』に拠って「英哲爾士《エンゲルス》論家庭的起源」を『東方雑誌』一七巻一九号・二〇号（一九二〇年一〇月一〇日、同二五日）に連載してもおり、マルクス主義にたいする理解の系統性においては、当時けっして人後に落ちなかったはずである。

かれの親しい友人には、陳独秀の片腕として活躍し、中共一全大会に参加した、同じ湖北出身の劉仁静、李大釗の指導下にマルクス主義者として成長した鄧中夏などがおり、中国共産党結成にあたって参加を勧誘されてもよい立場にあった。にもかかわらず、かれは中国共産党の結成には加わらなかった。中国で公刊されている惲代英の略伝類[2]では、いずれも中共創立の直後に入党したとしているが、その時期は一九二一年春以降だったと推定される。六〇年に近い中共の歴史からすれば、なるほど直後としても間違いではなかろうが、一年に近いそのずれ——共産主義小組の成立からすれば二年——の意味は決して小さくはない。それは「階級革命」（マルクス主義）による社会主義を「争存」（生存競争）の域を脱せぬものとし、「共存互助」の社会主義を求めて苦闘していたかれが、実践の教訓を通じて自己の認識を空想から科学へ発展させる上で、なお必要だった時間なのである。

惲代英は原籍は江蘇武進（常州）、世家の後裔であった。父親については不分明であるが、かれは武昌で生れ、育った。十余歳にして家庭は没落し――辛亥革命にともなう変動のためだったかも知れない――、中学在学中から売文自活していたという。卒業が一九一八年夏[3]というから、おそらく一五年の秋に武昌の中華大学文科に入学したのであるが、その同じ年にかれの投稿が当時一流の『東方雑誌』に採用・掲載されている。一七年には『東方雑誌』に四本、『新青年』に二本の論説を寄せており、また『学生雑誌』（商務印書館発行）の常連の寄稿家でもあったともいわれ、文名は学生時代からすでに高かった。

かれはまた倫理革命の真摯な実践者でもあった。中華大学在学中、かれは「みんなで考え力を合せ、みずからを助け人をも助ける」ことを主旨に互助社を結成し、六不主義を倡道した[4]。すなわち賭博をしない、女を買わない、煙草を吸わない、酒を飲まない、嘘をつかない、カンニングをしない（不帯〝夾帯〟）の六項――のちに対日ボイコット運動のなかで人力車（黄包車）に乗らぬ、日貨（仇貨）を買わぬの二項を追加した――であるが、これを裏返せば、そのまま当時の頽廃した学生の実態が浮びあがる。

蔡元培による改革（一九一七年）以前の北京大学では校風が腐敗し「学生は役にもたたぬ書物を読むほかに、麻雀をやり芝居にうつつをぬかし、八大胡同（有名な花街）で遊ぶのが気風になっていた[5]」というが、事情は武漢でも同様であった。「学生たるもの私娼を買わず、賭けごとをやらず、紙巻煙草――はてはアヘンまで――をふかさなければ、自分の豪気さを見せられないかのようであり、教員たるもの、漢口に旅館をとって女を連れ込み（開旅館叫〝姑娘〟）、部屋を貸し切りにして賭窟にしたりするのでなければ、自分たちの威風を示せないかのようであった[6]」という。

こうした情況と対決して倫理革命の運動は進められた。惲代英はのちに回顧してこう書いている（「応該怎様開歩走?」『中国青年』九六期、一九二五年九月）。

武昌は当時、他の何処よりも格別に死気沈々たるところで、教職員は大半が前清いらいの老朽と軽薄で不勉強な日本留学生あがり、学生の大半は凡庸懶惰な個人主義者で、団体活動のなんたるかを解しなかった。まれに俗衆と異なる者もいたが、その少数の人間も課外の自分の勉強やもの書きにはげむだけで、彼此連合していろいろと実際の社会運動をやろうというような考えはもたなかった。かれらは多数の学生を軽蔑し、かれら相互でも相手を見下げて、それぞれに《自分を除いて天下に人物なし》式の嘆をかこっていた。私自身もそのころはそうした眼の昏んだ発想の持ち主の一人だった。

やがて惲代英は『新青年』の「離経叛道」思想の影響を受け、熱心に新思想の宣伝を始める。かれはキリスト教青年会YMCAの活動に啓発され、宗教臭を抜いてその長所を採りいれた「学生会」の結成を呼びかけ、思いがけず大勢の学生の賛同をえたが、会長に納まりたくてこの会を発起したのだろうとかれの意図を邪推する者や組織の必要性をもともと感じていない付和者などが多くて、学生会は発足にいたらず瓦解してしまった。武昌の学生が、ひいては中国人がこんなにダメなはずはないと思いながら、どうしたらよいのか途方にくれるかれに、ある友人がヒントをあたえた。

多人数の団体を組織できないのなら、まず組織できる少人数を即刻組織すればよいではないか。私とかれとはすぐに行動をはじめ、二日のうちに一つの小団体を成立させた。私をふくめて全部で四人、自己の学業、品性の進歩を促がす一方、友人を援助し、なにか社会国家のためになることをする、というのが結成の主旨だった。そのころのわれわれは正しい主義の信念をもたず、国民革命のなんたるかも知らなかったのである。しかしこんな団体ですら武昌では珍らしく、われわれは学友たちの前では会合をする勇気をもたなかった。私たちが会合を開いていることを知る者は、私たちがキリスト教になったと笑ったものである。

この団体を結成して以後、私たちは一心にその発展を図った。……私はいつも気狂いのように多少とも宣伝しがいのありそうな人に宣伝した。……経験の不足と態度の不適切さもあって、多くの侮辱も受けたが、私たちの活動はついに相当の成果をあげた。この団体を結成して一カ月たたぬうちに、他学年の面識のない学友が聴きつけ、私たちの会合の参観を申しいれ、参観後は非常な誠意をもって加入を求めてきた。数日ならずして、かれはまた自分のクラスの仲のよい学友を紹介して入会させた。まもなく、この団体は拡大して十余人となり、他の学校の進歩的な人びとも同じような団体を組織しはじめた。他校の一面識もなかった人が、だんだん交際を求めてくるようになり、なんらかの活動で私たちと協力することを希望した。武昌の空気はかくてわずかながらも動きはじめた。

われわれの団体の会合は学友たちに公開され、会員は毎日、たがいに励ましあいながら学友にたいし各種の実際的な活動をおこなった。私たちはまず一つの小図書館を組織し、また学友を助けて非常に努力して国産品調査の運動をやり、平素、学友にたいして各種の有益な話し合いをしたので、一般の学生は私たちに相当の好感を寄せてくれた。刻薄な連中は最初のうちいろいろと中傷・侮辱を加えてきたが、私たちがたがいに戒めて相手にならず、つねに温和に善意をもって対応したので、時間がたつと、かれらも中傷・侮辱に捲み疲れてしまった。

惲代英は一九一五年、『東方雑誌』に投稿した論文「文明と道徳」において、道徳が文明とともに進化するものか、退化するものか、それとも本質的に不変のものなのか、諸家の説を紹介した上で、かれ自身の見解をこう述べている。「道徳の進化・退化と文明との関係は固定して移易できない性質のものではなく、人の力によって進化・退化させうるものである。」文明の発達にともなって善事・悪事ともその種類を増すが、いずれも善をなす者、悪をなす者がそれを発見するからである。だから世の中に善をなす人を多くし、悪をなす人を少なくすれば、道徳は進化の部分が多く、退化の部分は少なくなるし、その逆もまた成り立つ。

さらにいえば、天下の人がみな善をなして悪をなさぬようにすれば、道徳は進化するだけで退化することはなく、みな悪をなして善をなさねば退化のみあって進化はない。だから将来の世界が、道徳的に評価して、哲学者のいうような完全な生活となるか、宗教家の説く末日の世界となるかは、すべて現今の人類の行為によって判定されるのだ。私は有志の士が、文明の進歩によって得た智力を善用して善の一途に集中させ、道徳をして進化あるも退化なからしめ、黄金世界の実現を促がし早めることを願う。有志の士よ、起て！

中華大学における互助社の活動が、かれのこうした見地からする実践として出発したことはいうまでもない。そしてこの論文から三年後、かれは互助社の同人廖煥星（外国語専門学校生）らが、帰省先の湖南衡陽で結成した新城端風団の機関誌『端風』――風俗を端《ただ》す――の創刊号（一九一八年一二月発行）に「向上」と題する一文を寄せた。『五四時期期刊介紹』第三集によれば、かれはその中で次のように主張している。

人はつねに進歩・向上を自覚的に追求すべきであり、自己の「徳行・学問・才幹」や「天分」が他人に及ばぬことを口実に、それを怠るのは、「自暴自棄、造物主が君に与えた天資を踏みにじる」ことにほかならない。「山は高くとも登れない山はないし、道は遠くとも歩きとおせぬ道はない。」問題は実践するか否かにある。ある区間の道程のように、大股に歩ける人なら一年で到達できるものを、小股にしか歩けぬ人は二、三年もかかるということはあろう。しかし大股で歩けぬ者が小股にでも歩くことを願わぬばあい、道はどんなに容易でも、一億年かけても到着できはしない。「棺の蓋をおおうまでは、誰がわれわれの事功徳業（向上をめざす実践――引用者）を制限できようか。胆子《どきょう》のある者は前進しよう。力量のある者は前進しよう。」

惲代英の立場がこの間を通じて一貫していることは一読して明かであるが、それにしても道学先生さながらの議論を若者たちはどう受けとったのか。結論的にいえば、こうした文章が進歩的青年に歓迎され、かれらを鼓舞・激励したのが五四前夜の特長であった。李大釗の有名な論文「青春」をはじめ、多くの固苦しい人生論、修養論、道徳論がほとんど毎号の『新青年』に掲載され、それがまた青年たちを『新青年』に惹きつけたのである。辛亥革命の挫折と軍閥政権の暗黒支配のもとで、人びとは出路を見出せぬまま、万悪の根源を「多数国民の自覚の不足」に求め、国民性の改造という気の遠くなりそうな大事業に取りくむために、まず変革の主体としての自己の確立から出発しようとした。倫理の問題さえ解決すればその他は容易に解決できると確信していた毛沢東たちが、一九一八年に長沙で「学術を革新し、品行を砥礪し、人心風俗を改良する」を宗旨として有名な新民学会を結成したのも[7]、惲代英らと基本的に共通する立場からであった。

新民学会は「一、虚偽ならざること。二、懶惰ならざること。三、浪費せざること。四、賭博せざること。五、妓を狎《か》わざること」を規律としていた。互助社の前述の六不主義と同じく、当時の学生一般の風潮を反面から活写するものであるが、一八年に北京大学でも蔡元培が進徳会の設立を提唱したように、品性の向上、道徳的革新、肉体的禁欲と社会改造とを一体不可分のものとしてとらえることが、当時の進歩的知識人に共通した志向だったのである。

それが直接・間接に中国のアナーキズム、とりわけ劉師復らの心社の活動と主張の影響を受けていることは、つとに指摘されているが、惲代英もその例外ではなかったようである。一九一五年から一七年にかけての数篇の論文からは、無神論者であり経験論者であり熱心な男女平権論者であることを知りうるだけで、アナーキズムの直接的影響を看取することは困難だが、一九一八年にはかれが上海で発行されていたアナーキストの月刊雑誌『労働《ママ》』四号（五号までで発行禁止）に手紙を送っていることが、『五四時期期刊介紹』第二集所載の同誌目録によって知れる。書簡の内容は残念ながら紹介されていないが、『労働』はアナルコ・サンジカリズムを基調としながら、ロシア革命を熱心に紹介し、社会主義を論じ、工読主義を宣伝した雑誌であった。惲代英はその熱心な読者だったのである。

この年の夏、かれは中華大学を優秀な成績で卒業し、ただちに母校の付属中学の教導主任兼英語担当教員として採用された。かれの熱心な提倡と教師としての影響力も加わって運動はさらに輪を拡げた。『新青年』六巻三号(一九一九年三月)の通信欄に武昌中華大学中学部の新声社からの来函が載り、胡適が「出辞荒謬、狂悖絶倫」の批判を恐れずに突き進めと激励の跋文を付しているが、新声社同人は、かれらにとって暗黒にさす「曙光」のごとき『新青年』に感謝し、「自ら覚《めざ》め、人を覚《めざ》ます」ための機関誌『新声』の創刊号を添えて手紙を寄せたのである。『新声』はのちに互助社の社刊となっているので、(8)このグループが惲代英の指導下にあったことはまちがいない。前出の『端風』第一期に章程が紹介されている武昌「仁社」もおそらく同様であろう。五四前夜、すでにかれは武昌における青年運動の領袖であった。(9)

二　工読互助の提唱と実践

一九一九年五月四日、北京の学生たちによる曹汝霖邸焼打ちのニュースは全中国を震撼させ、空前の愛国運動をまきおこした。武漢の学生も呼応して決起し、集会、デモ、日貨不買運動の先頭に立った。惲代英は互助社などかれの影響下にあった学生たちとともに、当初から戦列に加わり、通電や宣言の起草、伝単の作製など宣伝の面で大きな役割をはたした。「学生実行提倡国貨団」を発起し、武漢学生連合会の結成——互助社同人の林育南はそのリーダーであり、後に全国学生連合会の武漢代表にもなった——と活動に有力な指導と助言をもあたえた。当時、武漢は軍閥王占元(湖北督軍)の支配のもとにあり、運動にたいする取締はことのほかきびしく、六三運動の段階においては、しばしば流血の弾圧がおこなわれた。しかし、学生の不屈の闘いと市民の呼応は、六月一一日から一三日にかけて、武昌、漢口の罷市を実現させ、全国の運動に歩調をあわせたのである。このとき軍警の監視の眼をくぐって罷市の回状を商店街に廻すため「紙扇伝閲」の奇策が用いられたが、その発案者がほかならぬ惲代英だったという[10]。

もちろんかれの活動は反動当局の注目するところとなり、中華大学にはさまざまな圧力が加えられたという。中華大学は一九一二年に創立された私立大学で、創立者であり校長でもある陳時（叔澄）は当時としては進歩的な人物であった。惲代英は累を母校に及ぼすことを恐れ、一九年七月には進退を校長に一任したこともあった。陳時もいったんは外からの圧力を挑ねのけたようで、一九年後半、惲代英らの活動で中華大学は武漢における新文化運動の中心の観を呈するにいたるが、その年の末、惲代英は中学部の同僚の陳啓天、余家菊らとともに中華大学を辞任してしまった。陳啓天はその回憶録のなかで、中学部の経理独立問題をめぐる校長との対立が原因であったとしているが、保守反動派の圧迫、攻撃を受ける校長と大学の苦境を察して、半ば自発的に身を退いたという事情もあったのかも知れない[11]。

定職を離れた惲代英は、しかし理想に燃え新たな実践の課題をになって、一九二〇年三月、北京に上った。少年中国学会の活動に参加し、かつすでに発足していた工読互助運動の実際を参観・研究するためである。

これよりさき、一八年五月、日本留学中の学生たちは、日中密約（日中共同防敵軍事協定）に抗議して一斉帰国という非常手段に訴え、母国の学生および各界と共同して反対運動を盛りあげようとしたが、運動自体の弱点と情勢の未成熟とによって失敗した[12]。この挫折を深刻に受けとめ、救国の持久的力量と倫理的主体を確立しようとしていくつかの小組織が生れた。北京大学学生王光祈らが李大釗の支持を得て一八年六月に発起した少年中国学会もその一つであった。

「少年精神を振作し、真実の学術を研究し、社会事業を発展させ、末世の風気を転移する」を宗旨とし、「奮闘・実践・堅忍・倹樸」を信条として掲げたこの学会は、一年間の準備期間をおき、一九年七月一日を期して正式に発足した。前後入会した学会員はわずかに一〇八名だったが、成員のほとんどが五四運動、新文化運動の中央・地方の指導者であり、五四運動後の一時期、文化革命をリードする役割をはたすことになる。惲代英は同郷の友人で北京大学生の劉仁静を通じて、すでに準備段階からこれと接触し、一九年一〇月、中華大学付中の同僚余家菊、梁空（紹文）とともに正式に加入したのである[13]。

少年中国学会は発足直後から、社会事業として工読互助運動に取りくんだ。武者小路の「新しい村」の刺激もあり、「衣食住三先生の牽制」なしに「悪社会」と戦う「新生活」の拠点として、「共産」主義の小組織をつくることを主張していた王光祈らは、一九年末から二〇年初にかけて、北京に四組の工読互助団を発足させた。封建的家庭の圧迫から脱出する青年を援助し、独立生活の能力と労働互助の習慣を養わせ、勉学の継続を保証し、新社会の見本《サンプル》をつくることを標榜して、新文化運動の文化人の賛同と資助をえたのである。団員は共産主義的共同生活に入り、互助団の経営する食堂や洗濯屋、印刷所で働いて生活費を稼ぎながら、北京大学などの聴講生として勉強したが、それは卒業証書めあてのいわゆる苦学ではなく、精神労働と肉体労働の結合・統一をめざした都市版の「新しい村」の旗挙げであった。

工読互助の提倡は、五四以後に新たな道を模索していた真摯な青年たちのあいだに大きな反響を呼んだ。かれらはこれを社会改造の橋頭堡づくりとしてとらえ、全国学生連合会はとくに王光祈らを迎えて籌備会を開いた[14]。上海、天津、南京、揚州、湖南、浙江、広東など各地で工読団体が組織され、工読主義は一時の流行となった。湖北武昌では惲代英とそのグループが真剣に運動を推し進めた。

王光析は惲代英の少年中国学会入会直後の一九年一〇月二七日、中華大学に惲代英らを訪ね、会務について打合せた。工読互助運動も当然話題になったにちがいない。[15] 惲代英はその理念に賛同し、武昌における具体化の構想を練った。一二月一八日、かれは日記に次のように書き記している。[16]

われわれの新生活、これは一つの独立した事業を創辦し、生産〔生利〕の場に身を投ずる第一歩である。一部分の共産主義を実行し、能力に応じて働き必要に応じて取る〔各尽所能、各取所需〕に近い団体を試辦し、機会を見て工読互助主義に尽力し、能力を尽して社会のために各種の有益な事業をおこす。その辦法は、まず共同生活をやりつつ書報の販売をやる。共同生活は書報販売の利益および団体成員が他の収入から自発的に共同財産に納入する金銭とでもって全団の衣食住を維持する経費にあてる。だが、最初はまだ食・住および洗濯をまかなうだけで、それ以外の衣服費その他の雑費はしばらく各人の自辦とする。これは実際問題としてやむをえない。将来の希望として、団員各人がどんな収入であろうとすべて共同財産に納入し（ただし自発的でなければならず、いささかの強制もあってはならぬ）、正当な支出ならどんなことでも、両親の扶養、葬送、子供の教育費にいたるまで、すべて共同財産から支出するようにしたい。そこまでやってこそ純粋の共産生活となるのである。

惲代英らはすでに一九年の後半に中華大学書報経理部をつくり、進歩的書籍・雑誌を取扱わせていた。北京の互助団の事業項目では採りあげられていない書報販売に着目したのは、その経験を踏まえてのことだったにちがいないが、そこにはさらなる意義づけがあった。

書報販売の営業項目はたとえば以下のとおり。㈠武漢で購入しにくい新書、雑誌の代理販売、㈡有名な日刊新聞の取りつぎ〔代派〕、㈢何種類かの国産品の取り扱い〔兼售〕、㈣洋書の取り扱い、㈤購入しにくい各種書報の代理予約〔代訂〕。この営業は一面、みんなの生活を維持する手段であるのはもちろんだが、他面、文化の伝播をはかる機関でもある。したがって良書であれば売れても売れなくても置かねばならないし、つねに社会の多数者あるいは少数者のために、かれらの改善・進歩の事業に必要な書物をそろえるのである。買わない人でも、営業の場所で閲覧するのはさしつかえなく、図書館を兼営するのも同然である。なぜならわれわれは本来、錙銖を計較する商人ではなく、商人になるのは他に目的があってのことだ。われわれは終始、博愛互助の精神を忘れてはならない。

惲代英は互助組織の前途について、つぎのように展望していた。

将来の拡充計画については、毎晩、団員は会議をもち、当面の生活および業務改善の各事を計画的に進める。ここにいう拡充には四つの意味がある。㈠本団体内に団員を増やすこと、㈡本団体内の生活設備の改善、音楽・体育の設備から農村生活の設備までをふくむ、㈢さらに他の生産事業、たとえば印刷、牧畜、林業を営むこと、㈣さらに他の有益な社会事業、たとえば学校の設立、通俗図書館・新聞の発行などをやること。まとめていえば、この団体のメムバーはみな社会のために働く者であり、この団体の財産はすべて社会の財産である。これはみずから利し、かつ人をも利し、しかもだんだんと社会を発展させていく切実な計画である。

かれのこの構想はさらに練りあげられ、一九二〇年一月、惲代英・廖煥星ら一二人連名の「共同生活的社会服務」および陳昭彦、陳時、梁空（紹文）、惲代英四人連名の「武昌工学互助団組織大綱」として公表された。いずれも上海の『時事新報』副刊の『学灯』に掲載され[17]、全国の工読熱をいっそう高める役割をはたした。当然のことながら資金調達をふくめた準備期間が必要で、社会に貢献すると自負して利群書社と命名された書店が武昌横街頭一八号に発足したのは、二〇年三、四月ごろであったと思われる[18]。前述のように、惲代英はそのころ北京にあった。北京でかれは工読互助団を訪れたが[19]、期待に反して反面的教訓しか得られなかったにちがいない。北京での運動は発足後いくらもたたないのに、財政的破綻と「団員の個人主義、自由主義と集団主義的生活方式との矛盾」[20]の表面化で重大な困難に逢着していたのである。期待外れは少年中国学会も同様であった。中華民国を救い、「少年世界に適応した少年中国を創造する」責任をもつそれは、中心的存在であった王光祈が執行部主任を辞し（一月）、ドイツ留学に出発（四月）したことにより、一種の閑散情況にあった。

惲代英は学会のサロン化に反対し、かれの期待する「健全な、互助の、社会活動の団体」に立ちもどらしむべく、積極的に会務に参加し、発言する。かれは学会の叢書編訳部の専員を引き受け（四月一〇日）[21]、「全体同志」への書間（四月二二日付、『少年中国』一巻一一期）、と長大な論文「怎様創造少年中国」上下（同前二巻一期、三期）とでもって会務改善にたいする意見を開陳した。少年中国学会の中興にたいする熱意はその後も変らず、二一年初には「少年中国学会的問題」（『少年中国』二巻七期）を問うていくつかの具体的提案をおこない、七月に少中南京大会を実現する牽引車となったが、惲代英と少年中国学会とのかかわりは、いずれ稿を改めて論ずることとしたい。

この北京滞在中、かれは児童公育の是非をめぐって、同じ少中会員の楊効春と華々しい論戦をまじえた。三月から六月にかけて『時事新報』『学灯』を賑わし、さらに雑誌『解放与改造』に沈雁冰、兪頌華の評論を付して転載されたこの論戦で、惲代英は説得性においても論理性においても完全に相手を圧倒した。もちろん、フェミニズムの立場から家庭の改良を主張する楊効春にたいして、かれは児童公育なくして婦人の自立、解放はありえないことを論じたのである。[22]

ただ他の公育論者と異なり、かれにとって児童公育は将来の展望ではなく、現下の実践課題であった。かれはこう述べる。[23]

私が児童公育を信念とするのは、それが人類の正当な生活の一部分であり、人類が正当な生活の段階に到達する助けとなるからである。私は沈兼士の主張のように公育機関に寄付をせよとか、羅家倫の主張のように産婦優待金を出せとかいうのではない。私はこれを一種の社会政策あるいは当座を小補する社会改良運動だとは考えない。それは能力に応じて働き、必要に応じて取る時代において実現されるか、さもなくば能力に応じて働き、必要に応じて取る小組織の共同生活のなかで実現されると信ずる。もちろん小組織における公育の実現は、大いに小組織の完成と発展をうながし、また大いに人類全体の正当なる生活への進化をうながすものであり、われわれが現在努力しなければならないことである。……われわれはまず共同生活をもち、共同生活のなかで公育を実現し、公育によって共同生活の内面的完成および対外的発展を求めねばならない。

工読互助の共同生活に家族を包含することは惲代英の最初からの構想であった。前述の「共同生活的社会服務」では、まず第一歩で「営業の勝利」をかちとり経済的基礎を確立し、第二歩で妻たちを引越させていっしょに住み――当時の中国では学生の妻帯者は珍らしくない――婦人たちを「たがいに交際させ、たがいに教益させ、共同生活をいとなむ」準備をさせることになっていたという。「かれらは婦人が独立した生活を維持できることを切実に希望すると同時に、婦人が不断に進歩して共同生活と財産公有の必要性を、いまの自分たちと同様に感ずる日のくることを希望している」(24)のである。児童公育はそのさいの必須条件であった。

共同生活の小組織に家族を包含することは王光祈らのそもそもの構想であり、これに加わるのもかれら自身のはずであった(25)。それが失学青年救済の工読互助団にすりかわり、王光祈は危機に陥った互助団をあとに海外留学に出発する。惲代英は工読互助運動のこうしたありかたをきびしく批判した。

工読運動はもとより大いに価値のあることである。しかし、私のみるところ現在盛んに工読を論ずる人に三種ある。もっとも下等なのは流行の運動に参加して自分を売り出すだけである。この種の人は何箇条かの非現実的な

〔不切事実〕章程を抄襲して一般の思慮の浅い少年を愚弄し、かれを陥穽にはめることしか知らない。中等の者は身のほども知らず社会の状況も顧りみず、たまたま工読の美名に眼が眩んですぐに提倡する。その結果、工読事業は失敗し、多くの少年はそのためにさらに苦痛を増すのであるが、御本人は冒昧提倡の犯罪性にいっこう気づかないのである。最上の者は、本気で社会の福利になるように、真剣に工読主義のもとで少年たちを指導援助〔提掖〕しようとする。だが自分の力不足と予想外に複雑な社会の情況のために失敗に終ったとき、かれは万一の挽救を求めて全力を尽すが、多くの不幸な少年の苦痛を減少することはついにできない。数日前、北京工読互助団の孟雄君（何孟雄、のちに中共幹部）が一文を発表したが、そのなかに非常に沈痛なことばがあった。「私はここで青年諸君に慎重であれと忠告する。社会の暗黒は家庭に比してさらに暗黒である。文化運動の功臣たちの体裁のよいことば〔門前話〕を聴いてはならない。自分に力量〔本領〕がなければひたすら力量を蓄えるのみ、罠にかかってはならない。」わが血気盛んな少年よ、聴きたまえ、これは身をもってその害を受けた人のことばである。工読は良いことではあるが、結局のところ生活能力が充実していない者には容易にやれることでないことを知らねばならない。軽々に盲従妄動してはいけないのだ（「怎様創造少年中国」下）。

一方で惲代英は学生たちにも遠慮のない苦言を呈する。五四運動を契機とした新文化の急速な拡大のなかで、「家」の封建的圧迫に反抗して飛出す男女青年が多く、工読互助運動はそうした青年の救済をも重要な動機の一つとして始まったのであるが、かれはこう述べている。

私はいま家庭に不満をもつ人にも箴砭を下しておきたい。……一般の少年は自由解放といった名詞《ことば》を聞きかじり、社会の暗黒の部分を見るだけで、その光明の部分をまったく見ない。また他人を責備するだけで自分を責備することをまるで知らない。かくて、家庭でまだ過分の抑圧はないのに自分はとっくに過分の怨恨をいだいている。

こういう人は悪家庭に反抗するという名分に仮借して父母にだだをこねる若様・お坊ちゃまにほかならない〔向父母鬧少爺公子的闊派〕。私がいつもいうことだが、無政府主義を語る少年の十人に九人は不真面目〔不切実〕であり、新思潮を論ずる少年の十人に七、八人は不真面目である。なぜならこうした人は常々政府を罵り、資本家を罵り、父兄を罵り、今日は他人《ひと》がいかに彼を圧制するを語り、明日は他人がいかに彼を拘束するかを語るだけで、自分を反省し、自分がどれほどの者か自問することをまったくしない。私は新文化を信用しているが、こんなに低劣〔不堪〕な新文化運動は願い下げである。……一部の少年は平等を主張し博愛を主張する者をもって自任しながら、このように（いたずらに血気にはやり、ことさらに随処で反感を買う無意義不合理な態度で）父兄に対応し、家庭が暗黒だの、父兄が頑迷だの罵るのである。とどのつまり家庭を脱離するが、なんどか生活の恐慌を経ると、やはり野心的な政客・資本家に尾を振って憐みを乞うはめになるのだ。ああ、まことに見るに忍びぬ連中ではないか（同前）。

惲代英はおそらく六月ごろまで北京に滞在したあと、武昌へ帰った。定収入はなかったが、稿料の入る原稿を多く書き、また『階級争闘』の翻訳もおそらくこの期間におこなって四〇〇元もの稿料を手にした。かれは生平きわめて倹樸で、老父と未成年の弟妹を養う最低の費用を除き、すべて利群書社など互助社の工読事業に供出した[26]。北京ではすでに工読互助団の失敗が明らかになっており、かれもその事情は熟悉していたはずだが、武昌の運動はかえって拡大されたのである。学生とともに工読事業を開始した指導者としての責任と、北京の失敗の原因を、当時は「人の問題」と見ていたかれの、自己の路線への確信がその背景にあった。

三　理想と現実

一九二〇年の夏、武漢でフリーの新聞記者をしていた包恵僧が利群書社を探訪したことがある。(27) 包恵僧は中国共産党の創立に参加し、一全大会にもオブザーバーとして出席した経歴をもつ――後に離党――が、その時の様子を棲梧老人『二七回憶録』（一九五七年）に書いている。利群書社は惲代英の構想どおり、閲覧台を設けて座り読み自由で、人の出入りの多いわりに本はさっぱり売れていなかったという。

当時、利群書社の成員は全部で十数人から二十数人ぐらい、（湖北蚕桑講習所出身の）蕭楚女以外はみな中華大学付属中学、第一中学、外国語学校の学生であった。かれらはたいていみな木綿の衣服を着、木綿の靴〔布鞋〕、木綿の靴下をはき、一群の清教徒のごとく、冷然として近よりがたい雰囲気をかもしていた。

包恵僧は惲代英には直接会わなかったらしいが、かれが聞きこんだことを次のように書いている。

惲代英は中華大学を卒業すると、母校の中学部の主任となった。かれは無政府主義を信奉し、想像力に富んだ人であった。かれは自分の家庭に不満であり、自分の学校に不満であり、社会と国家にはもっと不満であった。かれは二十歳過ぎたぐらいで、すでに学問の面では相当の造詣があり、文名も高く、いつも『東方雑誌』や『大中華』雑誌に文章を載せていた。かれはまた辯舌がさわやかで、教室においても集会においても、講演には非常な熱があり、聴衆を惹きつけた。

かれは現状に不満であるために、無政府主義の思想体系のなかで現実に迫る〔接近〕新しい人生を創造しようとした。かれは四大戒律――酒を飲まず、煙草を吸わず、絹物を着ず、官吏とならず、を守り、四大願望――自己改造、家庭改造、社会改造、国家改造を抱き、四大工作段階〔歩驟〕――個人自修、朋友互助、郷村教育から新しい村運動への発展、文化運動から政治改革運動の発動へ、を立てていた。共存社の綱領は、ほとんどかれの四大戒律、四大願望、四大工作段階を演繹したもので、利群書社は共存社の最初の事業機構であった。

ここで包恵僧が共存社といっているのは互助社の誤まりである（共存社については後述）が、それが朋友互助を宗旨としたものであったことはいうまでもない。互助社は利群書社のほかに、一九二一年春には同じく工読互助の利群毛巾廠を開設した。タオル製造の小工場である。同じ時期に郷村教育の実践として、互助社々員の李求実が黄坡県に正誼小学を開き（一九二〇年秋）[28]、唐際盛が黄岡県に濬新小学を開いた[29]。互助社同人の縁故で地元に多少の応援はあったが、ほとんど赤手空拳、非常な経済困難と闘いながらの出発だった。

もちろん、その指導者である惲代英の苦労はたいへんなものだった。集団生活の訓練のない青年をまとめていく苦心もさることながら、運動の経済的破綻をとり繕ろう奔命に疲れた。「私は一年来の利群書社の生活を通じて、都市で小さな商工業をやれば不可避的に経済的圧迫を受けることがよくわかった。能力のない少年が共同して労働自活しようとすれば、勉強を犠牲にしたとしても、はたして生活の恐慌を受けないでおれるかはなはだ心もとない。友人たちが武昌で各種の小工業運動をやっているが、ある者は、失敗し、ある者は極めて慎重にごく少数の人間を養うだけにして、やっと維持できているだけである。われわれは経済的圧迫の滋味〔況味〕をいやというほど味わされた[30]」と、のちにかれが述懐するとおりであった。

こうした情況のなかで、惲代英は共同生活の本拠を農村に移し、「郷村教育」から「郷村実業」へと発展させ、力量を蓄積して都市へ再進出を図るという路線を真剣に追求し始めた。かれからその構想を知らされた北京の劉仁静は、一九二〇年一二月二日付の書簡[31]で「郷村運動」の非現実性を批判してその翻意を促した。劉仁静はマルクス主義の立場から小生産者たる農民の階級的限界を説き、共産主義運動が都市においてのみ効果を期待し得ること、中国の社会革命が必ず「流血革命」でなければならぬことを論じ、労多くして功少なき郷村教育に奔走するよりは、同じ努力を都市で用いて有志の青年の勉学を援助し、惲代英自身も学術の研究をいっそう深めたらどうかと提案したのであった。

惲代英はその返信（一二月二一日付）[32]のなかで次のように答えた。

君は郷村教育が効果をあげにくいというが、私もそう思っている。私が郷村教育に意を注ぐわけは、実はそれによって郷村実業を営み、同志のために生活の係累の減免、生活の恐慌の回避を図り、みんなが専念して社会主義のために奮闘できるようにすることに重点がある。私の気持ちとしては、なお将来の都市大工業の運動に重きを置いており、一般の「農村へ」〔到田間去〕主義者の思想とはまったく異なる。……私が農村に行くことを主張するのは、友人のために生活の安定を図る以外に、みなにまだ残っている虚栄心を打破するという目的もある。多くの友人は向上を志しているが、多少はまだ都市の生活、学者の生活を羨望する気持ちが残っている。もしこの種の虚栄心を打破しなければ、将来たやすく誘惑に負け、圧迫に屈するだろう。私が幾人もの友人に暫くみな下郷し、しかも農村で何銭の稼ぎもないような貧しい小学校をやるよう主張している理由である。志ある友人にもつねにまだ十分に真剣でなく十分に犠牲を肯んぜぬ嫌いがある。学業が高くなればなるほど地位も良くなり、生活はぜいたくになり、欲望は多くなる。その結果は上等のレストラン〔大餐間〕に出入りし、自動車〔摩托車〕に乗る金持ち教授、金持ち学者になりあがるだけである。そのときには唯物史観、労農主義はみな文章や談話の資料となりうるだけで、どうして本当に労働者のために革命を図れるだろう。私はこうした見地から、志ある中学生は進学してはいけないし、高等学生は留学してはいけない、そうすれば多くの虚栄心の誘惑を免がれ、堕落の危機を減少させられると固く主張するのである。革命についても、私はこのような鍛錬を経た人ならわりに信頼できると思うのだ。……私は多くの社会主義を論ずる人びとが、自分は度の過ぎたぜいたくをしているのを知っている。それは間接に労働者から剥ぎ取ってきたものに他ならないではないか。私に云わせれば、革命するもよし、革命せざるもよし、この名士生活の志士は六、七〇元もする衣服を着、一回の食事に二、三元も費し、やることがないと〔没有事情了〕労働運動、新しい村運動を談論する。なんの役にも立ちはしない。

惲代英は郷村における「実業運動」として「養鶏、養魚、養蚕、牧畜、森林、いずれは紡織業」までを想定していたようだが[33]、それがどの程度現実性のあることか、本人にも薄うす判っていたにちがいない。にもかかわらず、武昌での工読互助＝共同生活の指導者としてのかれは、運動の行きづまりのなかで、青年たちの品性を都市の腐蝕的影響から守り、かれら（惲代英自身もふくめて）が望めば望めないでもない特権的知識人への道を断ち切って社会改造の初心を貫かせるために、新たな展望を与えねばならなかった。切端つまったかれの苦悩が、左翼文化人への挑戦的批判とは裏腹に行間から滲み出てはいないだろうか。かれは自分の構想に具体的な説明を加えるのではなく、動機の正当性を力説することでみずからを鼓舞する。

われわれが今日云っているのは、武者小路の新しい村でもないし、フーリエの大合居《ファランステール》でもない。われわれの主旨は自分たちのために合理的な生活を求めるのではなく、自分の生活を安定させて大胆に社会のために働けるようにすることにある。新しい村の失敗はそれが悪社会を征服することに眼を向けず、自己の幸福な生活を求めることで満足したからである。社会は連関したものなので、それは逆に悪社会から征服されてしまった。私は人類がすべて立派な〔合理的〕生活をいとなめるまでは、われわれは立派な生活をすることはできないし、また求めてはならないと思う。むしろ多く辛抱〔刻苦〕して、自分でより多くの武器を造り、より多くの糧餉を蓄え、各部分の悪社会を征伐しなければならない。だから私は人びとが必ずわれわれの共同生活をまねてくれるとは期待しない（しかし、われわれが成功すれば、加入したり、まねたりする人がいないとは思わない）。私はわれわれが何時の日か工場を経営する力量をそなえ、労働者と同じ労働の時間、衣食住の生活を過し、漸次聡明な方法で工場を共同管理できるようになることを願っている。これは今日いいかげん〔胡乱〕に工場を一般の愚昧な労働者に引き渡して管理させることに比べ、社会にとってより穏当ではなかろうか。

惲代英にとって郷村での共同生活は、社会改造の根拠地づくりであり、出撃基地の設営であった。共同生活のなかで、かれら自身の剰余労働〔余利〕を蓄積し、いずれは都市に「長駆直入して資本家階級を打破」するのだ、現在の力量からすれば夢物語と一笑に付されるかも知れないが、「事は人為に在り」とその信念を吐露するのである。それにしても、「愚昧な労働者」などと、かれは不必要に挑発的である。そして実は、この往復書簡の『少年中国』誌上における公開も、劉仁静の同意を得ることなく、惲代英の一方的意向でおこなわれたことであった(34)。

これはおそらく中国共産党の創立準備の活動と惲代英のそれにたいする反撥とに関連がある。周知のように、一九二〇年五月、陳独秀、李大釗らによって中国共産党の結成が発起され、上海、北京、済南、長沙、広州、東京に共産主義小組がつぎつぎに生れた。武漢でも惲代英らのグループとは別個に活動していた董必武、陳潭秋、包恵僧らが小組を結成してこれに呼応した。長沙の毛沢東をはじめ少年中国学会の会員も少なからずこれに参加し、工読互助運動で挫折した青年たちも、前出の何孟雄をはじめ多くが、小組の外郭組織・社会主義青年団に加入し、革命の道へ新たな一歩を踏み出した。九月には新文化運動のシムボルであった雑誌『新青年』が共産主義小組の準機関誌に変り、マルクス主義の宣伝、普及、ソ連事情の紹介につとめ、かつアナーキズムの系統的批判に力を注いだ。しかし、小組の構成はかなり複雑で、誠実な革命家ばかりではなく、一部、投機的政客やサロン・マルキストはてはアナーキストまでが含まれていた。小組の結成と活動は非公然におこなわれたが、惲代英はおそらく北京小組の中心メムバーであった劉仁静から加入を働きかけられ、内情についても薄うす察知するところがあった、と見る方が自然であろう。

一九二〇年一一月発行の『少年中国』二巻五期に惲代英は「論社会主義」と題する論文を寄せた。その執筆は共産主義小組の活動が本格化したのと、おそらく時期を一にするが、「高きはアナーキズム・ボルシェヴィズム、低きは安福系の王揖唐まで」もが社会主義を称道するなかで、真の社会主義とはなにかを論じたものである。かれは通行の社会主義を国家主義的社会主義、個人主義的社会主義、社会主義的社会主義の三つに分類し、前二者を社会主義の名に値いせぬものとして斥け、「共存互助」の原理に立つ後者こそ真に求むべきものとするのであるが、かれは個人主義的社会主義について次のように述べている。

現在通行している個人主義的社会主義には二種類ある。一つは新しい村運動、一つは階級革命運動である。新しい村運動は純然として個人の幸福を追求するという動機に発したものではないけれども、利己的本能が恰好の繁殖の場を得、利他的本能が適当な刺激を受けられず、ついに適当な生長を遂げられなかったために、精神はつねに対内的完成に傾きやすく、対外的発展をはなはだ軽視した。その結果、一部で成功しても全世界の改造には役に立たず、しかもこの一部分の生機もつねに他の部分の悪勢力のために破壊され、継続して存在できなかった。多くの個人主義的新しい村運動に反対する人は、いずれも個人主義的階級革命を主張する人である。どうして階級革命が個人主義的だというのか。なぜなら現在通行している階級革命学説は、ただ労働階級の資本階級への憎悪を喚起し、労働階級をかれ個人〔他個体〕の利益のために連合させ、抵抗させ、奮闘させることに注意するだけである。私が階級革命の必要を信ずるのは新しい村の必要を信ずるのと同じく真実である。ただ私はこのような福音は社会主義の上からのみ宣伝すべきで個人主義の上から宣伝してはならぬと信ずる。私は人類の共存、社会の連帯こそ無上の真実だと信じている。それならば闘争〔争存〕の道理を提唱するよりは互助の道理を提唱すべきである。なぜなら人類は人群の真の意義を知ってのみ、はじめて社会の福利のために社会の改造を求めることができるのである。……〔個人の利益を人類全体の利益よりも重しとするようでは矛盾は絶えないので〕世界の長治久安を図ろうとすれば、各人に社会福利の重要性を理解させ、各人が社会主義の精神をもって社会主義の運動をやれるようにしなければならぬ。さもなくば、資本家を打倒しても人類の各部分の利益は依然として平衡を得られず、また別の衝突が生れてくるだろう。

……今日、階級戦争の煽動〔激励〕によって資本家はきっと打倒でき、私有財産制もきっと打破できるにちがいない。しかし、この社会意識がしかるべく啓発されていない人類は、またわずかな恐慌、わずかな便宜のために〔共産群居から私有財産制と個人主義に陥った〕数千年前の人類祖宗の覆轍に堕ち入らないかどうか、誰が保証できるのだろうか。

個人主義的社会主義として「新しい村運動」と「階級革命運動」と一見対照的な存在を一括する惲代英は、この論文を「研究による結論〔読書的心得〕ではなく、経験と思考によって得た教訓にすぎない」と断わっている。だが「新しい村」がすでに流行遅れとなり、マルクス主義が急速に擡頭してきていた当時として、この論文は的を見て放たれた矢ではなかったのか。その性格は劉仁静への返信においてより明確なことはいうまでもない。かれはそのなかで、こうも述べている。

以前、君はロシアは民衆革命であって英雄革命ではないと断言した。……私に云わせれば、ロシアの革命は明らかに労働階級の自覚によって起ったのではなく、レーニン等が革命を利用して、そのボルシェヴィーキの主張を貫徹せんとして起ったものである。ロシアは結局レーニン等のおかげを蒙っていると云わざるをえぬわけだが、中国には本当にこうした人がいるのだろうか。はっきりしているのは、中国でもし社会革命がおこるとすれば、必ず非労働階級の人が指導しなければならぬということだ。この種の非労働階級の人は、自分自身は労働者の生活をしたことがない。何人か社会主義の自覚にもとづいて労働者となって働く人はあるかも知れないが、その他の者は、あるいは外界の一時的な誘惑〔歆惑〕を受けた者だったり、あるいは別に思惑のある者だったり、こうしたことも絶対に免がれられぬ病弊であろう。多くの立派なことがらも一たび中国人の手にかかればたちまち駄目になってしまう。……中国のいわゆる社会革命は恐らく君のように楽観できないのではないか。

いわゆる民衆革命の実態に疑問を呈し、不純な指導者による革命の歪曲、破壊を懸念する。根本的な大衆不信の表明であるが、同時に惲代英の直接間接に知る「名士生活の志士」や「金持ち教授、学者」＝サロン・マルキストへの不信が二重写しになっているように思われるのである。

一九二〇年の晩秋、惲代英は安徽省宣城の省立第四師範学校の教師として赴任した。校長や学生が埠頭まで出迎えたが行違いになり、惲代英は武昌から連れてきた二人の学生とともに、扁担《てんびんぼう》で荷物を担いで直接学校にやってきた。この高名な教育家が一等船客以外であるはずはないと思いこんでいた人びとは、最下等の船室から下りてきた惲代英らに気がつかなかったのだという。(35) かれの勤倹質樸な生活ぶりを示すエピソードである。

郭煜中「惲代英同志在安徽」（『五四運動回憶録』下）によれば、かれを迎えて宣城地区の進歩的青年はにわかに活気づいた。求我社、互助社、覚社、愛智社、新群社などの組織が生れ、かれの懇切な指導の下に『共産党宣言』などマルクス・レーニン主義の著作やその他の進歩的な書籍、雑誌を学習し、青年たちの理論水準、革命的品格はめざましく向上したという。「代英同志は宣城にいたあいだ、紀念日や大衆的な集会では、いつも慷慨激昂の演説を発表した。あるときは、朝鮮の流亡中の革命人士を招き、宣城師範で日本帝国主義の朝鮮における罪行を報告してもらい、聴衆に朝鮮人民の闘争を支援するように呼びかけ、また人びとに朝鮮を鏡として警戒心を高め、帝国主義の侵略と軍閥政府の反民族的行為に積極的に反対するよう訴えた。かれの声涙ともに下る講演に全聴衆は感動し、痛哭流涕、拳を握りしめて売国政府を罵ったものである。」

郭煜中氏の記述は、まちがいなく事実の裏付けのあることなのだろうが、それは当の本人の惲代英が、一点の迷いもなしに使命感に燃えて宣城師範の教壇に立っていたということにはつながらない。前出の劉仁静との書簡の往復は宣城に着任して以後のことだが、そのなかでかれはこう苦衷を述べているのである。

君は私がなぜ都市で青年有志の学生の勉学を援助し、かつ自分でも高度の学術研究をしないのかと問う。ああ、私がどうしてそれを願わなかったことがあろう。しかしそれはすでに私に多くの苦痛と屈辱をもたらしており、安んずべからざる生活だと私は信じている。たとえば、自分が勉強するには書物を買う金がいる。金がいれば働かねばならぬ。やれようとやれまいと、やりたくてもやりたくなくても、何枚かの金のためにやらざるをえないのだ。もし青年有志の学生を援助するとなると、もっと多くの金がいり、もっと多くの仕事が必要だ。私の良心は常にそのために苦しむが、どうにもしようがない。現在いわゆる青年有志の学生に徹底した援助を与えようとすれば、たんに英語を教えたり、哲学を語ったりするだけではすまない。かれを正しい生活にみちびき、正しい思想習慣を養ってやらねばならない。かくていったいどれだけの金がいるか、考えてもみてくれたまえ。私は半年来、そのために自分の良心の主張に違背して翻訳をやり教員をしてきた。友人はもとより叱責するが、自分でもどうして苦痛でないことがあろう。もし良心をごまかすのでなければ、一冊の本を訳して数百元もらい（『階級争闘』を指す――引用者）、十数時間の授業をして月百元に近い給料を取ることなど断じてできることではない。

惲代英はその収入のうち、武昌に住む老父と弟妹の生活のために毎月必要な二〇～四〇元を除いて、他はすべて運動のためにつぎこんできた。宣城に同行した二人の学生の学費もむろんかれの負担するところだった。しかも当時の中国社会で生活のためには既存の職業界に入らねばならぬが、教育界をもふくめて、そこで理想と職業を一致させるなどというのは幻想にすぎず、既存の職業界で稼いだ金で別に理想の事業を進めるほかはないと割りきるのが、かれの持論ですらあった[37]。にもかかわらず、かれが良心の苦悩を禁じえないのはなぜか。それはおそらく、かれが社会主義的社会主義実現のために構想した郷村教育運動（郷村実業運動）の先頭に、みずからが立っていないことへの呵責だったにちがいない[38]。

私はいま中等学生の志向のあり、能力のある者を集め、小学校を経営することで一種の工読事業をやろうと考えている。二、三人で教師一人分のことをやる。一人の給料を二、三人の生活費とすれば生活の不安はなく、勉強の時間もとれる。この仕事はこうした学生にやはりふさわしい。もちろん、そんなことで小学校をやるとは教育を軽蔑しすぎているという人もあるかも知れないが、その実、現在、国内では良い小学教師がまさに欠乏しているのだ。これらの中学生はあのくだらぬ〔無聊〕塾師に比べて百倍もましである。この種の運動は今年やっと開始する。

これはおそらく一九二二年春に出した王光祈宛の書簡（『少年中国』二巻一二期）の末尾の一節である。同じころ少中会員の沈沢民、高語罕――いずれものちに中共党員――に宛てた書簡が『蕪湖』第一号（一九二二年五月）に掲載されたが、『五四時期期刊介紹』第二集に紹介されたその内容は次のとおりである。

手紙のなかで（惲代英は）「教育問題はすべての問題と同様に全部の社会問題を立派に改造するのでなければ解決しえないことだ」という沈沢民の主張に賛意を表明している。惲代英同志は「私は現在の教育にたいして真に語りつくせぬ不満〔牢騒〕があり」、今年後半に二つの方法を採ることを決めたと述べている。「㈠もしうまくいけば同志と自分たちの学校を経営する、㈡自分たちの学校ができねば、どこか農村で新旧の同志と自修会を組織する」。手紙では武昌の進歩的青年が発行している『我們的』（我們的話？——引用者）に言及し、「これはわれわれの武昌における必死の運動の写真である」と述べ、これらの同志はいま一つの学校を準備しつつあるが、「この学校の教師にはすべてここ数年来、理想を語ってもっとも投合した〔交納理想最相同的〕友人を用い、懸命に試行していく。みんなは均しく各人の必要に応じて取り、できるかぎり節倹するようにする。そこで人類のために真当に役に立つことをしたい」と述べている（四八二—四八三頁）。

かれが師範教員の職を棄て郷村教育運動に没頭する決意を固めていたことが判る。だが、間もなくかれは否応なしに学校を去ることになった。この年、宣城の五四記念大会でおこなった演説を口実に、地方の反動派から「党羽を組織し、学生を煽動する」と告発され、逮捕令が出たのだという[39]。おそらく六月中旬、宣城を離れた惲代英は七月一日から四日まで、自分の提倡で実現した少年中国学会の南京大会に出席した。参加者二三人、劉仁静、鄧中夏をはじめ中共創立に関係している会員も幾人かおり、公式日程の合間にはかれにたいする熱心な説得も試みられたかも知れない（劉仁静はそのあと上海で開かれた中共一全大会に出席した[40]）。

南京大会の前後いずれか不分明だが、夏季休暇を利用し、惲代英は互助社の同人や利群書社・毛巾廠の関係者を招集して自分たちの大会を開いた。黄岡県林家庄の濬新小学に集まった二、三〇人の若者達たちは泊りこみで数日間熱心に討議し、組織を再編して新たに共存社を結成した[41]。

「大会は代英同志の領導の下に、断固として利群社中の少数の国家主義派に傾いた分子に反対し、共存社を組織することを決議し、規約〔社章〕を制定した。規約中には無産階級独裁に賛成し、ボルシェヴィズムを擁護し、ソヴェトロシアを擁護することが明白に規定された」、と伯林「紀念惲代英同志」（『中国共産党烈士伝』一九四九年）は述べ、中国における共存社の評価は、その後すべてこれを蹈襲しているのだが、多少割引する必要がありそうだ。

表現どおりが事実とすれば、惲代英は完全に従前の主張を放棄し、マルクス主義に回心したことになり、だからこそ伯林も「しかし、まもなく中国共産党が上海で成立したので、代英同志はただちに加入を呼びかけ、共存社を解消した」と続けるのである。だが、最初に指摘したとおり、それが現実となるのは半年以上先のことで、惲代英たちもまだしばらくは従来の路線を推進していたようである。(42) なによりも「共存社」という名称自体が「互助」と対をなすものであり、階級闘争の路線に似つかわしくない。

ところで、惲代英の計画した工読式の小学校も農村での自修会も、ついに実現しなかった。河南信陽の柳林学校（中学）をかれに任せるという話もあって、宣城師範を去るころには確定的なところまで進んでいたようであるが、(43) それも潰れてしまったらしい。結局、かれは自分の「帯人付学」、教員として赴任するだけでなく学生をも連れていくという要求を受け入れてくれた学校のうちから、比較的条件のよかった四川省瀘州の川南師範を選び、蕭楚女、李求実をはじめ何人かの学生を連れて、一九二一年一〇月、武昌を離れたのである。宣城師範への就職と基本的には変らぬ形であった。

瀘州に赴任してからの事情については、最初は川南師範の教務長、のちに校長になったというだけで具体的な情況ははっきりしない。しかし、翌二二年夏、『少年中国』誌（三巻一一期）(44) に、かれは突然、論文「為少年中国学会同人進一解」を発表して人びとを驚かせた。それはマルクス主義への回心宣言にほかならなかったからである。

これより先、コミンテルンが一九二二年一月、モスクワで極東民族大会を主催したとき、武漢の中共党組織は共存社の有力メムバー林育南に働きかけ、かれを学生代表として送った。(45) おそらく三月ごろ帰国した林育南は、従来の路線の誤りとマルクス・レーニン主義の正しさを力説し、共存社を解散して中国共産党に加入することを主張した。これに惲代英らが同意したのである。各被圧迫民族――日本代表も参加したが――の各階層の代表（中国代表には国民党員からアナーキストまで含まれた）が一堂に会して熱っぽく世界革命を語り合う情景、革命後の朝気勃々たるソ連の実情、さらに一全大会でサロン的偏向を排し、全力を労働運動に投入している中国共産党の近況などは、郷村教育、共同生活の実践がいたるところで壁にぶちあたり、疲労困憊した共存社の同人たちにとって新たな希望の地平を開くものだったにちがいない。そしてマルクス主義に回心した惲代英にとって、第一の任務は『少年中国』を中心に展開してきた反マルクス主義的主張の自己批判であったことは当然である。いささか長文にすぎるが、前頁注（44）の文章の関連部分を紹介しておきたい。

私は以前、誤った見解をもちわれわれは自分の力で自分の事業を創造するしかないと考えていた。しかし結果はただ挫折と失敗のみであった。生産事業を営むことについて云えば、われわれの小資本で経営していくと、一方では結局のところ多少とも資本家の伎倆を窃取してそのちっぽけな根基を維持せざるを得ず、しかも一方ではつぶさに資本主義の圧迫を受け、ついにそのちっぽけな根基さえも維持できなかった（われわれが生産事業を営むのは、もとよりそれが他の改造運動を経済的に援助できるのを期待してである。そうでなければまったく意味はない。）教育事業について云えば、われわれが経費と設備を理想的に満足させようとすれば、多くの不自然な援助を利用せざるをえない。そうした援助を利用しても、普通の学校よりは発展が難しいのに、必要とする敷衍妥協の力量《エネルギー》は他学校に比してどれほども少ないわけではない。他の社会運動について云っても、われわれ少数の人間と少額の資金とでは効果的な運動をすることはきわめて難しい。いわんやわれわれのすぐ傍に本来利用できる巨大な力量があるのに、こうした隘路や袋小路を進むことしか知らないのでは、なんと馬鹿げた話ではないか。

……われわれはいかにして旧社会を改造すべきか。われわれは一つの力量を利用せねばならない。……それは群衆の力量に他ならない。群衆の結集〔集合〕した力量には全世界に敵対できるものはない。無抵抗の民衆が結集すれば、強権の国家も譲歩せざるをえない。日本が朝鮮に譲歩し、英国がアイルランドに譲歩したが如き、みなその先例〔已例〕である。無抵抗の労働者が結集すれば、優勢を占める資本家も屈服せざるをえない。各国の罷工の勝利、赤露革命の成功のごとき、これまたかくれもない事実である。われわれはもっぱら自分の純粋の血と汗に頼っては成功できない。他の信頼できぬ勢力を頼っては弊害が多くあてにならない。われわれは必ず群衆の結集した力を利用しなければならない。

群衆はいかにすれば結集するか、いかにすればその力量を発揮するか。それはなにかの理論で勧告激励したからといって成功できるものではない。群衆の行動は常に本能的衝動に発源する。……かれらが自己あるいは他人が経済的圧迫を受けて生ずる反撥の力量、これが唯物史観が明らかにした進化の原理である。……群衆が連合して略奪階級に反抗するのは経済の進化のなかで必然的に発生することであり、われわれが煽動するまでもなく、またいかなる人も制止できるものではない。しかし、われわれが注意すべきことは、群衆の団結〔聯合〕は一つの力量であるが、この力量は本能的衝動に発源したもので、その発展はつねに盲目であり、必ずしもあるべき道に合致しない。それはなによりも理性と知恵の指導を受けねばならない。われわれは深く群衆の心理を理解し、巧みにそれを運用できねばならない。群衆は一種の力であり、われわれは力を用いる人である。群衆は熱烈であるが、われわれは冷静でなければならない。群衆は単純であるが、われわれは周到でなければならない。……われわれは巧みに群衆を利用し、群衆を指導してもっとも効力ある破壊の運動をおこなわねばならず、また巧みに群衆を指導してもっとも効力ある建設の運動をおこなわねばならない。われわれの一切の努力は、この目標に合致してこそ意義があり、価値がある。……出来得るかぎり機会を利用して群衆をもりたて〔扶植〕、群衆を喚び醒し、群衆を指導して各種の効力ある反抗運動を準備し、実現しなければならないのだ。

共存社の同人は個別に中国共産党、中国社会主義青年団に加入を申請した。労働運動を急務とする中共の方針に従い、郷村教育はうち切られ、「唐際盛は粤漢鉄道の徐家棚に、項徳隆（項英――引用者）は江岸に、許白昊は漢陽製鉄所に行き、私（林育英）は利群毛巾廠から武漢模範大工廠に行き、湘浦（林育南）は施洋と『真報』をやり、（李）求実は『日々新報』をやり、張心余は『湖広新聞』をやった[46]」。蕭楚女は重慶で『新蜀報』の主筆となり革命宣伝に従事したのであるが、ただ惲代英のみは引き続き川南師範の教職にとどまっていた。

惲代英には鄧中夏が教育界を離れ、革命運動に専念するよう、なんどか勧めたようである。だが「私は教育生活が比較的に寛裕で安定しているので、終始猶予して決断できなかった。後にまた一年間、つぶさに生活不安定の苦痛を嘗め、ようやくこの種の鶏肋生活は恋々するに足らぬことを覚った」のだ、とのちに回顧している[47]が、これは客気話というものであろう。天成の教育家だったかれには政治の修羅場はできれば敬して遠ざけたかったのではなかろうか。

しかし、半封建半植民地の中国では政治の側から人を把えにくる。一九二二年の夏、惲代英は瀘州で四川軍閥に逮捕拘留された。時日も理由も明らかでないが、この年六月、成都一帯を押えていた軍閥が教育経費を覇占して支給せず、議会へ請願に押しかけた学生、教員を弾圧して三人を殺し、多数を負傷させ、学界全体の罷課に発展した、という事件[48]に関係があるかも知れない。おりから成都高師の校長であった呉玉章の尽力で惲代英は保釈され、さらに成都高師に教師として招かれ、約一年、教鞭を執った[49]が、「一年間、つぶさに生活不安定の苦痛を嘗めた」というのは、この時期のことにちがいない。

一九二三年二月、直隷軍閥の京漢鉄道罷業の大弾圧（二・七惨案）を号砲に、全中国で反動の嵐が吹きすさんだ。二〇年の安直戦争以後、世論に押されて取ってきた開明的ポーズを、直隷派はかなぐり棄てたのである。工読互助といい、郷村教育といい、中国で社会主義が空想の翼を展げることのできた束の間の晴れ間は、ふたたび軍閥と帝国主義との暗黒の支配によって蔽われた。

惲代英は四川の青年運動に大きな足跡を残し、(50)一九二三年六月をもって成都高師を辞した。八月、かれは南京で開かれた社会主義青年団第二次全国大会に出席し、鄧中夏、林育南らとともに六人の中央委員の一人に選出され、宣伝部長を担当した。一〇月二〇日、かれが主編する青年団機関誌『中国青年』(週刊)が創刊され、革命的青年運動の指導者としての卓越した力量が発揮されることになった。永年の豊富な、正反両面の体験がその裏付けとなっていたことはいうまでもない。誠実な一個の理想主義者は、半封建半植民地の現実のなかでの実践と模索のすえに、革命の新たな地平に立ったのである。

むすび

理想主義とは現実主義と対立する概念である。人の生活態度とか人生観にかかわるものであるので、むしろ倫理学上の用語として慣用されるようである。

北洋軍閥の支配下の中国は、人民にとってまさに出路のない閉塞の時代であった。軍閥の割拠とブルジョア革命勢力の分裂と停迷、増大する民族的危機、しかも帝国主義反対闘争すら反動勢力に利用、吸収されていく情況。泥沼のような情況のなかでは現実主義は処世術以外の意味をもたなかった。民族性の根本改造をめざした『新青年』が、あえて「時政を批評するは宗旨に非ず」と標榜して登場した所以である。

時代閉塞の状況を打破し、現実の「網羅を衝決」したのは理想主義であった。新文化運動のなかで、それは「民主」と「科学」とを両翼とし、倫理革命を推進力とし、「共存互助」の世界をめざして飛翔する。それは五四運動を牽引し、文化革命を起動する歴史的役割をはたし終えたあとは急激に推力を失うのである。政治と絶縁し、既存の社会と一線を劃し、理想社会の雛を生み、育てようとした路線は、ほかならぬ政治と社会の現実によって蹂躙された。惲代英らはかれらの運動に「悪社会征服」の戦闘的任務を付与して、ぎりぎりまでの抵抗を続けたが、ついに五四時期理想主義の破産を救うことはできなかったのである。

新文化運動は分化した、「一滴一点」の改良をいう現実主義の近代主義と、革命的理想主義ともいうべきマルクス主義を両極として。そして理想としての共産主義を堅持する人びとは、みずからの実践を通じて破綻を確認した「相互扶助」の路線を放棄し、主体的に「階級闘争」の路線を選択した。マルクス主義の理論によれば、半封建・半植民地の中国では、共産主義の前提である社会主義革命の、そのまた前提であるブルジョア民主主義革命が現実の課題であり、社会主義革命の担い手である向自的な労働者階級は闘争の過程で目的意識的に創出していかねばならなかった。気の遠くなるような彼方にある理想の実現に向い、足もとの現実から出発して一歩一歩客観世界、主観世界を改造していく任務が中国の共産主義者に課せられたのである。

中国共産党内において惲代英はその政治的識見、理論的能力において重きをなしただけでなく、共産党員としての品性、党性の高さによって「無産階級聖人」の称があったという[51]。あるべきプロレタリア像に則って自己を改造し、理想中の共産主義道徳を完成すべく、不断の努力を続けたのであろう。

「われわれの理想とするところの社会主義、共産主義が実現したあかつきには、この世界はすばらしいものになる！そのときの若者にはわれわれがたどった、想像に絶する厳しい道を理解できないかも知れない。……われわれは苦しみを嘗めつくしたが、われわれの次の世界は大きな幸福を享受することであろう。われわれのもっとも気高い理想である共産主義のために、われわれはどのような代価をも支払うことを惜しまない。」

南京雨花台の烈士陵園陳列室には、惲代英の遺影とともに、右の遺言が掲示されている。革命的理想主義者の真面目を示すものといえよう。

注

（1）張静廬は『中国現代出版史料』（一九五四年）甲編七五頁で「本書是一九二〇年惲代英訳。原為尚志学会叢書之一。得稿酬四百元、充作也在武昌所手創的利群報社和利群織布廠的基金」と注記している。尚志学会叢書を発行していたのは商務印書館であるが、都合で出版を取りやめたのを新青年社が肩代りしたということになる。なお『階級争闘』の発行は、『新青年』八巻五号、六号の新青年叢書の広告から推して早くとも一九二一年第一四半期であろう。

（2）伯林「紀念惲代英同志」（『中国共産党烈士伝』一九四九）、沈葆英「同代英生活在一起的日子」（『烈士親属的回憶』一九五八）、「中国青年的楷模――惲代英烈士的故事」（『為有犠牲多壮志』一九七七）、張貴強「鼓舞青年前進的榜様――惲代英烈士的故事」（『死難烈士万歳』一九七八）など。

（3）武漢大学歴史系張光宇先生の教示による。

（4）劉光求他「五四時期武漢人民的反帝反封建闘争」（『理論戦線』一九五九年五期）は一九一六年夏互助社を結成したとするが、董鋤平「五四回憶散記」（同前）は会名を「読書会」として結成の時期にはふれない。いつごろ定名したのか明かではないが、一九年に互助社の存在したことは張豈之「惲代英在五四運動期間的日記」（『歴史研究』一九五八年一一期）によって確認できる。

（5）許徳珩「五四前的北大」（『五四運動回憶録』上　一九七九）。

（6）董鋤平、前出。

（7）李維漢「回憶新民学会」（『歴史研究』一九七九年第三期）。

（8）『五四時期期刊介紹』第三集　一九五九　一五一頁所引の日記、一九一九年一二月一二日付を参照。

（9）他に「輔仁社」なる団体がかれの指導下にあったこと、劉光求前掲論文に見える。

（10）「惲代英在五四運動期間的日記」（『歴史研究』一九五八年一一期）、沈葆英「重読惲代英一九一九年的日記」（『革命文物』一九七九年三）。

（11）陳啓天『寄園回憶録』一九六九。前注所掲の資料は惲代英の一九一九年の日記を抄録したものだが、いずれにも中華大学付中辞任のことは抄出されていない。辞職はあるいは一九二〇年初かも知れない。なお後述のようにこの後、陳時らと連名で「武昌工学互助団組織大綱」を発表している事実から見て、辞任は陳時に対する人間的不信には連なっていない。

（12）拙稿「五四運動と民族革命運動」（岩波講座『世界歴史』二五）参照。

（13）『少年中国』第一巻第六期「会務紀聞」。惲代英「少年中国学会的問題」（『少年中国』第二巻第二期）。

（14）上海『時報』民国九年二月三日号、同二月二九日号など参照。

（15）王光祈致太玄等、一一月二四日付（『少年中国』一巻六期　会員通訊）。なお、少中会員で王光祈とならぶ工読の提倡者は南京の左舜生であったが、惲代英が左ともさかんに書簡のやりとりをしていたことは左学訓の曾琦等宛書簡、一一月二二日付（同前一巻七期）参照。

（16）郭煜中「惲代英同志創辦利群書社的動機、目的和時間」（『光明日報』一九五九年一〇月一五日）より転引。

（17）『五四時期期刊介紹』第三集の『学灯』分類目録によれば、前者は一月二二日号に、後者は二月二日号に〈来件〉として掲載された。前者は『端風』第二期にも載り、内容のあらましが同前書第三集に紹介されている。なお『端風』第二期は一九年一二月発行となっているが、同時に掲載されている惲代英の小説「枕上的感想」の脱稿は一二月二三日であったというから実際の発行は一月以降だったはずである。

（18）郭煜中前掲論文は一九二〇年第一四半期だと推定しているが、当時の進歩的雑誌各号の分售処、代派処一覧に利群書社の名がもっとも早く出るのは調べ得たかぎりでは『新中国』（北京新中国雑誌社）二巻四号（民国九年四月一五日付）である。しかも、それは「本誌分售処一覧」がいったん組上った後で追加した形跡が歴然としている。当時、雑誌の発行は遅れるのが普通であったことから、あるいは四月をさらに下るかも知れない。

(19) 傅彬然「五四前後」(『五四運動回憶録』下)。

(20) 丁守和・殷叙彝『従五四啓蒙運動到馬克思主義的伝播』一九六三年 一八五頁。

(21) 「会務報告」(『少年中国』第一巻一一期)、惲代英は「学会同人公鑒」(四月二二日付、同前)で彼の叢書編訳の方針を述べ、彼個人の期待するテーマとして「馬克思及其学説、克魯泡特金及其学説、羅素及其学説、太戈児及其学説、杜威及其学説、哲姆士及其学説、達爾文及其学説、尼采及其学説、蒲魯東及其学説、康徳及其学説、唯物史観、実験主義、道徳的起源、生物進化論、優種論、徳謨克拉西、布爾塞維克、新村運動、労動問題、女子問題、郷村教育問題、中学校教育研究、安那其、日本、国際運動、群衆心理」をあげている。関心の所在をうかがうことができる。

(22) 『解放与改造』二巻一五、一六号に転載されたものでその内容を知ることができるが、惲代英が一六年に結婚し、一八年二月に難産で死別した妻沈葆秀——一九二七年、かれはその妹沈葆英と再婚する——の例を引き、男女平等論者のかれ自身も畢竟「女界的罪人」たるを免れなかった事情を述べるあたり、非常に感動的な文章でもある。

(23) 『解放与改造』二巻一五号。

(24) 『五四時期期刊介紹』第三集一四九頁。

(25) 「討論小組織問題」(『少年中国』一巻二期)。

(26) 後述。なお『階級争闘』翻訳料については注(1)参照。

(27) 『二七回憶録』一九五七は、一九一九年夏のこととしているが記憶の誤りである。

(28) 李求実すなわち李偉森、左聯五烈士の一人として一九三一年殉難した。陳農菲「憶念李偉森同志」(『左聯五烈士研究資料編目』一九六一)。

(29) 唐際盛、のちに国民革命軍第六軍政治部在任中に病死。濬新小学は一九一九年に互助社社員によって始められたが、いったん挫折し、唐によって再建されたものである。張浩「五四時期武漢地区的工人運動」(『五四運動回憶録』下)、林根「黄岡的郷村教育運動」(『中国青年』二〇期)、育南「悼唐際盛同志」(『中国青年』一二六期)。

(30) 「代英致光祈」(『少年中国』二巻二二期「会員通訊」)。

（31）「仁静致代英」（『少年中国』二巻九期「会員通訊」）。
（32）「代英致仁静」（同前）。
（33）劉仁静の書簡（同注（31））に引用されている。
（34）「我第一件事道歉於你的、便是不曾得着你的允許、便把你給我的信公布了」と書簡（注（32））の冒頭で述べ、劉の書簡が公布の価値のあること、しかし事前に同意を求めれば劉の人がらとして断わられただろうから、あえて独断でやったことを釈明している。
（35）南京市文化局創作組『死難烈士万歳』（一九七八年）、張重光、忻才良『為有犠牲多壮志』（一九七七年）。
（36）我在最近両三年、為敷衍老父、亦求家庭最後安置起見、毎月毎月便望為家庭籌一二十元是好最四十元。……我盼望能這様辦下去両三年、家庭便再無我的負担、可以所有的共献社会了（同注（30））。
（37）我們応該把生活賺銭与做事分成両概。做一種的事謀生活賺銭、而就這所賺的銭、去創辦自己的事。……我們所以入那種職業界、是為謀生活賺銭、不是為做甚麼理想事業。那便我們応該提醒我們自己（「怎様創造少年中国」『少年中国』一巻三期）。
（38）惲代英は工読互助運動について王光祈を「我到了今天不明白的、你発起了這件事、自己便不加入、亦不願你朋友加入。……你儼然是局外人。要組織工読互助団、要自己加入、不可只做個発起人。」と批判しているが、これはかれ自身にはねかえる問題であった（同注（30））。
（39）郭煜中「惲代英同志在安徽」（『五四運動回憶録』下）。これを一九二二年のこととしているのは明らかに誤り。
（40）郭正昭「王光祈与少年中国学会」（『中央研究院近代史研究所集刊』第二期一九七一）は『少年中国』三巻二期「南京大会紀略」によって二三名の名を挙げている。
（41）張浩「五四時期武漢地区的工人運動」（『五四運動回憶録』下）。なお長沙文化書社の代表もこれに参加したという。
（42）共存社員の張浩（林育英）は指名されて上海の日商××染織工廠に工人として入り、やがて利群毛巾廠に帰ったが、おそらく技術習得のためであった。都市小工業を発展させる計画だったのである（同注（41））。
（43）河南信陽的地方、有一筆款子、可以讓我們創辦中学。我想同一般理想相同而向上了解的朋友、下半年起拚着去幹（同注

(30))。我要我理想相同的朋友到柳林後、斉其歩驟、成横隊的開歩走（代英致効春、一九二一年六月九日付『少年中国』三巻五期「会員通訊」）。
(44) 発行日付は六月であるが、このころ『少年中国』の発行は一、二ヶ月遅れ気味だった。
(45) 棲梧老人『二七回憶録』一九五七。
(46) 同注(41)。
(47) 代英「答醒獅週報三十二期的質難」（『中国青年』八二期、民国一四年七月一八日）。
(48) 『東方雑誌』一九巻一四号「時事日誌」民国一一年六月二二日条。
(49) 呉玉章「回憶五四前後我的思想転変」（『五四運動回憶録』上）。
(50) 秦徳君「回憶李大釗鄧中夏惲代英」（同前書上）、蕭崇素「回憶五四時期四川的幾個革命先烈」（同前書下）。
(51) 李昂『紅色舞台』（当代史料）一九四一。惲代英が一九二七年、武漢政府時代、多くの要職を兼ね、六〇〇元以上の収入があったが、三〇元を生活費として残し（中共の規定では一五〇元まで）、他は全額中共に上納したという。刻苦節倹の作風は一貫して変らなかった。王唯廉「武漢時代的共党人物」（『現代史料』第一集　一九三四）、楊新華「惲代英底生涯」（同上書第四集）など。

〔付記〕稿を起してから秋吉久紀夫「惲代英の思想」（九州大学『中国哲学論集』四）を見るを得た。取扱う問題はほとんど重ならないので、併せ読んでいただければ幸いである。また、北京図書館からは『少年中国』二巻以降の惲代英の論文、書簡などのマイクロ・フィルムをいただき、武漢大学歴史系の張光宇先生には種々貴重な御教示を得た。誌して謝意を表する。

〔追記〕1　その後、王宗華・張光宇・欧陽植梁「五四時期惲代英同志的思想発展和革命実践」（『武漢大学学報〈哲学社会科学版〉』一九七九年第三期）、張允侯・殷叙彝・洪清祥・王雲開『五四時期社団』一〜四（三聯書店　一九七九年四月）を入手した。共存社結成の大会が二一年七月一五日〜二〇日だったこと、その宗旨が、「以積極切実的予備、企求階級争闘、労農政治的実現、以達到円満的人類共存為目的」であったことなどをはじめ、補足し訂正すべきことがらは少くないが、幸い小論の基本的な論点には変更の必要はなかった。

〔追記〕2　その後『惲代英文集』上下（人民出版社　一九八四）、李良明等著『惲代英思想研究』（人民出版社　二〇一一）が刊行された。

第七章　労工神聖の麵包——民国八年秋・北京の思想状況——

一　真の「共和」をめざして

「国慶の日の午前、私が西単牌楼を通ると金持ちの葬式（出殯）に出くわした。多勢の儀仗を持ち、霊柩をかつぐ叫花子《こじき》が北へ向い、混雑してどうにもならぬところへ、また遊行演説の学生が二組南下してきた。先頭に白旗をかかげ、後に饅頭車をひき、多勢の窮人《ひんみん》に囲擁《とりかこ》まれて、街頭を遮断したも同然であった。

通行中の人は揉みくちゃにされて頭に来、罵声を発する者がいた。『葬式などいつでもできるのに、選りによって民国のめでたい日に死人をかつぐ、こりやあわざと民国に反対しているのじやないか。』

また誰かが続けて云った、『国がどんなものだろうと、祝おうというなら縁起に気を使うもんだ。葬式も不吉だが、白旗を押し立てて市中を練り歩く、お祝いにならないじやないか』」（『晨報』一九一九・一〇・一三「編輯余譚」）。

「国慶日の中央公園は珍しいものがなんでもある。花臉力士《くまどりした》、赤膊《もろはだぬぎ》の刀客、大鑼《どら》や太鼓と賑かで『亦楽しからずや』だ。この多種多様な行楽の場（古玩場）に忽然として『異軍突起』、人込みのなか慷慨瀏喨たる声音《こわね》で、国慶日の由来と今後の国民の自覚を演説し、『発揚蹈厲』、よく聴衆をして感服せしめたのである。かの雷《いかづち》の如き掌声《はくしゅ》は『高響して雲に入り』、すべての鑼管鼓絃《なりもの》を圧倒した。こんな光景をかつて見たことがあっただろうか。このような奮闘する青年はまたどこから来たのか。ああ、『紙上談兵』は『現身説法』に遠く及ばぬ。講演する側が熱心で聴講する側が積極的でありさえすれば、耳をもって目に代え、民衆が字を識らずとも障害にはならぬ」（同前、一九一九・一〇・一二「編輯余譚」）。

一九一九年の双十節は民国元年このかたはじめて大衆的に慶祝された国慶日であった。北京政府がこの年、国慶の行事にとりわけ冷淡で、いくつか牌楼にイルミネーションをつけ、先農壇で先烈の追祭礼をおこなうぐらいでお茶を濁したいのにたいし、(1)五四を闘かった学生や市民はかつてない規模で慶祝行事を展開した。上海では学生連合会傘下の学生と各路の商界連合会を主力に公称八万人の集会が開かれ、天津では学生連合会、各界連合会、救国十人団、公教《カト》救国団《リック》を中心に大規模な集会とデモがおこなわれ、軍警の弾圧で流血の惨事を惹きおこした。そして北京では北京学生連合会によって、ここに紹介するユニークな「神聖麵包」の運動が展開されたのである。

もちろん彼らは手放しで国慶を謳歌したのではない。行進の先頭に白旗を押したてたことが、『晨報』のコラムの示唆するように、故意に出たものかどうかは別として、彼らは民国の現状を糾弾し、辛亥革命と共和の理念にもとづいて未来を構築することを呼びかけて双十節を記念したのであった。北京政府の厳しい言論弾圧のため、我われは北京の『晨報』でよりも、かえって『民国日報』『申報』『時報』など上海の新聞の報道から当日の詳細な情況を知ることができるのであるが、まず北京の学生たちが播いた伝単二種を『申報』の記事から訳出しておきたい。(2)

その一

我われ中国人のこれまでの旧生活は、静の生活、停滞した生活、後退する生活であった。きつい云いかたをすれば、死に向う生活にほかならない。見たまえ、社会には沈々たる暮気がたちこめ、活発なる生機はいささかもなく、私の云いかたが間違いでないことを証明している。政治の改革がちっとも成功せず、社会の事業が次第に衰微していくのも、みなこれが原因になっているのだ。我われは改めねばならぬ、みんながいっせいに改めねばならない。我われの旧生活を一変させ、動の生活、活発な生活、前進する生活に変えるのだ。今日の国慶日はおたがいが旧生活を改造する大へん縁起のいい日である。ご存じのように今日は我が新国家の生活日《ママ》〔生誕日〕、我われはあい約して新生活を今日からはじめよう。ハッハッハ〔哈！哈！〕、歓喜して我われの新生活の降誕の節日を祝おう。ハッハッハ。

その二（原文は打油詩——引用者）

今日は十月十日、国慶の大記念日だ。皆さん想い起して欲しい。八年前の大革命で血《ちしお》は流れて河を成し、骨《かばね》は堆《つも》って山をなし、やっとのことで此の民国新紀元を開いたのだ。公僕を挙《えら》んだのはもともと専制を除き平安を享《たの》しもうというのであったのに、思いもかけず、今日《こんにち》まで悍僕〔強奴〕は主《あるじ》を欺《あざ》むき、罪状は数を知れない。勝手に外債を借り、田産《ざいさん》を盗売し、槍刀をふり舞わして南北の戦い。主人翁たる四億人はじっと耐えて言いたいこともよう言わず、完全に自由権を失なっている。ああ、眼のあたりに国が亡びんとする〔国将不国〕に、なにをか慶賀せん。痛ましいかな、此の日此の難に逢う、此の時節《とき》に到って劇《はなは》だ可憐《あわれ》なるは、いまだに自からは打開の方途を講ぜざることだ〔還不想法自己幹〕（傍線は引用者）。

双十節を記念する学生たちの立場はもはや解説を加えるまでもなかろうが、北京の各新聞では研究系の『国民公報』のみが当日これらの伝単を転載・紹介した。その二週間後の一〇月二四日、同紙は北京政府によって封禁され、主編の孫幾伊はのちに懲役一年二ヵ月に処せられたのであるが（補1）、内乱煽惑の罪にあたるとされたクロポトキン自伝の連載

（一九一九年七月以降）をはじめ七項目にのぼる「罪状」の最後がこれら伝単の掲載であった。傍線を付した個所は起訴状ならびに判決文において「顕かに人民を煽惑して不正当の行動を為さしむるに係る」として「治安を妨害する罪」に相当する証拠として引用された部分にほかならない(3)。

さて、五四運動をおこして後、はじめて迎える双十節を前に、北京学生連合会はいかなる方式でこれを記念するか、数回の協議を重ねた。最初は大集会を開こうという案もあったが、やがて「固定的」「屋内的」「学校的」にやるのではなく、「流動的」「露天的」「社会的」に慶祝する方向で計劃が練られ、二日前には次のような通告が傘下の各学校に発せられたという(4)。

通告一

民国成立より今に八載、その間種々の困苦顚連を経てなお共和の国体を存するは大幸というべきである。此の双十国慶の日を迎えどうして無為に過すことができよう。茲《ここ》に本会は当日左記の二項を挙行することを議決した。

㈠遊行講演し伝単を配布する。㈡麵包を平民に分贈する。

遊行は各校の同学が自由に集合し、各組とも人数に拘《こだ》わらず各街市を遊行する。歓呼し、演説し、伝単を散じて慶幸の意を表示するが、ただし激烈の言論を為してはならない。軍警が干渉すれば譲り、学生以外〔外界〕の者が紛れこんで騒ぐことがあれば避去せよ。

分贈する麵包は本会が麵包七万個（五十《ママ》元相当、代金は後払い）を発注する。各校の同学を二十八組に分け、各組二十人、車に二千五百個を載せ、分担する区域について、午前十時より演説しつつ平民に散給して記念とする。

各校の同学は一律に国旗を佩《もっ》て標幟とし、各校それぞれに準備すること。伝単は本会が準備し各校に送付する。

通告二

すべきゆえんを知らしめる。

午前十時に各校一斉に出発する。麵包を配布する者は随時遊行しつつ講演、歓呼、唱歌し、人民に双十節の慶賀

㈠麵包の配布は計二十八組、各組とも大車に麵包二千五百個を装載し、遊行配布する。その人数は各組二十人、

㈡麵包にはそれぞれ「共和万歳」「民国万歳」「慶祝双十」「国慶紀念」「労工神聖」「莫忘双十」「人人做工」「打破軍閥」「男女平権」「自由」「平等」「博愛」「犠牲」「互助」など字句を印する。

㈢平民一人に麵包一個を配る。

㈣渋滞混雑をまねかぬよう、遊行は稍や速めにし、長篇の演説をしてはならない。

二八組の大車隊は北京大学四組、法文専修館三組など計二〇校に割当てられ、それぞれに分担の区域路線図が渡された。軍警との衝突を回避し、挑発を防ぐための指示も周到であり、『国民公報』が事前に伝単各種を入手していたように、広報活動も積極的に取りくまれたと見てよい。(5)いずれも従来の学生運動にはなかった発想であった。

この計画は安福派系の新聞『公言報』にかぎつけられ、「神聖麵包」と称して大いに攻撃された。警察は「麵包房」に受注を禁止したが、三軒だけ通達もれがあり、学生たちは計十七万個をこの三軒に注文したのである。そのうちの一軒が引受けた七万個は出荷するところを見つかり、麵包に字句を印してあるのを理由に警察に押収された。当局は軍警連席会議を開いて対応を協議し、学生連合会に人を特派して「打破軍閥」「労工神聖」「犠牲」の三種を抹消することを要求し、かつ「フランスでは初日に麵包を配り、翌日に革命を起した例がある。麵包を配ってはならない」とさえ言ったという。もちろん学生は承服するはずがない。結局、軍警連席会議は「秩序を維持し、干渉を加えない」ことを決定し、当日朝八時、七万個の麵包を学生に引渡したのである。(6)

一説には学生の要請で各校校長が教育部と協議し、ともども警察庁におもむいて釈明した。「国慶日の遊行・演講

は慶祝の意思を申《あら》わす所以であり、麵包を散放《くば》るのは慈善を提唱する挙動であって禁止するのは道理がとおらぬ。」警察当局は各校長に「労働界の秩序問題を引起させない」との誓約書を入れさせて、ようやく許可したのだともいう。(7)

当日、北京政府は天安門から新華門にかけて軍隊を出動させ、厳戒態勢をとったが、午前一〇時、学生たちは手に小旗をもち、(おそらく白地に)「慶祝国慶」「平民万歳」「徳謨克拉西《デモクラシー》万歳」などと大書した旗幟を押したて、全市に繰りだした。この日街頭に出た学生は五千人とも三千人とも報道され、散布された伝単は二〇余種三〇余万枚、配られた麵包の個数は一〇万個、一二万五千個、一七万個と諸説あって一致しない。いずれも学生連合会の通告にいう七万個を大きく上まわるが、押収の危険をおそれ、多めに準備したことも当然考えられる。

冒頭のコラムにあった中央公園での情景をある記事はこう報じている。(8)

北大学生易君は第一組とともに中央公園社稷壇の土台の上で、旗を執《も》ち真の平等・真の幸福について講演した。民国はすでに八年になるが共和はいまだに実現していない、顕官・武人は貪欲横暴かってきままにふるまい、国民は流離困憊、幸福にはあずかっていない、どうして慶祝などできようか、国民は努力し心を一つにして軍閥を打倒し、官僚を駆除し、奮起して平等の目的を達成し、共和の幸福を獲得すべきである、そのときこそまさに慶賀の時である云々。ついで某君が、今日は国慶であるが実は官慶にして民慶にあらずと説き、さらに粤人某君が、大清は民国に改まり、旗は五色旗に変り、皇帝は総統に改まって八年、成績はこのていたらくだ、と演説した。時に台下雷の如き掌声《はくしゅ》がおこったがにわかに四、五人の警察が後から台上に登り、言葉が過激だと阻止した。国旗を手にして組を指揮していた某君が反論していると、警長が来て警察官らを引き下らせ、あまり刺激せんでくれと頼んだ。某君がその演説を終えた時はすでに夕方。

この日、天安門前や中華門では学生と軍警とのトラブルがあったが、いずれも大事にはいたらなかった。学生たちは全一日のユニークな示威活動を予定どおりに終え、意気揚々と引揚げていったのである。だが公然たる反政府・反軍閥の大宣伝が北京政府を刺激しなかったはずはない。『国民公報』の発禁は明らかに同紙の、この運動への公然たる支持が引金となったものであった。

ところでこの「神聖麵包」の運動が、北京の学生にとって五月四日、六月三日につぐ、この年三度目の全力を傾注した運動であつたことはまちがいない。麵包代だけでも「約五六百元」かかったという記事もあるが[9]、物質的な負担の面だけでなく、学生の思想的動員の面でもそうであったようだ。『李大釗年譜』（甘粛人民出版社　一九八四年）一九一九年一〇月一〇日の条によれば、この運動は「李大釗など先進分子の影響と組織のもとに北大学生が発起したもので、北京五千余の大中学生が捐款《カンパ》をして十七万個のパンを買った[10]」とされている。そして当時はその先進分子の一人に数えられていたはずの王光祈は、翌年、フランス行の船の中で勤工倹学生たちが開いた五四紀念会の席上、いささか自画自賛気味に、運動を次のように意義づけていたのである[11]。

去年、学生会ではいろんな運動があったが、私がもっとも価値ありとするのは三回だけである。第一回がすなわち「五四運動」である。この運動の精神は「痛快」の二字にほかならない。我われ中国人はやることが従来痛快でなかった。心中やろうと思うことを、いつもようやりきらぬ。このときは殴りたいと思って、なんと実際に殴りつけ、火をつけてやりたいと思って、なんと実際に火をつけた。これまでの怯懦畏禍の醜態をいっぺんに洗《すす》いだのである。二回目の価値ある運動には「六三運動」があげられる。この運動の精神は「悲壮」であり、そのために商民の同情を引きおこすことができたのである。第三回目の価値ある運動は「双十節の麵包運動」にほかならぬ。この運動の精神は「深遠」であった。一般の人は多く見のがしているようだが、我われにとってこの運動は実に無限に深い意味を含むものなのである。

要するに、五四運動は学生が官僚と闘かった最初であつた。これまで官僚が人を殺し、火を放つことだけが許されていたのが、いまや我われも官を殴り火を放つことができた。六三運動は上海などの罷市を激発させ、学生界が商界と手を携えた最初となり、これまでの重士軽商の風習を打破した。双十節運動は学生界が労働界と手を携えた最初である。この三回の運動はだからこそ非常な価値があるのだ。このほか請願、デモ〔游街〕、ボイコットなどいろんな運動が猛烈な勢いでおこなわれたがなんら深遠な意味はないのである。

王光祈が六三運動における「罷工」闘争にまったく言及していないことは注目に値するが、この問題はここでは擱こう。当年の北京学生連合会の指導部が「神聖麵包」という人びとの意表をついた運動に、「労働界」との提携によって新たな地平を切り開く展望を托していたことを、ひとまず確認しておきたい。

二 「請願」と「直接行動」と

双十節をまえにした、一九一九年一〇月一日、上海、南京、天津、烟台、済南、蓬萊、黄県、河南、長辛店、通県など、各地の学生、市民団体の代表三一人が、大総統徐世昌に面会を求めて総統府に座りこみ、全員が逮捕された。いわゆる第三次請願である。この請願に北京学生連合会は正面から反対し、参加を拒否した。五四事件いらいはじめて表面化した運動の亀裂・分岐であった。天津の双十節祝賀における警官隊との激突、北京における「神聖麵包」と対照的な闘争形態の出現は、実はこの分岐が根底にあったのである。

これより先、山東における対日ボイコットの高揚、安福派糾弾の民衆運動にたいし、七月二五日、北京政府は済南に戒厳令を施いた。段祺瑞の直系で参戦軍（辺防軍）第二師師長の馬良は戒厳司令として愛国運動に凶暴な弾圧を加え、回教救国会幹部三名を銃殺する蛮行をあえてした。憤激した山東の学生および各界の代表は、天津各界連合会・学生連合会の強力な支援を得て北京に出、戒厳令の取消しと馬良の懲戒を大総統に請願した。六月末、対独講和条約調印拒否を要求して学生・市民が総統府に座りこんだ事件を第一次請願とするので、これはふつう第二次請願と呼ばれる。

八月二三日、第一陣の代表三〇余名が全員逮捕拘留されるや、二六日、北京・天津の代表が徐世昌との面会を求めて座りこみ、二七日には支援の天津・北京の学生二千人が新華門外に露宿した。二八日、軍警の大部隊が代表・支援学生の全員を天安門に連行した上、牛蒡抜きにして代表一一名を逮捕、他を暴力で解散させ数十名に傷を負わせた。天津学連副会長の馬駿が勇名を馳せ、馬天安の異名をとることになったのは、この時の奮闘による（逮捕者は八月三〇日、全員釈放）。

九月七日、上海各界大会は（甲）山東の権利の回収以前は対独講和条約に追加調印するな、日本と直接交渉するな（乙）二十一ヵ条、軍事協定、高徐・順済および満蒙四鉄道条約（借款――引用者）、膠済鉄道覚書きを取消せ（丙）辺防処および西北籌辺処を解消し、段祺瑞・徐樹錚を罷免し、安福倶楽部を解散せよ（丁）馬良および張樹元を懲罰せよ（戊）外交の公開および言論出版集会結社は完全に自由にせよ、など五項目の要求をもって、再度、大総統に請願することを全国に呼びかけた。（補2）全国学生連合会をはじめ上海、南京、天津、烟台、済南、蓬萊、黄県、河南、長辛店、通県などの代表はまず天津に集結し、天津各界連合会・学生連合会の支援のもと請願方法について綿密な協議をおこなった。まだ代表を派遣してこない北京各界連合会・学生連合会に請願への参加を慫慂したことはもちろんである。

九月二八日、北京学生連合会はこれへの対応を協議した結果、二名の代表を天津に派遣し、各地からの代表にたいして請願方法を変更し、北京政府所定の手続きに従って文書を国務院に提出するよう勧告した。大総統が前回と同様に接見拒否、解散駆逐の態度に出ることは明らかだというのである。[12] 弾圧は最初から覚悟している代表団側が承知するはずはない。議論の決着は北京にもちこされた。

上海中華救国十人団連合会の代表として請願に参加した張静廬はこのときのことを、次のように回想している。[13]

九月下旬、我われ三一人は天津仏租界のある教会の地下室で前後三回、秘密会議を開いた。毎回いずれも夜一二時以降におこなわれ、席上、上京請願の内容および段取りについて具体的に取りきめた。

北京の各界はこの会議に代表を派遣してこなかった。味方の気勢を添えるために、我われは月末に北京に着いて後、九月三〇日、彼らと連絡をつけ、共同行動をとるよう求めた。その時、北京学生連合会の総幹事は北京大学理学院の学生張国燾であり、我われは彼とその他数人の北京側の代表に、米市大街の青年会（ＹＭＣＡ――引用者）に来てもらって会議した。

張国燾は請願に反対であった。その席上、彼は請願をしても無駄だと公然と表明し、北京の学生はこの活動に参加しないと主張した。我われは請願が成果をあげるとは限らないが、この行動は段祺《マ》瑞《マ》政府と日本帝国主義者とが結托した陰謀を暴露し、対日「直接交渉」を阻止できるし、また全国人民の注意を激発する点で十分に意義があるとした。しかし、張国燾はなおも自分の意見に固執し、論争となった。覚えているが、その時、張国燾ともっとも激しくやりあったのは天津の学生代表黄正品で、彼は断固、既定の計画を推進し破釜沈舟も辞せずと主張したのである。この会議の結果、北京学生連合会はやはり不参加を決定し、上海学生連合会の代表裴国雄も上海学連の同意をとらず、勝手に脱退を宣言して気まずい思いで散会した。

張静廬の回想は請願反対が張国燾の個人的意見であったかのごとき文脈でつづられ、この問題に言及する中国の研究書も例外なしに、路線の対立をもっぱら張国燾の個人的責任に帰する説明をおこなっているが、それは明らかに公正を欠いている。張国燾は北京学生連合会の組織決定を受けて発言していたのである。

一〇月一日午前一〇時、代表三一名は新華門前に勢揃いし、徐世昌に直接請願することを要求して座りこんだ。北京市内では天津から来た学生など支援の隊伍が、自動車に分乗して請願内容を市民に訴える伝単などを配布した。総統府は請願の受けつけを拒否し、退去を命ずるなど押し問答が繰り返されるなか、午後六時、北京学生連合会と北京各界連合会の代表が訪ずれ、「代表団に回寓《きたく》を敦勧」し、かつまた「暁すに利害を以てした[14]」が、もちろん脱落者の説得に貸す耳はない。ついに夜九時過ぎ、大総統の命によって全員が逮捕拘禁されて終った。

では、なぜ北京の学生たちは第二次請願には参加し、第三次請願に参加を拒んだのか。その理由を周炳琳が書き残しているので紹介しよう。「一九一九年秋季開学後の北京学生界」（『少年世界』第一巻第二期　一九二〇・二）と題する文章の第一節「請願と北京の学生」である。

　一九一九年秋季開学の前後、北京で二回の請願行動がおこなわれたことを読者はご記憶であろう。この二回の請願には各地各界の代表が参加し、対独講和条約への追加調印反対、山東の師長馬良の更迭、言論・集会の自由などを請願したのである。北京の学生は地元〔地主〕の責任で、各処からの来京代表を接待し、かつ奔走・差入〔輪餽〕の労をつくしたのだが、それは当然のことであった。最初の請願のさいは、北京の学生は（休暇のため）各処に散在し、帰京していたのは小部分であったが、気勢を添えるために各地の代表に加わって請願をした。二回目の請願は開学以後のことであり、動員〔醞釀〕の時間もそうとうあったから、すじから云って北京の学生はこぞって参加すべきであったろう。だのになぜ逆に傍観の態度をとったのか。それには当然理由があったのであり、筆者に説明させていただきたい。

　請願とはいかなる性質のものか。請願は国民公意のもっとも断固たる表明であり、もし請願するところが政府に納《い》れられないばあいは直接行動に出ねばならぬ〔就該直接行動〕。かくしてはじめて強制力をもつのである。だから請願の前に、もし納れられねば直接行動に出る決意をもたねばならない。

請願はいかなる機関にたいしてなされるべきか。云うまでもなく立法機関にたいして請願すべきである。中華民国の立法機関は旧国会であるが、現在は坐礁したままである。では新国会にたいして請願するのか、とんでもないことだ〔那裏配！〕。その実、この新国会から産れた北京政府も相手にする値打ちはない。〔不犯着同他説話〕のだが、事実上それが政権を掌《にぎ》っているので、国に有利ならんことを求めれば、合法か非合法かはかまっておれないのである。しかし、そこにいるのがどんな徒輩か、我われの請願を彼らが受けいれられるかどうか、見通しておく必要がある。

かの二回にわたり上京請願した各地の代表は、いずれもこの二点に注意していなかった。北京の学生は具合が悪いと思つて〔看出不妥〕、各地からの代表に暗示したこともあったが、いかんせん、彼らは聴き入れない。また自分らの考えが絶対正しいとは限らぬと思い、請願に加わって気勢を添えたのである。豈にはからんや、北京政府は面子さえも立ててくれなかった〔連面子都不敷衍〕。——その実、面子が立ってもなんになろう。共和国の大総統が国民を接見することがどうだというのだ。たとえ接見しても心中に悪計を秘めながら〔肚子裏懐着鬼胎〕、面子の上で調子のよいことを云っても、なんの役に立とう。——新華門外に鵠立して大総統のお顔を仰瞻《おが》もうとした人びとは、飢じい想いをしただけでは足らずに殴られさえした。北京の学生があれでは具合が悪いと見たことはやっぱり間違っていなかったのである。

ところが各地からの代表が帰っていった後、各地の団体は依然として請願に固執し、一度でだめなら再度、再度でだめなら三度と、たとえ願いが遂《と》げられずとも、直接行動が第二段であることを考えてみようともせず、また自分に直接行動の決意があるかどうか顧みる〔打量〕こともせず、ひたすら請願しようとした。北京の学生は二度目の請願の動員期に、各地のすでに上京してきた代表に勧告したが、ついに効を奏しなかった。しかたなく彼らに請願させて自分たちは加わらなかったのである。その時、北京の学生はさんざんに罵倒されたものだが、逮捕された請願代表が出獄してきてはじめて、少しは国人に判ってもらえたのである。

直接行動（実力行使）の決意と準備があつて、はじめて請願に意味がある。九月三〇日、黄正品（黄愛）と激論を交したさいの張国燾の論理もおそらく基本的には、これと同様であつたろう。しかし、周炳琳は矮小化し単純化して揶揄しているが、請願推進の側にもそれなりの論理が当然準備されていたのである。第三次請願運動を実質的に指導したのは天津学生連合会であった。その形式上の出発点となった前出、九月七日の上海各界大会には天津代表嵇儲業が参加し「天津各界の請願の経過を報告し、かつ請願の二字は一種の代名詞にすぎず、実は国民が民意を表明し、群衆の自覚を喚醒するための手段にほかならぬと解釈《せつめい》し、また全国国民が一致行動すれば、国家も救うこと難からず」と演説した[15]。九月二四日、請願代表が天津に集結するのと入れちがいに、馬駿、劉清揚（女、第二次請願の代表の一人）らが天津から上海に着き、請願の支援と全国各界連合会結成に向って精力的な活動を開始した[16]。

九月二七日、上海各界連合会の成立大会で劉清揚は来賓として演説し、そのなかで前回の請願の意義にふれた[17]。

余等が此のたびの運動に幾許《おおく》の熱血金銭を犠牲としてきたのは、国権を保存し、吾《わ》が民の真真《ママ》の自由平等を収回せんと欲してである。但だその結果として視たるは僅かに曹・章・陸の罷職のみで、青島問題は尚《な》お解決するなく、山東の馬良はまた横暴非道をなしている。そのため遂に請願の挙に出たが、意外にも北政府は民意を察せず、反《かえ》って刻薄に待遇した。痛恨の限りである。然しながら此の挫折を経て余等は最高の覚悟《にんしき》を得た。北政府は完全に売国の政府であり、真正の民意を代表することはできず、吾が同胞がために幸福を造《もたら》すことはできない。蓋《けだ》し一売国軍人の政府なのである。さて、北京政府を信任せざるからには、我が国の所有《すべて》の責任は、在座の諸君および四万万の同胞を除いて誰に托すことができよう。それ故に鄙人等は上海各界とともに一真正の民意を代表する機関を組織せんとして来滬したのである。

続いて演壇に立った馬駿は北京政府を「日人の代表政府《だいり》」と決めつけ、いま一人の天津代表馮驥駿は「南方政府の黒暗を論じ」、ともに各省の各界連合会を基礎に全国各界連合会を結成することの緊急性を説いた。「来滬の目的達せられざれば、天津の父老に見《まみ》ゆるを羞じ、永《とこしえ》に津に回らじ」とまで云いきったのである。第三次請願の決行予定日を前にして、彼らは請願になんの幻想ももたなかった。請願をテコにして全国各界連合会の結成をかちとることに戦略目標は定められていたのである。

さらに請願代表全員が逮捕され、第三次請願の失敗が明らかになった一〇月四日、上海各界連合会は警察庁の禁止を突破して「二万人」の抗議集会を強行した。(18) 馬駿は第二次請願の体験を述べて北京政府の暴虐を責め、今後請願は無用であり、全国各界連合会を結成して「真正の民意」を代表せしめることの急務なるゆえんを説いた。劉清揚もまたその演説のなかで、こう請願を意義づけた。

我われの請願には二つの意味があった。㈠わが国民の自覚を喚起すること、㈠第三者〔外人〕に政府の頑固さを知らしめることである。山東国民の熱度は他処よりいっそう盛んであるが、政府はただ一馬良をもって山東の民気を抑圧した。もし馬良のような人間を各省に派遣すれば、各省の民気は均しく抑圧されることになるではないか。なお自由を得ることができようか。故に今回、山東同胞の自由を争《かち》とろうとしたのは、とりもなおさず我が全国国民の自由を争とることであった。

一一月七日、請願代表は全員が釈放され、一一月九日夜、天津で歓迎大会がおこなわれた。席上「代表宣言」が発表され、第三次請願を総括したが、次にその全文を紹介してみよう[19]。

我らは今回各省国民の付託を承けて来京請願したるも、ただに彼らがこの〔這種〕政府に請願の余地なきを知るのみならず、各省国民もまたこの政府が請願の余地なきものたるを知れり。ただに我らが請願の必ず無効なるを知るのみならず、各省国民もまた請願の無効なるを知れり。されど前回天安門の役に政府は我が代表百余人を傷つけ、しかも我らの要求するところの条件に対しては一条の正式答覆だになし。我らは自己の主意を打銷《うちけ》さんがため、或いは彼に万が一の反省を促がし得んがため、彼に一声を問わざるを得ざりき。

所以《ゆえ》に我らが請願書には一は則ち申明して「事実上の政府に請命《おねがい》す」と道《の》べ、再《ま》た則ち申明して「最後の請求を作《な》す」と道べ、三に則ち申明して「設《も》し政府これが為に謀らざれば〔不為之謀〕国民寧《なん》ぞ自決する能わざらん」と道べおきたり。咳《ああ》、我ら国民は仁至り義尽せりと謂うべし。

而るに得るところの効果たるや如何。我ら謹んで国民の請願書を拿《も》ち新華門に到りしに、ただに見《まみ》ゆるを求めて得ざるのみならず、請願書を逓《とりつぎ》することも得ず。ただに請願書を逓するを得ざるのみならず、かつ我ら三十一人をもって警察庁・游緝隊・保安隊等三処に分囚し、我ら三十一人、三十八日の牢獄に坐したり。生涯は惜しむに足らざるも国民の身分は、これを摧残し尽されたり。

国民よ、我らは世間になお羞恥あるを知れり。我らこのたび国民の為めに一点の力を尽すことも、一分の効を収むることもなく、実在《まこと》に抱愧《はじ》いること很《はなは》だし。但し我らは国民の為めに一種很《はなは》だしく宝貴なる答覆を求め得たり。この答覆とはすなわち「本神聖荘厳なる政府はもはや為めに謀る能わず、你《なんじ》ら国民自《みず》から決せよ」にほかならず。前言を瞻顧し近事を緬懐するに、国民よ、我ら人類たるからには人類になお血気あるを知れり。我ら現在《いま》かかる答覆を得たるからは、再び請願に往《おもむ》きて我が国民の志気を屈《くじ》くこと能わず、まして再び我が国民の代表の新華門下に低頭請願するあるを願わず。
目覚めたり〔覚悟了〕、目覚めたり。中華民国の代議政体は、光緒末年の国会請願団の求め来りしものにはあらずして、辛亥革命のかち得たるものなり。俄国の平民政治は一九零五年一月九日（グレゴリウス暦一月二二日）、請願団一両千人の血もて染《そ》め成《あ》げしものにあらずして、一九一七年三月十一《ママ》日の大革命の造成せるものなり。目覚めたり、目覚めたり。国民よ、「殷鑒遠からず、夏后の世に在り」。所以《ゆえ》に我らは始め悲みを含んで出獄せるも、今は竟《つい》に揚長して道に就かん。此れより後、願わくば我が心意を竭し、我が体力を尽くし、我が国民とともに直接行動の犠牲、公理戦勝の基礎を取らん。

宣言のなかでロシア革命の教訓に言及している点が注目されるが、請願の当事者はみずからの行動が「血の日曜日」的役割をはたすことを期待していた可能性がある。張静廬は第三次請願がより「厲害」な処分を受けることを覚悟していたという。「殴打されて負傷するか、逮捕投獄されるか、銃殺されるか」、もし銃殺されたとしても「全国人民の安福系にたいする悪感《にくしみ》を激発できるから」、十分その「値うち」があると考えていた[20]。黄愛は第二次請願の失敗のあと、同志とともに「犠牲十人団」を結成した。請願の名目で北京に往き、政府を挑発して銃殺せざるをえなくさせる、一〇人の犠牲を起爆剤に「最も激烈なる群衆運動」をおこし、「中国の一切の問題を解決する」という計画を本気で実行しようとした人物であった[21]。その彼が周炳琳が戯画化してみせたような請願に参加するはずがなかった。

要するに北京学生連合会が周炳琳の展開したような論理で請願不参加を正当化したとすれば、それに正面から反論するに十分な組織論と運動論、さらには実践を天津学生連合会も持っていたのである。だからこそ激しい論戦になったのであろうが、そのさい張国燾が「学生には後盾がない」と云ったのにたいし、黄愛は胸を叩いて「天津の各界人士が誓って学生の後盾になる」と云いきったというエピソード[22]に私は注意したい。案外、問題の鍵は孤軍奮闘の感を深めていた北京の学生運動と各界連合会、救国十人団連合会、公教救国団など広範な市民組織と連帯した天津のそれとの違いにあったのではなかろうか。

これより先、七月二八日・二九日、魯士毅、易克嶷、孟寿椿、劉仁静ら北京大学学生会幹事会の中心的活動家一一人が逮捕・起訴せられた。七月一七日、北京大学内で安福派の走狗として糾弾された四人の学生・元学生が彼らに監禁傷害を受けたとして告訴したためである。北大学生幹事会が北京学生連合会幹事部を兼ねていたこともあって、学生運動への打撃は大きかった[23]。

周知のように北京大学校長蔡元培が辞意を表明して北京を離れたあと、学生・教職員ともその慰留に必死となり、七月九日、蔡はようやくその辞意を撤回したが、病気を理由にただちには帰任しなかった（九月一二日復任）。六月六日、北京政府は前北大校長胡仁源を署理校長に発令していたが、学生・教職員の断固たる拒否に遭っており、安福派は蔡元培の復帰を阻み、胡の就任を実現すべく種々画策していたのである。ところで北京大学学生許某らは六三運動後、北大学生会幹事会国貨維持股にもぐりこみ、主任や調査組長の地位にあったが、南洋兄弟烟草公司から金銭をゆすりとろうとしていたことが露顕し、七月三日、幹事会を除名されたばかりであった。安福派は彼らを抱きこみ、北大生、元北大生、受験生さらにはまったく大学とはかかわりのない青年など四〇人ほどをかき集めて、胡仁源就任要請の運動をデッチあげようとした。

七月一六日夜、安福派の機関・中央政聞社で宴会を開き、前祝いをした一党は、「北大学生幹事会内幕之黒暗」なる伝単を用意し、七月一七日朝、北京大学法科講堂で旗上げの集会をもった。前夜の出席者から情報を得ていた幹事会は学生二百余人を動員してその会場に雪崩れこみ、首謀者たちを吊しあげ、動かぬ証拠・証人をつきつけて「悔過書」を書かせたのである。一八日早朝、解放された許某らはその足で警察に駆けこみ、魯士毅らの逮捕・起訴と展開していったのだった。

夏休みで学生の三分の二はいない、在京の活動家の多くは逮捕の拡大の恐れから身を隠さざるをえないという、困難な状況のもとで、上海全国学生連合会に出向していて急遽帰京し、救援活動の指揮に当つた張国燾は、少くとも一ヵ月間、夜を日に継いで活動し、自分の寝室に帰ったことがなかったと述べている。[24] ことは明らかに安福派の教育界への挑戦である。学生たちだけでなく国立の専門以上八校の校長会議、北京中等以上学校教職員連合会も、学生とともに救援運動・公判闘争に取りくんだ。研究系の著名な辯護士劉崇佑も「義務」辯護に奮闘した。

前記の伝単で北大学生幹事会は、公金着服・使込み・詐欺などと中傷誹謗を名指しで受けていたため、魯士毅らも許某ら四人を侮辱罪で告訴した。公判は従って双方が被告でもあり原告でもあるという特異な形となつた。八月二一日に開廷し即日結審、二六日判決が下ったが、幹事会側は被告一一名中五名が無罪、他は執行猶予つきの有罪、許某ら四人は全員が有罪（執行猶予）となり、一一名の北大生は学友の歓呼のうちに釈放された。「裁判長は法廷内外の輿論に圧され、ついに各被告の無罪釈放を宣告した。これは当局の意旨に大いに反したものだつた[25]」と張国燾は回想しているが、当時の情勢下、もっと厳しい判決も予想していただけに、このような印象が刻まれたのであろう。

八月二三日から二八日深更にいたる第二次請願運動は、北京の学生たちがこの公判に人力、物力を傾けて取りくんだ時期と重なった。北京学連として非常な負担であったことにまちがいはない。北京大学にたいする安福派の陰謀は学生たちの闘争でひとまず阻止した——学生が逮捕された直後の七月三〇日、胡仁源の署理校長職は解かれた——が、教育界が攻撃の目標であることには変りがなかった。八月二一日には五月の『益世報』に続いて進歩的新聞『京報』が封禁に遭い、「京中の報紙は安福と親日派の機関に非ざれば皆存立する能わざるの勢いあり」と評された。第二次請願では事実に反して北京大学が「風潮《さわぎ》の主動」と目され、胡適が「鼓動《せんどう》」者の一人として官憲に睨まれた。彼が主編する『毎週評論』は弾圧の口実をあたえぬよう細心の注意をはらっていたにもかかわらず、八月三〇日、「過激の臭味あり」として封禁され、主要な寄稿者の家は軒なみ捜索を受けた。一時は胡適逮捕の噂さえ流れたのである。(26) 九月三日には学生の政治結社、政談集会を禁止する京師警察庁の公函が、教育部を通じて各学校に伝達された。市民組織が弱体で社会的支援を欠き、しかも政府権力の完全制圧下にある北京で、学生連合会が従来の運動方針・形態を再検討しはじめたのも当然であった。

一一月九日午前、北京大学法科講堂に釈放された請願代表三一人を迎えて北京学生連合会の慰労大会が開かれた。冒頭、学連主席が慰労の辞を呈した。(27)

今回の請願は本来、国民の当然なすべきことがらであったが、敝会が種々の障害によって運動を共にできなかったことを、はなはだ申訳けなく思う。代表諸位はきっとその苦衷をご明察、ご諒承くださるであろう。これまで北京の各種の運動はあなたがた各地の全力をもってする支援を受けてきたが、今、敝会はすでに文化運動主義を確定〔抱定〕した。各地が一致行動し、隔閡《わだかまり》を棄てて斉心努力することを切に望むものである云々。

北京大学生であったが、請願代表一名を送りだした全国学生連合会の責任者の一人でもある康白情は次のように演説した。

今回の請願は二つの大きな成功をおさめた。㈠我われはかかる政府に絶対に請願できないことをはっきりさせ、この上ない自覚をもった。㈡今回の逮捕によって全国各界連合会という空前の大民意機関を結成（翌一〇日、上海で結成大会が予定されていた。引用者）したことがこれである。文化運動は総解決の方法であり、請願等々は零細な解決方法である。今後、我われは方針を確定〔抱定宗旨〕し、二つの方法を兼ね用いて進むべきである。(補3)

両者のあいだにニュアンスの相違があるのは云うまでもないが、北京学連が「文化運動主義」をもって「総解決」＝

根本改造を目指す方針に転換したことは明らかである。[28][補4]「神聖麺包」の運動はまさにその第一着であった。

三　「総解決」と「零細解決」

一〇月二日、請願代表が逮捕された次の日、支援のために北京に来ていた天津学連の周恩来らは、「声援」を依頼するため北京学連を訪ね、張国燾らと協議したという。双十節に北京、天津、済南、上海などで大規模な「示威游行《デモンストレーション》」を挙行し、辛亥革命を記念するとともに獄中の代表を「声援」することは、そのさいに決定したのだそうだ。[29] ただ前述のような北京の厳しい状況のなかで、「神聖麺包」の運動が、最終的には警察庁の許可を得て挙行できたのには、北京学連が第三次請願に加わらず、官憲の心証をよくしていたことが与かっているにちがいない。天津の警察庁長楊以徳が正面から学生デモを押えこみにかかったのとは対照的な対応であつたから。

それでは北京の学生たちによって「神聖麺包」にはどのような「文化運動主義」的な意義があたえられていたのか、ふたたび周炳琳の文章を引くことにする。「双十節と〈神聖麺包〉」と題する第二節である。

双十節は国慶日である。なにを慶《いわ》うのか。武昌で起義《ほうき》し、専制を打倒し、共和を建立したことを慶うのである。共和はその名を取るのか、それともその実を取るのか。もちろんその実を取る。武昌起義から民国八年十月十日までまる八年、共和の実があったろうか。どうしてあろう。これこのように一枚の看板があるだけだ——（その看板さえ）かつて二回引き下されたが、みんなが騒いだおかげでまた掛けなおされた。憐れなこの虚名だが、またぞろ復辟のもくろみがあると聞く。『少年世界』の青年よ、用心せよ——有名無実でどうしてよかろう。実をもつことを求めねばならない。どこから手をつけるのか、「工作《ろうどう》を分担し、所獲《しょとく》を分取する」ことから手をつけるのだ。「工作を分担する」とはみんなが手分けして生産し、力に応じて力を尽す〔有多少力尽多少力〕ということで、「所獲を分取する」とはみんながそれぞれに消費し、要《い》るだけ取用する〔要多少取多少〕ということである。「工作を分担する」と「所獲を分取する」とは相互に関連するものだ。必ず先に工作を分担して然るのち所獲を分取できるのであって、あたかも先に工作、生産があって然るのち所獲があり、消費ができるのと同じである。逆に言えばみんなが有《も》つために、みんなが働くのである〔因為要大家都有、所以要大家都作工〕。みんなが工作し、みんなが消費する、これはどういう境地か、共和ではないのか。この境地に達してはじめて「平等」「自由」「博愛」は根を下す〔有所付托〕のだ。どんな階級もないのだから、どうしてまだ軍閥や官僚があろう。だから「労工」こそ一切の問題を解決する鎖鑰《かぎ》なのである。「神聖」の二字を冠せずにおられようか。北京の学生は双十節の日、総出動して講演をし麺包を配った。麺包の上には「労工神聖」の四字の紅印を蓋《お》し、その数は十余万個。全城異常な騒ぎとなり、苦力たちはとりわけ大喜びだった〔弄得全城熱鬧異常。一般苦力尤其眉飛色舞〕。我われは何故双十節に麺包を配ったのか。「労工神聖」のこの四字でもって、北京市民に共和の意義を判ってもらおうと考えたからなのだ。――なにを共和と言うのか、共和国の国民はどのようでなければならないか。彼らに判ってもらうのである。麺包は工作によってできたものだ。工作なくしてどこに麺包があろう。麺包なくしてどうして生きていけよう。これが「労工神聖」の一好例である。そのため「労工神聖」の四字を麺包に印し、かつ市民たちにこれが「神聖麺包」だと説いたのである。

この名をつけた用意《ねらい》は「労工によって得た麺包は神聖なものである」、「我が神聖なる麺包は労《はたら》かざる者が掠奪することを容《ゆる》さない」という二重の意味を伝えることにあった。この二重の意味を成語で表わせば「己《おのれ》立たんと欲して人を立つ」となる。労かずして食する（者）あれば、必ず労いて反《かえ》って食なく、或いは食を欠く（者）あるを免れない。若し労働の成果〔労的果〕を、労く者が労かざる者の享有することを許さねば――老人子供〔老者少者〕で労けない者はむろん別だが――、遊んで暮す者〔游間的人〕(Leisure class) は存在しえない。遊んで暮す者が存在できなければ、階級はおのずから消滅する。かくてこそ真の共和なのだ。

周炳琳が麵包に押印された数多の字句のなかから「労工神聖」のみを取りあげていること、また彼の云う「分担工作・分取所獲」が「各尽所能・各取所需」(能力に応じて働らき必要に応じて取る) とまったく同義であることを注意しておきたい。彼にとって真の共和とは共産主義の実現にほかならなかった。[30] もちろんそれは短時日で実現できることではない。だがそれを目指して大衆的に一歩を踏み出した。だからこそ王光祈は「双十節の麵包運動」を「深遠」と意義づけたのである。

ところで冒頭に引用した『晨報』の編集余譚が学生たちのひく大車を「饅頭車」と記していたことを想起していただきたい。双十節当日の『申報』専電 (北京発午後二時) でも「学界十時より分出演説す。労働界に対し工人の宝貴および自存独立すべしの諸説を演講し、並《ま》た小饅首を贈る」[31] とあつて、「麵包」はパンではなく饅頭であったことを示している。考えてみれば当然のことで、当時の北京で一〇万個ものパンを、ひそかに、しかも短期間に調達できるはずはなく、また欧風のパンなら字句を押印するのも難しい。これは北京市民になじみの深い「マントウ」以外ではありえなかった。

それでは学生たちは、なぜそれを「麵包」とことさらに称したのか、ただちに連想されるのがクロポトキンの著作『麵包の畧取』である。[32]

「麵包よ、革命が要する所の者は実に麵包である。[33]」

この言葉はおそらく当時、北京の学生の口に膾炙するところであった。五四運動のなかでクロポトキンの思想、無政府主義の理念を語ることは流行の現象となっていたからである。

周知のように胡適は『毎週評論』三一号（一九一九年七月二〇日）に「多研究些問題、少談些主義」を発表し、いわゆる「問題と主義」の論争を引きおこした。彭明『五四運動史』（人民出版社　一九八四）などは、これを胡適のマルクス主義への挑戦として位置づけており、それはそれにちがいないのだが、当該時点では胡適の批判の矛先は、少くとも主観的には「無政府主義を高談する」連中に向けられていた。「一、二冊の『実社自由録』を買い、一、二冊の欧文の無政府主義小冊子《パンフレット》を読み、さらに大英百科《ブリタニカ》全書を繰ってみた」程度で「根本解決」を説く「懶《なまけ》」者と、その描写も具体的である。

これにたいし李大釗が「再論問題与主義」（『毎週評論』三五号　同八月一七日）で、ボルシェヴィズムを信奉する者として立場を明確にしつつ、反論を加えたことはよく知られているが、無政府共産主義の信奉者として[34]王光祈も「総解決与零砕解決」（『晨報』同九月三〇日）なる一文をものしている。

彼は言う、「総解決を主張する人は零細〔零砕〕な解決は無意味だ、実力を蓄えて根本から改造せねばならぬ」とし、デューイ博士は「世界には総解決ということはない、すべて時と場所とことがらに応じて一つ一つ零細に解決せねばならない」とする。自分はこの両方とも極端に過ぎていると考える。総解決＝根本改造論者にとって大事なのは、理想とする新社会の実現であって眼前の瑣事は問題でない、曹汝霖や章宗祥の打倒も外交問題も日貨排斥もかかわりのないことになるはずだが、実際には彼らもそこまでは割り切れない、首尾一貫しないのは理論に矛盾があるからだ。零細解決論者は小を見て大を忘れ、高遠な理念をもたず対症療法に終始することを問題の研究だと美化するなかで、社会の進歩を遅らせることになる。

たとえば前回、胡適之先生は「多研究些問題、少談些主義」で、我われに南北をいかに講和させるか、安福派をいかに解散させるか研究せよとされたが、それではお聞きしたい。南北の軍人が一時は喜んで和睦しても、また怒って戦いをはじめたとき、胡先生には彼らを「必らず和せしめ」「戦わさない」どんな方法があるのか。また安福派が解散しても、彼らはまた福安派を結成できる。……胡先生には彼らを再たび解散させるどんな方法があるのか。私はデューイ博士の講演を聴いたが、……もしその論法どおりにやって補正を加えなければ、その流弊たるや、必らず人類をして共通の最高の理想なく、ごく狭隘な、ごく無味乾燥な現実〔事実〕に局限せしめることになる。

彼は「一つの総解決をめざす理想の目的をもつとともに、着手するところがあること、すなわち総解決にかかわる問題を一つ一つ解決していくこと」が必要だとし、「総解決中の零細解決」を提唱する。

いま人びとが討論している「問題と主義」に私の主張を応用するならば、主義とは我われの理想とする目的＝総解決であり、この主義にかかわる問題を我われは一つ一つ解決＝零細解決しなければならないのである。たとえば社会主義を説く人にとって、社会主義の組織は彼らの理想＝目的である。激烈な者は「暗殺」「同盟罷工」の手段に出て資本家に反対し、強権を剷除する。温和な者は「新村」「工場工人自治制」の手段に出て学理を試験し、方法を討論する。それが彼らの着手するところ、すなわち社会主義とかかわる各問題を一つ一つ解決していくということである。だから私は現在の「紙上の社会主義者」にたいして、はなはだ危惧を抱いている。彼はただ理想＝目的のみがあって着手する方法をもたぬからである。

……我われ青年の大多数はまだとまどいの状況にある。「政治改革と社会改革」の問題だけでも、みな心中に疑問があるのではないか。

我われは政治から着手するのか、それとも社会からか。いまやまた「問題と主義」の問題が加わって、みなさらにとまどっている。主義を研究するのか、それとも問題を討論するのか。今日はまた「総解決と零細解決」も加わって、さらにますますとまどうのではなかろうか。

青年よ、我われはいまこの背水の場に陥って、天下に一人として靠《たよ》るべき者はない。我われ青年の自覚自決に頼るのみである。我われは純潔なる思想、正確な知識をもって根本の計画を建て、然るのち熱烈なる情感、堅固なる意志をもって一歩、一歩進んでいかねばならない。凡そ我われの根本計画と抵触するものがあれば、ごく零細な問題であっても、それを解決せねばならず、（そのため）身をもって殉ずるも惜しむところではない。もし我われの根本計画とかかわりのないことならば放《ほ》っておくだけだ。

青年よ、速かに根本の計画、理想とする目的＝総解決を立てよ。速かに着手するところ＝零細解決を求めよ。

王光祈（一八九二—一九三六）は当時学生のあいだで大へん影響力をもった人物であった。前出の「文化運動は総解決の方法であり、請願等々は零細な解決方法である云々」の康白情の発言も、王のこの文章を踏まえてのものであることは明らかである。彼は李大釗の支援をもえて、前年（一九一八）六月、少年中国学会を発起して籌備主任をつとめ、この年の七月一日にそれが正式に発足して以後は執行部主任を担当した。周炳琳、康白情それに北大学生事件で逮捕された易克嶷、孟寿椿らはいずれも結成時からの会員であった(35)。

彼が「紙上に兵を談ずる」類の社会主義者を批判し、人たる者、理想の目的にかかわって、かならず「零細」に着手するところを求めねばならぬ、と云いきったのは、その時点ですでに「能力に応じて働らき、必要に応じて取る」共産主義的共同体＝「小組織」の構想を練りつつあった自信に支えられてのことであったろう(補5)。それはまもなく「都市における新生活」（『晨報』一九一九・一二・四）＝工読互助団結成の提唱となつて世間の耳目を聳動することになる。

ところで、王光祈はまた理想とする目的を達成するために必要な「零細」な問題を、一つ一つ解決していくなかで、

「身をもって殉ずるも惜まぬ〔雖以身殉亦所不惜〕」と犠牲の精神を説いていることに注目したい。双十節の当日、警察当局が饅頭の押された字句のうち「打破軍閥」「労工神聖」「犠牲」の三種を抹消せよと、最後まで固執したことを想起していただきたい。「打破軍閥」は説明するまでもなかろう。「労工神聖」が睨まれた理由もこれまでの説明で十分であろう。では「犠牲」はなぜ危険視されたのか。前引の第三次請願団が釈放後に発表した「代表宣言」にあるように、それが「直接行動」と連結するものであったからにちがいない。

この時期に「犠牲」の意義を強調したのは李大釗であった。八月二四日に創刊したばかりの新文化普及の通俗週刊『新生活』は、その第八期（一〇月一二日付）を『国慶号』として数万冊を増刷した。[36]『新生活』は北京大学庶務主任で、かつ『毎週評論』の発行責任者でもあった李辛白が主編しており、李大釗も緊密に協力していた。[37]李辛白は張国燾によれば、五四運動にさいして救国十人団を提唱した人物で、革命実行家の称をえていたという。[38]前述のように神聖麺包の計画に深くかかわっていた李大釗は、同時にこの『国慶号』の企画にも参加したようで、守常と署名した「双十字上の新生活」なる一文と孤松の筆名を用いた「麺包問題」など三篇の短文とを寄せた。[39]

「双十字上の新生活」で、彼は『国慶号』の表紙に「連環式の双十字」と「博愛・自由・平等・犠牲」の四語がデザインされていることを取りあげ、この四大精神こそ新生活を創造し、民国を建立する基本であるとする。しかし自由も平等も博愛＝愛をもって基礎とし、愛は犠牲によって支えられるのだという。

この「愛」の字を実行するには必らず犠牲の精神がなければならない。人道を愛すれば人道のために犠牲を払い〔便該為人道犠牲〕、真理を愛すれば真理のために犠牲を払い、自由を愛すれば自由のために犠牲を払い、平等を愛すれば平等のために犠牲を払い、共和を愛すれば共和のために犠牲を払うのだ。愛の方法がすなわち犠牲であり、犠牲の精神がすなわち愛である。……我われが今日慶祝するところの民国はいったいどこからきたのか。

先烈たちの博愛の精神で創造されたものであり、先烈たちが自由と平等のために犠牲とした血によって栽培されたものなのである。

王光祈や李大釗の呼びかけに応じて、周炳琳も犠牲を恐れぬ実践を強調していた。第二節に引いた「請願と北京の学生」にはさらに次のような続きの部分があった。煩をいとわず紹介しておこう。

……我われの大切な〔所托命〕教育は近来つねに悪魔に蹂躙されている。湖南で湖北で安徽で福建で、最近は北京ででも教育費を剋克《ピンハネ》したり、学校を解散したりしている。我われが教育の根基を回復し、安定させ、さらにそれをいっそう発揚させようとするならば、引き続き奮闘して犠牲を怕れてはならない。彼らが頼みとするのは弾丸と白刃である。たとえ彼らが我われに向って手を合さずとも、我らには弾丸を浴び白刃を冒す決意がある〔吾們有食弾冒刃的決心、那怕他們不向吾們合十〕。弾丸を浴び白刃を冒すことをせずに、もっぱら代表を派遣して政府に、これを更迭せよ、あれを更迭せよと請求することに憂身をやつす〔做工夫〕、近ごろの湖南の各校の青年のようなやり方は役には立たない。中央におるのも各省におるのも同じもの、賊の仲間に賊を懲罰せよといってもどうして肯《さ》くものか。ちょっと油断すればひどい目に遭うぞ〔一不提防、便被暗算〕。

請願の青年よ、直訴〔叩閽〕の青年よ、請願すればするほど気分を害し、直訴すればするほど心が傷つく。こんな面倒なことをやるくらいなら〔既肯如此不憚煩〕、どうしてあの悪魔たちと死にもの狂いでやりあわないのか。ましてこの暗黒の世の中、霹靂の一声なくんば誰ぞ我らが訴え〔叫苦〕に耳を貸そうか。『少年世界』の青年よ、奮闘せよ、犠牲となれ、実践せよ〔実地做去〕、口頭禅をなすなかれ。

第三次請願を揶揄した部分もそうだったが、ここまでくるといよいよ独善的な評論である。周炳琳がこの文章を書いたのは、毛沢東が駆張〔敬尭〕代表団を率い北京に着いて（一九一九年一二月末）まもないころだったはずである。

彼らは請願のために新華門で立ちつくしたことが何度かあったという。湖南駆張運動の顚末に触れる余裕はないが、まさに破釜沈舟の態勢で上京してきた毛沢東らにとっては空疎なお説教、正真正銘の口頭禅であったろう。しかしそれはある程度、北京学生界の風潮でもあったようだ。その一年後に毛沢東はこう記している。[40]

去年在京中（一九二〇年初め――引用者）、陳賛周（紹休、新民学会員――同前）が「駆張」にたいして疑問を呈した。彼は我われが世界主義と根本改造を信奉するからには、目前の小問題、小事実には眼をくれるべきではなく、「駆張」せずともよいというのである。彼の言葉にはもちろん道理があるが、私の意見はいささか異なっていた。「駆張」運動や自治運動などは根本的改造を達成するための一つの手段であり、「目前の環境」に対応するもっとも経済的で、もっとも有効な一つの手段なのである。ただ条件が一つある、我われは終始（この種の運動の発起から終局にいたるまで）「促進」する立場にだけ立つべきだということだ。はっきり云えば、我われは政治の舞台に跳びあがって当局者にならない。……絶対に旧社会の習気に染ってはならず、とりわけ我われの根本の共同の理想と計画を忘れてはならない。

毛沢東にとって駆張運動のための北京行、それに続く上海滞在の約半年は、彼がクロポトキン崇拝者からマルクス主義者へ転換する上で決定的な意味をもった半年間でもあつた。その間、一九二〇年五月、彼は在上海の新民学会員と会務を討論し、学会は「ひかえめに着実に〔潜在切実〕、虚栄《みえ》をはらず、出しゃばらない」態度をとるべきだと申しあわせた。[41] 空疎な議論の横行に閉口した北京での経験が反面の教訓であったにちがいない。

むすび

一九一九年秋、五四運動、六三運動を闘ってきた北京の学生の多くは、「外　国権を争い、内　国賊を除く」闘争から、さらに社会の根本改造＝革命の追求を開始していた。目標にかかげたのは相互扶助を原理に階級と搾取を根絶した「労工神聖」の世界、共産主義の社会の実現であった。双十節における「神聖麵包」の運動は、まさにそのための大衆的なデモンストレーションにほかならなかった。

しかしもちろん国権を守り、国賊を除く課題が解決したわけではない。日本帝国主義と安福派の対独講和条約追加調印、山東問題直接交渉の策動を封じ、阻むことはなお緊急の課題であった。天津学生連合会が主導した第三次請願は、馬良懲罰要求の緊急避難的性格の第二次請願にたいし、追加調印・直接交渉反対をはじめ綱領的な五項目の要求をかかげ、政治の焦点を明らかにするとともに、学生・市民の運動の全国的結集、全国各界連合会の結成を連動させて、六三運動後の頂点を形成した。この点は従来の諸研究が高く評価するところである。

反面、同時期の北京の運動は七月の北大学生事件、双十節の「神聖麵包」運動をふくめ、わずかに大事記の類いに登場するだけで、ほとんど研究、分析の対象になっていない。第三次請願に北京学連が参加を拒否したという、今日の中国からすればショッキングな事件も、前述のように張国燾に悪役を押しつけ、その背景となった事情には触れようともしない。正面からこの問題を取りあげたのはおそらく小論がはじめてだと思う。

私の初歩的な結論はこうである。「神聖麵包」の運動は北京学連が「文化運動主義」に転換したのちの、はじめての大衆的実践であった。それはいわゆる問題と主義の論争を、主義の優位において大衆的に結着させたという意義をもつが、李大釗がそれにボルシェヴィズムの側から貢献したとすれば、王光祈も無政府共産主義の側から寄与したことを承認さるべきである。

革命＝社会の根本改造というはるかな目標をめざす小さな実践は、この前後から工読互助運動、各種の「新村」式運動、平民教育運動として開始され、次年一九二〇年には「到民間去《ヴ・ナロード》」が合言葉となる。しかし試行錯誤のなかでやがてマルクス主義が指導的理論として先進分子の受け容れるところとなり、中国共産党結成の準備がはじまる。

この間、根本改造を共通の目標とした青年たちのあいだでは急速な分化が進行した。初歩的共産主義思想からマルクス主義に進む者、アナーキズムに純化していく者、教育救国、科学救国など改良の道を歩む者、さらには旧社会の日常へ埋没してしまう者等々。小論に登場する人物では黄愛は初期の労働運動にその鮮血を灌ぎ、李大釗、毛沢東、周恩来、馬駿、劉清揚、張国燾、劉仁静は中国共産党に参加した。王光祈は一九二〇年三月、留学のためドイツに旅立ち、地中海の船上で前述のように五四の一週年を記念したのであるが、やがて音楽の研究に沈潜して無政府共産主義を語ることもなくなる。周炳琳、康白情は同じ北京大学の五四の活動家であった段錫朋、羅家倫らとともに、胡適らの推薦で上海財界人の潤沢な奨学金を得、一九二〇年夏、アメリカに留学する。当時、学生界で「五大臣出洋」と評された事件であるが[42]、その後は「根本改造」「総解決」を口にした形跡はない。

ただ、一九一九年秋の北京で、彼らをふくめて多くの学生が社会の根本改造＝革命を共通の目標としていたという事実はけっして動かない。五四運動はまさしく中国人民革命の出発点であったことを私は再確認しておきたい。

注

（1）『申報』一九一九・一〇・一二「北京通信（静観）」。『晨報』一九一九・一〇・一三「編輯余譚」。

（2）『申報』同前。なおこの日の「北京通信」には五種類、『民国日報』一九一九・一〇・一三「北京学界之大慶祝与悲劇」では別に三種類の伝単が転載されている。

（3）『晨報』一九一九・一二・三「国民公報案観審記」、一二・六「国民公報案前日判決」、一二・九「国民公報案之判決書」など参照。

(4)『申報』同前。なお学生連合会の通告、伝単五種および「分送麵包地域之説明」は付録として収録されているが、「通信」の記事部分には「遊行講演団為二十四組」「毎組随大車一輛載麵包五千枚」などと撞着する記述が見える。

(5)『申報』の特約記者胡政之(静観)も「通信」の内容、時期から見て、おそらく事前に学生連合会から資料の提供を受けていたと思われる。

(6)『民国日報』一九一九・一〇・一四「北京学生界之大慶祝与悲劇」。

(7)『申報』一九一九・一〇・一四「北京国慶日之学生大遊行」、『時報』同「北京特約通信」。

(8)『時報』一九一九・一〇・一四「北京特約通信」。

(9)『申報』一九一九・一〇・一二「北京通信(静観)」。「共須製麵包一二万五千枚価約五六百元」とある。

(10)編者の一人韓一徳女士が京都に来られたおり、資料的根拠を質したところ関係者の回憶録(おそらく稿本)であるとのことだった。

(11)『時事新報』一九二〇・六・一四「赴法船中之五四紀念会」。『留法勤工倹学運動』Ⅰ(上海人民出版社　一九八〇)に収録。

(12)『申報』一九一九・一〇・八「北京学生聯合会近状」。

(13)張静廬「五四期間北京第三次請願活動的回憶」(『五四運動回憶録』上　中国社会科学出版社　一九七九)。この文章は「解放後」に書かれたものだが、一九三八年に書いた『在出版界二十年　張静廬自伝』(上海書店一九八四再印)には「第一次派我們三個代表団的代表、去訪問北平学生聯合会的会長張国燾先生。他住在馬神廟、是北京大学的理学院学生。從他的談話中、堅決的反対我們這一次的継続請願運動。『我們北平的学生已経受過教訓了、這是与虎謀皮』。他不賛成這次運動、所以他不主張北平学生会再派代表参加。『但是我們決計号召全体学生和市民、在外辺加以声援。』因為北平学生界不参加、裴国雄也声明退出代表団回帰上海去了。」とある。なお、会議の場所が青年会であったか馬神廟(北京大学)であったか、証言が対立している(彭明『五四運動史』四二八頁参照)が、張静廬もこの文章では馬神廟に張国燾を訪ねたとしているのに注意。

(14)『申報』一九一九・一〇・四「北京通信(匆匆)」など。

(15)『民国日報』一九一九・九・八「体育場各界大会記」なお、引用個所を報道したことも『国民公報』の罪状となった。
(16)『時報』一九一九・九・二六「各界聯合会之籌備会」。
(17)同前　一九一九・九・二八「各界聯合会之成立」。
(18)同前　一九一九・一〇・五「各界聯合会紀詳」。
(19)同前　一九一九・一一・一三「津人歓迎請願代表紀」なお請願書の原文は同前一〇・四「新華門外之請願団」に見える。
(20)前出『在出版界二十年』六九頁。
(21)拙稿『救国十人団運動の研究』（京都大学人文科学研究所共同研究報告『五四運動の研究』第四函　同朋舎出版　一九八七）一四二頁に引く「黄龐事畧」参照。
(22)『中国工人運動的先駆』第一集（工人出版社　一九八三）「黄愛」。
(23)この事件に関して依拠した資料は左のとおり。『晨報』一九一九・七・二二「北京学生聯合会之両電」。七・二九「北大学生竟被捕矣」、七・三〇「再誌北大学生被捕事」、七・三一「昨日之教職員聯合会」、七・三一「北大学生之通電」、八・一「三誌北大学生被捕事」、八・二「北大学生被捕後之第五日」、八・五「昨日之教職員聯合会」、八・二一「北大学生案本日開始公判」、八・二二「北大学生案公判旁聴記」、八・二三「北大学生案公判情形再紀」、八・二四「北大在京学生共同投案」、八・二七「昨日北大学生案判決旁聴記」、八・二七「北大学生案之辯護理由」、九・二〇・二一「北大学生案判決文」、その他『時報』、『申報』、『民国日報』関連記事。
(24)張国燾『我的回憶』(一)（明報月刊出版社　一九七一）六〇〜六三頁。
(25)同前。
(26)『申報』一九一九・八・二五「北京言論界之阨運」、同九・五「北京通信（市隠）」、「北京毎週評論被封之因果」。なお「該報在京中銷至五十万份、衆視為京中最善之週刊」とある。発行部数は誇大に過ぎようが影響力の大きさは推測に難くない。
(27)同前一九一九・一一・一二「京津学界慰労請願代表記」。
(28)北京学連請願不参加を決定した九月二八日に、同時に北京中等以上学校学生聯合会の正式呼称から「中等以上」の四字を削除し、女校、小学校も加入できるようにすること、総務股を残すほか講演股、交際股などを廃止し、新たに教育、出版、実業、促進体育の四股を設けることを決定した。同時にまた各校に平民夜校を付設することも申合せており、「文化運動主義」に転換したのはこの時だと思われる。注（12）に同じ。

（29）諶小岑「関于署名〈李寧二〉那篇報導的写作経過」（『周恩来青年時代研究資料』3）。

（30）共和あるいはデモクラシーをこのように解することは、一九年夏から二〇年初めにかけて北京の学生のあいだでは一つの流行ですらあった。李新・陳鉄健主編『偉大的開端』（中国社会科学出版社　一九八三）一八七〜一九〇頁参照。

（31）『申報』一九一九・一〇・一一「専電」。

（32）日本では一九〇六年の英訳本から幸徳秋水が重訳し、一九〇八年、平民社から出版された（岩波文庫版、幸徳秋水訳『麵包の畧取』解説参照）。百部を配布したあと発禁処分を受けたが、中国人留学生の手にも渡っていた。中国では同じく英訳本から（梁）冰絃が訳し、第四章までを無政府共産主義者（劉）師復らのグループの機関誌『民声』の第五号（一九一四・四）から二九号（一九一六・一一）にかけて断続的に掲載した。『麵包畧取』の訳名からも知られるように、幸徳訳を参照したことは『民声』一八号の訳文の「師復付記」に明らかである。『麵包畧取』は一九二〇年二月、国務院が査禁した過激主義印刷物八十三種の一つにあげられており（『五四愛国運動檔案資料』中国社会科学出版社　一九八〇　六三三〜六三六頁）、単行本としても出ていることは明らかだが、時期ならびに全訳か否かは不明。

（33）幸徳秋水訳『麵包の畧取』（岩波文庫）八三頁。

（34）信奉者ということは〇〇主義者ということではない。当時の李大釗が階級闘争を社会組織改造の手段と考え、クロポトキンの互助の原理を人類精神改造の信条だと見ていたという点で、まだボルシェヴィキ（マルクス・レーニン主義者）だとは言えないように、王光祈も無政府主義者とは言えない。この時期の王光祈の思想については本書第八章にゆずる。なお『民国人物伝』第三巻（中華書局　一九八一）「王光祈」の項参照。

（35）『五四時期社団』（一）（三聯書店一九七九）二四四〜二四五頁「少年中国学会第一届職員名単」を参照。劉仁静も加入しているが、この時期以降のことであろう。

（36）『五四時期期刊介紹』第一集（人民出版社　一九五八）三〇〇頁。なお『国慶号』は双十節に間にあうよう繰上げ発行されたと思われる。

（37）『出版史料』一九八七年二期「先烈李大釗手札説明」。

（38）張国燾前掲書五八頁。

（39）『李大釗文集』下（人民出版社　一九八四）九六〜一〇〇頁。

（40）『新民学会会員通信集』第二集　二一〜二二頁。

（41）前掲『五四時期社団』（一）五頁。

（42）許徳珩『為了民主与科学　許徳珩回憶録』（中国青年出版社　一九八七）一三〇頁。

（補1）この事件は一二月、京師地方審判庁で有罪、三月、高等審判庁で逆転無罪、五月、大理院で再逆転して有罪が確定した。『時報』一九二〇・五・一八「国民公報案之判決」など参照。

（補2）『民国日報』一九一九・九・八「体育場各界大会記」。

（補3）実をいうと、この資料（注27）ははじめ『五四運動在天津』（天津人民出版社　一九七九）四〇三〜四〇五頁から転引した。成稿後、念のために『申報』覆印本の当該記事を照合したところ、康白情につづく張国燾の発言が省略されていることに気づいた。「次張国燾演説。謂今後所当為者個人方面則竭其所能而為之。如長於実業則尽力於実業之提倡等是也。羣衆運動大約有三種。（一）普通選挙（二）解放（三）労働運動是也」。簡単な要約で十分には要領をえないが、労働運動を大衆的な課題として掲げている点が注目される。なおこの時、彼はすでに北京学連の役職からは離れていた（張国燾前掲書六五頁）。

（補4）一〇月二六日、北京大学学生会評議部成立大会で主席方豪は開会詞で「吾人以後救国之根本方法為文化運動。欲使国民人人悉能為共和国之健全分子、以実行真正的平民政治、非一朝一夕之能所達。此学生永久機関組織之所由来也。自五四後、学生挙動、咸為世人所注意。吾校尤占重要之地位。此後責任、更為重大。宜発揮奮闘犠牲互助之精神、以期達救国之目的云云」と述べた。「犠牲」が強調されていることに注意。また許徳珩は「学生等以後之急務為文化運動。一社会的。（甲）平民

学校（乙）平民講演（丙）発行月刊。二国際的。辦通訊社、以流通国内外之消息」と演説した。文化運動主義の大体の輪廓をうかがうことができよう。『晨報』一九一九・一〇・二八「北大学生会評議部成立」、『民国日報』一〇・三〇「北大学生評議部開幕」。

（補5）『国民公報』の罪条の一つに九月一五日の評論欄に載った「新人与新生活」なる一文がある。「略称、現在我們青年中、想做新人的人、就是想做自己的人、真危険呵。我們想做自己的人、定要同旧社会奮闘。打殺囚辱固是我們意中事。又称、所以総想我們同志中之青年、応当有種正当的集合。或為新村、或為新社会、成立一種共同生利共同消費的生活。有可為的時候、其中一部分人、可以単刀匹馬直入社会奮闘、従裏殺出、不致於有一種生活顧忌。到旧社会裏万不能容我們的時候、我們退出来在這種集合裏、還有我們自己的同志、自己的生活。站在旧社会旁辺、従外殺進同他奮闘、是永久不変等語」。治安を妨害するものとされた個所の一部であるが、これまで理想主義的、空想社会主義的実験とみなされてきた新村運動、工読互助運動のなかに、革命闘争の拠点づくりという発想もあったことを示している（『晨報』一九一九・一二・九「国民公報案之判決書」）。

第八章　五四運動前後の王光祈

はじめに

一九八九年は現代中国の起点となった五四運動の七〇周年であった。これを記念する中国社会科学院主催の学術討論会に招かれて参加した私は、五月四日の当日、第二の五四運動を自負しながら、天安門広場に続々と繰りこむ学生の隊伍を目のあたりにし、五日から開かれた学会では、七〇年前に五四運動の掲げた理念と現実の中国を対比しつつ、自国の当面および今後の課題について議論する、中国の学者たちの熱気に圧倒された。

五四の精神は生きている、というのが私の実感だった。五四の学術討論会ははたして開かれるかどうか、危ぶむ声が中国の学者のあいだにあったことを、私は知っている。今、五四運動を顕彰するのは適当でない、と当局者は考えるのではないかというのであった。その懸念は当たらなかったが、フランス革命が二百年をへて、なおその「自由・平等・博愛」のスローガンがインパクトを持つように、「民主と科学」「社会改造」を標榜した五四運動は、中国革命という中間点を経過してなお、さらなる責務を新たな世代に課しているのである。

それでは、五四の精神とはなんだったのか、私はそれを解明する作業の欠かせぬ一環として、王光祈を取り上げてみることにする。五四運動がやろうとしてやりおうせず、従って今日にまで残されている課題はなにか、その一端もここで明らかにしてみたいと思う。

王光祈（一八九二・一〇―一九三六・一・一二）、四川温江の人。字は潤璵、筆名若愚、五四運動期の有名な社団・少年中国学会の中心的指導者として知られる。かれがドイツ、ボンで客死したことが報ぜられると、少年中国学会の旧同人をはじめ中国文化界の有志たちは、成都・南京・上海であいついで追悼会を開き、『追悼王光祈先生専刊』（一九三六年四月　成都）（未見）、『王光祈先生紀念冊』（三六年刊）を刊行して、かれの功績を讃え、その人柄を偲んだのであった。

しかし、中国革命後、かれにたいする評価はかならずしも高くはなかった。国民政府統治下の台湾では、七〇年代に郭正昭が大作「王光祈与少年中国学会（一九一八―一九三六）――民国学会個案之一」（『中央研究院近代史研究所集刊』第二冊　一九七一）、『王光祈的一生与少年中国学会』（林瑞明と共著　百傑出版社　一九七八）を発表し、忘れられた「怪傑」と「五四人」の理想の顕彰に努めたが、王光祈の活動と思想を社会改造から文化的な民族復興運動への回帰過程としてとらえ、かれが五四運動期にまぎれもない社会主義・無政府共産主義の信奉者だった事実を考察範囲の外においてしまっている。これはもちろん、一時、五四運動そのものが研究上の禁区ですらあった当時の台湾の政治状況とからんでのことだったろう。

中国では八〇年代に入って、ようやくかれに光が当てられる。中国科学院近代史研究所が編纂している『民国人物伝』第三巻（中華書局　一九八二）に、初めて李義彬「王光祈」が現れ、ついで畢興・韓立文「王光祈」が『四川近現代人物伝』第一輯（四川省社会科学院出版社　一九八五）に載った。そして朱正威「五四時期王光祈的思想剖析」（『近代史研究』八八年四期）にいたって初めて専論が登場するのである。もちろん中国では五四運動自体は大いに顕彰されており、毛沢東・惲代英はじめ多くの共産主義者が参加した少年中国学会の歴史的な役割も高い評価を受けてきた。そのかぎりで王光祈もしばしば言及はされたが、中国共産党の立場からすれば、所詮、異端に属するというわけで「樹碑立伝」の対象にはならなかったのである。開放・改革の路線がうちだされ、研究上の「禁区」がせばまった近年、かれに対する肯定的観点からする伝記、論文が現れるようになったとはいえ、量的にも質的にも十分とはいえない。

本稿は、五四運動前後、北京の学生たちのあいだで隠然たる影響力をもち、李大釗とその点では比肩し得る存在であった王光祈の活動と思想を考察することを目的とする。時期は一九一八年、少年中国学会の発起から、二〇年四月、かれが渡欧のため中国を離れるまでの間に限定されるが、郭正昭氏が利用できなかった『毎週評論』『晨報』などの資料を用い、朱正威氏の大刀闊斧が薙ぎ残した部分を刈り取ることで、多少の新味は加え得たはずである。おおかたのご叱正を待ちたい。

一　少年中国学会の発起

王光祈は没落した世家の子として生まれた。父はかれの出生以前に若くして世を去り、母の手で育てられたが、残された「家産はせいぜい銀三、四百両。固定収入は温江縣城外の鍋廠から入る毎年二〇数貫文の賃貸料のみ(1)」とあって、苦しい生活の日々であった。幼時は母に手ほどきをうけ、やがて私塾に進み、一九〇七年、挙人で高名な詩人でもあった祖父王沢山の受業の弟子・四川総督趙爾巽の援助をうけて成都に出、〇八年、成都高等学堂分設中学に進学した。郭沫若、李劼人、周太玄、曾琦、魏嗣鑾らが同級生におり、やがてかれと交友を深めることになる。在学中、一〇年、母の命で妻をめとり、二児をもうけたが、いずれも夭折したという。

一九一三年、中学を卒業、新聞社でしばらく働いたあと、一四年春、妻（母は前年に死去）を郷里に残して北京に出、中国大学で法律を専攻した。この間、趙爾巽のつてで清史館の書記として勤め、また成都「群報」、ついで「川報」の駐京通訊記者を兼ねて半工半読の生活をすごした（一八年七月卒業）。かれの思想、生活態度が大きく転換、飛躍したのはこの時期のことだったと周太玄は証言する[2]。

民国三年の春、私が上海で勉強していた時、光祈から長文の手紙をもらった。四川瀘縣の道尹公署から出したものだった。それにはびっくりするような、しかし貴重な、当時の中国の社会・政治・文化についての多くの見解が表明されていた。徹底的に現状を打破し、新しい道を創造せねばならぬというのが、かれの結論であり、今日流に言えば非常に左傾していた。これは私がかれと五年間、学業をともにしてこのかた、初めて知ったことであった。……

民国四年、かれは北京の中国大学に進み、私は民国五年秋、北京に往ってかれとまた顔を合わせた。かれは中学時代とはまるっきり別人のようで、生活は非常に規則正しく、しごとはきわめて細心、つねに両眼烱々として内に秘めたるものを窺わせた〔内蘊甚強〕。その時、私と潘力山とは京華日報で編輯の任に就いていたので、かれに頼んで協力してもらったのだが、その数ヵ月間の交友〔聚会〕は、われわれにとってもっとも記念すべきものであった。かれの風流不羈の性格はたまさかに発露されたが、その自己抑制の力も小さくはなかった。ある時、かれは二〇余元の収入を得た。すじから言えば、それをかれの愛人に貢ぐべきであったが、かれは一晩、思い悩んだ挙句、ついに毅然として商務（印書館）出版の『外交月報』の揃いを買い、かつその愛人と関係を絶ったのである。この件については、私もいささか労は尽くしたが、崖っぷちで手綱を引き絞る、かれの意志力はたいしたものだった。

変り者〔冷僻〕ではあったが、「書を読み、詩を作り、女の話に興ずる」ぐらいの印象しか級友に残さなかった王光祈が、(3)突然に変貌した契機がなにか、「左傾」思想の内容がどんなものであったか、詳らかではない。多分、辛亥革命後、劉師復らが宣伝を始めた無政府共産主義の影響を受けてのことではなかったかと思われるが、心社戒約に見られるような禁欲主義をただちに受容してはいなかったことは、周太玄の洩らす愛人をめぐるエピソードが示すとおりである。なお、かれが中国大学で専攻したのは国際法・中西外交史であった。その選択に救国主義的動機のあったことは、まず間違いなかろう。

しかし、多分、その愛人と手を切って後のことと思われるが、かれは自身がどれほどの禁欲的生活に耐えられるのか、実験を試みたことがあったらしく、(4)無政府主義への傾倒が急速に深まっていったことをうかがわせる。

僕は北京でかつて一日銅元四枚の生活をしたことがある。その時、僕は毎月三〇元の収入があったが、質素〔倹朴〕な生活の訓練をしてみたのだ。朝と夜の飯はどちらも街頭の極ごく廉い露店〔飯攤〕で、普通の人力車夫と肩を並べて食ったが、銅元一個の窩窩頭、銅元半個の小菜（漬物）で毎日満足していた〔吃得甚飽〕。かくすること二ヵ月、僕は物価が高いと言われる北京でも、毎月（銀元）一、二元の生活費でやっていけることを知ったのである。

かれが北京で半工半読の生活を始めて以後、欧州大戦の勃発、日本軍の青島占領・山東制圧に続いて、一五年には二一ヵ条要求と袁世凱の対日屈伏、洪憲帝制の策謀と第三革命、一七年には張勲の復辟と安徽派政府の対独宣戦、そしてロシアでの帝制崩壊、一〇月革命と、中国・世界をめぐる情勢は急速な展開を見せる。一八年、ロシア革命への軍事干渉を口実に日本帝国主義は段祺瑞政権と日中軍事秘密協定を結ぶが、これを二一ヵ条要求のうちで保留された第五項の実体化であるとして、日本留学中の中国人学生が反対運動を起こし、五月、留日学生救国団を組織して一斉帰国し、民族の危機を訴えて警鐘を鳴らした。東京留学中だった王光祈の旧友・曾琦（慕韓）は、その指導者の一人だった。

王光祈は留日学生の帰国を迎えて、「吾党今後進行意見書」一冊を提出し、「同人の今後の活動は系統的で、かつ秩序あるものたるべきを力説し、学会の規約大綱数十条を起案した」[5]。東京の曾琦らもかねて志を同じくする者と「真正の学会」を結成し、「切磋の実効を収める」ことを構想しており[6]、王光祈らとも意見の交換があったと思われるが[7]、このときまず雷宝菁（眉生）を先に帰国させて（五月一〇日、東京発）王との協議を当たらせ、曾琦、張尚齢（夢九）も北京に赴いて（六月二五日到着）、六月三〇日、少年中国学会の結成を申し合わせたのである。議に与ったのは、王光祈・周無（太玄）・陳淯（愚生）・曾琦・雷宝菁（眉生）・張尚齢の六人、さらに李大釗を迎えて七人が発起人となった。この間の事情を周太玄はこう述べている[8]。

光祈の理想はかれら（陳愚生、雷眉生ら）との協議をへて、だんだん具体化した。のちに、夢九・慕韓も北京に来て、私たちは南池子の愚生の家や中央公園などで相談を重ねた。光祈と慕韓の見解もしだいに一致し、慕韓・眉生・夢九たちの少年中国主義を承認し、自分は若干の左傾過激の主張を犠牲にして、理想に到達する路を確定した。そこで、かれが吾党今後意見書を書き上げたが、これこそ学会の先声にほかならない。かくて（民国）七年六月三〇日の岳雲別墅の会議があった。

王光祈が「犠牲」にしたという「若干の左傾過激の主張」の内容は明らかではない。周知のように、「少年（青年）の精神を振作し、真実の学術を研究し、社会事業を発展させ、末世の風気を転換させ」、二〇世紀に適合した〝少年中国〟を創造することが学会の宗旨であり、「奮闘・実践・堅忍・検朴」が同人の信条として掲げられた。この宗旨は一九年七月、学会の正式発足のさいには、「科学的精神にもとづき、社会的活動をなして、〝少年中国〟を創造する」

に改められるが、周太玄の示唆するように、ある意味で妥協の産物であったことは間違いなかろう。王光祈自身も一九年一月二三日、上海会員との懇談の席で「本会会員には国家主義に傾く〔偏重〕者、世界主義に傾く者、アナーキズムに傾く者があって一致できないし、亦強いて一致させられない。ただ、本会がひとつの団体を形成するからには根本は完全に同じである」と学会の宗旨を説明し、「根本が完全に同じであるからには、いわゆる主義は末節にすぎない」と言い切り、(9) 五四事件の直前にも、同人中に「英米式の民主主義の組織が二〇世紀に適合するとする者」、「ロシア式の社会主義の組織」がそうであるとする者、いや「アナーキズムの組織」こそそうだとする者など、最初から意見の分岐が存在することを承認している。(10) さらに重ねて同じ年の一二月にも、会員の「国家主義、社会主義、アナーキズムへの態度」は一致しておらず、「しかも、各会員は自己の信奉するところの主義に対して、きわめて確信的であり、徹底的である」、にもかかわらず、会員相互の「感情がたいへんよく融和している」のは、「共通の指向、すなわち皆が努力・前進していく目標〔標準〕」があるからだと、むしろ誇らしげに述べている。(11)

なぜ、主義は「末節」なのか、かれのいう「根本」「共通の指向」とはなにか。「各種の主義にはそれぞれ専門の訓練が要る」が、「主義の如何を問わず、共通して必要な訓練もある。集団〔団体〕生活・労働の習慣などがそれである」。「ずばりと言えば、国家主義・社会主義・アナキーズムはみな、人類の組織の一種であるが、現在の中国人は〝人〟として具備すべき性格と習慣を欠いており、これに〝人類〟の組織に従事することを求めてもできようはずがない」。「まず中国人一人びとりを完全な〝人〟にしてあげて、主義はその後に論じようというのだ」。「少年中国学会の任務は各種の主義が共通に必要とする準備の仕事〔予備功夫〕に従事することにある」(12)。

王光祈は学会成立の直後に執筆した「『少年中国』の創造」（『少年中国』一巻二期）で、「私は大同世界を夢見る者である」と自認したうえで、こう書いている。「世界大同の状況を造り出すためには、ぜひともまず中国というこの地域を大同世界の一部たるにふさわしく造成しなければならない」。中国「人民の風俗・制度・学術・生活等々」を「世界人類進化の潮流に適合」せしめることが、私にとって「世界改造への着手点」にほかならない。ところが、現在の中国は非衛生的な家屋に病臥する病人のようなもので、治療法（主義）を論議するより、衛生的環境に移すことのほうが先決である。「私は今はただ、病室を掃除する下僕、養生・予防の方法を優しく言いきかす看護婦となり、この病人が自分から養生・予防を願い、自分から進んで薬を飲むようにさせたいだけだ。衛生に適した環境を造り出して、はじめて病気治癒の希望を持てるのである。言い換えれば、これこそがあらゆる主義を解決するうえでの先決問題なのである」。

「第一にわれわれ『少年中国』の少年は創造的生活を営まねばならない」。「現代の中国人はただ易きに就く〔占便宜〕ことのみを知って、苦心経営する創造の生活を知らない。国故党は……言うまでもないが、維新党を号する者も、今日はアメリカ憲法を引き写し、明日は英国の政治を模倣し、今日はマルクスの社会主義を歓迎し、明日はクロポトキンの無政府主義を歓迎する。やれカントだ、やれデューイだと、終日歓迎するばかりで、けっして自分で創造しようとは考えない。こうした維新党のやりかたも易きに就く典型ではないか。これこそ中華民国の青年の絶大なる恥辱ではないか！」「創造の能力なくしては、いかなる主義といえども役には立たないのである」。

「第二にわれわれ『少年中国』の少年は社会的生活を理解しなければならない。社会的生活とは、簡単に言えば、共同生活・互助的生活にほかならない」。「現在の中国人はたがいに騙し騙されつ、まったく互助の道理を知らない。知識階級の者は労働階級にたいしてまったく関心を寄せず、そのほか官と民、男と女、富者と貧者、各々に世界をなして疎通交流の方法がなく、階級思想・部落思想は非常に強い」。「こうした状態でなお進化の希望があるだろうか？どんな主義が入ってこようと実施はできない。およそ民主主義を提唱する人は、人々に徹底して社会的生活の意義を理解させることなしには、永久に民主主義の目的を達成できないのである」。「第三にわれわれ『少年中国』の少年は科学的生活に合致しなければならない」。「われわれが現在、科学的生活を提唱するのは意識的生活・合理的生活を営むことを主張するのである」。「みんながまだ鬼神を信じ、古説に盲従し、現状を命運に委ねて永遠に改良しなければ、どんな主義が入ってこようと実施はできない」。

かれはこの三種の創造的・社会的・科学的生活を「少年中国主義」と名付ける。その実現の方法は「簡単に言えば、（思想の革新・生活の改造を通じて）われわれ青年と一般の平民——労農両界が一つになること〔打成一片〕であり、かつ青年の国際運動をおこす」ことだとされた。

当初、曾琦らの抱持していた少年中国主義がどのようなものであったかは詳らかでない。だが「永く陸（象山）王（陽明）の学を崇めて以て心を治め、仍お曾（国藩）胡（林翼）の説を採って以て世を淑せん[13]」と期していた曾琦のことであるから、国粋的な国家主義路線であったことはまちがいなかろう。王光祈はその呼称を受け入れ、その実質は換骨奪胎的に自己の主張を貫き、少年中国学会全体をリードしようとした。「本会が初めに発起したとき、なお一、三国家主義を主張する人があったが、三年来の醸成を経て、みなあっさり〔慨然〕とその主張を棄てた。だから今日では会中、主義を標明はしないが、各人の信奉するところは少なくとも〔起碼〕社会主義であり、一致できぬのはその実現の方法およびその組織だけである」と、一九二一年一〇月には書くことができたのである[14]。

前述のように一八年六月三〇日、学会が発起されると、王光祈は籌備主任に選ばれ、学会の発足にむけて全力を傾注した。一九年五月、五四運動が起きると、在北京の会員の多くは学生運動の指導、全国オルグなどの活動に専念し、少年中国学会の会務はほとんどかれの独力で支えざるをえなかった。そのなかで一九年三月から『会務報告』一～四期を出し、学会が四二人の会員で正式に結成された七月からは執行部主任兼総務股主任兼月刊編輯員として機関誌・

月刊『少年中国』の掛け値なしの定期発行を堅持した。労力だけではない。一九年六月三〇日までの籌備期間一ヵ年の総支出一七八元一角のうち、一〇六元九角五分はかれ自身の負担するところであった[15]。そのかれの奮闘ぶりを当時、北京大学の活動家であった少中会員の孟壽椿はこう述べている。(「五四運動時代王光祈先生奮闘生活」『王光祈先生紀念冊』)。

五四運動前後、中国青年の知識欲は非常に旺盛で、世界の新知識・新学説はありったけ無制限に中国に輸入された。出版物も簇出したが、そのなかでもっとも早く、もっとも有名な月刊は『新青年』『新潮』を除けば、『少年中国』『少年世界』(少中の第二機関誌、名義上は少中南京分会の編輯、一九二〇年一月創刊——引用者)である。この両雑誌の材料は学会会員が供給したのであるが、経理と編輯の大部分の責任は光祈先生の独力で担う所であった。かれの原稿催促の腕前はたいしたもので、直接取りにいったり、手紙で要求したり。百人足らずの会員で二つの定期刊行物をちゃんと維持し、充実した作品が多かったのは、ひとえに光祈先生の督促の力によるものであった。しかもかれは東奔西走して会務を処理し、会員間の感情の融和・疎通に努めた。会員たちはかれの誠実懇切な態度に感じいり、たがいに兄弟のごとく親しみ、後に……分化が起こってそれぞれの路を歩むこととなったが、私的には良い感情を保ち続けた。

同じく会員の李璜は十八年の秋にフランス留学の出国手続きのため上京して、はじめて王光祈と識ったのだが、初対面の印象はこうだった(「我所認識的光祈」同前)。

その顔は面長で紅く、その目は炯々として輝き、まだ三〇歳にならぬのに頭髪はすでに薄くなりはじめていた。古外套でその長身を包み、満面笑みをたたえて話すのだが、内容はまじめな(少中の)会事ばかり、夢中になってすれ違う人びとには目もくれなかった。

『新潮』同人で少年中国学会には加わらなかった傅斯年は、かれの他の一面を伝えている(「追憶王光祈先生」同前)。

私が王光祈先生を識ったのは、たぶん民国七年であったろう。はっきり覚えているが、それは北京大学図書館主任李守常（大釗）先生の部屋でのことだった。守常の部屋は当時、われわれ友人たちのクラブも同然で、気兼ねなしにお喋りができた。ある日、王光祈先生と出くわしたが、うっかり冗談もいえぬ感じで〔覚得他不易言笑〕、守常の部屋の、いつもの一種放肆な雰囲気がいっぺんに厳粛になった。後で守常が私に言うには「光祈は考えも深く行動力もある青年で、国家主義にかぶれたり、梁任公の文章を真似たりする手合いではない。君等は友人になれるよ」と。その後、往来が重なり理解が深まると、光祈が独自の品性をそなえ、事業を成しとげうる人物だと識った。(16)

周知のように、一九一七年、惲代英らは武昌で修養団体・互助社を結成し、一八年、毛沢東らは長沙に同じく新民学会を創立し、北京大学では校長蔡元培の提唱のもとに進徳会が発足した。いずれも旧社会を改造するためには、まず個人生活を改造し、非妥協的な主体性を確立せねばならぬとして起こったものであるが、少年中国学会はその気運を集大成するものとして発起された。ただ、日中軍事秘密協定に反対する留日学生の一斉帰国運動がその契機となり、五四運動のさなかにその成立をみるなかで、人びとの社会改造にたいする意識はいっそう鮮明であり、思想はすでに分化を始めていた。それを共同の綱領・宗旨と信条のもとに統合して、少年中国学会は活動を始める。入会資格に厳しい条件があり、会員は前後一二一名に止まったが、それまでの新文化運動が北京大学系統の主導のもとにあったのにたいして、優れた青年運動の指導者を全国的に網羅することによって、学会は会員の数では量られぬおおきな影響力をもった。王光祈は一九二〇年四月、留学のため故国を離れるまで、名実ともにそのリーダーだったのである。

二　五四運動前夜の思想

さて、前述のように大同世界を夢見ていたころの王光祈の思想はどのようなものであったのか。李劼人が主筆を務める成都『群報』に、一九一六年から北京の政局をめぐって、かれが通訊記者として送った「早く多く、また力もあった」という通信、一八年夏、『群報』が「言論激烈」を理由に発禁となった後、同じく通訊記者として『川報』に送った記事、ことに五月四日みずからデモに加わってその詳報を送り、「大きな爆弾を投じたも同様の」反響を呼んだという通信も、(17)今は目にすることができない。かれの当時の思想を探る手がかりとなるのは、前出の『少年中国学会会務報告』『少年中国』に載せた文章および『毎週評論』、北京『晨報』に寄稿した文章だけである。

一八年一二月、陳独秀・李大釗らによって評論誌『毎週評論』が創刊されると、かれは主要寄稿者の一人となった。今、目にしうるもっとも早い時期のかれの論文は、その第二号（一九一八年一二月二二日）に載せた社論「国際社会之改造」である。自分は「永遠の平和を主張し、国境［国界］を打破しようとする者で、国境もないのに国際なんかあり得ようがない」。したがって国際社会といった呼称は使いたくないのだが、「今は適当なことばがないので、かりに借用しておく」と断った上で、次のような議論を展開している。今次大戦後、戦勝列強は例によって例のごとく、戦利品の分けどりに熱中しているが、やや意を強くさせることが二つだけある。第一はロシア、ドイツの革命と社会党の躍進であり、第二は国際連盟［国際大同盟］が成立しようとしていることである。いずれも人類進化の軌道上にあるもので、今次大戦の成果と言ってよい。しかし、現実の国際連盟に幻想は抱いてはならない。現に日本の浮田和民は新アジア主義を提唱してアジアの現状固定を図っているし、イギリスは海洋自由の問題で、アメリカは人種問題で、それぞれ利己的立場に固執している。政治家・資本家・軍閥・貴族をバックにした野心家の政府が、国家を代表して結ぶ国際連盟は信用できない、かれらは「大戦が終わったばかりだというのに、もう第二次大戦の予約券を買っているのだ」。

王光祈が対置するのは、「国境・人種の現状を打破し、資本家・軍閥・貴族の威権を一掃し」、各地域［地方］の自治団体が連合して作る「国際社会」である。

たとえば、直隷省地域に直隷自治団体を組織する。この自治団体はわれわれ勤労者［工人］がみずから連絡しあって組織したもので、経済上のいっさいの支配は、みなわれわれが自身でとりしきり、能力に応じて働き必要に応じて取って［各尽所能、各取所需］詐欺取財の資本家とかの万悪の政府の手は、いささかも借りない。私の言う勤労者とは、知力を用いると体力を用いると、人にたいし直接に有益であると間接に有益であるとにかかわりなく、この直隷の域内で働く者でさえあれば、イギリス人、アメリカ人、日本人、朝鮮人を問わず、すべて直隷自治団体の一員とみなされる。能力を持ちながら、ただ消費するだけで生産しない者［分利而不生利的人］は、たとえそれが自分の父母妻子であっても排斥されねばならない。かくすれば国際間の猜疑も野心もみな消滅し、国際法・国籍法とかは廃止され、兵工廠、法律館は店仕舞いする。わが中国では少なくとも三億の穀つぶしども（官吏・議員・軍人・僧侶道士・土匪等）が職業を変えねばならない。

自治団体で国際社会を組織するなど夢想ではないのか。かれは権謀術数のうずまく国際間にあってさえも、なお万国電信同盟、郵便同盟など人民に直接、間接の利益をもたらす多くの国際組織がすでに成立していることを例に挙げて、その可能性を説く一方、「万悪」の政府で組織する万国和平会議の欺瞞性を歴史的に論じ、まもなく開かれるパリ講和会議も「おそらくまた、人を殺すにはどこからメスを入れるべきか、他国を滅ぼすにはどこから手を付けるべきかを研究する」のが内容になるだろうと予言する[18]。

今回、米大統領の提唱する国際連盟には、多くの国がまだ大いに難色を示しているようだ。かれらがもし私のこんな主張を耳にしたら、仰天するにちがいない。しかし、私は一介の「労動家」で、これを実行するよう世界人民に強要する力もなければ意志もない。ただ世界人類には現在の境遇をよくよく考慮してもらいたい。これで満足していたり、まあまあなんとかやれるとしているなら、それまでのこと。もし世界の永久平和を謀り、人類の切実な幸福を得ようと願うのなら、大胆に立ち上がるべきだ。われら大多数の平民の生活はわれら平民がみずから改造できるものであり、けっして天生のものではないし、貴族が賜ったものでもないのだ。貴族のばらまく運命論のデマを信じてはならぬ。もしみんなが今のように因循姑息、覇気を欠くようだと、地球には住んでおれない！　二〇世紀の文明は永遠に産み出せない！　今度の大戦で死んだ人は無駄死にになる！　人類は進化しないからには絶滅の道しかないのだ！

王光析は国際連盟と同様、アメリカ式の政治的民主主義［民本主義］の欺瞞性をも鋭く衝く[19]。

アメリカ人は拝金主義によって世界無敵の財閥を造りだした。一般の平民はこうした財閥のもとで生活し、われわれが軍閥のもとで生活するのと同様の苦痛を受けている。だから今、アメリカはきわめて厳しく無政府主義、ボルシェヴィズムの輸入を取り締まっている。もし国内にまったく不公平現象がなく、みな安居楽業しているのなら、どうしてこんなに社会革命を恐れるのか。将来、アメリカでの社会革命はきっと他国より激烈であろうと予測する人がいるのは、このためなのだ。思うに一般の人の生活ともっとも関係するのは経済組織であり、政治的民主主義を提唱するよりは、経済と関わる社会的民主主義を提唱すべきである。

外交問題研究のため世界の大勢に留意するなかで、「知らず知らずのうちに社会主義の魔術にかかった」と自認するかれは[20]、前述のようにロシア、ドイツの革命運動、各国における社会党の躍進に期待し、その成否に「人類の自覚の程度如何」を見ようとしていた（前出「国際社会之改造」）。だが、ロシア革命への評価は賛美から批判へ、短い期間に大きく変わる。

かれはその評論「国際的革命」（『毎週評論』一〇号　一九一九年二月二三日）で、革命のインターナショナリズムに大きな期待をかけた。文中、一九一五年から一九年一月二五日、ロシア、ドイツ両国の「過激派」がモスコーで「国際革命党」を結成するにいたるまでの、欧州大戦中の国際社会主義運動を紹介した後、こう述べている。

一九世紀のフランス人民は、君主の専制に耐えきれず、ついに国内の革命を起こした。二〇世紀の各弱国の人民は、強国の圧迫に耐えきれず、ついに国際的革命を起こした。革命の対象は強権であり、革命の希望は自由である。……

国際社会党の活動の最大の目的は人類大多数の幸福を求めることにある。かれらが最も憎むのは強権であり、強権でありさえすれば、国境・人種・宗教・言語・文字の相違を問わず革命に赴き、自由のためでありさえすれば、その民族の強弱大小を問わず支援に赴く。ある時は甲国の社会主義者が、乙国の社会主義者を援けて乙国内の強権を打倒し、ある時は甲乙丙丁各国の社会主義者が、連合して戊国の強権を打倒するといったことも、十分にありうるのである（他国では人民の頭上に一重の強権があるだけだが）われら中国人の頭上には各国に比べて、もう一重よけいに国際的強権がのしかかっている。各国の国際社会党とわが中国の国際社会党が、まずこの国際的強権を打倒するよう希望するのは当然である。これこそ私が国際革命を主張する本旨［意思］である。

つづいて、かれは「俄羅斯之研究」（『晨報』「自由論壇」一九年三月一日～二日）を発表し、日本やイギリスの通信社が配信するロシア革命に関するニュースの党派性を批判し、その中傷・デマ、たとえば「婦人国有」などの信憑性を検討したが、「過激派」は忠実な無政府主義の信徒として把えられていた。

ロシアの過激派は、また広義派とも言う。一九一八年一月に召集された農工兵大会には、外交委員トムスキーが出席して「われわれの革命は広義の革命である」と述べた。この革命が政治に限定〔自劃〕され、国境に限定されるものでなく、政治から経済に及び、国内から世界に及ぼされなければならぬと言うのである。ロシアには未だに人民委員会があるだけで政府形式の組織は造っていない。かれらが人民委員会を組織した時、宣言した綱領〔宗旨〕は⑴無政府⑵私有財産の廃止⑶宗教の廃止⑷停戦（対独奥）であった。国内の組織については、一九一八年一月の農工兵大会の決議にこうある。「わが旧ロシアは広大な大国であった。国家主義の見地からすれば、なんとしても保全し永久に伝えるべきであろうが、人類を進化させる見地からすれば、まったく異なってくる。これまで人民は国家の個体であったが、今、人民は社会の分子となった。国家がどうであろうと関係はない。故にわがロシアの同胞は旧来の偏見を破棄し、ロシア大国を打破して民意に適合した組織とすることを決意した。民族の自由を追求するなら、無数の小組織に分かれる結果となるも、辞せざるところである」と。

また外交大使派遣についてトロツキーの意見によれば、従来、大使は政府から派遣され、他国の政府と交渉をおこなう、国家の代表であり政府の代理人であった。国家主義のもとではそうでしかあり得なかったが、社会革命のロシアでは違う。なぜなら、われらの革命は平民労働者の革命であるから、各国に派遣される代表も必ずしも各国の政府を相手にせず、各国の承認を請求せずともよい。その主要な任務は人民と連絡し、その労働者を支援し、われらの「帝国主義資本階級政府の転覆」の主張を宣伝〔普及〕することにあるという。こうして見ると、現在のロシアの過激派は、自己の国家を保持しないばかりでなく、他人の国家をも承認しない一種の「非国家主義」であることがわかる。

当時、多くの無政府主義者がロシア革命に共感し、理想の実現を期待していたが、王光析もその例外ではなかった。しかし、熱心に関係の資料・文献を収集していたかれは、まもなくその錯覚に気づく。翌月に執筆した「無政府共産主義与国家社会主義」（『毎週評論』一八号　一九一九年四月二〇日）で、かれはクロポトキンの「互助的無政府主義」の「完善」さを賛美し、マルクス主義（国家社会主義・集産的社会主義）の「能力に応じて働き、労働に応じて受け取る［各售所能各取所値］」原則を、「強者智者」を優位に置き、「弱者愚者」を劣位に留めるものと批判し、「今日の地獄社会とどう違うのか」とまで言いきる。その末尾で、かれは「私は一月前、『俄羅斯之研究』でボルシェヴィーキは無政府主義を標榜していると書いた」が、いまその「行為を仔細に考察するとマルクス主義に近いようである」と付言したのである。[21]同じ弁明を、かれは「社会主義的派別」（『晨報』「自由論壇」一九一九年五月三日）でも繰りかえしたが、「しかし、ボルシェヴィーキもまた無政府主義学説の影響を受けており、かれらの組織する労農政府は特別な形式で、現在の各国政府の組織とは異なっている。そのため、英米の新聞や中国政府は未だにそれを無政府主義と呼んでいるが、私はいっそボルシェヴィズムと言ったほうが妥当だとおもう」と付け加えた。

同じころ、かれは少中会員で在東京の易家鉞（君左）に送った手紙のなかでも、ロシア革命についての自己の評価にふれた。[22]

ロシア式の社会的民主主義は経済組織を改造しており、（アメリカ式政治的民主主義に）比較して、やや意を強うするに足る。ただ、同国のレーニンらの奉ずるマルクスの国家社会主義は集産制度を採っており、国家権力が強大でついには個人の自由を妨害するのではないか、疑問なきをえない。私は機械的な個人生活に大反対だが、労農政府の支配を受ける国民は、いたるところ国家権力にぴったりと付きまとわれ、個人生活は一種の機械になってしまう。……われわれがもしロシア式の社会的民主主義を提唱し、国家権力でもって個人生活に干渉しようとするならば、（中国人の習性からして）民情にまるで合致しない主張となろう。……現在、日本人が国家社会主義を高唱し、マルクスを崇拝している時代にあって、足下はかれらに瞞着されないように注意されたい。

同じ手紙でかれは自身の主張の大綱を列挙している。一、現在の経済組織は根本的に打倒すべきこと。二、現社会の一切の虚偽と束縛は根底から一掃すべきこと。三、将来の組織は個人自由主義の下における互助的、進歩的で自由な、安楽［快楽］な結合たるべきこと。四、自分は世界革命に従事せんと熱望する者であること、現在の世界は進化を阻害する世界であるので、改造する以外に方途がないから。五、この主張にもし適当な呼び方がなければ中国式……主義とよぶこと。

かれは「近世無政府共産主義大師クロポトキン」の互助的無政府主義（共産的社会主義＝真正社会主義）を無上のものとする。世人は無政府主義と言えば「無組織的・無秩序的・消極的・破壊的」なものと考えるが、そうしたシュティルナー流の個人的無政府主義とは正反対に、互助的無政府主義は「組織あり秩序あり、積極的、建設的なもので、現在の悲惨苦痛の旧社会を転覆して、公平かつ安楽な新社会を造ることを目指すのである。国家、宗教、社会、家庭を問わず、いっさいの強権に反対するのは、その消極的側面であり、互助の原理にもとづく無数の自由な自治団体で構成する共産主義社会を建設するのが、その積極的側面にほかならない」と称揚する。そして、その「積極的」建設構想を下敷きとして、次節に述べるような少年中国の青写真を描くのであるが、それほどならば、なぜ自己の主張をただちに中国式「無政府」主義あるいは「無政府共産」主義とせず、「……」と留保するのか。[23]

前節で紹介したように、「創造的」であるべく標榜していたかれが、中国の現実と課題に即してクロポトキンを止揚しようと自負してのことだったのだろうか。そうではなく、私には自己を革命家として位置づけられぬ、かれのためらいが主要な理由でなかったかと思われる。革命にとって破壊（強権打倒）と建設はコインの両面のはずである。

しかも当面の課題としては前者が表側にある。だが、かれは「消極的」「積極的」と両者に価値判断を下し、後者に自己の任務を限定していたようである。

この時期のかれの文章を読むかぎり、当年のアナーキストの常套句であり、五四運動期に大いに流行した直接行動という言葉あるいは概念は、無政府主義との関連ではまったく見い出せない。(24) それらの文章がいずれも北京政府の検閲下にある公開の出版物に掲載されたものであることを考慮しても、なおかつ整合性に欠ける。そういえば「姓を用いない〔不称族姓〕」ことは、家族主義反対の実践として師復（劉思復）らが心社戒約に謳っていらい、アナーキストが実行したのはもちろんのこと、五四時期になると一般の進歩的青年のあいだでも風俗化したが、かれは筆名「若愚」を用いるばあい以外は、つねにフルネーム（王光祈）を使用している。かれ自身がアナーキストの結社に参加したことはないようだし、また交友の範囲に、いわば正札付きのアナーキストも見当らない。要するに、かれは当時の中国のアナーキスト運動家とは一線を画していたのである。

さて、互助的無政府主義が実現せんとする新社会の道徳は「労働と互助」である、「労働してこそ生活でき、互助してこそ進化できるからである」(25) とするかれは、知識青年たちに労働の習慣を身につけ、「労働界」に身を投ずるよう呼びかけた。

王光祈は『晨報』への投稿「択業」（一九年二月一〇～一二日「自由論壇」）で、青年が官僚・名士に執着する旧観念と決別し、「社会主義の時代」たる二〇世紀に適応して職業を選択すべきことを論じた。それには四つの原則がある、第一に「自分の希望にもとづくこと」（国家・社会・家庭の偽道徳、悪習慣から脱して、自由意思により自己の性格と合致し、良心にもとらぬものを選ぶ）、第二に「人類が必要とするものであること」、第三に少数者に奉仕するのでなく「大多数の人びとのために幸福を謀る」「普遍的なものであること」、第四に「公明正大なものであること」。

あなたが職業を選ぶときは、上述の四つの原則に照らしてよくよく考えていただきたい。（体力を用いる労働だけでなく）精神界においても直接人の役にたつものであれ、間接に人の役にたつものであれ、あなたは毎日八時間働きさえすれば、衣食住を享受する資格がある。もしこのやりかたでやって、なお非常に困窮し、飢えて食なく凍えて衣なき状況があるなら、それは現在の社会制度が根本からまちがっているのである。かくては「社会革命」の四字を、われわれも憚ることはなくなる。

ここではまだ学生出身者が精神労働（頭脳労働）に従事することを自明の前提としていたが、続いて同じ『晨報』に寄稿した「学生与労動」（一九年二月二五日～二八日「自由論壇」）では、肉体労働、体力労働の意義を力説した。かれは中国の学生が社会に出たとたんに勉強［読書］しなくなる原因を、勉学の成果を役にたてることのできぬ「政治の不良」「社会の腐敗」と、親がかりで社会と隔絶した生活を送って自立性を欠いた「学生自身」に求め、新時代に適応する「新生活」を提唱した。

それは働きつつ勉強し、生涯働き生涯勉強することである。諸君がこの新生活を送りたければ、まず一つの伝説と習慣を打破しなければならない。第一に勉強は専念すべし［不可分心］という伝説であり、……第二に働くことを賤業と見る習慣である。……この新生活のわれわれ個人にとっての利点を挙げてみよう。一、独立生活を身につける、二、社会状況に習熟する、三、勤労の習慣を身につける、四、強壮な身体を錬成する。この四つの利点ははっきりしていて多弁を要しまい。

ただ、私の主張する労働は体力を用いるものに重点がある。本来、頭脳を用いるものも勤労［工作］のうちだが、身体にとってはあまり利点がないように思う。かつ現在の学生は知識（頭脳を用いる仕事）を社会に貢献できると自負している者が多いが、ほんとにかれの貢献する知識が社会の役にたつかどうか、まだ疑問である。着実に自己の体力を用いて人の役にたつ仕事をするほうが、衣食住を享受する資格にかなうのではないか。……今や、世界の新潮流は天地を覆す勢いでやってきている。この新潮流に適応しようと思えば、もちろん、すべてがわれら青年にかかっている。私の今の新潮流についての見解はこうである。一、各種の主義を潅輸するより、労働教育を提唱すべきこと、主義は容易に輸入できるが、教育はいっぺんにはやれないからである。二、労働革命を提唱するより、一般の人びとに勤労を呼びかけるべきこと、革命は容易に激成できるが、仕事は相当の時間をかけて、はじめて習慣が身につくからである。三、一般の人びとに働くよう呼びかけるより、自分が真っ先にそれを実行すべきこと、空談のみでは実効がなく、率先垂範［身体力行］がもっとも深く人を感動させるからである。四、労働界の外から大声疾呼するより、労働界に加入して改革を実行すべきこと、……身をもって労働界に加入してこそ、労働界のほんとうの甘苦がわかるからである。

同じころ、かれは『新青年』六巻四号に「工作与人生」を執筆して、(26)共同生活主義を提唱した。中国のような「腐敗した地方」にはボルシェヴィーキがかならずやってくるが、同時に多くの「恐怖」を手土産とするだろう。この恐怖を軽減する唯一の方法は自分が労働界の一員となり、自己の労力（体力・脳力）をもって人に有益な仕事をすることである。「吾人は社会を離れて生存することはできない。衣食座臥、一生に必要なものは全て社会から取用する。社会が存在でき進歩できるのは、また全て人類の継続不断の労働による。……故に吾人最大の職分は共同生活のために働いて未来の世界を創造することにある。」

この年、王光祈はメーデーを記念して、「労動者的権力」なる一文をも『晨報』（一九年五月二日）に寄せている。内容からすると「権力」は明らかに「権利」の誤植であるが、メーデーの歴史を述べ、労働の義務をのみつくして権利を享受できぬ労働者のために不平を鳴らし、「生産機関（土地器械など）の公有」「教育の平等」を、要求すべき最重点の権利として解説したものであった。これより先、「平民の知識を増進し、平民の自覚を喚起する」ことを標榜して、三月、北京大学平民教育講演団が発足した。北京大学とは直接の関係がないにもかかわらず、かれはいちはやくこれに参加し、廟会（祭礼）で演壇に立ったりした。(27) 初めて提起した労働者教育の重要性がこれに触発されたのか、あるいはすでにその問題意識を持っていたので進んで参加したのか、定かではないが、かれのヴ・ナロードの実践として確認される唯一のケースである。

三　新生活・新村・工読互助団

前出のように、一九一九年一月、王光祈はフランスに留学する周太玄、李璜の送別を兼ねて上海に赴き、当地の少年中国学会員と会務について懇談したが、そのさいすでに南京分会会員・左舜生と「新生活」の理想を語りあっていた。「われわれが悪社会に宣戦するからには、自分で先ず生活の根拠を創造しなければならない。一方で悪社会に宣戦しながら、一方ではそれと対応［周旋］せねばならないのでは、どうしても不徹底になり、遠慮することになる」というのが、左舜生の意見であったという。その後、左は王光祈に手紙を寄せて「新生活」主張の動機、具体的方法の有無を質し、かつ七月二日、上海『時事新報』に「小組織的提倡」を寄せ、「少数の同志と学術・事業・生活の共同集合体」を組織することを呼びかけた。

王光祈がこれに応えて提案したのが、中国版「新しき村」の構想であったことは有名である。都市近郊の農村に菜園を借り、少年中国学会員一〇数人とその家族で構成する小組織＝共同体を創る。蔬菜栽培、外書翻訳で生計を立て、印刷所を付設し、自分たちの著作は自分たちの手で排印・出版する。付近の農家の子弟のために、無料の平民学校を設け、同人がその教師を務めるとともに、農民にたいしても啓蒙活動をおこなうというのである。「われわれが農村で半工半農の生活をすれば、身体は強壮になり頭脳は明晰になり、衣食住三先生の牽制を受けなくて済む。天真爛漫の農夫はわれわれに心から親愛の情を示してくれる。われわれ純潔な青年が純潔な農夫と一体になれば、中国を改造することもいとも容易であろう」（与左舜生書[28]）。

共産主義的共同体の構想は、すでにこの前年、中国のアナーキストたちによって提起され、模索されていたが、ほとんど反響を呼ばなかった。しかし五四運動の前夜、周作人は武者小路実篤の「新しき村」を『新青年』六巻三号で紹介し、しかもその後「意識的に新村主義を」「当時、知識分子のあいだにすでに広まっていたクロポトキンの〈互助論〉〈無政府共産主義〉およびトルストイの〈汎労動主義〉と結びつけて[29]」精力的な宣伝をおこなっていた。五四運動後の知識青年たちが社会改造への具体的方途を模索し始めたことと相俟って、それは大きな反響を引き起こしたが、王光祈の提案は「新村」論議のブームにいっそう勢いを添えた。

トルストイはもちろん、かれの傾倒してやまざるところであった。年間三季は農村で働き、一季はモスクワに出て「平民に有益な著作」の出版にあたり、多数のパンフレットを持ちかえって農民に散布したという、その事績は「新生活」への直接の啓示であった。やや後のことだが、かれはこう書いている[30]。

トルストイは私の心から崇拝し信仰し、讃えてやまぬところであり、吾党の社会活動の唯一無二の良師として奉ずる者である。トルストイは時世を憂え民衆を傷む心をもって、平民の仲間に入り、自分の享受する物質生活が社会の供給に頼っているので、手ずから皮靴を作って朝から晩まで働き、社会の恩に報じた。平民の全ての精神生活があらゆる強権によって束縛されているので、手ずから小説を書き、遠近に宣伝して人生の秘奥を啓発した。今日レーニンにこのような政治改革の成果があるのも、みなトルストイの昔日の社会活動の力である。吾が中国の今日の青年のなかにレーニンをもって自負する者は少なくないが、トルストイをもって自任する者のあるのは聞いたことがない。吾党の責任はここにあるのではないか。

ただかれは、同時にこれをナロードニズムと結合する。当初からかれは言っていた、「小組織で生活するのは決して穏健ではなく、逆に激進的なのである」、農村に住んで新生活に従事していても、われわれは都市で奮闘する他の学会員と同様、また「戦闘員の一人」である。日々、外国書を訳し学校を経営するのは「戦闘器械を製造し、戦闘人材を育成し、戦闘実力を蓄える」ためにほかならない、と[31]。一九年の末には、それはさらに「新農村運動」の起点として位置づけられる[32]。

中国の知識階級は大多数が労働生活を経験せず、労働階級も教育を受ける機会がない。だから、われわれは半工半読を提唱し、読書者はかならず働き、働く者も読書できるようにさせ、知識階級と労働階級とが一体とならしめるよう務めるのである。また中国を改造する問題も、もっとも希望がもてるのは中国の労働家が立ち上がって解決することである。中国は農業国であり、労働家のなかでは当然、農民が最大多数である。だからわれわれの学会は「新農村運動」を提唱する。天真爛漫なる農夫はわれわれ熱血青年の伴侶なのだ。

ほぼ同じころ、一九年の一二月五日、王光祈は北京高等師範学校付属中学の生徒・趙世炎（後に中共党員）らの組織した少中学会に招かれ、「団体生活」と題して講演した。後述のように、工読互助団の結成を呼びかけた直後であったが、直接それには言及せず、かれは国家主義、社会主義、アナーキズムのいずれにとっても、団体生活の訓練が不可欠の前提であることを説き、次のように述べた[33]。

現在、新聞紙上で提唱されている「新村」組織は一種の共同生産の団体生活にほかならない。……現在の中学生と団体生活とは、とりわけ重要である。なぜなら中学生はたいてい皆、家庭に依存して生活し、父兄の援助に依存している。われわれが一個の人間であるからには、どうして独立して生活できず、家庭に依存して寄生虫にならねばならないのか。従前、ロシアの青年は父兄の財産を継承し、家庭に依存して生活することをはなはだ恥ずべきこととした。そのため彼らは家庭を離脱し、田舎に往って農民工人と仲間になり、かれらの為に尽くすことを人の天職としたのである。

もっとも、「新農村運動」の鼓吹も、ナロードニズムへの傾倒も、かれが北京を離れ、ドイツに留学した後でいよいよ明確になっていくのであって、その芽がこの時期、すでに萌していたと言ったほうが正確かもしれない。それにしても「純潔な農夫」「天真爛漫なる農夫」と、かれの農民観・農村観は、まことに牧歌的である。実はロシア革命の醸成の功をナロードニキに帰し、知識青年がその範に倣って農民の中に入ることを、いちはやく呼びかけたのは李大釗の「青年与農村」（『晨報』一九一九年二月二〇〜二三日）であった。農村を牧歌的に描く点では、王光祈のそれより具体的でさえあるが、李大釗は「愚暗」な小作人［佃戸］や雇農［雇工］が、団結して地主や役人に抵抗する術を知らぬばかりか、互いに足を引っ張りあい、［官紳棍役《ごろつき》］の関心を買うために仲間を裏切ることまでする現実をちゃんと押さえて、幻想はもたない。河北の没落地主の家の出だけにさすがであるが、王光祈は四川温江の出といっても県城に育ち、農村の生活には実際の知識をもたなかった。むしろ愛誦した陶淵明、謝霊運の田園詩(34)を下敷きに、イメージをふくらませていたと見るべきであろう。

「敷地の周囲には小川［小渓］を掘り、小川の畔にはずっと柳を植え、柳の傍に竹垣を組む。竹垣の内側がわれわれの菜園だ」（与左舜生書）と、かれは新生活の青写真を展げて見せたから、当初求めようとした開設地点は江南の、それも上海、南京の近郊であったろう。「私は新生活の組織についてすでに構想［辦法］がある。吾が少年中国学会の会員は皆、たいへん賛成で、しかも急いでこれを実行に移したいと望んでいる」（同前）とも言いきったのであるが、その後これを具体化しようとする動きは少なくとも表面には浮んでこない。農村の実状を知らず、繋がりももたない王光祈たちには、どこから手を着けていいものやら、その目処すら立たなかったのではなかろうか。

もっとも、かれは超多忙でもあった。五四事件後、北京の少中会員の多くは学生運動の中核として活動し、全国学聯のオルグのため北京を離れた者も少なくなかった。七月には北京大学学生会が弾圧に逢い、会員四名をふくむ一一人の学生が逮捕・起訴され、李大釗（『少年中国』月刊編輯主任）も一時、北京を離れた。[35] 前述のように七月一日をもって少年中国学会は正式に発足し、会務の分掌も整然と画定されていたが、それが正常に機能するような状況ではなかった。実際には会務および『少年中国』の編輯・発行のいっさいの責任はほとんどかれ一人の肩にかかったのである。そのなかで、かれ個人の見解が学会総体の意見、方針のごとく提示されることもしばしばであり、民主的作風とは懸隔があったが、表立って異を唱える会員も現れなかった。「光祈は北京でしばしば一手に切り回し、時として越権の嫌いもあった」が、会員からは「十分に信託されていた」と言われるゆえんであった。[36]

しかし、王光祈はあいかわらずポレミックであり、いわゆる「問題と主義」の論争にも参加して胡適に反論した（「総解決与零碎解決」『晨報』一九年九月三〇日）。「先ず理想とする最高の目的を立て、然るのち着手するところを決めて一歩一歩進めていこう。われわれの理想とする目的は、生きているあいだには実現しないかもしれないが、かならず日一日と接近することはできる」（「少年中国之創造」）と、かねて主張していたかれにとって、胡適の提唱する「問題の研究」は社会の改造に高遠な理念をもたず、対症療法に終始して青年を誤る俗流路線として退けられるべきものだったのである。[37]

では、少年中国学会はその理想の実現のためにどこから着手するのか、具体的な行動計画はあるのか。かれは一九年一一月に執筆したと思われる「少年中国学会之精神及其進行計画」（『少年中国』一巻六期）で、知識階級・労働階級・

資産階級それぞれについて重点とすべき目標を提示した。「われわれの理想とするのは無階級社会であり、知識階級が同時に労働階級であり、労働階級が同時に資産階級である社会であるが、現代の社会制度のもとではこの三段階はまだ存在する。わが学会の主張が幻想的なユートピアでない以上、当然、現代社会から改造に着手する。三階級の中に自覚ある人を求め、三つの階級を互いに接近させて、われらの理想とする社会を実現しなければならない」と路線を提示する。「知識階級」でかれが期待を寄せるのは、現に勉強中の青年学生である。近来かれらの主張に共感を示す青年が次第に増え、教育を受ける機会を得た自分たちは、その知識を労働同胞に伝授することが「絶対の義務である」という自覚をもつようになってきた。青年が工場で、農村で、労働階級の運動に「加入」することが、「われらの社会革命の起点でもある」。「労働階級」の中では、かれは大戦中に中国から動員されてフランスで働く華工に期待する。「環境の影響を受けて比較的自覚の高い」かれらに働きかけ、「組織的系統的な活動」をさせるなら、「将来中国にとってかならず大きな貢献をするであろう」。「資産階級」では、かれは希望を「創造力、開拓力」に富み、「かつ公徳心も国内同胞にはるかに優る」華僑に託する。「将来、学生・華工・華僑の三派の人の連合がもし成功すれば、中国を改造する機会が到来する」とするのである。かれによれば、多くの少中学会員が中国各地の学生運動にすでに参加し、華工にたいしてもパリ在住の会員が働きかけを始めており、手薄なのは対華僑工作であった。のち留学のさいに、南洋に立ち寄り、華僑の間を遊説する計画を立てるのは、乃公みずからその先鞭をつけようということであったろう。

王光祈はまた、五四直後から盛んになった女子教育、女性解放問題の論議にも積極的に発言していた。かれの主張は一貫して女性自身の自力更生、自覚した女性がみずからを解放するために立ち上り、団結することであった。[38] 一九年一一月二九日、北京高等女子師範学校、北京大学の教員・学生は家族からの援助を絶たれ、貧苦のなかで病死した女子師範の学生・李超のために追悼会を開いたが、かれも登壇・発言しようとして時間の関係で果たさず、その趣旨を一二月二日の『晨報』に寄せた（「改革旧家庭的方法」）。

思うに、昨日は集会して李超女士を追悼したのではなく、われわれはそれにことよせて、旧家庭、旧社会にたいし一種の示威運動をおこなったのである。だから、李超女士の奮闘を讃えたり、旧家族の制度を批判することより、われわれは家庭革命の実際運動でもって、現在まさに死せんとして未だ死せざる女性を救出しなければならないのだ。

かれは女性自身の手で交流と言論発表のための「女子週刊」を組織すること、「旧家庭」からは脱出しても、それに「百倍する」「社会の暗黒」に立ち向かうため、生活と勉強のための自助組織団体・「女子互助社」を創設するよう呼びかけた。

女子互助社ができれば、自分で奮闘し自分で生活する。そこで、こういう宣言を発しよう、暗黒家庭の虐待を受け、婚姻で圧迫され、生活の困難に直面する、すべての女子たちよ、どうぞわが社にきて生活しなさい、そして私たちといっしょに旧家庭、旧社会にたいし総攻撃を始めましょう、私たちの団体は旧家庭に抵抗する大本営なのです、と。

数ヵ月前、私は左舜生君と小組織・新生活の問題を討論したが、その時の主張はまだ安楽を求める面に偏っていた。今日の私の女子互助社の主張は、まったく自殺を免れるための方法であるから、いっそう緊急であり、いっそう切迫しているのだ。

新生活が具体化しないことにおそらく忸怩たるもののあった王光祈は、猛然と新構想に取り組む。二日後、一二月四日、かれは再び『晨報』に「城市中的新生活」を載せ、「女子互助社」から範囲を男・女に拡大し、「苦学生のために生活の道を開き、新社会のために基礎を築こう」と、工読互助団の結成を提唱し、大きな反響を呼んだ。かれは蔡元培、陳独秀、李大釗、胡適らの賛同を得て開設費千元の募金に奔走し、一週間もしないうちにその目処をつけた。入団希望者も数百人に上り、工読互助団第一組一三名はその月のうちに発足、明くる二〇年二月初めまでに第二組、第三組（女子）、第四組がつぎつぎに成立した。上海をはじめ全国各地でもこれに呼応する動きがおこり、工読互助団は一時、新文化界の話題を独占した。

工読互助団あるいは工読互助運動の顛末については、よく知られているのでこれ以上は触れない[39]。王光祈が「新社会の胎児」「平和的経済革命」の起点として自画自賛したそれは、空想的社会主義のその他の実験と同じく、いやそのどれよりも急速に破綻を迎えた。そして、当の生みの親・王光祈は二〇年二月一一日、理念と現実のはざまで難破寸前の互助団を後に留学のため北京を離れる。同じころ武昌で工読互助運動を起こし、学生とともに二年余り苦闘した惲代英は、後に工読互助団が経済的に存立不可能であったことを指摘するとともに、王光祈の姿勢が発起人としてあまりにも無責任であると責めた、「私が今でも理解できないのは、君がこれを発起しながら自分は加入せず、君の友人も加入させようとしなかったことである。君はあたかも局外者のようであった」と[40]。王光祈は経済的破綻が互助団失敗の原因にあることを認めず、それは人の問題であって方法の問題ではなかったとし、こう開き直る[41]。

発起人の工読互助団にたいする尽力は、一千余元を工面し、少しばかり書物を寄付し、代わって家を借り、代わって北大にたいし、免費の交渉をしてあげただけである。団にたいする要求は、かれらが共同で生産し、共同で消費し、半工半読、互助を実行するよう希望しただけだった。このほか一切の運営はすべて団員の自決によった。団員の入団［紹介］さえもその団がみずから開会審査したのである。だから団の失敗は自己の不努力を責めるべきで、発起人の勧誘を咎めるべきではない。

（反省するとすれば、お膳立てを整えすぎたことで）本来、旧家庭を離脱する勇気のある青年、悪社会を征服する胆力のある志士は、とっくに自分から団体を組織して家庭社会に宣戦すべきであって、その人自身は団員とならない発起人に発起させるべきではなかった。これが工読互助団の先天的弱点であったし、また工読互助団の失敗の原因でもあった。……私はと言えば、さらにこれを終身の事業としようとしており、けっして今回の失敗で意気阻喪してはいない。

たしかに、かれは留学のため上海を発つ前、「北京工読互助団には、好くない消息があるけれども、私はこの種の組織について依然として十分な確信をもち、十分な希望をもっている」と書き残した[42]。また、ドイツ到着後間もない二〇年七月二四日、フランクフルトに尋ねてきた周太玄らと少年中国学会の会務について協議し、会員にアンケートを発することを提案したが、その記入例としてかれは「姓名」王光祈、「終身欲研究之学術」経済学、「終身欲従事之事業」新村及工読互助団、「事業着手之時日及其地点」民国十五年　北京及其近郊、「将来終身維持生活之方法」手芸及教育、とみずから欄を填めたのである[43]。

しかし、北京工読互助団開設に向けての猛然たる活動と第一組成立後の放任とのあいだには落差がありすぎる。未経験な学生ばかりを集めながら、後は諸君でやりたまえでは、教育を終身の生業とする抱負と矛盾しはしないか。惲代英の批判は当然であった。そして、その背景には王光祈が互助団の学生たちの自律性を過信したこととともに、自身の留学問題とからんで、ちょうどそのころ、かれの前に現われたモダンガールの姿が垣間見えるのであるが[44]、そのことについては次節でふれよう。

従来、王光祈において工読互助団は、その「小組織」・「新生活」＝「新村」の提唱の延長線上にとらえられてきた。しかし、上述の経過に照らしても明らかなように、工読互助団は李超女士追悼を契機に、緊急避難的手段として提起したもので、かれが本来温めていた構想とは別個のものだったことを確認しておく必要がある。かれにおいては農村での「新生活」＝新村は、外国書の翻訳を業務として掲げることが示すように、一定の学術的基礎をもつ少中会員らシニアー向け、都市における「新生活」＝工読互助団は、求学中のジュニアー向けと截然と区別されていたのである。

四　ドイツ留学前後

さて、二〇年一月、王光祈はアメリカ留学のため少年中国学会執行部主任と月刊編輯主任代理の辞任を申し出て了承された。もともとかれは中国大学卒業後、ただちに留学する予定であったが、少年中国学会を発起し、籌備主任に推されたため一時延期し、ついで第一節で触れた一九年一月の上海の会員との懇談で、引き続き一年間だけ北京に留まり会務に専念することを約束していた。その期限が満ちたのである。「一年以来、読書の暇もなく思想は破産し、郊外にでも往って大声で泣きたい思いにしばしば駆られた」というかれは、個人としては「人類の進化と経済組織とは密接な関係がある」ので経済学を学ぶこと、学会の会務としては「世界各地の華僑の優秀な青年に吾が会の『青年運動の精神』を宣伝する」こと、およびワシントンに通信社を設立することをみずからに課して「留別少年中国学会同人」の辞を『少年中国』一巻八期に寄せた。

かれは会員にたいし、できるだけ早く編訳社を組織し、印刷局を設け、（一）専門知識の書籍を翻訳し、（二）中小学校の教科書を編纂して「教科書革命」を実行し、（三）平民の思想を革新し、増進する小冊子を編集することを要望した。小冊子は「日曜ごとに村々に往って、キリスト教徒が福音書を散布するのと同じように、手にとって説明しつつ配布し「手講指画的伝布」、われらが新農村の運動をする」ためのものであった。「翻訳の収入は、経費を除き、一〇分の二を共同生活の費用とし、一〇分の八を訳者の報酬とすれば、われわれの生活問題もこれで解決する。会員で労働を自願する者はわが印刷局の工人となってよい。自分の著書を自分で印刷する。なんとおもしろく楽しいことか」。それとは明言せぬものの、新村の夢の実現を残る会員たちに託したのである。

これより先、一九年一〇月二五日、かれは会務のため北京を離れ、武漢・南京・上海を回って一一月九日帰京したが、まもなく同郷の友人潘力山に成都から来たばかりの妙齢の姉妹を紹介された。姉が呉楷（若膺）、妹は呉桓、「隻手もて孔家店を打った」、かの呉虞の娘たちである。成都のミッションスクールに学んで「欧風美雨の浸潤を受け」、新文化への理解も人後に落ちぬものがあったという。[45] 一二月に入ると、二人は四川人ばかりで借りている王光祈らの住まい「蓬廬」[46]をしげしげと訪れるようになった。かれは留学志望の姉妹の、ことに姉呉楷の親身の相談相手になり（呉桓のほうはすでに潘力山の援助でアメリカに留学する話がついていた）、ついには自分の留学に同行させてやろう、経済的にも多少は援助しようという話にまでなった。[47]

二〇年二月一一日、王光祈らは呉楷を伴って北京を出発、南京を経て一四日、上海に着いた。そのころにはかれが呉女士に特別な感情を抱いていることは、友人だれもが気づく状況だったらしい。しかし「王光祈が先輩の身分にありながら後輩に恋する、これは当時（事情を知る）少年中国の会員たちの了解に苦しむところだった。少年中国学会は未来の中国の文化創造力の半ばは婦人によって担わるべきだとし、婦人運動を大いに鼓吹してきたからである。しかも、王光祈はとっくに結婚しており、夫人［元配太太］を四川に残している。それが友人（潘力山）に世話を頼まれた後輩と恋愛したのだから、少年中国会員は一方では、かねて敬服するかれの高尚純潔な品格を惜しみ、他方では少年中国の発起人が個人的な情愛に溺れて、婦人運動に疑惑と挫折をもたらすことを恐れ、この恋愛の発展を極力阻止しようとし、二人がアメリカと欧州と別々に留学するよう懸命に説得した。王光祈は心中、非常な苦闘を経て、ついにそれを承諾した」[48]という。

なるほど、このわずか半年余り前に王光祈は自分ら夫婦の在り方を誇らしげに紹介したことがあった。「与左舜生書」でかれは新生活の夢を語って「家族のある者は一緒に住んでよい。衣服、履物はみなかれらに作ってもらおう」と書いたのだが、それを性分業を固定するもの、「女権を侵略すること憎みて余りあり」と批判された。かれがこれにたいし、炊事は得意だが裁縫はできぬ自己の体験を紹介し、男女の分業がかならずしも女性賤視につながらぬことを弁明したさいのことである（「致黄藹女士書」[49]）。

> 次璵（妻の名、新旧両式の教育を受けたという）女士は、私と別れ住んで六年、（温江）県で女学堂を経営し、つとに独立生活の能力を持っている。私の北京での勉学も半工半読であり、われわれ夫婦はいずれも労働――肉体的あるいは頭脳的――を神聖な事業と心得ている。「きっと彼女は無知な家庭婦人の苦悩をたっぷりと味わされ、非常に恨んでいるでしょう」と先生（黄藹女士）は書いておられるが、次璵のために大いに冤を訴えたい。私は男女平等の主張者であり、時には自分でも多少行き過ぎかなと思うくらいだから。

その舌の根も乾かぬうちに恋愛ざたである。周囲の会員が心配したのも当然だったろう。王光祈は呉姉妹を少年中国学会に入れるつもりでおり、少なくとも呉楷は加入の希望をもっていたが[50]、ついに実現しなかったのは、規約にもとづく五人の紹介者が得られなかったからに違いない。しかし、友人の批判もかれの気持ちを動かすには至らなかったようである。

王光祈は北京を出発するさい、「先ず南洋に赴いて二月ほど滞在し、次いで欧州に往って一月ほど滞在し、その上でアメリカに赴き留学する」予定を立てていた[51]。前節で述べたように南洋の華僑の間を遊説し、欧州で留学中の会員と対華工の工作をふくむ会務を協議するつもりだったと思われる[52]。しかし、上海到着後、かれは計画変更を余儀なくされる。

弟、滬（上海）に在る時、身体を検験したるに、眼疾有るを以て、医好《かいふく》の後に非ずんば美（アメリカ）に赴くこと能わず。弟、遂に臨時に道を改めて徳に赴く。あらゆる美国方面の会務は黄仲蘇兄等により前往辦理し、南洋方面は涂九衢兄已に新嘉坡に在るを除くの外、梁紹文兄亦将に南洋の行有らんとす。美国南洋は既に皆人有り。故に弟、原定の計画を更変して、直接欧に赴くに決計せり（「致本会同志」『少年中国』二巻一期）。

身体検査でひっかかったという眼疾がなんであったのかは明らかでない。留学先をアメリカからドイツへ変更したのは留学資金の不足からだったという証言もあるが、(53) 留学後の生活については上海『申報』『時事新報』および北京『晨報』三社の特約通信記者を勤める契約をしたことで、すでに目処は立っていた。(54) 眼疾は予定変更に名分を与えてくれたのではなかったか。一九二〇年四月一日、王光祈は会友魏嗣鑾（時珍）陳宝鍔（剣翛）とフランス船に搭乗して上海を離れた。同船の中国人留学生は勤工倹学生を主に一百一〇余人、呉楷と同行しなかったのは、(55) 会友たちの忠告にたいするせめてもの義理立てだったのだろうか。

船中、四等の客として粗悪な食事、劣悪な生活を強いられながら、かれは意気軒高たるものがあった。陳剣翛はこう回想している（「与王若愚先生同赴欧的追憶」『王光祈先生紀念冊』）。

（王光祈は）つねづね「少年崛起して中国復興す」と自任し、国家のために尽瘁して功績をあげることこそ、男子の本分であるとしていた［倘果為国家尽瘁、那麼豊功偉烈、正属大丈夫分内事］。若愚は船上で私をつかまえては、いつもそんなことを誇らしげに語っていた。ふつうの人なら、留学から帰る時になってやっと、甲板の上でこうした志を立てるものだが、かれは国を出たばかりというのにもうこれだ、さすがに非凡だと感じたものである。かれは船中生活のなかで勇壮な少年中国歌数節を作り、後に少年中国会報に掲載して人々を大いに感動させた。……紅海（地中海の誤り）を航行中、おりしも五四運動記念日に際会し、同船の居励今君たちが発起して集会をもった。直接その場を踏んだわれわれと林長民氏は演説をさせられたが、林氏が身の程も弁えずに大口をたたいたので、若愚にこっぴどくやっつけられた[56]。私も五四後は学術の研究に没頭すべきだと考えていて、抱負が小さすぎると若愚に責められたものだ。……若愚先生には当時確かに天下の憂いに先んじて憂う神気があった[57]。

王光祈は五月七日、マルセイユに着いた。フランスの鉄道労働者を先頭としたゼネストに際会して、三日間足止めをくった後パリに向い、李璜・周太玄らと旧交を温め、数日にしてドイツに赴いた。しかし、「久しからずして光祈、忽ち私事を以て徳国（ドイツ）フランクフルトよりパリに来たり、住まること只半日、堅留《ひきとめ》するも下《ゆず》らず。太玄と我と之れを車站に送り、執手覚えず涙下る。光祈此れより茲の私事を以て痛みを含み、或いは竟に其の死時に至れり」ということになった。一月遅れの便船で着き、パリを経てドイツに来る約束の呉楷を迎えにきて、拒否されたのである[58]。呉楷はフランスに留まった。

この失恋はかれに大きな痛手となった。懊悩のあまり自殺しかねまじきありさまに、魏嗣鑾はじめ在独の友人たちは必死で慰め励まし、かつ諫めたという[59]。二一年、王光祈はベルリンに移るが、翌二二年冬、経済学の研究を放棄して音楽を専攻することを宣言し、人びとを驚かせた。三〇歳にしてゼロからの再出発である、その無謀さを友人に責められつつも、かれは頑として耳を貸さなかった。多くの人がこの意外事を失恋と結びつけて解釈したのは、自然であった。「初め君、寧（南京）を過ぐる時、偕《つれ》に女友有り。其の人、風致綽約、雅淡菊の如し。別に恋する所有るを以て中途に相背く。君、懊悩万状、以て自遣する無く、因って提琴を習う。時に或いは百感横集するも、豈に長歌の当に哭くべきを必せんや、風前月下、一琴手に在れば亦復婉転抑揚、以て愁を訴うるに足る。君の楽を習うや、初めは以て自ら慰め、既に得る所有るに及んで復た楽理・楽史を探索して懈らず、十余年一日の如し[60]」という具合である。

しかし、ヴァイオリンを習ったのは失恋を契機にしたかもしれないが、それが専攻転換の主要な原因であったはずはない。他ならぬ少年中国主義の破産がかれに代償行動を求めさせたのである。王光祈は「既に此の隠痛を以て戸を閉じて読書し、事を問わず」[61]どころか、失恋後の一時期、少年中国学会の事業・会務について発言のトーンを、かえって高めさえしたのである。

工読互助団運動についても、来欧早々のかれはまだまだ強気であった。『旅欧週刊』（少中会員周太玄らが一九年一一月に創刊）の三〇号（二〇年六月五日）[62]に「工読互助団与勤工倹学会」を載せ、もし個々に挫折するケースがあったとしても、「吾人は工読互助団某組が失敗したと言い得るだけで、工読互助主義が失敗したとは言えない」、むしろ運動は発展しつつあって、失敗云々は「謠伝」であると言いきった。これは失恋前の発言であるとしても、前節で触れた惲代英の批判にたいする反論はこの年の一二月、恋愛の破局を迎えたのちになされたものである。さすがにそれ以降口を噤んでしまうのは、出国当時まだ堅持していた組もふくめて、運動の全面的失敗のニュースが、ようやくかれにも届いたからにちがいない。

それだけに新村・新農村運動にはいよいよ執念を燃やした。勤工倹学生に新村研究会を呼び掛けたり[63]、少中会員に教育、経済その他諸専門の分業で新村の構想を練りあげることを要請したりしていたが[64]、一九二一年七月、少年中国学会が南京で大会を開くにあたって、王光祈は四年後を期して、学会の事業を甲乙二項に分かつことを提案した（『少年中国』三巻二期）。すなわち（甲）地方での基礎事業　小学校・農業・翻訳・『少年中国』の編輯、これらを正業とし、地方の各校教育をつとめることを副業とする。（乙）都会での宣伝事業　各校教員・各社の新聞記者・国外通信員・各工場の技師・その他の社会事業に加入して活動する。これを説明してかれは言う。

甲項の事業は少年中国の基礎である。その精神は全て自弁によることにある。地点は（民風純朴にして剛健・交通便利・風景明媚の三条件を具備しているから）湖南あるいは安徽の江北が良い。……先ず半工半読の小学校を設け、田十余畝を借りて自耕する。収入が足りなければ翻訳や他校の教員をして補助する。小学校を三年やって後、拡充して中学校とし、また四年して拡充して大学をつくる。同時に工廠を設立し、大学生に半工半読させる。農事に進歩があれば拡充して新農村にする。

少年中国月刊は此の地で編集し、ここを学会の永久の通信地点とし、また本会の大本営とする。……大本営ができたら、多く其の地の同志を物色して、進んで全省改造の計画をたてる。少なくとも毎年、一人か二人の会員に各県を巡視させる。一省を上手くやれさえすれば、国をたてることができる。他の各省には同情を求めれば良い。一年以内に省城の空気を改造し、三年のうちに全省の空気を改造し、十年のうちに基礎ができれば、さらに進んで中国を改造する。

わが会員中、甲種の事業を志願する者はせいぜい一〇余人であろう。しかし、この一〇余人が終始懈らねば必ず目的を達成できる。私は小学校の庶務係、農場の経理および各縣の巡視にあたることを志望する。……乙種事業の精神は、会員があらゆる既に成熟した社会事業に身を投じて、その内部の空気を改造することにある。戦って勝てなければ、大本営に退却して徐に再挙を図るのだ。若し地方の基礎的事業に力を注がなければ、われわれの改造はきっと戊戌・辛亥と同じか、あるいはそれにも及ばぬことになろう。

おもいきり空想の翼を展げたものだが、王光祈は大まじめであった。翌二二年八月、ベルリンで開かれた「国際青年団」の会場で、かれは少年中国学会の名で傳単を撒いたが、そこでも学会の課題として、中国農民階級改造運動を突出させていた。(65)

中国は農業国である。農民は全人口の八〇パーセントを占めている。もしわれわれが全中国を改造しようとすれば、第一にまず農民を改造しなければならない。このためにわれわれは一方で農民教育に従事し、他方で理想経済の模範村を組織し、全国にその影響を及ぼそうと計画している。こうした模範村の集合がわれらの少年中国である。

もちろんこれは少年中国学会の正式方針ではなかった。王光祈が前述の提案をした少中南京大会は、李大釗をはじめすでに中国共産党の結成のために結集していた会員たちが、学会も統一した主義（具体的にはマルクス主義）をもち、政治活動に積極的にかかわるべきであると主張し、これに反対する国家主義的傾向の会員および第一節で紹介した王光祈による学会の性格づけを支持する会員と三つ巴の激論となり、結論を先送りしてようやく収拾したほどであった。王光祈の提案はいちおう議題には挙げられていたものの、論議できるような状況ではなかったし、かりに論議されたとしても採択されるはずはなかった。この対立はその後いよいよ深まり、学会の混迷は続く。

王光祈は焦慮した。かれは南京大会の詳報を受けて、「政治活動与社会活動」（『少年中国』三巻八期）を書き、ことあろうに「社会主義を提唱する青年」が、上からの政治改革で失敗した戊戌・辛亥の教訓を忘れ去り、「新文化運動の精髄である社会改革を全面否定して、従前の政党の迷路をまたぞろ辿ろうとする。中国のただ一線の生機もついに茲れより断絶するか、嗚呼」と、まさに「痛哭流涕」する。続いて寄せた「『社会的政治改革』与『社会的社会改革』」（同前）では、いささかヒステリックにこう締め括った。

専制淫威のもとで社会活動の効果を上げげたのは、ロシアの大学生をもって最とする。当時ロシアにはヴ・ナロードという格言があった。かつて西欧に留学した数百人のロシア青年は帰国後、みなこの言葉をモットーに、ともに農村に赴き、ある者は教師、ある者は医者、ある者は大工、ある者は靴屋として農民の間に雑居し、かれらの主義を宣伝した。……（一八七六年に大弾圧を受け、二千名以上が逮捕されたが）しかし、これより後、ロシア大学生の宣伝運動はいよいよ激烈になり、農民の革命思想もますます盛んになり、今日にいたって労農政治の成立を見たのである。……（その間、数多の犠牲者を出したのだが）嗚呼、わが青年同志よ。今日、吾が国軍閥の専横暗黒はツアーリと違いがあろうか。農民の愚懦苦痛はロシアの民衆と違いがあろうか。しかしながら、学生中に今にいたるも大量殺戮の事件のあったのを聞かないのは、軍閥が寛容なのではなくて、実は学生に勇気がないからである。嗚呼、吾が青年同志よ、われらは農民の益友たらずんば、刀上の孤魂たらんのみ。街頭で旗を振り、救国を大呼することは、私が社会的社会改革の青年に希望するところではない。嗚呼、わが青年同志よ、起て、起て、速やかに起て。

しかし、三年前、小組織・工読互助団を提唱したさいの大反響とはうってかわり、今度はかれの叱咤も虚空に消えるのみである。中国の青年の情熱が枯渇したわけではない。生まれたばかりの中国共産党が五四運動で育った青年幹部を吸収し、影響力を強めつつあった。かれの諍友であった惲代英も、二二年春、中国共産党に加入し、二三年には中国社会主義青年団の機関誌『中国青年』の主編となって、青年のあいだで威信を高めていた。惲代英はかつて無政府主義の信奉者であり、前述のように工読互助運動でも学生とともに苦闘した経験の持ち主であった。

これより先、その他ならぬ惲代英に送った手紙（二一年三月一二日付）[66]のなかで、王光祈は「従前社会主義、無政府主義を信じていた者が、現在はまた多く懐疑に陥っている。……こうしたお互いに共に懐疑する時代には、より良い主義あるいはより中国に適した主義を産み出す可能性がある」と書き、さらに追伸してこう述べた。

私は国家主義には反対であるが、民族主義は提唱しなければならない。もし世界の四分の一の人類をなんとかして救わねば、われわれは世界に顔向けができず、人類に顔向けができない。私が「民族主義」の四字を掲げて運動しようと決定したのは、外国で大いに刺激を受けたからである。外国人は新旧に関わりなく、つとに『劣等民族』の四字の肩書きをわれわれに付けている。しかし、私はまたわが勤倹で知恵深い民族には大いに世界を改造する能力があると信ずる。友人諸君、われわれは民族主義を提唱しよう。

社会主義・無政府主義への懐疑に陥ったのは、夫子自身であることはいうまでもない。かれは世界主義、世界革命の建前を残したままで民族主義に重心を移していった。かつてかれが留学目的の一つに挙げたワシントン通信社の創設は「中国の一切の価値ある運動および中華民族の青年の精神」を外国に紹介することを第一の任務とし、「青年の国際運動」を組織することを目標としてきた(67)。欧米の社会主義者がしばしば試みていまだ果たせぬ共産主義的共同体を、中国青年の手で実現して見せようという気負い、その点ではかれのいう「世界革命」の先頭に立っているという自負が、そのころにはあった。しかし、工読互助団の挫折、新村構想の破産は、かれの自信を動揺させずにはおかず、民族主義への傾斜はそれとともに深まる。それでも惲代英にこの手紙を寄せたあと、少なくとも二一年秋までは、少年中国学会とは「思想的社会的国際的革命団体なのである」と、かれ自身によって規定されていた(前出「政治活動与社会活動」)。それが二四年三月一九日と日付のある書簡「致本会参与蘇州会議同志諸兄」(『少年中国』四巻一二期、これが最終号となった)では、こうなったのである。

本会の宗旨は、大きく言えば「科学的精神にもとづいて社会活動をなし、少年中国を創造する」であるが、細かく言えば、理論の面では西洋の科学的方法をもってわが民族固有の文化を整理し、それによって中華民族の独立精神を喚起することであり〈民族文化復興運動と呼んでよい〉、実際の方面では各種の社会事業に従事し、精神物質の幸福を増進し、それによって中華民族の豊富な生活を実現することである〈民族生活改造運動と呼んでよい(68)〉。

実は二〇年一〇月、王光祈はシュペングラー『西欧の没落』などが紙価を高からしめ、東方文明への関心が深まっている欧州の状況のなかで、中国人の果たすべき役割を論じたことがある（「旅欧雑感」『少年中国』二巻八期）。「現在の中国の民族的人格を高めるのに、いちばん好いのは自分で新文化を創造して、世界に貢献することである。さもなくば少なくとも中国古代の学術をいささか欧州に紹介すべきである。一つには東西両文明をして携手の機会有らしめて、第三文明を産み出すことができ、二つには欧州人の中国民族軽視の心理を減少させることができよう」。かれの夢想する「新文化」（新生活、新農村）を創造することが絶望的となった以上、残されたのは古代学術の紹介の一途しかない。かれは孔子の「礼楽」の思想こそ中国の民族性の原点であるとし、中国古代音楽の再評価と復活＝「新国楽」の創造を通じて「民族文化復興」「民族生活改造」に寄与することを思い立った[69]。少年中国学会の宗旨を再解釈したのは、少年中国主義破産の現実から逃避し、自己を正当化するために必須の手続きなのであった。

一九二五年、学会内の思想的対立がいよいよ決定的となり、分裂不可避の状況となって、少年中国学会改組委員会は調査表を配って全会員の意見を徴した。五・三〇運動が高揚し、反帝国主義・反軍閥の民族革命＝国民革命が、さし迫った課題としてすでに登場していた時期である。王光祈は「当面の内憂外患こもごも迫る中国にたいして、いかなる主義を抱くべきか」という問いにたいして以下のように記入した（一〇月一一日付[70]）。

私は民族主義を信じ、国家主義・共産主義は信じない。ただ最近の中国にあっては国家および共産の両運動はそれぞれ役にたつところ［用処］がある。行き過ぎさえなければ、私は相対的に賛成である。民族主義は中華民族（漢・満・蒙・回・蔵を中華民族と総称する）の独立自由をかちとることを宗旨とする。その方法は「真実の学術」を研究し、社会事業を発展させることから着手して民族の実力を培養する。将来中国の政治経済組織が如何なる形態をとるべきかは、各派合作の大革命の後を待って、その時の世界の現状・趨勢と国民の程度および願望を考慮して定むべきである。

ここでいう共産主義がマルクス主義を指すことは言うまでもない。しかし、第二節で述べたように、かつてかれは無政府共産主義を無上のものとして奉じていたのであった。いまやその点の保留もなしに共産主義への不信を述べ、民族主義者として自己を規定する。かといって決然「各派合作の大革命」に馳せ参じようというわけでもない。かれはもはや同志の糾合を必要としない事業、中西音楽の比較、中国音楽史の研究という孤独な作業に黙々として従事するのみであった。しかし、かれがかつて提唱し、発起した「新生活」「新農村」「工読互助団」について、ついに公開の自己検討はおこなっておらず、それについて何らかの感想・感慨を、かれから引きだせた人もいなかったようである。かれに転向の自覚があったとは思われないので、論理的には自らに課した責務は負い続けたはずである。実行不可能な課題を担って、王光祈は帰国の道を自ら絶ったも同然だった。

少年中国学会は二五年、実質上解散した。王光祈は本国の新聞への通信、中華書局からの著作の出版などで辛うじて生活を支えながら、「苦行僧」さながらの研究生活を続け、三二年、ボン大学東方学院の中文講師に招かれ、三四年には論文「中国古典歌劇」で学位をとった。ただ、研究に専念して「世事を問わ」なくなったのではない。満州事変が起こるや、かれは日本の欧州における宣伝活動に反対する活動を組織し、祖国の防衛に資するため「国防叢書」五種を編訳して中華書局から出版したという。

しかし、王光祈は三六年一月、永年の過労が積もったのであろう。四四歳の若さで急逝した。訃報に接したかつての少中会員たちがその死を惜しみ、かれの遺徳を偲んだことは冒頭に述べた。その遺骨は日中戦争勃発後の三八年、ようやく成都に帰り、友人であり会友であった李劼人によって安葬されたが、八三年、かれの業績が再評価されるなかで、四川音楽学院内に遷され、碑亭を建てて中国音楽研究の開拓者たる功績を紀念されているという。ただ郷里に残された妻のその後については、誰も語っていない。

むすび

前節で触れたが、マルセイユ到着早々、王光祈はフランス労働者のゼネストに遭遇した。かれは労働者の団結力と政府・資本家の巧妙・悪辣な対応に目をみはり、中国ではとうてい真似のできぬことと嘆じた。「天地はちゃんとバランスを考えて人を生んでいる。中国式の政府および資本家があるからには、中国式の労働者がなければならないのだ。これを三絶と謂う」（「旅欧雑感」『少年中国』二巻五期）。かれには五四運動で上海労働者のゼネストが果たした役割やその意義についての認識はなかったようである。知識青年と労農大衆との結合を口にしながら、期待をかけたのは前述のように在仏の華工にたいしてであり、本国の労働者には不信感をあらわにしていたのである。

この「三絶」状況を打破する使命は「純潔」で「熱血」ある青年に託されている。しかし、これまでの「改革」の歴史に徴するとき、最初は崇高な使命感に燃えて旧社会に挑戦する若者も、強力な「伝染性」をもつ中国社会に感染し、やがてはみずから保菌者として「罪悪社会」の加担者となる。王光祈は少年中国学会を発起し、さらに進んで新村を構想した理由を次のように説明している（同前）。

一人の人間が旧社会にあって伝染を受けまいとするのは、容易なことではない。そのため私は以前、旧社会と隔離する方法を大いに提唱し、社会の改造は先ず個人の改造から始めるべきであり、しかも旧社会の外に立ち、旧社会を一種の客観的なものとして研究し、改造すべきであることを主張した。旧社会の外に立つことは不可能なことであると考えるならば、少なくとも旧社会を超出する思想と精神を具えねばならない。……私の考えた隔離の方法の第一は、同志を結合して団体を組織し、相互に保険することである。なぜなら私はもっとも堕落し易い人間であり、いつも他の同志の忠告、扶助に頼っているので、団体保険の利益をよく知っているのである。団体をもって以後、私の身体は日々旧社会とわたりあって［周旋］いても、われわれの思想と精神は旧社会を超出し、つねに旧社会を客観的な具体的事実としてとらえて、われわれの研究に供している。時には旧社会にたいして宣戦するが、団体はわれわれの大本営である。時には団体から一、二の猛者［健者］を派遣して旧社会にはいらせ、旧社会と切り結ばせる［短兵相接］が、もし敗れれば大本営に引下らせ、かれを慰労し、また大挙を図ることができる。私が新村に賛成したのはこうした理由によるのである。ただ、われわれの思想と精神が旧社会を超出せねばならないだけでなく、われわれの物質生活もまた旧社会の外に基礎を立てねばならない。さもなくば、旧社会に宣戦する一方で旧社会に生活を乞うことになり、それこそ危険、悲惨きわまりない[71]。

社会の改造をまず個人の改造・倫理革命から始めようというのは、五四運動前後の新青年たちの共通の志向であった。これにさらに生活の自立を加えた王光祈らの主張は、まさに時流に投じ、大きな共鳴を呼んだ。五四運動の成果に勇気づいた新青年たちは、ロシア革命に励まされつつも、中国独自の平和的革命の可能性を求め、まず新村・小組織に社会改造の突破口を求めたのである。だが、工読互助団の実験はその道が絶路であることを証明する。新青年たちは、それを確認した上で、引き続き新たな路線を模索し、「一滴一点」の改良を説く近代主義と階級闘争を主張するマルクス・レーニン主義とを両極として分化していった。

俗世と隔絶した「桃源郷」さえ詩人の夢でしかなかったのに、旧社会と不断に切り結ぶ、根拠地＝大本営としての「桃源郷」という発想自体が自己矛盾であり、あえなく破綻する以外にいかなる結末がありえたろうなどと、あとで賢しら顔をするのはやさしい。しかし、旧社会の特権階層に出自する者として、自分が望めば何時でも回帰し、享受できる退廃した生活から絶縁し、自己を変革の主体として確立することに焦慮していた新青年たちにとって、「新生活」はもっとも直截な、もっとも著効ある処方と見えた。それが紛れもない幻想であったことを、身をもって確かめてはじめて、かれらは次ぎなる一歩を踏みだすことができたのである。

王光祈は「新生活」(新村・工読互助団)の提唱者、組織者として大きな役割を果たした。だが、かれは惲代英とちがって運動の指導者たることを回避し、失敗を深刻に総括することをしなかった。留学によって母国の現実から離れたこともあって、情勢の急速な展開からとり残されてしまったのである。欧州でかれの少年中国主義は観念性をいっそう強め、その空想的社会主義・農業共産主義はいよいよ高く飛翔した。それがついに失速した時、かれは主観的には依然、少年中国主義を堅持しながら、音楽を通じて民族文化復興・民族生活改造に寄与することを志し、「大丈夫」の意気地を示す道を選んだのである。

少年中国学会の会員は、李大釗・惲代英・毛沢東ら中国共産党に参加する者、曾琦・左舜生ら中国青年党(国家主義派)を結成する者、中国国民党に加入する者、無党派の学者として象牙の塔にこもる者とそれぞれの道を歩むが、中共はロシア革命に勝るとも劣らぬ苦難と犠牲の末に、周知のように、農民を主力とする中国式革命路線を確立し、勝利した。王光祈の新農村構想が毛沢東に多少なりとも影響してはいないか、などと想像するのは楽しいが、現実にはその可能性に乏しい。それでも、農村・農民の重視をいち早く力説したのが、かれであったことは注目されてよかろう。

それよりも自分が不知不覚の間に社会改造・文化革命の名士、英雄気取りに陥っていたことを自己批判した王光祈のことば(同前)がたいへん含蓄に富んでいる。失恋で手ひどい打撃を受けた直後のことである。

私が欧州に来て最初に感じたのは従来の観念の誤りであった。年来、国内で新思想がたいへん盛んになり、私の思想も大きな影響を受けた。ただ思想的にいささか変遷はあったが、なお不徹底な変遷であり、従前の旧観念の上に新思想を貼りつけたに過ぎない。うわべはきれいだが、中は依然腐りはてている。時には新思想と旧観念とが戦い、その結果新思想が勝利するけれども、旧観念はなお行為を指揮する最高命令権を握っている。こうした旧観念が根本から一掃されなければ、君が社会改造や政治改造に従事しようと、世界主義や国家主義を信奉しようと、十分な危険性を胎んでいる。

中国共産党が農民、労働者に依拠して革命を遂行する過程で築きあげた民主性と倫理性は当初、世界の目を見張らせるものがあった。私なども五四運動の理念の結実として手放しで評価したものである。しかし、革命後の中国で現実に進行したのは、執権政党となった共産党の民衆からの遊離、官僚化であり、腐敗の構造化であったようだ。五四運動が掲げた「民主と科学」のスローガンはいまだにインパクトを失っていないことを、一九八九年の事態は証明したが「倫理革命」もさらなる追求の課題であるだろう。もちろんそれは日本に生きるわれわれにも、跳ねかえる問題でもあるのだが。

注

頻用する資料については以下のごとく略称する。紀念冊……王光祈先生紀念委員会『王光祈先生紀念冊』(一九三六年)。社団(一)(二)(三)(四)……張允侯・殷叙彝等『五四時期的社団』(一)(二)(三)(四)(三聯書店一九七九年)。

(1) 李劼人「詩人之孫」(紀念冊)。
(2) 周太玄「王光祈先生与少年中国学会」(同前)。なお郭正昭前掲論文(二七二頁)は、王光祈と愛人の一件については回避して言及しない。
(3) 注(1)に同じ。

（4）王光祈致代英　一九二〇・一二・一〇（『少年中国』二巻一一期）。

（5）王光祈「本会発起之旨趣及其経過情形」『少年中国学会会務報告』第三期（社団一　二一九―二二二頁）。

（6）『曾慕韓先生遺著』（中国青年党中央執行委員会印　一九五四　台湾）「戊午日記」四月一日条。

（7）同前によれば、曾琦は一八年一月七日、高公孝・陳愚生・王潤璵・周太玄宛ての手紙、五月六日、陳愚生、王潤璵、周太玄それぞれに宛てた手紙を投函し、八日、陳愚生、王潤璵それぞれへの手紙を上海に帰る黄嘯岩に託し、一七日には王潤璵、周太玄それぞれに手紙を投函している。

（8）注（2）に同じ。なお、李璜は曾琦から直接聞いた話としてこう述べている。「揔慕韓後来告我、当他到北京去活動留日学生救国団事的第一日、即晤見光祈与之談及他的来意（救国団北京部の設立）、光祈即向慕韓言道『我有一議、思之已久、等着為你提出。留日学生救国団的主張、明明在反対段祺瑞、要在京津発動、障礙必大。且即使発起成功、也不過是一鬨之局、勢難持久。因二三千人一旦罷学回国、声勢雖大、而其中大多是感情用事、以之而言救国、則辦法当不如是之簡単。我們皆在青年求学時期、救国最要在早做好基礎準備工夫、而準備工夫不外両事。一為人才、二為辦法。但人才既不能求之於已成勢力之中、則應早日集結有志趣的青年同志、互相切磋、経過磨練、成為各項専門人才、始足言救国建国種種実際問題的解決。至於辦法、也非浅識玄想、東写西抄、便可以適合国家真正需要。因此必須每個同志都去増進自己学識、従事各種研究、而今日之研究学術、又必須本科学的精神、方不致流於空疎。』慕韓認為光祈這一席話、句句打中他的心眼。他数年以来、就注意在結交青年有為之士、以為根本救国之図、得聞其言、方針大定、乃留之在陳愚生家共作長夜之談、将少年中国学会的発起宗旨与辦法大致決定。揔慕韓日記、時為民国七年六月二五日之夜。随後数日、慕韓即与王光祈、陳愚生及張夢九、周太玄、雷眉生共六人、擬定学会名称為『少年中国学会』。……因陳愚生与李守常（大釗）其時相友善、而慕韓也在東京時認識李守常、故発起人又特約守常参加、於六月底、即由以上七人共同署名発起、並訂公約……一併連会章印刷成冊、分寄各地友好。」（李璜『学鈍室回憶録』明報月刊叢書　香港　一九七九）。

（9）『少年中国学会務報告』第一期（社団（一）二八六―二八八頁）。

（10）注（5）に同じ。

(11) 王光祈「少年中国学会之精神及其進行計画」(『少年中国』一巻六期)。
(12) 同前。
(13)『曾慕韓先生遺著』「戊午日記」一九一八年元月一日条。
(14) 王光祈「政治活動与社会活動」(『少年中国』三巻八期)。
(15)「会務紀聞」(『少年中国』一巻一期)。正式発足後も毎号一千部として六〇元が見込まれた月刊刊行費のために、かれは毎月一〇元の寄付を約束した。しかし売れ行きが好調だったこと、六期から上海の亜東図書館が発行を引き受けたことで寄付は三回でとどまったようだ(「会務紀聞」同前一巻六期)。
(16) 畢興・韓立文「王光祈」は、かれが李大釗と識ったのは一六年秋、李が『晨鐘報』主編の時だったとする。根拠は不明だが、李の年譜とつきあわせてみて、その可能性は少ないように思われる。一八年、李が北大図書館主任となって以後とみたい。
(17)「王光祈」(『四川近現代人物伝』第一輯)が引く李劼人の回憶。なお、李の「回憶少年中国学会成都分会之所由成立」社団(一)五五〇~五五三頁をも参照。
(18) パリ講和会議にたいする批判は「兌現」(『毎週評論』一三号 一九一九年三月一六日)にも見える。
(19)「王光祈致君左」一九年四月(五月?)二〇日付 社団(一)二九三~二九四頁。
(20) 同前。王光祈のいう社会主義は国家社会主義(集産的社会主義=マルクス主義)と互助的無政府主義(共産的社会主義)の総称である。「社会主義的派別」参照。
(21) 王光祈は誤りは「労人君所著的『欧戦与労働者』に拠ったとする。労人(姓名不詳)の文章はアナーキストの雑誌『労働』第一巻第一号(一八年三月)に載ったもので、ロシア十月革命に関する部分は「主其事者為労働党領袖之李寧氏。革命軍以無政府党、虚無党、社会党之激烈派、労働党、農民党等組合而成。世人目之曰過激党。其所標掲之主義、一、無政府共産二、自由平等博愛。其所抱之目的、一、無政府 二、廃私産 三、廃宗教 四、停戦」という簡単なものである。王が「社会問題、社会主義、無政府主義」に関する書籍を集め、人にも公開していたことは、倪平欧「光祈北平生活之一段」(『王光祈先生紀念冊』）に見え、こうした理解も労人の文章に拠っただけだとは思えない。その時点での資料の制約とかれ自身の思い入れとがあろう。

(22) 注（19）に同じ。

(23) 「無政府共産主義与国家社会主義」（『毎週評論』一八号）、「社会主義的派別」（『晨報』一九年五月三日）。

(24) 拙稿「労工神聖の麺包　民国八年秋・北京の思想状況」（本書　第七章）参照。王光祈が「直接行動」の語を使用するのは、ただ一例「俄国的布爾札維克直接行動」（「工作与人生」）とボルシェヴィズムと関わらせてのみである。

(25) 注（23）に同じ。

(26) 同号の発行日は奥付では四月一五日であるが、実際には七月に入って刊行された（狭間直樹氏の教示によれば、『星期評論』七号、一九年七月二〇日に出版広告が載った）。魯迅の「孔乙己」（三月二六日）など、同号の所載の執筆日付の記された文章から推測して三月から四月にかけての時期に書かれたものではないか。

(27) 「北京大学平民教育講演団」社団（二）一二七〜一二六六頁。四月四日、「什麼是善」の題で講演した。なお一〇月、大会で講演組書記に選出されている。

(28) 「討論小組織問題」（『少年中国』一巻二期）。

(29) 李新・陳鉄健主編『偉大的開端』（中国社会科学出版社　一九八三）二三一頁。

(30) 『「社会的政治改革」与「社会的社会改革」』（『少年中国』三巻八期　一九二二年初めの執筆と推定される）。なお、前出「択業」「学生与労動」「社会主義的派別」および「致夏汝誠先生書」（『少年中国』一巻二期）でもそれぞれトルストイを賛美している。

(31) 「致夏汝誠先生書」（『少年中国』一巻二期）。

(32) 「少年中国学会之精神及其進行計画」（『少年中国』一巻六期）。

(33) 「団体生活」（同前）。社団（三）七六頁。

(34) 「致劉泗英」一九年七月三一日（『少年中国』一巻二期）。少中会員劉正江が「間聞潤璵有他年返川組織新農村作社会生活之

説。不識何時始能実現。弟或可作組合之一員」と書送ってきたのにたいし、返信に「従前我最愛読陶詩……又最愛読謝詩……。我現刻最厭悪都市生活、急欲到農村与『自然的美』接近。我的思想還是従前的山林思想。但是与一般隠居先生却大不相同。因為我是主張積極的、奮闘的、生産的。我将来即或身居田間、還是要積極的奮闘、努力的生産」と書いた。

(35) 拙稿「労工神聖の麺包」本書第七章参照。

(36) 「康白情致少年中国学会同志」(『少年中国』三巻二期)。

(37) 同注(35)。王光祈がこの論戦に参加した事実およびその主張の意義について、朱正威「五四時期王光祈的思想剖析」(『近代史研究』一九八八年四期)はまったく言及しない。

(38) 胡適「大学解女禁問題」への後記(『少年中国』一巻四期)、「復MR先生」(同前)、「答AYG女士」(同一巻六期)など。

(39) 注(29)所掲『偉大的開端』二二六〜二四五頁などを参照。

(40) 「致王光祈書」(『少年中国』二巻二期)。「怎様創造少年中国」下(『少年中国』二巻三期)で工読互助運動の失敗の必然性を論じ、間接的に王らを批判したのにたいし、王が反論の書(次注)を寄せた。引用文は再批判の一節。なお拙稿「五四時期の理想主義」本書第六章参照。

(41) 「致惲代英」(『少年中国』二巻一一期)、一九二〇年一二月一〇日付。

(42) 「為什麼不能実行工読互助主義」(『新青年』七巻五期)。この中で王光祈は工読互助団の精神を「理解もでき実行もできる」団員を慎重に選ばず、「功を急いだ」責任を自己批判している。なお、かれは二〇年二月二七日、上海工読互助団籌備会に出席してもいる(社団(二)四五〇頁)。

(43) 「周太玄魏時珍宗白華王光祈致本会同志」(『少年中国』二巻四期)。

(44) 黄仲蘇「哀辞併序」(紀念冊)。

(45) 郭有守「若愚在蓬廬」(紀念冊)参照。

(46) 同居人に北京大学法科の学生で五四後、北京に第一国貨商店をつくり、辛苦のあげく一九年一一月一六日、投身自殺した林徳揚がいたが、王光祈がこの事件に触れた文章は目にしていない。

（47）郭有守前出文および『呉虞日記』上冊（四川人民出版社　一九八四）民国九年一月一五日から九月一一日の間の関連記載を参照。呉楷は『日記』によれば六年一月一〇日に二〇歳の誕生日を迎えているから、同一〇年二月二日に転記する留法女生姓名志願一覧表に年齢二〇とあるのはサバを読んでいる。

（48）郭正昭・林瑞明『王光祈的一生与少年中国学会』一七頁。郭のこの件についての記述は関係者からの聞書によるが、『呉虞日記』を参照できていないため細部で正確を欠く点がある。たとえば王光祈が呉虞の委託を受けて姉妹の世話をしたとするが、その可能性はゼロに近い。なお潘力山は一九年一二月六日、北京を離れてアメリカに向い、後から着いた呉桓と二〇年四月二三日、サンフランシスコで自由結婚した。潘には四川に妻があり、このことで呉虞が保守派文人の非難を浴びたこと、『日記』を参照。

（49）「討論小組織問題」（『少年中国』一巻二期）。

（50）『呉虞日記』民国九年一月一九日、二月二四日参照。なお姉妹は王光祈らが「集合同志、砥砺学行、対於四川青年、謀文化上的交通、以創造新四川、使其適応為新世界的一部分」を宗旨に発起した新四川雑誌社には王の紹介で加入した。同前一月二九日、二月一日参照。

（51）「留別少年中国学会同人」（『少年中国』一巻八期）。

（52）「楷女来信言……現在楷決定先到南洋一行、若天気不頂熱、便在那里小住。不然、即先在法国去住一、二月、予備英文、俟王光祈在南洋把款辦好、即赴英国或美国、若款少即住法国。現王光祈已将旅費及住法用費予備好了、大人若願毎年寄二百元、亦甚感激。……又与六、七女信、言……我則同王光祈及北京大学幾位先生到南京、西湖一遊、再到上海、過南洋新加坡募款及創辦通信社与演説、要提醒那辺華僑」（『呉虞日記』上　民国九年一月二四日。当時、北京から成都への手紙は一六、七日かかった）。華僑のあいだで募金する計画があったようだが、ワシントンに通信社を設置する費用だったのだろうか。少中学会は経費を一切自弁し、会外で募金しないことは、王自身が誇っていた（「少年中国学会之精神及其進行計画」）ことである。通信社設立を会務としていたことと撞着を免れない。

（53）蓬廬の同人だった郭有守は「当時若愚和我都早已準備留学。我決定赴英、他決定赴美。籌劃由各方湊集可有千余元。後来因為両個人去費用不够、才変更計劃、改赴欧州」と書いている（紀念冊）。

(54)「楷女来信……王光祈四月一号早起身。……王光祈到欧、係任上海『申報』『時事新報』及北京『晨報』三処特約通信、毎年一千二百元。魏嗣鑾同用此款。光祈毎年可助款二、三百元」（『呉虞日記』民国九年四月二三日）。

(55)郭正昭・林瑞明前掲書は王光祈が呉楷と同船したため、左舜生らを慌てさせたとするが誤り。

(56)「赴法船中之五四紀念会」（張允侯等『留法勤工倹学運動』一　七一三〜七一六頁）。第七章「労工神聖の麺包」を参照。なお少年中国歌とは四月七日、ハイホンから投函した「去国辞」（『少年中国』一巻一一期）を指す。

(57)船中での王、陳、魏の論議の一端を記録したものに魏嗣鑾記「当如何批判？　南洋舟中一席談」（『少年中国』二巻一期）がある。

(58)李璜「我所認識的光祈」（紀念冊）。『呉虞日記』民国九年五月一五日に「楷女来信、陽暦五月八号、乗法船到巴里。………到巴里住一礼拝、才往瑞士、乗飛艇到徳」とあり、呉楷が上海出発まではドイツに留学する計画であったことがわかる。なお、呉のパリ到着は六月半ばであった（同前八月九日）。

(59)「南京的追悼会」中の宗白華の致詞（紀念冊）など。

(60)黄仲蘇「哀辞」（同前）。なお、王光祈「旅欧雑感」（『少年中国』二巻五期）に見える懺悔の詩四首は、この失恋事件を背景に置いて理解しなければならない。

(61)李璜「我所認識的光祈」（紀念冊）。

(62)前出『留法勤工倹学運動』二　六三三〜六三五頁。

(63)「旅欧同人的使命」『旅欧週刊』四二号（同前六三七〜六四〇頁）。

(64)「分工与互助」一九二〇年九月一九日（『少年中国』二巻七期）。

(65)「我們的工作」（『少年中国』四巻一期）。「将来新村的大聯絡便是我們的少年中国」という表現は、すでに次注の書簡に見える。

(66)「致代英」（同前二巻一一期）。

（67）同注（51）。「要把世界大勢西洋社会状況、輸入国内以備参考」が「第二個任務」であった。なお外国通信社の国際ニュース独占の危険性は、一九年六月一三日、清華学校仁友会との懇談会における王光祈の演説でも訴えている（同前一巻一期「会務紀聞」）。

（68）この年、王光祈はそれまでの文章をまとめて、中華書局から『少年中国運動』（筆者は未見）を刊行した。その「序言」では、単刀直入に「少年中国運動不是別的、只是一種中華民族復興運動」、「我們的方法計有両種、（甲）民族文化復興運動（乙）民族生活改善運動」と規定しているらしい（左舜生「王光祈先生事略」紀念冊）。

（69）同前所掲の「序言」。王光祈の音楽関係の著述は「徳国人之音楽生活」（『少年中国』四巻八期・九期）の外は目にしていないが、「王光祈著作提要」（紀念冊）によると専著だけで一三種ある。

（70）社団（一）五一四〜五一五頁。

（71）第二の隔離の方法は留学もしくは労働のため、短期間中国を離れることだとする。「一到外国、看見他国社会的好処、便連想到中国社会的壊処、看見他国社会的堕落、便連想到中国社会的特長、看見他国社会与中国社会的共同弱点、便連想到人類的全体改造」。

なお近年『王光祈文集』五冊（巴蜀書社　二〇〇九）が刊行された。

第九章　周剣雲——一九二〇年代初期の上海知識人——

はじめに

　五四運動のなか、五月一一日に結成された上海学生聯合會には、多くの中等学校の教員が職員（役員）として運営の中枢に参加していた。かれらを所属学校の学生代表として認めていたからである[1]。確認できる者だけでも、裴国雄（寰球中国学生会学校）費公侠（同）顧肯夫（東呉二中）任矜蘋（民生女学）潘公展（市北公学）翁国勲（滬北公学）がおり、裴国雄は評議部書記に、翁国勲は交際部書記に選出されている。その他でも中学校・女学校から職員に推された者の、かなりの部分が教員だったのではないかと思われる。しかも、かれらは運動のなかで重要な役割を果たした。潘公展はさらに上海学生聯合會を代表して全国学生聯合會の評議部に加わり、『学生聯合會日刊』の総編輯を務め[2]、裴国雄は一九一九年一〇月の第三次請願に上海学聯を代表して北上した（もっともかれは請願を無意義とする北京学聯の主張に共鳴して、請願団から勝手に離脱してしまったが[3]）。

　職員として学聯で活動したのは教員ばかりではなかったようだ。若手の演劇評論家であり、出版社・新民図書館の編輯主任であった周剣雲も、どういう名目の下でかは判らぬが、その一員だった[4]。罷市の始まった六月五日、彼は学生聯合會代表とともに各劇場を回り、演劇の上演停止［停鑼］を訴えるなどの活動を見せていた。[5] 社会的経験の豊かなかれら青年知識人の参加は学生たちにとって有力な支援であったに違いない。一九年九月、学聯の方針が変わり、教員は各校分会を代表できなくなったが、激動の数ヵ月を共に闘ったかれらは、民生女学の教務長任矜蘋などの発起で上海学生聯合會初年度［第一年］職員会をつくり、旧職員の結束を保ちながら、学生運動のバックアップを続けたのである。[6]

教員・ジャーナリストなど知識人は商界の運動でも活躍した。紹興旅滬同郷会の代表として商業公団聯合會評議員であった澄衷中学校長曹慕管は、罷市のなかで終始強硬論を主張し、当局から「激烈分子」をもって目された。[7] 罷市に参加した商人たちは「貴族的官僚的」な総商会に抗議し、商界聯合會などの名目で自らの組織を持とうとするが、開市直後から「平民商会」設立の大きなうねりが起こり、一〇月二六日、二三路の商界聯合會を結集して上海各路商界総聯合會の成立を見るにいたる。その動きのなかで知識人が具体的にどういう役割を果たしたかは分明でない。しかし、周剣雲・鄭鷓鴣（後出）が山東路商界聯合會の職員に選ばれ、鄭正秋（後出）が広西路聯合會の交際委員を務め、任矜蘋が漢口路聯合會の文牘部委員を引き受け、邵力子（民国日報社）が河南路聯合會の評議長に選ばれたことを見ても、商界の結集に少なからざる貢献のあったことは疑いない。[8]

罷市で活躍した店員たちも組織を持とうとした。いくつかの流れが合流し、一九二〇年の双十節を期して上海工商友誼会が結成されるが、周剣雲・鄭鷓鴣・谷剣塵（後出）・費公俠らがその設立を支援し、職員として初期の運営にも参加した。周剣雲などは規約改正の中心となり、いったんは評議会議長に選出され、「身、数職を兼ぬるに因り」、この要職は果たし難いと固辞し、平の評議員で留まることをやっと許されたほどであった。[9] 任矜蘋は一九年一一月、五四運動で生まれた大衆組織・中華救国十人団聯合會に加入し、まもなく副会長に選任されて指導的な部署に就いたが、二〇年秋から二一年にかけて十人団運動の再建が課題となると、翁国勲・孫道勝（キリスト教青年会商業夜学国民義務学校、かれも学聯の旧職員であった）・唐豪（毓賢学校校長）・鄭鷓鴣・周剣雲・鄭正秋・邵力子・包世傑（『益世報』記者）・沈卓吾（聯合通信社）なども相次いで加入し、内側から運動を支えた。(10) ほぼ同じ時期、呉佩孚の提唱した国民会議に賛同して、団体加盟方式による国民大会策進会が上海で結成され、一時活発な動きを見せた。その評議会には周剣雲・鄭正秋・包世傑・唐豪・沈卓吾・曹慕管が、幹事会には鄭鷓鴣・孫道勝がそれぞれの所属団体から推されて加わり、積極的に活動していた。(11) 例は他にも挙げられるが省略しよう。要するに五四運動からその後の一時期、上海の進歩的・愛国的運動の最前線で、多少の出入はあるものの、一群の知識人が金太郎飴のように到るところで顔を出し、あえて指導的とまでは言わずとも、そうとうに重要な役割を果たしていた事実は、当時の新聞を繰ってみれば一見して知れよう。

かれらのうちでは民国日報社にあって五四事件の報に接するや、ただちに母校・復旦大学に駆けつけ、学生に決起を促した邵力子（仲輝）が国民党系に属したのを除けば、全部が当時は無党派の活動家であった。かれらがそのころどのような思想を持って行動していたのか、これも邵力子を除けば、すべてマイナーな知識人とて、それを探る手がかりに乏しいが、ほとんど唯一の例外が周剣雲である。かれは一九二〇年五月から二二年六月にかけて、婦人解放を提唱した啓蒙雑誌『解放画報』一八期を主宰し、自身、評論・講演録・読者来信への回答など計八万五千字を越える文章でその主張を表白しているのである。当時のかれの思想を解明することは、何人かかれと形影あい伴うごとく活動していた知識人の思想の傾向を窺うことにもなるはずである。小論が五四運動前後から二〇年代初期の草の根的啓蒙運動のありように、諸賢の注意と関心を喚起する契機となれば幸いである。

一　社会教育と新劇

周剣雲は抗日戦争前、中国の映画界では有名人であった。それも俳優や監督としてではなく、当時最大の映画会社・明星影片股份有限公司の有能で見識ある経営者としてであった。したがって『中国電影家列伝』第一集（中国電影出版社　一九八二年）にその伝を収めるが、明星創立前の経歴についてはわずかに六行。安徽合肥の人で一八九三年の生まれ、アメリカ人リード博士（G. Reid　李佳白）の尚賢堂および江南製造局兵工中学に学ぶが、父親の事業の失敗で学業を続けられず、社会人となって愛儷園すなわちかのハードゥーン家・哈同花園の蔵書楼主任や新民図書館の編輯などを務めた、幼いころから旧劇を好み、後また新劇に熱中し、さらに当時の新聞・雑誌に散見するように小説や劇評などをも書いていた、とあるだけである。五四当年の活動はもちろん、『解放画報』にすら言及しない。

五四以前のかれは社会教育の手段としての演劇・新劇と格闘していた。自認するところによれば、子供のころ大人について宮芝居［廟台戯］を見、役者の真似をしたのが始まりで、上海にきてから数々の悪習とは無縁ながら、芝居好きだけはいよいよ昂じた。一三、四歳のころからはプロ［科班］に劣らぬ熱心さで演劇を勉強したという。[12] 中国では素人の芝居役者を票友と称するが、二〇歳の時、一九一三年秋には票友仲間とついに新劇の劇団を結成するまでになった。

この年、かれは商務印書館の票友たちが農村などに赴いて無料で演劇を観せ、教育の普及に貢献しようと発起した通俗新劇団に加わり、さらに同志を語らって一〇月、啓民新劇研究社（社長・総理孫玉声　すなわち鴛鴦胡蝶派の作家・海上漱石生）を発足させた。当初の社員は「商学両界」の約三〇人、「清白なる品格、正当なる職業、普通の学識」を持つことがその資格で、稽古場［模範舞台］を持ち、毎晩八時から一〇時まで稽古［練戯］のために集まった。経費は一人月一元の社費と後援者の賛助金で賄われ、運営は社の議会に当たる議事部と内閣に当たる幹事部によって民主的におこなわれる建前であった[13]。まもなく社名から研究の二字を削って本格的な劇団活動を準備し、社員も六〇人に増えたが、内紛・派閥抗争もそれに応じて吹き出した。しかし、上げ潮の勢いで何回かの試験的公演を成功させ、一四年四月、元病院を改装した四百人収容の常打ち小屋でいよいよ旗揚げをした。そのさい舞台に立たせてもらえない社員二〇人ほどが退社したほか、役者として優れた力量を持ちながら、家庭の反対で出演できない者もあったというのは、票友の限界を示すものであったろう。周剣雲はこの時から周江潮、後さらに周亜夫（言うまでもなく匈奴撃退・内乱平定に功を挙げた漢代の勇将の名）の芸名を用いて舞台に立ったが、老け役［荘厳老生］、二枚目［言情小生］がはまり役だったという。社内での地位も最初の議事部議員から議事部長・総董と進み、いよいよ重きを加えた。

だが、興行不振の夏になると資本に乏しい啓民社はたちまち経済的な苦況に陥った。当時の新劇界の通弊であった役者の女出入りと不行跡に、創社の理念に基づいて周ら清議派が除名を要求するなど厳しい態度で迫ったことも内紛を激化させた。社長の孫玉声は金銭的損失と対立調停の失敗とで辞任し、退社する社員も多く出た。残った社員は二〇余人、正理事（社長を改称）に推された周剣雲を中心に、八月から再建を図ったが難航した。寧波・漢口などの劇場から招かれたものの、本職を別に持つ社員を抱えては社全体として応ずることができず、個人あるいはグループで出かけることで社の結束は弛み、動揺は収まらなかった。一九一五年八月、杭州の劇場から啓民社に呼びがかかった。周剣雲らは西湖の風光にも引かれて参加可能な社員を率い、春柳社の欧陽予倩らをも語らって出演したが、劇場の営業不振のため、一〇月、上海に帰らねばならなかった。啓民社の活動はここで終わる。最後まで周剣雲と行動をともにした者は一〇余人、その中には後年明星影片公司で活躍する鳳昔酔（倩影）、高漢飛（梨痕）などの名があった。

四〇余年後に欧陽予倩はこう書いている[14]。

啓民社の人が杭州で公演した時、新編の「征鴻涙」という芝居をやった。劇中、「救亡大会を開く」の一幕があり、学生孫次雲が長い長い演説をして、日本の侵略に抵抗するよう国民に訴えた。そのころの新劇ではこうした義憤に燃える演説はもう珍しかった。

この時、孫次雲に扮したのは他ならぬ周亜夫、すなわち周剣雲である。言うまでもなく日本の二一ヵ条要求に抗議し、かつ暗に袁世凱の帝制陰謀を批判した演説であったが、珍しがられたのは「言論派」を売り物にする役者がそのころはもう少なくなっていたからである。欧陽予倩のこの文章によれば、日本の新派劇に学んだ新劇（文明戯）は新派の前身であった壮士芝居と同様、政治的使命感を持って生まれた。かれもその一人であった留日学生の有志の演劇運動と上海の学校演劇に始まる洋風劇が合流するなかで、京劇・昆曲などの旧劇にない写実的舞台装置・背景と社会的・政治的・革命的題材とを売り物に、辛亥革命前後、それは大いに人気を呼んだ。役者が観客に向って演説をぶつ、大議論を展開するなどは当時はごくごく普通のことだったのである。しかし、第二革命失敗後、袁世凱政府の弾圧と進歩勢力の後退は新劇をも沈滞させた。観客に迎合する低俗的退廃的なものが主流となり、芸術至上主義路線の春柳社、社会教育路線の啓民社はあい前後して解消せざるをえなかったのである。もっとも周剣雲もこんな芝居ばかりしていたのではない。杭州ではみずから求めて女形の欧陽予倩と純愛物の「神聖之愛」（欧陽予倩作）を共演したのだが、その演技力にたいする予倩の評価はさほど高くはなかったようである[15]。

ところで孫次雲の演説を周剣雲は、その主編した『鞠部叢刊』（上海交通図書館　一九一八年一一月）の最終章「品菊余話」の末尾に収録している。全文三三〇〇字にのぼる「周亜夫演征鴻涙救亡一幕之演説詞（飾孫次雲）」であるが、日本（文中では太陽国と呼ぶ）の侵略の野心を暴く一方で、民主立憲国の中国では「国家の主人翁」たる国民に国事を問う義務のあることを力説し、犠牲を恐れず奮起するよう呼びかけている。しかし、その日本批判には必ずしも正鵠を射ない点も少なくない。たとえば日本を「売淫国」と極めつけるくだりである。

かの国は産物はたいへん少なく、人口も少ない国であります。生産するものはみないんちきな品物で、みてくれは良くても使い物にはなりません。始めはそれでも人を騙して売りつけますが、後には正体を見破られて儲けはだんだん減ってきます。そこで奴はわが国に好色の人が多いのに目をつけ、見目形《みめかたち》の良い女太陽人を選んで中国に送りこみ、売春をさせるのであります。彼女らが妊むとすぐに帰国させ、出産後にまた連れてきます。金を儲けたうえに子種までもらって一挙両得とはこのことであります。こんな淫賤な行為は、他の者なら絶対にやりませんが、奴らだけは自分の利益になりさえすれば恥も外聞もないのであります。みなさんがそれを恥知らずだと罵っても、相手は笑ってあなたがたに言います、私は金になりさえすればいいのです、ご贔屓いただいておきに、と。みなさん、売淫国の三字を綽号として奴に贈るのはまちがってますか。

周剣雲が本気でそう信じていたかどうかはともかく、少なくともこうした主張が大衆扇動に効果ありとしていたことは疑いない。当時の日本が公娼制度をもつ国であったこと、北はシベリアから南は東南アジアまでいたるところに日本人売春業者が進出しており、中国ででも同様であったことは歴史的事実であり――演説のなかでかれは日本商品とともに日本人娼妓のボイコットをも訴えている――、売淫国との非難が完全に誤りだとはいえないが、同時にはなはだしい誇張と歪曲を伴っていることも明らかである。一九一五年時点でのかれの愛国主義のレベル、さらにはその民衆観の一端をここに窺うことができる。それを後節で紹介するかれの言動・主張のありようと対比するとき、五四運動の切り開いた地平の広さを検証する好個の手がかりがえられよう。

さて啓民社解散後の周剣雲は、ときおりチャリティー公演［義務戯］に客演するぐらいで、もっぱら演劇評論家として活躍し、前述のように一九一八年には、当代演劇総鑑というべき『鞠部叢刊』二大冊を主編・刊行した。この年は一月から一二月にかけて『民国日報』だけでも延べ四七回（連載を含む）にわたって新・旧劇についての評論を掲載しており、まさに脂の乗りきった感じであった。そしてまたこの年こそかれが二人の新劇運動家、鄭正秋・鄭鷓鴣と血盟の交わりを結んだ年でもある。その契機となったのは日中秘密軍事協定に反対して行なわれた留日学生の一斉帰国運動であったのだが、それには後で触れることにして先ず二人の鄭のそれまでの軌跡を遡ってみることにしよう。

鄭正秋（一八八八―一九三五）は原名伯常、別号薬風、広東省潮陽縣の人。[16]幼時、上海の阿片商の養子［螟蛉子］に貰われたとも、家族とともに上海に移り住んだとも言われるが、育才公学に進んだ後、家業を継ぐか官途に就くかという親の期待に反して芝居にのめりこんだ。やがて長編の劇評を革命派の新聞『民立報』に投稿したのがきっかけで于右任の知遇を得、武昌起義が起ると革命に題材を取った四幕物の「時事新劇　鉄血鴛鴦」を『民立報』に連載したりもした。[17]一九一二年二月、かれは同盟会の急進派による自由党の結成に参加し、[18]その機関紙『民権報』の劇評欄、ついで『中華民報』の劇評欄をも担当した。かれが共和革命の支持者であったことは言うまでもないが、同時期にかれは「戯曲を改良して社会・風俗を革新［移易］する」志を立て、『図画劇報』を創刊して趣旨を宣伝する一方、名優たちの間を奔走し遊説し、ともに語るに足る人物のまれなことをも知ったという。

たまたま一九一三年、アメリカ人が上海に亜細亜影戯公司を設け、資金・資材を提供して買弁の青年張石川に映画の制作を請け負わせた。張は舅父（母方のおじ）の経営三や鄭正秋を語らって新民公司を作り、演劇界に顔の利く鄭に役者を集めさせ、かつ「編劇」[19]させて映画「難夫難妻」を撮影した。鄭はその「社会を改革し、大衆を教化する」理念から、自分の郷里潮州の売買婚の習俗にテーマを求め、封建的婚姻制度の不合理を訴えようとしたのである。ところが、その撮影はすぐに終わり、フィルムも一時底をついて仕事は長期にわたって途絶えた。鄭正秋は無名の貧しい役者を集め、かれらに宿舎と食事を提供していたので、たちまち窮地に陥った。[20]救済策としてかれは新民新劇研究所を興し、かれらに教育と訓練を施した上で、ついにこの年一〇月、職業劇団「新民新劇社」の旗を挙げた。周剣雲が新劇家から劇評家に転身したのに対し、鄭正秋は逆に劇評家から新劇家に転身し、かつこの時から風俗を正すという意味で「薬風」を号したのである。

新民社は家庭劇で売り出した。[21]当初、赤字の連続であった公演も、やがて安定した成績を上げられるようになったころ、新劇は儲かると見た旧新民公司の経営三らも別に民鳴社を組織し、新民社の役者を引き抜くなどして両者は激しい競争・対抗の関係に入る。他にも旗揚げする劇団が相次ぎ（啓民社もその一つ）、一九一四年は上海で新劇の「極盛時代」と称されたほどだが、好人物の鄭正秋は新民社に招聘した有名役者・汪優遊らに社の主導権を奪われた上に、資金力・宣伝力のいずれでも民鳴社に太刀打ちできず、ついに張石川の提案をいれて一五年一月、新民社の民鳴社への吸収合併を承認せざるをえなくなった。[22]まもなく彼は民鳴社を離れるが、この年漢口で大中華劇社を名乗って興行したさい、袁世凱の二一ヵ条要求への屈伏と帝制陰謀とに憤激し、植民地の惨状を訴え、袁世凱を諷刺した無言劇「隠痛」を編んで主演し、大いに物議を醸したという。周剣雲が舞台で大演説をぶったのとあい前後する。

鄭鷓鴣（一八八一？―一九二五）、本名は廉、字は介塵、安徽歙県の人。[23]陸軍武備学堂を卒業して軍界にあったが、革命活動のため逮捕されそうになり、一時、商業界に身を隠していた。中華民国成立後、官途に就いたものの、一三年、党派抗争に愛想をつかして身を退き、一四年、新劇同志会（春柳社）に入って本格的に芝居を学んだという異色の経歴の持主である。春柳社の解散後はもっぱら京劇を研究しつつ時に舞台に客演することがあったが、一六年夏、鄭正秋が薬風劇学館を上海に主宰したさい、スタッフ［佐教］に迎えられ、おおいに意気投合する。「正秋の忠厚誠懇を君（鄭鷓鴣）の老成練達をもって補い、魚の水を得たるがごとく、須臾も離るべからず。是れより正秋、凡そ劇場の組織有れば必ず君と商《はか》り、君また其の智能を竭して正秋を輔く。朋友なりと雖も手足《にくしん》も逮ばざるところあり」と周剣雲は書いている[24]。

鄭正秋は新劇のために家産を傾けた。「六年の心血を耗し、四万の金銭を蝕した」とは一九一八年の述懐であるが、育てた多くの役者に裏切られ、わずかに学校演劇の指導に希望を託していた。そのころ独立した劇団は無くなり、劇場主が役者を集めて興行する形がとられ、鄭正秋らも舞台を転々としていた。そこへ五月、寺内内閣と段祺瑞政権とが結んだ日中秘密軍事協定を二一ヵ条要求の第五項の実施、中国を「第二の朝鮮」とする陰謀だとして、留日学生が一斉帰国し救国のため決起するよう人々に訴える運動がおこった。上海はその拠点となった。鄭正秋はこの事態に奮起した。

周剣雲は一六年いらい正秋と相識の間柄であったというが、新たに劇団を組織したいという正秋に先ず反対した、「演員に人格無し、新劇は為すべからず。子、金銭を虚牝に擲ち反って虎を養って身を傷つくる勿れ」と。鄭は応ずる、けっして自分を逐った劇場や新劇団と張り合おうというのではない、「此の留日学生の輟学帰国、民国危急存亡の秋に当って、鳴新社と笑舞台と、志は貿利に在り、更《もと》より国事を談ずるに配せず。吾此の時において大声疾呼、国人未だ死せざるの心を警醒せしめずんば、人将《は》た正秋を謂いて何如なる人と為さんや」と。周剣雲とて憂国の念はかれに劣らぬ、ついに「子、大声疾呼し国人の迷夢を撃破せんと欲すれば、此れ其の時ぞ」とかえって励ますことになった[25]。かくて一八年旧暦の四月（陽暦の五月末か六月初め）、鄭正秋の主宰する薬風新劇場が旗揚げした。出物は「熱血」（トスカの翻案）「隠痛」「賣国将軍」「窃国賊」（ハムレットの翻案）「賣国奴」「徐錫麟刺恩銘」等々、外題を見ただけで知れる、いわゆる国事劇であった。

一二月、かれら三人は施済群（鴛鴦胡蝶派の作家）ら六人とともに出版社・新民図書館の設立を発起する。「同人、狂瀾を力挽し誇淫の書籍を革除せんとの志を抱き、新思想・新学説をもって世界の潮流に応ぜんとす」というのが趣意であった。(26) 新民の二字は新民公司のばあいと同様、かれら、とくに鄭正秋の社会教育への思い入れを反映したものだったろう。新思想・新学説とは当然おりからの新文化運動を念頭に置いての表現であったと思われる。

薬風新劇場は出演していた遊戯場「新世界」で遊戯報『新世界報』を一新もした。社長に鄭正秋、編輯主任に周剣雲、図画主任に孫雪泥、発行主任に鄭鷓鴣、広告主任に張巨川（張石川の弟）という顔触であった。「今や、淫穢の新劇社すでに薬風により推翻さると雖も、第《た》だ悪劣なる新書店は方に大いに其の毒焔を張る。爰《ここ》に新民図書館の設有り」。「薬風、現今の各小報類《おおむ》ね皆守成して競う勿きを環観し、乃ち……剣雲と特約し、相ともに之を振作せんとす。剣雲は本（文?）壇の健将、編む所の鞠部叢刊は尤も名南北に重しと為す。本報の筆政を総べしむるは固より大才小用に属するも、顧《た》だ薬風の志を成さんと欲し、将に本報を以て書館と相輔けて行なわんとす。薄俗を励まさんと冀《ねが》うてなり」と『申報』の広告「新世界報革新啓事」（一九一九年三月四日）にうたう。新民図書館の発足をもって周剣雲・鄭正秋・鄭鷓鴣のトリオが結ばれたと見るゆえんである。

欧陽予倩は一九一三年、長沙でその名も「社会教育団」という新劇団に加わったことがある。日本から専門家を呼んだ舞台装置の珍しさと社会風刺・政治風刺の出し物が人気を呼んでたいへんな成功を収めた。しかし、第二革命の敗北で劇団は弾圧され、かれも一時潜行をよぎなくされたという。辛亥革命前、政治宣伝を自覚的に担った新劇・文明戯が、共和成立とともに社会教育を己が任としたことは長沙の劇団名が端的に示すが、新民社も啓民社も自覚的にその一翼を担わんとしたものであった。新劇はその後俗悪な商業主義路線に走り、「文明戯化」と揶揄されるまでにいたるが、周剣雲・鄭正秋・鄭鷓鴣は初心を堅持しつづけ、民族的危機感に迫られ、さらに新思想の刺激をも受けて演劇から出版へとその戦線を拡げようとしていた。

二　実業救国・教育救国

新民図書館は五月初めに開業した。同時に発行した五種の単行本にはとりわけて挑戦的な内容を窺わせるものはなかったが[27]、五四事件を承けてさっそく大中華国民編・愛国社発行『章宗祥（賣国賊之一）』、粤東閒鶴編・華民書社発行『曹汝霖（賣国賊之二）』などを発売してたちまち版を重ね、運動に呼応した。前者については「請看外交四大金剛之一章宗祥歴史」と、五月七日から一一日にかけて連日、『民国日報』・『申報』などに出版予告を載せ、「本館（新民図書館）は民気を鼓舞し国人の一致救国を促さんが為め、特に章氏一生の歴史を捜集し、其の行為心術を述べ、旁ら家庭の軼事に及ぶ」云々とその趣意を明らかにしている。愛国社といい華民書社というが、言論弾圧を顧慮してのことで、実体は新民図書館そのものであったことは先ず間違いない。事実、五月二六日に発売した『章宗祥』の文中の「去章」の二字が「中華民国政府への反対を提唱し、および治安を妨礙するの字意有り、現行刑律第二百二十一条に違反する」とされて、「該館経理鄭介塵」（鷓鴣）が工部局の「公堂」に召喚されるという一幕もあったのである[28]。

六三運動において、周剣雲が各劇場の公演停止のため活動したこと、上海学生聯合會の職員として運動にかかわったらしいこととはすでに述べた。さらに運動が一段落した七月五日・六日、かれは鄭正秋・鄭鷓鴣とともに新劇界の有志を糾合し、学生聯合會の財政支援のために二夜連続のチャリティー公演をおこなった。鄭正秋が編演主任となり、初日に家庭悲劇「新黄粱」無言劇「隠痛」を上演し、二日めに愛国新劇「兄弟愛国」を掛ける予定であったところ、警察の干渉がはいった。初日の芝居に「人心を煽惑する処有り、演劇の宗旨と符せ」ざるにより、明日の上演は禁止するというのである。必死の折衝の結果、「劇情激烈」でなければということで、演目を急遽「珊瑚」に変更してようやく開演した。男女の生徒・ボーイスカウト［童子軍］が案内係・整理係をつとめて雰囲気を盛りあげ、経費を差しひき両日で一―二千元の純益をあげた模様と報ぜられている（「各界同志演劇助捐」『民国日報』一九一九年七月二日、「上海大戯院之義務戯」同七月七日）。

各路商界聯合會の組織づくりにあたっても彼らが積極的に参加したこともすでに述べた。とくに鄭鷓鴣は一〇月一二日に結成された山東路商界聯合會で幹事長に推され、総聯合會への出席代表（二名）の選挙では、会長を凌ぐ最高得票を得たほどであった[29]。その貢献の大きさを窺うにたる。

周剣雲はようやく成立にこぎつけた上海各路商界総聯合會について、次のような感想を寄せている（『民国日報』および『時事新報』一九一九年一〇月二八日・二九日）。煩をいとわず全文を紹介してみよう。

一〇月二六日は上海各路商界総聯合會成立の日であった。この日、市中の各商店はみな旗を掲げて慶祝した。出席したのは十九路（公式には二三路――引用者）の商界聯合會の代表および各路の会員、各界の来賓で千人を超え、商務総会の会場はびっしり埋まった。この空前未曾有の盛会を見て私はたいへん愉快であった。当日、私も演説を準備していたのだが、演説する人があまりにも多くて時間が長引き（二時半から五時半までたっぷり三時間）、聴く人も疲れたし時間も遅くなった。予定していながら演説していない人も私一人ではないのを見、止めにしたのである。ただ、私はこの会にたいし大きな期待をもっており、いささか意見もある。今日は紙面を借りて発表させてもらいたい。

戴季陶先生は民国八年は中国のはなはだ記念すべき年である、なぜなら前七年の人はみな気絶しており、今になってやっと息を吹きかえしたからだと言われた。私は言いたい、中華民国は建国八年になるが、前七年の人民はみな約法第一条「中華民国主権在国民全体」の十一字を知らなかった、言い換えると前七年の人民はみなすでに

「民主国」に変ったことに注意せず、今になってやっと自覚したのだと。一歩遅れをとり多くの大事を誤ったが、これから以降急起直追し、日々進歩を求めさえすれば、中華民国の国魂は死してまた甦る日がきっとくる。中華民国の民族が世界の民族と同じ水平線上に立つ日がきっとくる。

中華民国は四千年の専制の余毒を承け、利禄に眼の眩んだ悪人どもが、自らには厚く人には薄く、各界人民の職業［執業］の違いによって、いわれもなしに極めて不平等な階級制度をつくり、多くの人の天賦の人権・思想の自由をがっちりと縛り上げたのだ。かの悪官僚・悪紳士および功名富貴を望んで廉恥道徳を顧みぬ読書人どもは商人を見下げ、眼中にも置かない。かわいそうに以前の商人は自分で自分を卑しめていたが、今になってやっと工商界と国家との関係がはっきりしてきた。工商界の人間は生産者［生利的人］であり寄生者［分利的人］ではなく、自分で生きていける人間である。耕さずして食らい織らずして衣《き》る手合いではないのだ。

上海には以前商務総会というのがあったではないか、この商務総会は商界の連合機関ではないのか。商人はなぜそれを信任しないのか。今なぜまた各路商界総聯合會を組織するのか。私はあえて商人に代って回答しよう、例の数人の紳士派半官派の会長は自己の身分をたいしたものだと思い込み、官僚の鼻息を伺い官界のために奔走することしか知らず、あの鼻持ちならぬ勲章［嘉禾章］をもらうことしか考えていないからだ。はたして洪憲時代には道尹を一人出し、今年はまた媚日派を二人出した。商人の公意を代表できず、商界のために福利も謀れないとあっては、こんな団体がなんの役に立とうか。

洪憲時代云々とは袁世凱の帝制陰謀に加担して当時の総商会総理周晋鑣が上海道尹に抜擢されたことを指し、媚日派二人とは五月七日、公電を発して対日妥協を主張した会長朱葆三、副会長沈聯芳を指す。大商人・大買弁の総商会に対抗してこの年三月、各業界・各同郷団体五六をもって上海商業公団聯合會がつくられていたが、それにもあきたらず、いまや罷市を最前線で担った各地域の中小商工業者を結集して、下から上へ商界聯合會が組みあげられてきたのである。

二十六日に成立した各路商界総聯合會は以前の商会とは違う。第一に商人に自覚があり完全に自発性をもって生れたこと、第二にこの会の組織は先ず各路で商界聯合會を組織して各路の職員を選出し、さらに各路の職員が二人の代表を選出し、それらの代表によって総董一人、副董二人を選出したこと。将来上海に市政に参与する権利ができればこうした段階的手続きを踏むだろうが、この会は完備［完善］したものとしてよい。

私はこの会との関係が非常に深いので二つの感想をもった。

一　商人はなぜ連合せねばならないか。商界の勢力を増強し、将来、外にたいしてばらばらに［各自為謀］ではなく一致した歩調をとろうとするからである。勢力の二字はもともと良い意味には使われないが、それが何に用いられるかを見る必要がある。もし勢力を笠にきて人を害し己れを利するようなことをすれば、勢力はいけないものだ。もし勢力に頼って公共の幸福になることをやれば、組織の力は非常に大きい。商人は一方で勢力を増大させれば他方で責任も重くなることを理解［明白］せねばならぬ。勢力が大きくなればなるほど、責任も重くなるのだ。商界がこの会を持ったからには、今後一切の利害にかかわる問題はすべてこの会を通じて解決せねばならず、看板倒れの存在にさせてはならない。着実に実績を上げて［切切実実做点事出来］各界に示す必要がある、というのは当日馬駿先生（天津学生聯合會代表――引用者注）の述べた「奮発有為」の結びのことばであった。

二　総聯合會が商界の自発的に組織した公共機関であるからには、この会で選出された董事は人民の選挙による代議士と同じで、個人の行為は商界全体の名誉にかかわる。必ず立場を弁え［顧名思義］商人のために公共の幸福を謀らねばならず、欲に眼が眩んで官界に接近し官僚に利用されるようなことは、絶対にあってはならない。

この会の成立後、商人自身がもちろん大きな期待を持っており、私も付け加えることはない。ただ小さなことだが二つだけ、商人が何時でも何処でもやれることで、私が一刻も猶予できぬ問題だと考えることがある。

一　中国商人の悪習慣、例えば店員［店夥］の学徒（見習い）にたいする不平等な態度、店員の顧客にたいする横柄な対応［不謙和的面目］、主人［老板］の外部の人［外界］にたいする不誠実、すなわち詐欺的な手段などはすべて逐次改革・排除すべきである。

二　中国の商人は教育を受けた者が少なく、常識に欠けている。学徒は店に立ち［站櫃台］、店員に仕えることしか知らず、天賦の知識《ママ》があってもそれを啓発されずにいる。まことに憐れむべく惜しむべきことだ。商界の専門の人材を商業専門学校で養成するほかに、これらの見習いにたいしては各路の商界聯合會が義務夜館を設け、毎晩二時間を割いて授業を受けさせねばならない。

今私はこの意見を書き終えて、衷心より上海各路商界総聯合會の万歳、中国商人の万歳を寿ぐものである。

周剣雲は商界聯合會の前途に大きな期待を寄せながら、商人・商店の悪習慣・悪弊の改革、「学徒」（見習い店員）にたいする教育の普及を急務として指摘した。ただかれのばあい、それは単なる評論ではなく、自らの実践課題だったのである。商界の改革について言えば、六三運動で威力を見せた「商学両界の携手」をさらに持続的な運動として推進することである。このばあい「学」は必ずしも学生を意味しない。これまで「商」を末業として蔑んできた知識人が自覚的に商人・商業と提携し、「二〇世紀の商戦世界」に挑むことなしには中国の未来はない。かれらは商界の組織づくりに熱心に参与する一方、商業上の「秘訣」の公開、ノーハウの普及のために新機軸を打ちだした。二〇年一月、新民図書館は周剣雲主編・鄭鷓鴣校訂の『商業実用全書』巻一・巻二を公刊したが、[30] 序文を寄せた者は一〇人、穆藕初を除けば上海学聯前評議長狄侃（狄山）、同現会長程学愉（天放）、民国日報主筆葉楚傖など知識人、広義の学界に属する者ばかりである。

そのうちの一人鄭鷓鴣の序文によれば、商界に身を置きながら文学を好み、『薬風日刊』（鄭正秋の劇団機関紙であろう）に寄稿してくれていた谷剣塵が、自分の筆記「銭業常識」を見せてくれたのがきっかけであったという。「中国の商界は素《も》と秘密主義を厳守す。孰んぞ料らん、数千年来の陋習一旦にして子により破られんとは」と感激した鄭は周剣雲と謀り、各業の専門家に頼んで総合的な実用書を企画したのだという。巻頭はもちろん谷剣塵著「銭業」であるが、続いて「金業」、「漆業」、「麺業」等々とそれぞれの業種について、仕入・工程・管理・出荷の各過程の実用知識を紹介する、「紡織業」においてはその性格上、労務管理のノーハウがスペースの大部分を占めているといった本である。周剣雲自身は「弁言」の筆をとってこう述べている。

五四運動既に起り春雷耳を震わし大地昭蘇す。商学両界は携手して共進し、能力の至る所、一たび之れを国賊を罷免するに見、再び之れを徳約を拒簽する（対独講和条約の調印拒否）に見、三たび之れを劣貨を抵制するに見る。……今後の対外戦争は将に兵に在らずして商に在らんとするに……試みに国内商業の状況を観れば、天賦の原料は人に仮手し、舶来の貨品は市廛に充斥す。人の唾余を丐《こ》い藉りて温飽を謀り、祇《た》だ近利に務めて遠き慮り無し。此れを以て戦いを言うも、将に人は一弾をも発せず一卒をも喪わずして大いに全勝を獲、我は則ち抱頭鼠竄、錐を立つるに地無きを見んとす。

語に之れ有り、工其の事を善くせんと欲すれば必ず先ず其の器を利にすと。工商は固より連帯関係ある者なれば、則ち商業公開は実に当務の急と為す。否《しか》らずんば則ち抵制を空言するも相当代替の品無く、一時の感情作用にては断じて持久し難し。吾国、相当の代替品無きには非ず。出産の富は世界に冠絶す。苟も能く変通改良すれば直ちに之れを用いて竭きざる可し。商人の能力は既已《すで》に世に表現したるも更に望むらくは此れを継ぎて全功を竣《お》えんことを。勢いに因りて之れを利導するは則わち吾が図書界の責め、此れ同人商業実用全書の刊ある所以なり。同人は皆商業中の人に非ず。居恒《つねづね》実業救国の説に服膺し、雅《はなは》だ皮毛を摭拾し名を盗み世を欺くを願わず。此の書の取材は咸な商人の手筆に出ず。其の著述す能わざる者あれば、則ち其の口述を請いて本館編輯員に由り之れを筆録す。歴時半載、僅かに両巻を成すも、文士弄墨の習い無く濫竽充数の弊鮮きは、此れ同人の敢えて自信する所なり。

中国人の最大の欠陥はすべて秘密にして公にしたがらないことにある、古人のすばらしい発明・技術は欧米にひけをとるものではなかったのに、彼は一般に公開して改良を加え、我は家伝数代ならずして跡を絶つ結果となっている、とは程学愉の序に見る慨嘆であるが、周剣雲・鄭鷓鴣たちは威勢のよい「抵制劣貨」の限界を冷静に見きわめ、「実業救国」への出版人としての具体的貢献をこの書に託したのである。谷剣塵はさらに二二年、上海の少年宣講団（一九一二年以来活動してきた社会教育団体）から『新商人之修養』を出し、新民図書館が発売しているが[31]、商業・商人の慣習・道徳を改造すること、それも近代的商習慣・商業道徳の確立というよりは、実業救国に服務する商業・商人のありようを模索する方向で、周・鄭両人と志を同じくしていたのではなかろうか。谷剣塵は後に映画事業でかれらの協力者となる。

周剣雲が尽力したもう一つの事業は、自身が提案した「学徒」への義務（無料）教育である。五四運動が引き金となって高揚した教育救国の世論のなかで、総聯合會成立前後から各路の商界聯合會は義務学校の設立に取り組んだ。かれは山東路商聯會の職員として、二〇年三月、同路の義務夜校（鄭鷓鴣校長）の開設とともに、国文担当の教員を引受け、さらに教務長、九月には鄭鷓鴣と交替して校長と、ついにはその最高責任を受持つことになった[32]。同夜校の教員にはかれら職員が奉仕で当たるほか外部からも招いたが、そのなかに顧肯夫（英文）、厳謌声（国文）の名のあったこと、河南路義務学校では邵力子が校長、黄警頑（商務印書館）が教務主任を務めていたことが示すように、商界で活動する知識人たちの多くは義務学校の責務を進んで担当していたのである。[33]ともあれ教育救国を信念とする周剣雲は懸命にその職務を果たそうとするが、そこで逢着したさまざまな困難・矛盾とかれなりの打開案の詳細は次節にゆずることにしたい。

かれにとって義務学校への尽力と表裏の関係にあったのが、工商友誼会への参加である。店員たちは罷市への参加と救国十人団の活動などを通じて横の繋がりを持ち、待遇の改善と地位の向上をめざそうとした。一九年の後半から各業種に友誼会・聯誼会などの名目で店員の組織が生まれ、賃上げを要求した争議がしきりに起こる。上海工商友誼会は業種を越えた店員の結集をめざし、労働組合化を恐れる商店主らの妨害・圧迫を受けて難航しながら、二〇年一〇月一〇日、徐謙、沈玄廬、張継、陳独秀、狄侃、唐豪、邵力子ら多くの来賓の祝福を受けて成立した。周剣雲も当日祝辞を述べたうちの一人であったが、準備段階から参与していた谷剣塵とともに、その職員に選出された。かれが評議長に選ばれ就任を固辞したことはすでに述べたが、評議部には他に山東路義務学校の英文教員方暁初、幹事部の総務科に鄭鷓鴣、文牘科に谷剣塵・沈求己（『解放画報』の常連の寄稿者）、交際科に費公侠の名が見える。[34]知識人の参加が組織の発足にあたって少なからぬ意味をもったことは疑いない。

工商友誼会には、これを階級的戦闘的組織に育てようと上海共産主義小組が肩入れをした。その機関誌『夥友報』（週刊）の発行も当初は新青年社が引き受けたほどである。しかし、周剣雲が主張したのは「温和な手段を採り、講演を聞かせ学校を運営し、男女労働者［工人］に知識を持たせ、品性を高めさせる」ことであった。「激烈な手段は最後の最後に至らねば用いない」という路線であり、おおかたの賛同を得たという。しかし、まもなく会内の職権をめぐってごたごたが起こり、かれの主張もうやむやのうちに立ち消え、自身も友誼会から手を引くことになったようである。[35]

この間、かれや鄭鶴鵠の生活の基盤は新民図書館にあったと思われる。『商業実用全書』を世に問う時点で出版書は一四点を数えたというが（同書「弁言」）、二〇年六月の広告ではなんと五七種を掲げる。[36] その内には泰東書局が出した潘公展編『学生救国全史』や交通図書館旧刊の『鞠部叢刊』も含まれているから、全部が自社刊行物ではなく取次ぎ［経售］の分もあるのだろうが、『九尾狐』とか『黒衣盗』とか、どう見ても世道人心に益ありとはおもえぬ表題の本が、数から言えばむしろ多い。上海における出版社経営の難しさは、張静廬がその『在出版界二十年』（上海雑誌公司　一九三八年）に記すところである。素人が出版界に飛びこんだ周剣雲らの苦労のほどが、経営のためには理念に目を瞑ってもらわねばならぬ苦心のさまが、広告の書目に窺われようというものだ。

だが、使命感は健在である。一九二〇年、周剣雲らは五月四日を期して月刊雑誌『解放画報』を創刊する。大きな冒険であったはずである。

三　『解放画報』と婦女解放

鄭正秋は五四運動後、「価値のある」芝居を編もうと『新青年』『新潮』を揃えて買いこんだという。[37] 周剣雲も同様にあらためて新文化に目を見開き、新たな責務を自らに課したのである。もはや直情的な愛国主義の域は脱していた。『解放画報』一期「本報宣言」でかれは言う。

「五四」運動以後、国内で新思潮を鼓吹する書籍・雑誌・新聞は雨後の春筍のように到るところに生まれた。この鼓吹のどよめきによって麻薬に酔い痴れた多くの国民が喚び醒まされた。みんな夢から醒めて一線の曙光を目にした。この曙光からしだいに光明が放たれ、中国民族を暗黒の世界から離れさせたのだが、これこそ民国以来、もっとも希望にみちた大事件であった。

しかし、どれもこれも難しすぎ、学者の参考にはなっても平民には役立たない。また主張がいろいろでどれが正しいのか判らないし、多くは適切な方法の提示をを欠いている。人民があてどなく彷徨うこの過渡期にあっては、道を指し示すことが大事である。そのためには文章は易しく通俗的であればあるほど有効であり、問題は平凡で小さなことであればあるほど切実かつ有用である。

かくてわれらは同志数人とこの『解放画報』を出す。法律政治の問題は語らず、深遠な学理も論じない。それらについては専門の雑誌がすでにあるから、本報はきわめて平凡、きわめて切実な人生の問題をとりあげ、討論し批判し、解放の努力［工夫］をし、改造の努力をし、多数の平民を率い光明の道を歩んで、人間の生活を実現し、人間の責任を果たし、旧社会を革新し、われらが国家を振興する。これこそ本報同人の目標［宗旨］である。

ただ、創刊号の表紙は、若い女性が大姿見に姿を映すと鏡の向こうに太い綱で縛りあげられた自分がいるという三色刷りの絵であり、目次を見ても婦女解放を主題とした雑誌であることは明らかであるのに、宣言はそれをとくには謳いあげない。知識人［読書人］は古人の文章を「金科玉律」と崇め、功名富貴を追求するほかに能がないと非難し、あわせて婦女も衣食住をすべて男子に頼り、家庭のなかだけで生活し、男尊女卑を「万世不易」の「天経地義」としていると批判した箇所のほかに、次の一節があるだけである。

一国の人民は男女各々一半を占める。男子ができることは女子もできるし、男子が享受する利福は女子も享受すべきであり、男子が受ける苦痛は女子も受けねばならぬ。衣食は自分で求むべきであり、他人の施しに依存することはできない。天経地義がいったいなんだ。銅の牆、鉄の壁とて推し倒さねばならない。これができてはじめて国家は富強となる。これができてはじめて中華民国の国民たるにふさわしく、これができてはじめて二〇世紀の人間たるにふさわしい。

当然のことながら、『解放画報』はすべて「白話」を用い、「文言」の寄稿はたとえ詩であろうと受付けない（徴文条例）。これ以前の周剣雲の文章は、目にし得たかぎりではすべて文言であるが、かれもここでは手慣れぬ白話文を書き綴らねばならなかった。画報といっても今日のそれとは異なる。各期、A5版七〇頁から百頁くらいまで、巻頭にグラビア二頁の美術画があり、二頁に一つくらいの割合で凸版の挿絵、あまり鮮明でない写真がある程度で、あとは普通の雑誌と変わりはない。本文には「評論」「思潮」「新聞」「智識」「詩」「小説」「読者論壇」の各欄［門類］があり、三期からは「劇本」、六期からは「戯評」（劇評）「劇談」などが加わり、「読者論壇」は「通信」に代わる。周剣雲は評論・思潮・戯評など毎号に欠かさず筆を執り、とくに読者の通信への回答はかれひとりの担当するところであった。

かれの主張するのはもちろん女性解放である。「旧社会で解放されるべき人は婦女に限られず、研究すべき問題も婦女問題に限られない」が、「婦女は社会で大部分を占めており、婦女問題は他の問題よりも重要である。解放を論ずるなら当然先ず婦女から始めねばならない」からである。(38) それをもっとも系統的に述べたのは、かれが楓涇県立第二高等女子小学に招かれて行なった講演、「婦女問題の将来」（『解放画報』一二期に掲載）である。(39)「婦女問題が解決しなければ社会の改革に手が付けられぬだけでなく、国家を整頓することも絶望的であり、男女とも共倒れになって世界の潮流に淘汰されるだろう」として、女性が中心であった原始社会から、男性の付属物になり下がった皇帝専制時代までの歴史を回顧した上で、かれは言う。

三〇年前、大義を弁えた男子たちは欧米の新鮮な空気を呼吸し、自己の本性に目覚め［一旦明性見心］、奴隷たることを恥じ、苦痛を除去し社会を改革し国家を整頓しようとすれば、人民の公敵・専制皇帝を打倒するほかになく、革命を起こすほかにないことを知ったのです。かれらは目標を定め、先ず言論による鼓吹から始め、ついで同志に実行を促したのであります。一人が十に伝え、十人が百に伝え、百人が千に伝え、千人が万に伝え、覚醒した人はますます多くなりました。志有れば竟《つい》に成る、果たして目的を達したのであります。当初、革命を鼓吹したころ聴いて恐がらない者はなく、「大逆不道」だ「反乱」だと罵らない者はなかったのですが、ことが明白になってやっと自分の見識の狭さを知り、革命が理の当然であったことに気づいたのであります。

今、女性解放に反対する男性はもちろん女性も少なくはないが、三〇年前、革命が反対され痛罵されたのと同じことで、大勢の赴くところは如何ともしがたい。「男性が女性を征服し、女性を圧迫したのは、皇帝が生まれて以来のことで、それが打倒されたからには女権は回復されねばならず、旧礼教・旧制度は……存在の価値なく、女権を奪った諸点は、とりわけ（皇帝の消滅に伴って）改正さるべきである」。ただ、確認すべきは解放とは自由をかちとることであって男性に報復をすることではないということである。すべての制度は時代とともに進化するものであり、男性優位の社会も人類がかならず経過せねばならぬ段階だったのである。困るのは「解放」を「西方化」ととりちがえたモダンガール［自命為簇新的解放女子］で、なんでもかんでも欧米女性の真似をして識者の顰蹙をかっているが、寄生していながら贅沢に走り生活程度を上げるのが解放と言えようか。玩弄物として男子に媚を売る手管が、いっそうこみいってきただけではなかろうか。

私の言う解放は男女対等の要求でありまして、婦女が男子に解放を要求する一方で男子も婦女に対して解放を要求するのであります。どうして婦女は男子に解放を要求するのでしょうか。旧式の礼教・制度・習慣は手枷足枷・捕縄のように、数千年にわたり婦女を身動きのとれぬように縛り上げている、もともと歩ける足があるのに歩かさず、働ける手があるのに働かさず、ものを言える口があるのに口をきかせず、考えられる頭があるのに考えさせないのです。いまや、婦女は男子にこう言うべきです、「あなたがたは私たちを牢獄にとじこめ、永遠に日の目を見せない。私たちは精神的肉体的にいやというほど苦痛を嘗めました。私たちは下されものの食事も衣服も住居も要りませんし、あなたがたの恩恵も受けたくないのです。私たちを解放して自分で労働し自分で生活させて下さい。私たちの能力がどれはどのものか、見ていて下さい」。男子が婦女に対し解放を要求するとはどういうことでしょうか。旧式の礼教・制度・習慣はもちろん男権を拡張し女子を圧迫しようとするものですが、あに図らんや男子もその害を受けているのです。男子の権力が大きいほどその責任も重くなり、自立できない婦女は遠慮もなくかれによりかかる、男子はひとりで数人以上の生計を支えて疲労困憊、天才があっても十分に発揮できない、婦女のおともをして監獄に入り、同じように手枷足枷を付けられているのです。いまや、男子は婦女に対してこう言うべきです、「君たちはわれわれの身体を縛り上げ、妻子の牛馬として終日こき使っている。家庭をもって一生損をしている。一人の収入ではとうてい大勢の出費は賄いきれない。君たちはどこも悪いところはないのに、なぜ家にいて無駄飯ばかり食い、外に出て活動しないのか。われわれは精神的肉体的にいやというほど苦痛を嘗めた。生活程度がこんなに高くなっては、とてもじゃないが支えきれない。君たち早く手を緩めてわれわれを解放してくれ。みんなで手分けして分担すれば、今の状態よりずっと良くなるよ」。

現在は過渡期であり、「青黄不接」の時期である。「旧道徳はすでに崩壊したのに新道徳はまだ打ち建てられていない。旧制度は破産しようとしているのに新制度はまだ組織されていない」。こういう時期にいろんな良くない現象が起こるのは避けられぬことであるが、頭の固い古い世代に対しては、なんとか我慢して「養老送死」の責任を果たすとしても、新しい世代［幼輩］には自分たちが受けた苦しみを二度と嘗めさせてはならず、「かれらの人生観を変えてやらねばならない」。そこで大きな役割を果たすのは教育、重くのしかかるのは結婚である。

教育部の統計を見ますと、全国の女学生の総数は二〇万人にすぎません。……しかも、女子の学校は最高でも中学・師範どまり、大学および専門学校はないのです。また女子高等小学・中学・師範学校を男子の同等の学校と較べると程度に相当のひらきがあります。だから現在の婦女は解放の必要がなければそれまで、もし解放を欲するならば、まず教育を受けねばなりません。女学校の程度を向上させ、男女同校を要求し、死んだ教育を生きた教育に改め、機械的教育を実質的教育に改めさせて、はじめて女子に活路が開かれるであります。高等教育を受けたのちは自ずから相当の職業がありましょうし、職業があれば自ずから経済権も生じます。経済権があれば恐いものなしです。

婚姻問題は恋愛を基礎とし、社交を手段とし、結婚を目的としなければなりません。早婚は禁止し、男子は二〇歳から三〇歳、女子は一八歳から二八歳を適当とします。父母がどうしても取り決めるというなら、最低限度本人の同意を得ねばなりません。私は結納［聘儀］嫁入り道具［妝奩］および一切の繁文縟礼・浪費を廃止し、厳格な一夫一婦制度を採り、たがいに貞操を守り、妾を納れること娼妓を買うことを禁止し、夫死後の再婚［続娶・再嫁］を許し、同時に社会の娼妓制度を廃止することを主張するものです。大家庭制は弊害が多すぎるので小家庭制に改め、童養媳と婢女を廃止すべきであります。遺産は公有に帰し必ずしも継承しないのが一番よいと思いますが、そうでなければ男女ともに享受すべきであり、子が無くとも嗣子を立てる必要はありません。

「男子と同等の教育を受け、経済的独立を謀る」ことこそ女性解放の鍵だというのは周剣雲の持論であった[40]。婚姻制度を修正し、核家族［単級家庭］を基本とすることがそれと表裏の関係をなしていた。親は子女に養育・教育の責任をはたす（もちろん男女の分け隔てなく）だけで責任を終え、その自立後すなわち経済的自立後は結婚に干渉せず、援助せず、子も親が労働能力を失った後にのみ養生送死の責めを負うとは、すでにその「親たる人と子たる人へ」［告倣人父母的人和倣人子女的人］（『解放画報』二期　評論）で詳説するところであり、この講演録では、相続権の問題もふくめてその部分には簡単にしか触れない。では、おりしもかまびすしく論じられていた婦人参政権についてはどうか。

男女はともに一国の政治のなかにおり、時々刻々関係が生じておりますから、無知な商人のように商売第一、政治は知らぬ［在商言商、不談政治］ではすまされません。婦女の参政はもちろん正当な要求であります。しかし、中国の政治は数千年の専制の余毒を承けて汚濁しきっており、いっぺんには粛清できそうにありません。現在の婦女は監督の立場をとるのが望ましく、必ずしもそれに加入しなくてもよいのではないでしょうか。同時に連合して運動し、法律の条文を改正して婦女を除外できないよう要求すべきでありましょう。

かれは婦人参政権には消極的な姿勢しか示さない。同じく当時女性解放論の話題の一つであった児童公育についても、「個人的意見を言えば、母親と児童とには自然の情愛［感情］、すなわち天性がありまして、婦女は公育に委ねることを肯んじないのではありますまいか。しかし、公育の長所を言う人もたいへん多く、将来あるいは実行されるかもしれません」と保留するのである。当時最先端をいく議論であった家族解体、婚姻廃止にいたっては、断固として反対であった。

国家主義が廃止される以前にあっては、社会に衣食住の公共機関はない。ある人々は放言高論して家庭を打破し婚姻を廃止しようというが、実際上やれることではなく、ただ欝憤をはらすだけ［徒快心意］にすぎない。我々は絶対に付和しない。何人かやってみた人もあるが、その「自由恋愛」の結果は危険かつ惨憺たるものであった［危険！糟糕！］。かの「家庭打破」を主張する人は家長に金をせびるしか能はなく、金を使いはたせば、もう手も足もでないのである。こうした事理に合わず、噎に因って食を廃するようやりかたは、幸福を台無しにし害悪をすでに流している［害処却已発現！］。過渡の時代にあっては、私は流行派［時髦派］（こうした人を私は新人物とは認めない、かれは流行を真似ているだけだ）に罵られようと、頑固党に憎まれようとかまわない。本を正し源を清めるには婚姻制度を修正し、家庭を改組することしかないと信じている。それが全人類にとって有益なことだからである。(41)

「頑固守旧派は私を新しすぎるとし、任性直行派は旧すぎるという。私はほんとに『過渡時代の過渡人』になった」(42)と周剣雲は自嘲する。当面を過渡期、しかもそうとう長期にわたる過渡の時代ととらえるかれは、「救国の根本方法はなにか？」（『解放画報』五期　思潮）で「国家主義が打破されねば、世界は永久の和平を望むことはできず、人類も永久の幸福を享受できないが、二十世紀中に大同世界を実現することはおそらく不可能であろう」とし、依然たる弱肉強食の世界にあっては「理想論を唱えてはおれない［我們不願唱高調］」、国家を愛し、国を救う方途を探らねばならないとする。辛亥革命において先烈の犠牲のおかげで、人民は座して共和の幸福を享け、中国の前途に希望を寄せたが、事態はますます悪化した。「去年の五月、国民は外患の圧迫を受け、一時感情に衝き動かされ、自衛のために二回の大運動——北京の『五四』、上海の『六三』——を起こした」。国民はまた「一条の光明」を見いだしたように、新たな希望を抱いている。

表面から見れば、一年来、平民の組織した団体はたしかに少なくないが、内容を仔細に検討すると、少数のリーダー［首領］がひっかまえている［包辦］だけで、大多数の構成員は袖手傍観しているのみか、関心すらもたない。少数のリーダーでも良心をもち廉恥を知る者ならば、進んで責めを負い真剣に仕事をするが、空元気のでしゃばり好きは［那慣耍空心拳頭、祇顧出風頭］この機会に乗じ、団体の名義を利用して虚名を博する［造成一個偶像」。ひどい奴は卑劣な手を使ってその団体を裏切ることさえするが、みんな気にも留めず〔還是朦在鼓裏〕、なんの意見も聴かれない。総じてこの種少数のリーダーの請け負う団体は、善意と悪意とにかかわらず、その基礎は脆くその力は弱い。つまり頼りにならないのである。

『五四』以後最大の効果があったのは日貨排斥ではなかったか。国民が万衆一心だった時、日本はどうして影響を受けずにおられたろうか。しかし、現在はどうか。実地調査をしてみれば、心ある人ならまた悲観してしまうのではあるまいか。……国民の一時的感情の衝動と少数のリーダーの代表する民意とでは、日貨排斥は五分間の熱さとまでは言わずとも、日本人の言葉を借りれば六ヵ月が限度であり、なにごとによらず持久できないのである。口頭での、新聞紙上での救国方法は、みな根本の方法ではない。

中国の最大の弱点は大多数の人民が普通の学識をもたず、徹底した自覚を欠いていることにある。少数者がいくら奔走・呼号しても、ことが済めばすぐ忘れられる。まして流動しているのは限られた大都市だけとあっては、「少数中の少数」ではないか。「国民の程度を高め、国家の基礎を固めようとすれば、教育の普及から手をつけねばならず、教育を普及しようとすれば、より多く義務学校をつくることから始めねばならない」。中国の公立私立の学校は増加はしてきているが、いずれも学費を要求し、金のない大多数の「平民」には高嶺の花も同様である。「平民」に相当の教育を受けさせ、その資質・能力を開発して社会・国家のために人材を育成するにはこれしか方法はない。ソヴィエト連邦がその手本を示している。

労農ロシアの布告に言う、「労農共和国の全人民はすべて読み書きができなくてはならない。八歳以上五〇歳以下のロシア国民で字を知らぬ者は一律に文字を学習しなければならぬ。一切の識字者は、字を識らぬ者に教授する責任を有する。およそ成人で字を識らぬために読み方書き方を学習する者は、その教育期間中は労働時間を二時間短縮することができる。」これはわが国のもっとも良いお手本である。自問する、われわれにこのような熱誠と決心があるかどうか。

一年来の文化運動は実際上たいした進歩はなかったが、ただ各地で義務学校が増設されたことだけは、やや人の意を強うするに足り、中国の前途にもっとも希望を抱かせるものである。……みなさんがもし国を愛するならば、我が中国四億人中、教育を受けた者は男で百分の十、女は千分の二十に満たぬことを片時もお忘れないように。金ある者は金を出し、力ある者は力を出し、いっしょに努力して義務教育を興そうではないか。

しかし、周剣雲の大声疾呼も期待したような反響は呼び起こさなかった。同じ第五期の「本報啓事」は嘆いて言う。同人はこの半年来、いささかの誠意と乏しい力量を社会にささげ、婦女界をして自身の苦痛を自覚させ、自発・自決の精神をもって不断に解放し、不断に改造するよう働きかけてきた。幸い文字・図画の効果で、社会の注目を浴び、販売部数も増加し、本誌も一定の役割を果たしたといってよい。ただ、同人の最初の趣旨［志願］では、われわれが提唱の責任を負い、支援の義務を尽くし、一切の問題は婦女界の自己解決に任せるということであったが、半年来寄せられた文稿・画稿は男子の作品が多くて女子の作品は少なかった。これはわれわれにとってたいへん遺憾な事である。

義務教育については、彼自身の足元から問題が提起された。自分が校長を務める山東路商界聯合會の義務夜校の生徒からの訴えである（萬志雲「なぜ学徒（商店員）の解放を提倡しないのか?」『解放画報』六期　読者論壇）。

一年来、私は新聞雑誌に「女子解放!旧家庭制打破!」などと書かれているのを見ると、言い知れぬ感慨をもよおす。自覚した男子は女子が永遠に「悪家庭」の束縛を受けているのを見るに忍びず、極力彼女らのために女子解放を提唱しているのであるが、われわれ男子で「商店」に隷属している学徒の受ける「老板（店主）」「経理

（番頭）」の専制圧迫は、女子が受ける「悪家庭」の束縛と大差はない。なのにどうして学徒解放を提唱する人はいないのか。五四以後、各馬路みな「商界聯合會」を組織し、各会はいずれも義務夜校を設けた。しかし、義務夜校の学生はなぜか知らぬが非常に少ない。一筋の馬路に少なくとも三、四百軒の商店があり、五、六百人の学徒がいるはずなのに、義務夜校に申し込んだ者は一〇分の一にすぎなかった。開講の時になるとさらに少なくなっている。私も義務夜校の学生だったので、最初は同学の少ないのを見て向学心の乏しいのを嘆いたものだった。今、自分が「経理」の圧迫を受け義務夜校へ通えなくなって、はじめて彼らが勉強にこなかったのは、みな他人の圧迫を受けたからで、自分の意志［心願］によるものでないことを知った。この原因が明らかになったからには、なんとかして老板・経理の専制・制約を打破し、当然の自由を回復せざるを得ないが、われわれ学徒にはなんの実力もなく、かれらに許可を請求する以外に手立てはない。ただ同胞が女子解放を提唱する余力をもって、われわれとともに学徒の自覚を喚起し、みんなで組織をつくり、協力して暗黒勢力と奮闘してくれるよう希望するのみである。

周剣雲のコメント［附誌］によると、かれはある布号の学徒で非常に熱心かつ優秀な生徒であったが、突然、老板から通学を禁止されたのだという。手紙で事情を知った周は人を頼んで説得させたが効き目はなかった。老板は山東路聯合會の職員を務め、けっして物分かりの悪い人物ではなかったが、店の会計係［帳房先生］に惑わされて学徒の夜学を禁じたのである。

われわれが金を費やし、精力を耗すことを厭わずに義務学校をやるのは、失学の青年を救済し、常識を備えた国民に育てるためである。商店の学徒も以前の失学を恨み、毎晩、一、二時間を割いて勉強にやってくる。店の仕事に支障はないし、悪習に染まることもない、半工半読の方法である。将来、学徒が学問を身につければ、かれ自身にとってプラスになるのはもちろん、店にとっても害になるはずはない。帳房先生はなぜ老板の前で学徒の勉強を阻止したのか。まさかかれらに学問ができれば自分の面子が保てなくなるのを恐れてではあるまい。学徒は売身契約書を入れたわけでもないのに、かれらに勉強を許さないのなら、なにを学ばせようというのか。……君たち、いったいどういう量見なのか、平静になって考えてみなさい。別の事件を激発する［激出別的変故］ようなことになれば、それこそ君らに不利になるのだから。

この前後（六期の発行は一九二〇年一一月三〇日となっている）、周剣雲が店員の組織・工商友誼会の結成に積極的にかかわっていたことはすでに述べた。そこでかれは教育を主体にした会の運営を主張し、「激烈な手段は最後の最後に至らねば用いない」（本書三四三頁）と説いていたのであるが、「別の事件を激発する」とは五四運動後、頻発していた待遇改善をめぐる商店員の争議に類するものを想定していたのであろう。かれも商店主たちが「店事を重しと為し、求学を軽しと為し」「十に七、八は学徒の読書を許さない」という現実は承知しており(43)、ことがらが商店主や「帳房先生」の個人的性癖・好悪の問題でないことも理解していたはずである。しかし、かれは「最後の最後」を口にはしながら、絶対にその到来を認めようとしなかった。あくまでも商店主・資本家の善意――それが打算上も有利だとする――に頼ろうとしていたのである。

工商友誼会の職員だった陳鼎元は植字工であったが、賭博に大負けした工頭の虫のいどころのせいで、夜勤に回され、夜学に通えなくなった。賃金奴隷も同様の、労働者にどうやったら教育を受けさせられるのか（「どうしたら働く者に教育をうけさせられるのか?」『解放画報』一〇期　通信）という訴えに、かれが答えられるのは、やはり「たくさん義務学校――基金の充足した義務学校で、托鉢をして支えるような義務学校ではない――を作るしかない(44)」ということであった。

大多数の労働者はその日その日がやっとの暮らしで、買春や博打にうつつを抜かすどころでなく、教育を受けることも話にならない。現在、労働を尊重すべきことを知っている人は、かれらにむかって「労工神聖」を叫べば、それで互助の義務を尽くしたとしているが、こうしたリップサーヴィス［口恵］だけで実の伴わないやり方は有害無益である。第一歩は欧州の労働者がすでにかち取っている権利——労働八時間・休息八時間——を資本家に対して要求し、工人の精力をあまり消耗させず、賃金も労働に相応したものとさせることである［労値能够相等］。然るのち、また資本家に義務学校を経営する——教育八時間——よう要求する。労働者がもし勉強したがらないなら、強制［強迫］教育をおこない、人品・人格・人権など種々の道理を説いて聴かせるようにする。そうなれば社会は強制力をもって、一切の人民に対し、職業の大小を分かたず、人格のある人を尊重し不道徳な人を攻撃する。労働者が勉強して道理を弁えれば、けっして酔生夢死、自ら卑下するようなことはなくなる。資本家がもし隠患を消滅させることを希望するなら、できるだけ早く実行すべきであり、労働者が幸福を享受することを希望するならできるだけ早く要求すべきであり、われわれが社会の安寧を希望するならできるだけ早く提唱するべきである。

もう一つ例をあげよう。製糸工場［繅絲廠］に入ってくる純真な少女工が悪い環境に染まって、たちまち堕落していくのを見るに忍びぬという訴えに、周剣雲は次のように答える（「工廠女工の環境問題・汪頌閣先生に答える」『解放画報』一八期　通信）。

工場の環境の劣悪さは女子のみならず、男子にとっても同様である。男子も工場に入るといつのまにか同化してしまうもので、女子だけがどうして免れることができよう。男子の同化は工場の罪悪であるが、女子の同化は男子の罪悪である。君の言うとおり「朱に交われば赤くなる」のである。君は善良な女子が人格的に堕落していくのを見るに忍びず、落し穴に誘い込むような劣悪な環境を憎んでいるが、この鍵は誰の手に握られているか気が付いているだろうか。私は環境を改善して無知な男女労働者を救うのは全て資本家自身の自覚にかかっていると思う。資本家がもし良心の不安を覚え、労働時間の短縮・労働者の賃金の増加・労働者の待遇改善を行ない、工場の管理に力を注ぎ、補習学校をつくり、人々に相当の教育を受けさせれば、かれらとて人であり石ではないのだから、どうして喜んで教えを受けぬ道理があろうか。如何せん、一般の資本家は金儲けにしか目はなく、労働者の死活はかまわない。ひとたび罷工の声を聞けば激怒して弾圧する。羞恥は事小、餓死は事大、もし団結が堅くなければ資本家に敗けてしまう。君は工場に勤務していて労働者を可哀そうに思うのか。資本家が自覚しなければ工場の環境問題はますます悪くなるだけである。根本的解決には責めを負うべき人がおり、私は労働者を責めるに忍びず、ましてや女工を責めるには忍びない。

周剣雲が中国の近代化をブルジョワ改良主義に求めていたことは、説明するまでもあるまい。商店主にとって学徒の勉学を奨励するほうが、長い目で見て有利であり、資本家にとって労働者の処遇を改善し、教育を進め、質のよい労働力を確保することが、実は長期の利益を保障するのだと言う。それを実行するイニシアティヴも商店主・資本家の側に期待するのみで、学徒・労働者がいかに当面する困難に立ちむかうべきか、具体的な助言は与えることをしないし、またできもしなかった。もっとも、それらはいずれも「読者論壇」「通信」の投稿に触発された問題で、かれ自身が進んで採りあげたテーマではなかったのであるが。女性が男性と同等の学問を修め、経済的自立を達成し、男女平等の厳格な一夫一婦制の新家族のなかで婦女解放を実現しようという、かれの呼びかけも無産・無識の下層の女性、たとえば女工などを対象としたものではなかった。焦点は当然進学の可能な中産階級に絞られていたのである。

しかし、「女性→高等教育→解放」の図式に根本的な再検討を迫る問題が周剣雲のもとに持ちこまれた。許婚者がアメリカ留学帰りの青年に誘惑されたという——当初かれはそう理解した——訴えが届いたのである。かれは投書そのものは掲載を見合わせ、相手の林某を社会的に糾弾するよう勧めるとともに、「あなたの未婚の夫人が一時、だまされて過ちを犯したとしても、今は後悔しているのであれば、彼女が教育を受けておらず、しっかりした考えのなかったことを考慮してあげ、その過失を指摘するとともに将来を励ましてやるべきです。これ以上、彼女を辱めて自殺に追い込むようなことがあってはなりません」と答えたのであった（「隠痛　天津のC・T・C先生に答える」『解放画報』八期　通信）。高等教育を受けた女性は立派な人格を備え、主体性をもち、堕落するはずがないというのが、かれの持論だったのである。(45)

ところがなんと、その女性は無教育どころか天津でも有名なミッションスクールの出身で、夫の目を盗むため、情夫と英文で「情書」のやりとりをしていたほどだということが判った。最初の投書から一〇ヵ月後、ふたたび送られてきた手紙と証拠の資料によれば、事態はかれの想像を絶するものであった。天津の富裕なキリスト教徒C氏は後添いに北京の牧師の娘M女士を迎え一児をなしたが、同じくクリスチャンの林某（アメリカに留学しマスターの学位をもつ）は教会の仕事を口実にC家に出入りし、M女士と密通したのである。後で判ったことだが、M女士は結婚前、林某の兄をはじめ「二ダース」にのぼる男性と関係があり、父のL牧師はそれを放置しながら財産に惹かれて娘を二十歳も年上のC氏に嫁がせたのだという。林某もそれを目当てに人妻のM女士を誘惑したのであって、けっして愛情に発した行為ではなかった。C氏に離婚されたM女士の再婚相手が林某でなかったことでも、それは証明されている。

周剣雲は独自におこなった調査、聞き合わせの結果も加えて（C氏は教会学校関係など各方面に同様の書簡・資料を送付していた）『解放画報』一七・一八期に計五六頁にのぼる「特載」を組んだ。かれは関係者全員がキリスト教徒であることから、まず父親たるL牧師の責任を問い「キリスト教がかかる牧師を容認するなら、私も『非宗教大同盟』（世界キリスト教学生大会が北京で開催されることに反対して、当時、中共党員らが提唱していた――引用者）に加入したい」としたうえで、他の諸宗教と同じくキリスト教にも女性に対する軽視・蔑視の思想があることを丹念に検討する。しかし、かれにとって根本の問題は「教育と道徳」、すなわち「教育を受けた人間はかならず道徳を備えるかどうか」にあった。「近来新出の賣国賊がいずれも高等教育を受けた者である」事実は、その「胎教・母教・家庭教育」をもふくめた教育の方法・内容に問題があったからであり、「これからの人びとに教育を受ければかならず道徳性が身につくようにさせるには、教育方法を改善し、社会制度を改革し、経済組織を改造すべきであって、これこそ根本解決［正本清源］の対症良剤である」と、それまでの教育万能の主張を一歩後退させざるをえなかった。社会制度・経済制度の改変――それは当時、社会革命と同義であった――を少なくとも配合薬として承認せねばならなかったのである。

そこでかれは怒りをミッションスクールに遷す。「L牧師の行為を細察すればM女士の胎教・母教・家庭教育がすべて不完全だったことが判るし、彼女の入った某女塾はまた有名な貴族学校――玩弄物製造所であったのだ。卒業後、父母が彼女を放任し、環境が彼女を鎔化し、悪魔が彼女を誘惑する。いくら高等教育を受けていても堕落せずにおれようか」。そもそも教会経営の学校の「大半は中国の民性に合わない」。「教会学校は中国人を英国人あるいは米国人に仕立てようと、中国文（の教育）にはまったく注意を払わない。……そのため学生たちは中国および中国人を嫌悪し、同時に自分が中国人であることをも否認して中国人にたいしても外国語を話し、外国文で書こうとするにいたる」と、「教育の原理に反し、時代の潮流に背く」そのありようを強く批判するのである。

周剣雲は教育の階級的民族的性格に踏みこまざるをえないところまできたのであったが、『解放画報』はこの「特載」号をもって突然幕を閉じる。印刷所の失火で八・九両期の原稿が焼けたりしたこともあってつぎつぎと発行が遅れ、民国一〇年一二月付の一八期が実際には民国一一年六月にずれこむなどの事情はあったが、部数もそこそこの水準を維持していたように思われ、[46]なによりも一八期に大々的に「本報革新予告」を載せ、次号・一九期から頁数、欄数を増やして「内容を革新し面目を一新して読者と相見えん」と公約したばかりだったのである。[47]一期以来の口絵の美人画が、欧米模倣に反対する誌面の主張とは裏腹に、「金のイアリング・ダイヤの指輪・スカート・ハイヒールなどモダンな服飾を身にまとわせ」、流行の宣伝に一役買っているような印象をあたえるという批判にたいして、画家たちに依頼する立場の弱さを弁明しながら、本報の革新にあたっては「意味のない美術画は廃止することに決めている」と答えたのも一七期においてであった（「一読者の美術画にたいする意見　舒渭文先生に答える」）。要するに継続発行に大いに意欲を示しておりながら、実際には一八期を最後に『解放画報』は姿を消したのである。出版社・新民図書館の消息もそれ以後は杳として聞かれなくなった。

その間の具体的な経緯は明らかでないが、この年三月、周剣雲・鄭正秋・鄭鷓鴣が張石川・任矜蘋と明星影片公司を設立し、新たなメディア・映画の制作にうちこみ始めたこととかかわっているのはまちがいない。だが、二年有余取り組んできた『解放画報』を周がどう総括したのか、発行継続の約束の不履行をどう弁明したのか、いまのところ手がかりとなる資料をもたない。「これまでの一八期中、投稿を採用した男子は九一人、女子は僅かに一三人。女性の方々［諸姑姉妹］で婦女問題を重要と考え、男子が勝手［単独］に進めて自身は受け身の立場にあることに甘んじられぬ方は、どうか大いにご援助を賜りたい」と「本報革新予告」は訴えたが、五期の「本報啓事」（前出）で嘆いた事態に結局変化はなかったのである。「予告」で「特約撰述員」として公告した二九人に一人の女性も含まれていないことが、それを端的に示している。

全一八期を通じて名前の出た執筆者（画稿を除く）は周剣雲自身を除いて一二二人、うち一回きりの寄稿者（通信をふくむ）は七五人、三回以上は三一人、五回以上は一六人、同じ時期、上海には女性解放を提唱する『新婦女』（一九二〇年一月—二一年五月）、『婦女声』（一九二一年一二月—二二年六月）、「婦女評論」（『民国日報』副刊　一九二一年八月—二三年八月）などの雑誌・新聞があったが、『解放画報』の執筆者はそれらとほとんど重ならない[48]。「中国貧弱の原因、罪悪の根源は、国家でもなく社会でもなく、実に家庭の内・個人の中にある[49]」ととらえ、「修身・斉家・治国・平天下」の論理で教育救国を高唱する立場からは[50]、高遠かつ非現実的と見えた新思想家グループ・女権運動家を、むしろ周剣雲のほうから敬遠したのではなかろうか。かれが『解放画報』で主として依拠したのは新劇運動以来の同志（鄭正秋・徐卓呆・楊塵因ら）、五四運動のなかで交わりをむすんだ新しい友人（顧肯夫・潘公展・任矜蘋・沈求己・谷剣塵・厳慎予ら）および投稿者のなかから選んだ知識青年であったといってよい[51]。

四　時代に服務せよ

『解放画報』にやや遅れて、新民図書館の発起人の一人施済群は雑誌『新声』を創刊し（一九二一年一月）、新民図書館から発売した。最初は「思潮」欄を設け、呉稚暉・沈玄廬・邵力子・景梅九・戴季陶・廖仲愷など錚々たる人びとに厳慎予（浙江一師卒業後、山東路義務夜校の教員となった人物[52]）などの新進を加えて、新思想の論陣を張らせたが、だんだんと尻すぼみになり、第四期に「国恥特刊」を組んだ後は、「思潮」欄そのものが無くなってしまった。以後は旧派文人、いわゆる鴛鴦胡蝶派の文芸雑誌となり、二二年六月付けの第一〇期で終刊して、施済群は世界書局の『紅雑誌』の編輯に転じたのであるが[53]、第五期（二一年九月）から新たに「影戯」すなわち映画欄を開いたのが注目される。施済群はその「弁言」に言う。

影戯もまた社会教育の一たり。楽しみ観る者の衆く、人を感ぜしむること甚《はなは》だ速やかなるをもって、欧美諸国その利弊を習知し勢いに因ってこれを導き遂に奇功を収む。良《まこと》に影片の製各おの旨趣あるをもって、如《たと》えば軍事片は人の愛国心を動かし、冒険片は人の堅忍の気を作り、愛情片は纏綿悱惻男女の至性を尽くし、偵探片は魑魅魍魎社会の罪悪を暴く。乃ち羅克《ロック》・卓別林《チャップリン》の輩に至りては突梯滑稽を以て人の嘻笑を博し、また職業に労《つか》れし者のためにその困憊を蘇らすに足る。刻畫既に工《たく》みなれば観感自ずから速やかに、収効の烈なること固よりそれ宜《むべ》なり。吾国の影戯院あるや殆ど且に廿年、比歳勢力日に張り推被寖《ようや》く広し。文人・学士・婦女・孺子より下は委巷の小夫に至るまで、浸浸として楽道《ひょうばん》せざる靡《な》し。然れどもその映演の片大都《ほとんど》は欧美より来たり、片中中文の説明書なく、観る者これに対して往々瞠目して解する莫し。益《ま》してや欧美の民情風俗、中土と迥《はる》かに殊なるをもって、観る者その義を察せず、時に扞格の病あり。晩近わが国の人士また自ら影片を攝る者あるも、然も程度の幼稚なるは諱言すべきなく、これを舶来の片に較ぶれば、なお相形見絀《みおとり》するを覚え識者これを憾む。本雑誌は時世の要求に応じ、特に第五期より起し、叢話の尾《あと》に影戯の一欄を添闢す。その旨を約言するに蓋し三あり。一はもって欧美著名の影片を介紹し閲者をしてその旨趣に洞澈せしめ、一はもって外来の影片を監督し社会に害あるものをして能く羼入すること無からしめ、一はもって国人の製片者を勗励しその進歩を導き、その改良を促す。凡そ斯の三端には実に深望あり。力未だ逮ばずと雖も敢えて勉めずんばあらず。邦人君子幸いに教えを賜らんことを。

映画の社会的効用に着目し、とくに外国映画の良莠を区別し、国産映画の発展を期待するという問題意識は明確であるが、実はこれより先、周剣雲もその主編する小報で映画評論を採りあげていたらしいのである。『新声』第四期すなわち前出の「国恥特刊」号に載った広告によれば、鄭正秋を発行人、新民図書館を発行部とし「周剣雲先生主任名流合撰の小日刊」である『春声日報』が一九二一年五月一日に創刊されたが、撰述人として『解放画報』の常連をふくむ旧派文人が名を列ねるなかに、「影戯」担当としては顧肯夫・陸潔があげられている。顧肯夫は先に紹介したとおり上海学聯いらいの周の友人で、『解放画報』では八・九両期を除く毎号に「科学常識」を執筆しており（他に訳詩、訳文がある）、おそらく理科系の教師出身ではなかったろうか。陸潔夫は『画報』にわりあいと新味のある短篇小説を六篇寄稿している人物で出身・職業については詳らかでないが、いずれにせよ映画にたいする関心がこのころ急速に高まってきたことを示すものだと見てよかろう。『新声』には顧肯夫が当の「影戯」欄に執筆しているほか、周剣雲・鄭鷓鴣も寄稿しており(54)、かれらが映画について施済群と同様の問題意識を抱いていたとしても不思議ではない。一九二二年三月、鄭鷓鴣・張石川・鄭正秋・周剣雲・任矜蘋の五人は中国映画史上に大きな足跡を残すことになる明星影片股份有限公司を設立した。「家庭教育及び学校教育の及ばざるところを補う」と、その「組織縁起」がうたったように、周剣雲らは「社会改良」の新たな媒体を映画に求めたのである(55)。

出版事業および『解放画報』の編輯に精力を注ぎながら、周剣雲の新劇にたいする情熱は変ることがなかった。かれは同報六期に「新舞台の『華奶奶之職業』を評す」を載せ、それまで「四不像（不新不旧不中不外）」の新劇ばかりを掛けてきた劇場・新舞台が、バーナード・ショウ原作・潘家洵訳の「華倫夫人の職業」（『新潮』二巻一期）を翻案して、はじめて本格的な新劇を上演したことを評価した。その主役を務めたのが汪優游（女形）であったが、彼は汪の演技は称賛しながら、汪がそれまで「一方では婦女を玩弄し、一方では自身を婦女の玩弄に供し……『財』『色』の両面でさんざん浮名を流してきた」ことを「最大の罪悪」として責め、また従来「新劇をやるのに『社会教育』などかかわりはない、客が喜びさえすればよいのだ」と放言していたことをとりあげ、汪がこれを機会に改過自新し、「速やかに新潮の洗礼を受け」るよう希望した。汪の演じたヒロインは男性の玩弄物たることを拒否し、「労働を愛し自由を愛し」、自立の道を歩む新女性だったからである(56)。

この劇評を読んだ汪優游が『時事新報』紙上で反論し、居直ったのにたいし、周剣雲は再度七期に「『華奶奶の職業』を評すの余波――汪優游に答える」を書いてその私生活に痛烈な批判を浴びせた。「現在、君のような『出類抜萃』『大名鼎鼎』たる新劇家がおる」以上、自分は「新劇家」と呼ばれたくない、しかし、「私は新劇に対して決して絶望してはいない。私には新劇を研究してはいるか、新劇で生活してはいない同志がいる」と言いきったのである。あるいは当時谷剣塵などが作っていた上海戯劇社（二三年、戯劇協社に発展）が念頭にあったかもしれない。演劇評論に転じて以後のかれは、票友仲間の久記社で活動する一方、[57]学生演劇の指導に力を尽くしていた。一九一八年には復旦大学の教員・学生がつくった「息遊社」の新劇部に参加、一九年以降は、時には鄭正秋・鄭鷓鴣の協力もえて、中国公学学生聯合會の新劇部、南洋路砿学校、中華工業専門学校、太倉青年倶楽部などの新劇を指導した。

私が参加したいくつかの団体での経験によれば、新劇は気運に乗ずる趨勢があり、学生演劇こそ不良新劇――すなわちやくざまがいの渡世をし［走江湖、開埠頭］、専ら悪社会の心理に迎合する銭儲け［騙銭］の新劇――を矯正できることを認識した。いくつかの学校は丁重に歓迎会を開いてくれ、私たちも真剣に懇切に演説した。かれらが新劇を創造する精神をもち、不良新劇の毒に中らないようにしてほしいというのがその大意であった。なぜなら芸で暮らしをたてる新劇家は資本家の指揮を受けざるを得ず、資本家が劇場を開いている目的は金銭しかないからである。往々少しく価値のある芝居はちょっと上演しただけで棚上げされてしまい、きわめて俗悪な芝居だけが繰り返し上演される。新舞台が「華奶奶の職業」を掛けたがらず、毎日「活き佛済公」や「閻瑞生、人を殺して財を奪う［謀財害命］」を演《だ》しているのが、なによりの証拠である。資本家の経営する劇場［戯館］が広告できれいごとをならべても［説得嘴響］、事実は掩うべくもない。学生は新劇で生活してはいないのだから、もちろん創造的精神をもって取り組むべきで、もし芸で飯を食う新劇家の真似をしてお茶を濁すなら、なんと意気地のない話ではないか。[58]

しかし、問題は学生に提供すべき良い脚本のないことである。今、中国でもっとも欠乏しているのは劇作家［編劇人才］であり、十年来見てきたところでは良い新劇はごく少なく、しかも「数種類のやや価値ありとする新劇も、外国の劇本を翻訳したものが多い」のである。自分は芝居は好きだが、作劇の難しさはよく知っており、才能と時間の関係もあって今までただの一篇も作ったことがない[59]。「同志たちは私に即席［臨時］で芝居を作る［編戯］ことを求めたが、例の新劇家連の演じた芝居をやることに賛成せず、また自分で『急就章』を作ることも肯んじないとあっては、芝居の演じようがなくなった」という。周剣雲は新しい脚本の研究が共同の課題であるとしつつ、かれが六年前に欧陽予倩と共演した「神聖之愛」を記憶をたどって再構成し、学生演劇のために提供した（『解放画報』八期・一一期に掲載）。その梗概をまで紹介する紙幅はないが、「自由恋愛」を誤解している青年男女が多いのに鑑み、真の愛情とは何かを明らかにすることも、かれのもう一つの趣旨であった。

汪優游批判と学生演劇への入れこみは、周剣雲が自己の才能の限界を自覚しつつも、なお新劇改良への情熱を燃やし続けていたことを示している。しかし、基本的に「旧派文人」に属し[60]、修身・斉家の論理から離れられなかったかれは、主観的には「旧社会の悪習慣を一つひとつ解放し、真の『徳謨克拉西』主義（デモクラシー）を達成する[61]のに新劇を貢献させようと模索しつつ、とりあえずは五四以前の他人の旧作を借りるしか方途はなかった。ある意味で袋小路に陥っていたといってもよいであろう。映画づくりの話はそこへ持ち込まれたのである。

さて、張石川は第一次世界大戦勃発のため亜細亜影戯公司がつぶれた後、経営三を扶けて民鳴社をとりしきり、『新劇雑誌』を発行したりしていたが[62]、もう一人の舅父経潤三（経営三の兄）が、一九一五年、「新世界」遊芸場を建ててからはもっぱらその下で奔走した。そのかたわら一六年に友人と幻仙影片公司をつくって映画を撮るが、資本が続かずに失敗し、さらに経潤三の死後、その共同経営者だった黄楚九が一八年、別に「大世界」游楽場を始めたため、経家は競争に破れて「新世界」を手放さざるをえなくなった。しかし、張石川は後にその岳父となる富商何泳昌に引立てられ、二〇年前後の株式ブームのなかで「大同交易所」を設立して投機に乗り出そうとするが、中途で気が変り、何からもらった資本を転用して、三たび映画事業に挑むことになったのだという[63]。かれは鄭正秋と協同し周剣雲・鄭鷓鴣を語らい、さらに任矜蘋をも加え、五人で一万元ほどの資金を工面して明星影片公司を発足させたのである[64]。

その前年から映画事業はブームを迎えていた。施済群が指摘したように外国映画、とくにアメリカものが氾濫して人びとを呼び込んでいるなかで、国産映画も便乗しようと幾つもの映画会社が上海で名乗りを上げていた[65]。明星がそれらとひと味違っていたのは、新劇の役者に依存する先行の各公司と異なり、まず俳優・要員の教育・訓練のために修学期限六ヵ月の影戯学校を設けたことだった。鄭正秋・鄭鷓鴣・周剣雲・谷剣塵らが教員となり、ずぶの素人をもふくめて男女の「学員」五、六〇人を養成したという。その上でいよいよ実地訓練もかねて映画製作にかかったが、張石川が監督、鄭正秋が「編劇」、鄭鷓鴣が演技指導を担当した。手っ取り早い金儲けを狙う張石川と、社会の教化に貢献する「長編正劇」を送り出すべしとする鄭正秋とのあいだに対立はあったものの、好人物の鄭は結局張に押し切られてドタバタ喜劇やきわもの時事劇の製作から手を付けたのである。それが興行的にいずれも失敗に終わって、ようやく家庭倫理劇をという鄭の主張が通り、長編劇映画「孤児救祖記」の製作に公司の命運をかけた。

この映画は完成に一年を要したというが、この間資金も底をつき、関係者はやりくりに頭を悩ませた。裏方として経営の衝にあたった周剣雲も新婚早々の夫人から衣服や宝飾を借りて質に入れ、フィルムの購入や必要な支出に当てるなどたいへんな苦労をしたという[66]。明星の発足と同じ二二年、陸潔・顧肯夫らが中国最初の映画専門誌『影戯雑誌』を創刊し、二期発行したところで行きづまったのを明星が買いとり、顧肯夫（後に明星の「常年法律顧問」となった）に第三期を発行させたのはかれのアイデアであったろうが、それきりで停刊をよぎなくされたというのも、金繰りがつかなかったせいかもしれない[67]。映画事業に全力を傾注しはじめた周剣雲が『解放画報』・新民図書館を兼顧できなくなった事情もわかるような気がする。

「孤児救祖記」は一九二三年一二月に完成した。試写会の翌日、「某南洋の（華僑の）映画配給業者［片商］が八千元から九千元という額をはずみ」放映権を買い取ったのを手始めに、「営業収入は目論みの数倍を超え」、明星影片公司は若境を脱したのみか、一挙に飛躍のチャンスをつかんだ。教育救国の理念を縦糸に富豪の家の資産相続をめぐる波瀾を横糸に織りこんだ、この家庭倫理劇は中国映画史上の金字塔としてあまりにも有名である。「すこぶる教育的意義に富むだけでなく、演技・撮影・照明・編輯等すべてにわたって」当時としては「驚くべき成功を収め」、「国産映画の局面を切り開き、国産映画の基礎を打ち建てた」と評される作品となったのである[68]。

明星の成功に刺激されて上海には映画会社が簇生した。一時は大小四・五十社が乱立し、作品を一本出しただけで姿を消すものも多く「一片公司」の称さえ生まれた。そのなかで明星は着々と地歩を固め、中国最大の映画会社にのし上がっていった[69]。張石川が総経理として監督を兼ね製作部門を担当し、鄭正秋は協理として「編劇」の責任を持つとともに監督をも兼ね、周剣雲は経理として渉外・契約等にあたるなど、内部の分業体制も確立してきた。ただ主演男優として活躍していた鄭鷓鴣は、一九二五年四月、四五歳で急逝した。その棺を曳く者のなかに、映画演劇関係者は当然のこととして「恵民義務学校全体学生」「救国十人団聯合會・少年宣講団各代表」のあったことが故人の社会活動を偲ばせるものであった[70]。任矜蘋は他に専業をもつためか、経営には深くはかかわらず、明星の宣伝機構として創設した晨社を主持していたが、二五年、初めて自らメガフォンを取った「新人的家庭」で紛糾を起こし、二六年、別に新人影片公司を設立して明星から離脱した。

五人の創設者のうち二人が欠け、張石川・鄭正秋・周剣雲はいつしか明星の三巨頭と称されるようになった。「戯劇の最高のものは人生を創造する能力を持たねばならず、やや下がっても社会を改正する意義を含まねばならず、最小限度でも社会を批判する性質を持たねばならぬ(71)」とする立場から、鄭正秋は旧道徳の非人間性を暴露し、不幸な女性の境遇に同情する多くの社会派映画を送り出した。しかし、他方では張石川の商業主義に引きずられて「紅蓮寺焼き討ち」一―一八集のような作品にも手を染め、おりからの神怪武侠映画の氾濫に火をつけ油を注ぐような役割をもはたしたのである。周剣雲は営業の総責任者として辣腕をふるった。激しい競争のなかで有力六社を糾合して配給会社・六合影片発行公司を結成し(72)、国産映画の振興・粗製濫造反対を旗印に自ら出馬して国内はもちろん南洋の業者とも連絡をつけ、一大配給網を組織した。明星の支配への反感から六合が解体して後は、華威貿易公司と改名し、他社の作品をも取り扱って明星の制覇におおいに貢献したという。

一九二五年秋、明星は洪深(一八九四―一九五五)を編劇顧問として迎えた。アメリカで演劇学を専攻し、二二年春に帰国して以来、話劇(日本でいう新劇)の開拓者として旋風をまき起したが、「教育を普及させ国民の程度を高める」「文明の利器」としての映画につとに着目していた人物である(73)。かれの加入は三巨頭ともが「土生土長」・自学自習の映画人であったなかで、明星に新風を吹きこむものだった。しかし、二八年以降、それまで超人的な「編劇」能力を誇っていた鄭正秋の健康の衰えと製作本数のいっそうの増加に劇本の供給が追い付かず、周剣雲が奔走して鴛鴦胡蝶派の文人たちを多く引きいれざるを得なくなった。とどのつまりが張恨水の長編小説『啼笑因縁』の映画化を争って大中華電影社との訴訟合戦となり、明星はたいへんな出費を強いられた。相手側に暗黒街の大物黄金栄がついているというので、こちらは同じく杜月笙を頼むことになり、三巨頭うち揃って杜公館に出むきその門下に入ったのである。事件は杜と黄との手打ちで明星に軍配があがったが、杜に託した解決金だけでも一〇万元、まさに惨勝であっただけなく、映画『啼笑因縁』全六集の封切がちょうど満州事変(九・一八)、上海事変(一・二八)とぶっつかり、この

「公子多情佳人薄命調」の映画など大衆に見向きもされなかった。おりからアメリカからトーキー撮影設備を導入するために莫大な資金を投入していたことも重なって、明星は破産の危機に直面した。

一九三二年の五月、明星の三巨頭は洪深の進言によって方向転換をおこなうこととし、周剣雲が左翼作家聯盟の銭杏邨（阿英）に依頼して夏衍と連絡をつけた。銭杏邨は『解放画報』の常連の寄稿者で、周の故郷合肥で中学教師をしていたこともあってか、二人はとくに親密だった。六合影片発行公司を作ったさい、周剣雲が当時郷里の蕪湖で活動していた銭杏邨を「合作者」として登記したということからも、かれがこの若い友人に特別の配慮をしていたことがうかがえる。(74) 阿英は二六年すでに中共に入党していたが、そこまでの事情は知らずとも、かれが左翼文化運動の幹部の一人だとは先刻承知していたはずである。周剣雲が阿英に依頼したのは当然のことであった。経緯は夏衍の自伝『懶尋旧夢録』（三聯書店　一九八五）に詳しいので割愛するが、結局阿英・夏衍・鄭伯奇の三人が編劇顧問としてそれぞれ筆名で明星に入り、進歩派の監督たちと協力して階級性・社会性に富む作品を次ぎつぎに送り出すことになったのである。

これに刺激を受けて鄭正秋の作品も階級的観点を取り入れたものに変わった。かれの脚本・監督により、貧富あい異なる環境に育った双子の姉妹が、かたや主家の令嬢、かたやその家の下婢となって巡りあう、数奇な運命と残酷な社会的現実を描いた「姉妹花」（トーキー）は、一九三四年二月、春節を期して封切られ、営業収入二〇万元という空前の大ヒットを飛ばして、ふたたび明星の危機を救った。その前年、鄭正秋はＰＲ誌『明星』一巻一期に「前進への道を求めて」［如何走上前進之路］を書いてこう述べた。(75)

偉大な五四運動があってこそ学術思想、いっさいの文芸作品の大転換が激発された。すなわちいかなる事業でも環境とともに進退することを免れられぬということだが、映画はどうか。もちろん例外ではありえない。……中国がまさに生死存亡の岐路にある時期、我われの面前に横たわるのはただ二すじの道、歩むほどに光明のます生の道と歩むほどに狭まる死の道と。生の道を歩むとは時代に向かって前進することであり、死の道を歩むとは時代に背いて後退することである。映画は時代の先駆たる責任を負う――私は中国の映画界が「三反主義」のスローガンを――すなわち反帝――反資――反封を叫ぶよう希望する。

鄭正秋の主張はそのまま周剣雲の主張であったと見てよい（二人は三三年一〇月、世界反帝大会代表歓迎のパーティーにうちそろって参加している）。明星が先鞭をつけたことで各社もこれに追随し、話劇・音楽・美術界の多くの進歩人士が映画界に入り、進歩的左翼的映画が次ぎつぎと送り出された。いわゆる「文化囲剿」を映画界から突き崩された国民党当局がこれを放置するはずはない。強化された検閲と駆け引きするのは周剣雲の受け持ちである。時に上海市の教育局長（後に社会局長をも兼任）の座にあり、文化界への統制の権限を握っていたのは、周のかつての友人・潘公展その人であった。その後の潘は進歩的ジャーナリストとして鳴らしていたが、二七年一月、陳布雷とともに蒋介石に招かれてその幕下に投じて以来、C・C系の大物として羽振りをきかせていたのである。[76] 周剣雲は彼に明星の株を贈り、董事（重役）に迎え、その要求する人事（編劇顧問）を受け入れるなど懐柔策を講じながら、[77] 極力明星への風当りを避けてきたが、国民政府の圧力はいよいよ強まり、三三年一一月には左翼映画の拠点の一つ、田漢らのかかわっていた芸華公司が中国映画界剷共同志会を名乗る一群の暴徒によって打ち壊しを受けるという事件が起きた。明星では張石川が真っ先に動揺した。阿英・夏衍・鄭伯奇らも三四年一一月、退社を余儀なくされたが、鄭正秋・周剣雲らとの友好関係には変わりはなかった。

一九三五年二月、周剣雲は夫人を伴い、明星の主演女優で銀幕の皇后とよばれた胡蝶とともにモスクワでの世界映画祭に出席するため上海を発った。この映画祭では聯華公司出品の「漁光曲」が中国映画としては最初に国際的な

「栄誉奨」をえたが、かれらの提げていった「姉妹花」「春蚕」などは会期に間に合わず、終了後に特別公開されるに止まった。しかし、かれらはソ連からの帰途、ドイツ・フランス・イギリス・スイス・イタリーを回り、各国の映画界と交流し、中国人の作った映画を初めてヨーロッパに紹介するという成果を上げて七月に帰国した(78)。そのさいは病を押して上海埠頭に出迎えた鄭正秋だったが、周と訪欧の収穫を語りあう間もなく八日後の一九三五年七月一六日、四八歳の生涯を閉じねばならなかった。過労とついに絶つことのできなかったアヘンとが、その生命を縮めたのである。

明星の三巨頭では周剣雲と鄭正秋が左派、張石川が右派だとは定評のあるところであった。一九三六年一月、欧陽予倩らは上海電影界救国会を結成し、「領土主権の保全、失地の回復、愛国運動の保護および集会・結社・言論・出版と映画製作の自由」を要求したが、発起人六人の内、監督・俳優などいわゆる映画工作者でないのは周剣雲ただ一人であった(79)。鄭正秋亡き後、張石川の国民党への迎合・大衆阿諛の商業主義路線が三たび行き詰まった一九三六年春、周はふたたび左派人士との合作を回復し、欧陽予倩・阿英・鄭伯奇を編劇顧問にすえ、前年末倒産した左翼映画人の拠点・電通影片公司のスタッフをおおぜい迎えいれた。七月一日、明星は大幅な改組をおこない「革新宣言」を発表した。「時代のために服務せよ」を基本方針にかかげ、「民族のために、また自身の事業のために、われわれは即刻国防映画の製作に従事する準備を整える」。「脚本の題材および思想は時代に服務することができ、かつ充分な社会的価値を有することを第一義とし」、「観衆を毒する、糜爛的な、麻薬的ないわゆる『純粋娯楽』の傾向を絶対に排除する(80)」と表明したのである。以後の明星公司は社内の右派と抗いつつ面目を一新し、国民党の検閲・圧迫をかいくぐって抗日を宣伝し、社会の暗黒を暴露する優れた映画を次つぎに発表し、大衆の歓迎を受けた。明星は三たび経営の危機を脱し、かつ後に新中国の映画界を担うことになる優秀なスタッフを養成していったのである。

しかし、三七年八月、日中戦争の拡大により明星の社屋および撮影所は日本軍に占拠・破壊され、ついに明星影片公司はその一五年の光栄ある歴史を閉じねばならなかった。洪深たちは上海を離れて抗日救亡の演劇活動に従事したが、張石川・周剣雲はそれぞれに持ち出せるかぎりの器材を租界に移し、以後は「孤島」上海で別々に映画づくりの夢を追った。張石川は国華影片公司に監督として身を寄せ、周剣雲は四〇年六月、南洋の華僑映画商と合資して金星影片公司を起し、中共党員于伶の脚本で佳作「花濺涙」をプロデュースした。監督は張石川と鄭小秋（正秋の子）、この時期、有害無益の映画ばかり濫造していた張にとっては唯一の憂国憂民・愛国抵抗の積極的意義をもつ作品であったという。[81] 一九四一年一二月、日本は太平洋戦争に突入し「孤島」は消滅した。汪精衛政権の傘下で映画界は再編され、国華も金星も中華聯合製片公司に吸収され、次いで日本人川喜田長政（副董事長）が実権を握る中華電影聯合公司に統合された。張石川はそこで製作〔製片〕部長の要職にあり、そのため日本の降伏後は他の一六、七人の映画人とともに漢奸罪で告発されるのだが、周剣雲の当時の状況はまったく明らかでない。

一九四五年のおそらく八・一五以後、周剣雲は香港に往き、四六年、大中華影業公司に加入した。[82] しかし、中華人民共和国成立後、かれは「映画界からは姿を消し、上海で老いを養っていたが、六〇年代の末に世を去った」[83] という。解放後、同じく上海で病床にあった張石川のもとには上海電影製片廠の中共党委が見舞いに人を派遣し、まだ仕事ができるかどうか尋ねさせ、おおいにかれを感激させたというが、[84] 新中国は周剣雲をどのように遇したのか。監督や俳優・技術者などいわゆる映画工作者ならともかく、経営者にはおそらく用はなかったのであろう。

企業家としてのかれの奮闘ぶりについては、これまでも断片的にふれてきたが、最後に明星の大スター女優胡蝶の回顧を紹介しておこう。[85]

明星が成立するや周剣雲は発行部主任に任じた。周は書生ではあったが、企業家精神が旺盛で市場の開拓に注意して、上海だけに止まらず南京・北平・天津・漢口・広州・重慶・昆明等の大都市（シンガポールなどにも――引用者）に前後して発行支所を設置し、明星公司の作品を優先的に各地で上映できるようにさせた。明星の映画が全国的に影響力をもち、俳優が全国的に知名人になれたのは周剣雲の抹殺できぬ功績である。明星の業務が拡大すると周剣雲はまた画策して華威貿易総公司を組織し、中外各大公司の出す映画を代理発行し、四達通トーキー映写機、華威風電気蓄音機を作って国内の各大映画館に取り付けさせ、さらに明星半月刊・明星月報・明星公司男女紅星紀念・ブロマイド［簽名照片］等を発行した。多角経営［広闢財源］の方面では、周剣雲は企業家の才能があったと言うべきであり、そのため「明星公司の保険櫃」の外号があった。明星公司同人のかれにたいする心服ぶりを見ることができる。……明星公司の発展の過程にも若干の曲折があった。初期は作品が悪くてあやうく停業の危機に瀕したし、後にも何回か困難に遭遇したが、周剣雲という円滑周到な理財家・外交家のおかげで切り抜けていったのである。抗戦爆発前の二年間、情勢の変化によって各業種とも不景気で映画市場も例外ではなかった。各公司とも給料の遅配欠配があたり前のようになり、明星も同様であった。ある日の午前、激昂した人びとは発行部に押しかけ給料の支給を求めて座りこんだ。ストライキに発展することは必至と思えたが、周の力量はたいしたもので平然として応対し、見る間に風暴は収まり全て正常に復した。それ以後、周剣雲にはまた「狐狸」という綽号が増えた。

かれがもっぱら経営の衝にあたったのは、三巨頭の分業という逼られた事情によるもので自ら望んだ道ではなかったように思われる。三三年以前に『影戯概論』なる著作のあったこと[86]、初期には張石川と鄭正秋の「劇本」検討の場にときおり参加していたことなどから、当初は新劇改良運動の延長線上に自己の任務を設定していたのではあるまいか。『解放画報』続刊へ表明した意欲もけっして掛け値はなかったはずである。しかし、まさに当時のヴェンチャービジネスだった映画は片手間でできるような仕事ではなかった。社会教育の新たなメディアとする初心を資本の競争場裏で貫こうとすればなおさらである。『商業実用全書』の編輯が識をなしたのか、周剣雲は企業家となることを余儀なくされ、またそれによってその隠れた資質を存分に開花させもしたのである。そのなかで新劇運動の清議派・愛国主義者から、五四運動期のブルジョア的啓蒙家・フェミニストとしての活動を経て、ついにはときに杜月笙を担ぎ、ときに潘公展に鼻薬を臭がすこともあえてする老練な経営者に変身しながら、救亡・救国の立場・目標を見失うことはついになかった。「時代に服務」することはその生涯の総括であったと言ってよかろう。

むすび

中国映画史上における周剣雲の現在の評価は高い。「先生は中国映画事業の孜々たる開拓者であり、才幹の卓越した映画事業家であった。かれは半生の心血を注いで明星影片公司という畑を耕し、中華民族の新興映画事業の発展のために苦難のなかたゆまぬ努力をされた。明星公司の生んだ優秀な作品のいくつかは今日いまだに国内外で観衆の高い評価を受けている。映画の出演者・製作スタッフを表示する字幕に周剣雲の名を見ることはないが、かれの打ち建てた功績は永遠に中国映画史の重要な一頁を飾るであろう」と。(87) しかし、前述のようにその没年すら定かでないことから推測して、かれの「解放後」の境遇はけっしてこうした評価に見合うものでなかった。新中国が国民党の旧高官にたいしてしたように、せめて文史館にでも迎えて回憶録をまとめさせていてくれれば、映画史はもちろん一〇年代の新劇運動から五四運動の時期にかけても貴重な証言をえられたであろうに、なぜそうした処遇さえ行なわれなかったのであろうか。文化部副部長にまでなった夏衍を筆頭に洪深・阿英その他かれの功績を熟知する人びとは人民共和国の文化界にはたくさんいたはずであったのに。「解放前」の映画界関係者の多くが文化大革命中に江青のために迫害を受けたことは周知のとおりだが、周剣雲にはその形跡もない。ほとんど忘れ去られていた感じである。剣雲が本名であるはずはなく号か筆名にちがいないが、『中国電影家列伝』「周剣雲」の執筆者はもはやその原名を確かめる術をすらもたなかったようである。

ともあれ、映画史上でのかれの功績が実は新劇の改良を実践し、五四運動へ積極的に参加し、婦女解放を提唱した前半生の志と不可分の関係にあることは小論で明らかにできたように思う。社会教育をつうじた救国への貢献が、おそらくかれの一生を貫いた悲願であった。その悲願が鄭正秋・鄭鷓鴣との血盟関係を生み、明星影片公司の設立へつながっていったのである。五四運動はかれの活動と交友の範囲を一挙に拡大し、その思想に新たな地平を開いた。かれは日本軍国主義の侵略に反対し、軍閥の横行に歯噛みする愛国者から急進的なデモクラットに進む。しかし、上海という「十里洋場」で少年期・青年期を過ごしたかれには革命への道は非現実的に思えた。「私はこどものころ専心読書し、孟軻にたいへん共感したが、やや長じて社会との接触が深まるに及んで、また荀卿の説に根拠があり、孟軻の説は不徹底だと感じた」(88)と述懐するかれは、過渡期の「過渡人」をもって自任しつつ、教育救国の改良路線を提唱する。二年有余にわたって『解放画報』を主宰しつづけた情熱と義務感はなみたいていのものではない。

『解放画報』の一七・一八期、かれは教育の階級性・民族性を問題とせざるをえなくなった。教会教育が無国籍の中国人をつくり、婦女を男の高等な玩弄物に仕立てているという現実を突きつけられたのである。教育救国の内容をいやおうなしに問わねばならなくなった時点で、残念ながらかれは映画事業との二者択一を逼られ、『解放画報』の続刊を断念したので、その面での思想の展開を追うことはできない。五三〇運動の前後、帝国主義の文化侵略に反対して教会学校の教育権回収運動が全国的に盛り上がったが、論理的にはかれも当然そこへ帰結していったことであろう。五三〇といえば周剣雲も鄭正秋もとくに積極的にかかわったことを示す資料はないが、帝国主義との闘いは中国映画の最初からの課題であった。内容的にではなく経営的にである。

一九二五・二六年、中国映画の隆盛ぶりを見た英米タバコ公司は中国における映画産業の独占を狙い、みずから映画製作に乗り出すとともに、映画館を押さえにかかった。当時、上海の映画館のほとんどが外国人の経営に属し、広州を除いては各大都市も同様の状況にあった。中国人経営の小映画館はわずかに百余館、これが買収されてしまえば国産映画は完全に外国資本の支配下におかれる。「後、幸いに五卅抵貨風潮の発生があり、ついで時局の影響（革命軍の発動）もあって」この「トラスト政策」は失敗に終わったのであるが[89]、反帝国主義の大衆運動こそ中国映画産業の保障であることを周剣雲らは骨身にしみて感じたにちがいない。

一九三三年前後のことだが、前述のように明星公司は重大な経済的危機に直面していた。アメリカの匯衆銀洋公司は機に乗じて三〇万元の資金で明星の合併を謀り、まず一ヵ月「五百両」の高給で周剣雲を「営業顧問」に招くことを餌に、かれに買収契約への調印を迫った。その厳しい拒絶に遭うと先方は法的手続きに訴えて明星を差し押えると恫喝したが、周剣雲はきっぱりと答えた。「私が公司にいる間は君が我が公司の門をくぐれるとは想いなさるな。たとえ銃一丁弾一発でも残っているかぎり君には屈伏しない。そもそもわが公司にたいする君のあこぎなやりくち「剥削」には腹を据えかねているのだ。こんな紳士式の経済侵略を受け入れるくらいなら、倒産したほうがましだ」[90]。絶体絶命の状況のなかでかれは超人的なねばりを見せ、あらゆる才覚をめぐらして資金をやりくりし、「姉妹花」の大ヒットまで、明星を持ちこたえたという。「反帝・反資・反封」の「三反主義」は、鄭正秋だけでなく周剣雲においても、付け焼刃ではない到達点だったのである。客観的には両人とも資本家になっていたというのは確かにパラドックスである。「解放」後、周剣雲が人民政府から一顧もされなかった（？）のにはおそらくそれがからんでいよう。

たとえば『五四時期期刊介紹』第二集（人民出版社　一九五九）の工商友誼会機関誌『夥友』の解題にはこうある。「五四」以後、上海には多くの黄色工会が出現した。工商友誼会はそのうちのひとつである。該会の主要な成員は店員労働者であり、次いで中小資本家であった。現在判明しているところでは、該会の発起人であり組織者であったのは店員出身の童理璋で、彼がこの会を組織した目的は店員労働者を利用し、政治投機の資本とするためであった。彼はつねに資本家と密かに結託し、資本家から補助金を受け取り、労働者の裏切り者［工賊］として働いた。このほか国民党政客の費公侠および当時上海の明星電影公司の経理周剣雲もみな該会の会員であった。

これでは周剣雲のために冤を叫ばざるをえない。だいいちかれが工商友誼会にかかわった時には明星はまだ成立もしていないし、明星創立の時期にはとっくに手を引いている。費公侠だってそのころはまだ「国民党政客」と言われるような身分ではなかった。また、上海共産主義者グループが当初この会におおいに肩入れした事実とどう整合させるのか。その論法でいけば、かれらや後に蔣介石の腹心となった潘公展が中枢にあった上海学聯もいかさまな組織だったということにならないか。

同じく第二集の『解放画報』解題は、筆者が本文ではふれなかった各期の「新聞」欄を「国際的婦女運動と国内婦女運動の動態を報道し」「一定の資料的価値あり」とするだけで、「評論」「思潮」などは「中心的内容から見れば『女権の提唱』と一点一滴の改良に熱中しており、婦女運動のなかの多くの問題を提起はしているものの、いずれも革命闘争と労働人民から脱離して論じられているため、引き出された結論も誤っている」と一刀両断である。なによりも三千字に余る解題に周剣雲の名が一回も登場しないというのはどうしたことか。資本家のために樹碑立伝するわけにはいかぬということであったら、「解放後」のかれの境遇の想像もつこうというものである。

もちろん、これは三〇年も以前のことである。八〇年代以降の中国歴史学界は五四時期の改良主義的運動にも然るべき地位を与えている。初期の中共の労働運動が、澎湃たる教育救国の世論のもとで、例外なしに「平民教育」の看板を掲げて着手されたように、革命的運動もブルジョア的改良運動の裾野の広がりとともに高まっていったのが二〇年代初期の中国の現実であったとすれば当然である。

小論は冒頭に述べたように、五四運動から二〇年代初期にかけての上海の知識人、それも中級知識人の動態を、周剣雲をつうじて探ろうという問題意識をもって出発した。上海に出現した教員・ジャーナリスト・作家・演劇人などいわば自由職業のブルジョワジーの実態と役割を解明することを課題としたのであるが、まだまだ満足のいく解答は出し得ていない。ただ、そのなかの少なからざる人びとが新興の映画産業にかかわっていった事実、その一人周剣雲が従来、時流をつかむに敏な識見・胆略をもった経営者としか評価されていなかったものが、実は一九一〇年代いらい社会教育・救国救亡――婦女解放への着目・努力も基本的にはそこから出発している――に一貫した姿勢を保ち続けた人物であり、映画界における業績もその初心と切り離しがたく結びついていることを、いちおうは明らかにできたと自負している。小論が磚を抛って玉を引く役割を果せれば幸甚である。

注

（1） 潘公展『学生救国運動全史』（富文書局一九一九年一〇月）九頁、「潘君自己現在不能算在学生的地位、然他在上海学生運動開始的時候、也同我一様、代表他学校裏学生的意思、到学生聯合會裏去做事」（「任矜蘋序」）。

（2） 同前一一頁、「岑徳彰序」「潘君公展是我的老同学。……自従上海学生聯合會成立、我們便一同在内辦事。他是評議部的評議、後来又代表出席全国学生聯合會評議部、現在又担任着日刊総編輯」。

（3） 張静廬『在出版界二十年』（一九三八年　上海書店一九八四年再印）六八頁。

（4） 「学生会旧職員維持義校」『民国日報』一九二一・一一・二三、「学生会旧職員関懐義校」同一一・二八、「学生会旧職員之季社成立」同一九二一・六・七。
（5）「商学一致之上海」『民国日報』一九一九・六・六。
（6）「学生聯合會消息」『民国日報』一九一九・一〇・一七、二一。
（7）「上海商業公団聯合會評議員姓名録（四）」『申報』一九一九・六・四、「曹慕管致寧波（紹興の誤り）同郷会函」『民国日報』一九一九・六・一〇。
（8）進益学校校長張開済は捷進社代表陳志渭とともに、九畝地工商聯合會を結成するために奔走していたが、一部の商店主に反対されて立腹し、成立を目前に一切を放棄した（「九畝地聯合會取消」『民国日報』一九一九・一〇・一五）。教員が主導して商人を組織しようとしたケースが現にあったのである。
（9）「上海工商友誼会消息」『時報』一九二〇・一一・一六。なお拙著『救国十人団運動の研究』（京都大学人文科学研究所共同研究報告『五四運動の研究』第四函⑬　同朋舎　一九八七）九八・九九頁ならびに一五二・一五三頁の注（22）・（23）・（24）を参照。
（10）前注の拙著一〇一―一〇四頁を参照。
（11）「策進会各股会議紀」『民国日報』一九二〇・九・三、「国民大会策進会続訊」同九・五など。
（12）周剣雲主編『鞠部叢刊』（上海交通路交通図書館　一九一八年一一月）「自叙」。なお文末に「中華民国七双十節剣雲時客愛儷園」とあり、当時かれが愛儷園にあったことを示す。哈同夫人が好んで若手文化人・芸術家のパトロンとなったこと黄警頑「回憶徐悲鴻在上海一段経歴」（『文化史料叢刊』第一輯　一九八〇）を参照。鄭逸梅『書報話旧』（学林出版社　一九八三）に「《鞠部叢刊》博采衆長」の項がある。
（13）以下、啓民社に関わる記述は前出『鞠部叢刊』「歌合新史」〈啓民社始末記〉による。なお、日付は陽暦に直してある。
（14）「談文明戯」『欧陽予倩全集』（上海文芸出版社　一九九〇年）第六巻二一五―二一六頁。欧陽予倩の啓民社に関する記述の日付はすべて旧暦によっている。
（15）「自我演戯以来」『欧陽予倩全集』第六巻一五三頁。「他（周）要和我演〈神聖之愛〉、他説他最歓喜的那個劇本。……我答

応、就和他演了。他的舞台技術比（陸）鏡若自然不及、所以這齣戲不如在上海演得好」。欧陽予倩は留日時代から艱難を共にしてきた陸鏡若がその直後に急逝したため、「神聖之愛」の劇本を焼いた。

(16) 張潔「鄭正秋」『民国人物伝』第四巻（中華書局　一九八四年）。『中国電影家列伝』第一集「鄭正秋」では原名を芳沢、号を伯常、本籍を潮州とする。なお、以下の鄭正秋の経歴は互いに出入のあるこの二つの伝を、『鞠部叢刊』「劇学論壇」〈新劇経験談（正秋）〉、「伶工小伝」〈鄭正秋伝（剣雲）〉によって補正しつつ記述した。

(17) 一九一〇年一一月二六日から一二月七日まで「麗麗所戯言」を二回、「麗麗所伶評」を一〇回、一一年一二月一二日から一二年二月五日の間に「鉄血鴛鴦」を二四回連載した。「我自少好観劇。偶以長編劇評投民立日報、蒙于右任先生託親友来聘、竟為我而闢劇評一欄。嗣以編輯本部新聞、遂無暇及之」（「新劇経験談」前註参照）と鄭正秋自身が書いているように、『民立報』に劇評欄は設けられずに終わった。前註所掲の二つの伝は、いずれもかれがこれに先んじて革命派の新聞『民呼日報』『民吁日報』にも劇評を載せたとするが、誤りである。

(18) かれは李懐霜を自由党総裁に推すことに尽力したという（「新劇経験談」）。

(19) 「編劇」はプロットを立てることで、シナリオを書くことを意味しない。当時、新劇でも脚本・台本を準備することは稀で、劇の粗筋にそってアドリブで進めることが多かったという。欧陽予倩「談文明戯」など参照。

(20) 前出『鞠部叢刊』「歌台新史」〈新民之由来与成立〉によると、鄭正秋の食客となった新民公司の演員は一六人、後さらに三人が加わったという。

(21) 欧陽予倩は前出の「談文明戯」で鄭正秋の家庭劇を評してこう言っている。「新民社的家庭戯、多半只追求情節的複雑離奇、追求廉価的舞台効果、許多戯都是看完了不知道他説明什麼。有些戯把罪悪的描写作為正文、到最後生硬地加上些報応懲罰之類的情節、可以説毫無意義。這種戯対於社会非但起不了好的作用、而且很可能起壊的作用、可是当時只求其在台上胡乱博得観衆哄堂大笑或者硬擠観衆幾点眼涙、就認為最大的満足」。「這個劇社可以説一開始不僅没有宣伝政治的目的、也没有芸術的目的、只是為了演戯維持一部分人的生活。如果説它也有提高表演芸術的企図、那是附帯的事」。同時に「正秋還是関心一些政治問題和社会問題的、不管他的見解有多少正確性、他還是愛国的、是有正義感的」とも指摘するが、この文章が一九五七年

に書かれたこともあってか、少なくともかれの主観的立場にたいしては、いささか点が辛すぎるようである。
(22)『鞠部叢刊』「六年来海上新劇大事記」上〈民鳴新民合併〉。
(23)『鞠部叢刊』「伶工小伝」〈鄭鷓鴣伝（剣雲）〉、『中国電影年鑑』（中国教育電影協会　一九三四）「明星影片公司十二年経歴史」〈鞠躬尽瘁的鄭鷓鴣先生〉による。なお前者は名を塵とするがおそらく誤植、後者は字を介誠としている。
(24)周剣雲「鄭鷓鴣伝」、前注参照。
(25)「救亡声中之賣国奴（剣雲）」『民国日報』一九一八年七月一二日・一五日。
(26)「剏辧新民図書館招股簡章」『民国日報』一九一八年一二月一八日。なお、『申報』、『民国日報』一九一九年五月二日の広告欄に薬風（鄭正秋）署名の「新民図書館宣言書」を載せている。
(27)『民国日報』一九一九年五月六日に載せた広告「新民図書館書籍出版露布」を参照。愛国小説と銘うつもの一種をふくむが内容未詳。
(28)『五四愛国運動資料』（科学出版社　一九五九）六一三・六一四頁、六四九・六五〇頁の書影ならびに解題、「新民図書館被控案註銷」（『申報』一九一九・七・二〇）を参照。「所售之章宗祥小史、其中事実完全係載中国過去之政治。与租界毫無関係」と弁護されて免訴とはなったが、租界における言論弾圧の厳しさにはもっと注意されてよい。
(29)「山東路商界聯合會通告開会」（『民国日報』一九一九年一〇月一二日）「各路商界聯合會消息」（同一〇月二一日）「山東路聯合會二次職員会」（同一〇月三〇日）。
(30)出版予告は一九年八月二三日に、発売広告は二〇年一月五日に、いずれも『申報』に見える。奥付は「民国八年一二月初版」となっているが、周剣雲の「弁言」自体が「民国八年十二月二十二日」と署しているから、実際の発行は二〇年一月初めであったろう。
(31)『解放画報』一八期に広告があるが、実物は未見。
(32)「山東路聯合會職員会」（『民国日報』一九二〇年三月五日）「山東路議決援助学生」（同四月二五日）「馬路聯合會開会彙誌」（同九月三日）を参照。

(33) 前注の各記事ならびに「各路商界底義務学校」(『解放画報』一三期)参照。

(34) 「工商友誼会開新職員会」(『時報』一九二〇年一一月九日)。なお江田憲治著『五四時期の上海労働運動』(京都大学人文科学研究所共同研究報告『五四運動の研究』第五函　同朋舎　一九九二)を参照。

(35) 周剣雲「答鼎元先生」(『解放画報』一〇期)。「後来童君与何君等因職権上発生意見、不歓而散、連我的主張也無形打消。你是親眼看見的、我也別無意見了」と。(一九二一年)四月二四日と自署するから、身を引いたのはこれより以前であったろう。『民国日報』三月一二日「工商友誼会通告改組」に「工商友誼会因会務未能有良好進歩、加之近又少数職員意見不合、遂於日昨召集会議共同議決。結果改組委員会、暫負全責継続進行。并推定総務童理璋……、一面通告前任職員、即日交替云」とあるのに、おそらく関連する。

(36) 『解放画報』二期(二〇年六月一五日発行)。

(37) 周剣雲「評新舞台的『華奶奶之職業』」(『解放画報』六期)。

(38) 「本報啓事」(同前五期)。

(39) 一二期は奥付では一九二一年六月三〇日の発行であるが、『民国日報』での広告の初出は一〇月一四日である。講演の行なわれたのはむしろ夏季休暇後ではなかったろうか。

(40) 「女子解放与服装的討論・答金菊生」(『解放画報』六期　通信)。

(41) 「告『做人父母的人』和『做人子女的人』」(『解放画報』二期　評論)。同様の趣旨を「文化与人化　答梁鼎礼」(同一一期通信)ではこう述べている、「我所認為危険的有両種。一、侈言打破婚姻制度、主張恋愛自由的人。二、侈言脱離家庭関係、自己不能経済独立的人。前一種誤認縦慾為快楽、結果是感受無限痛苦。後一種不愛家裏的人、而能愛社会上的人、這種愛是什麽、恐怕他自己也不能自円其説。一国的経済制度没有改善、無論什麼人、無論到什麼地方、無論做什麼事、都不免受経済圧迫。豈是単単脱離家庭、便能逍遙自在的！這両種人固然是胸無定見、一味盲従、実在還是那些自命「文化運動家」揺旂吶喊、害了他們呵。

(42) 注(40)に同じ。

（43）「工人失学的痛苦・答張静泉」（『解放画報』八期　通信）。

（44）同前で義務学校の困難な条件について周剣雲は「一、経費不足。二、学生不多。三、教員曠課」をあげている。「担任教員的、本路（山東路）職員居多。大都純粋義務性質、他們自身有生計上関係、時有欠課的日子、這層雖不能怪教員、然而学生却厭倦了。我雖承山東路職員推為義務夜校校長、但是無能力使此校発達、非常抱歉。山東路義務夜校就設在山東路聯合會内、地方很小。現在固然学生少、不発達、如果発達、人数増多、就容納不下了。這是第一層困難。我因為暁得国民生計窘困的多、不能使教員全尽義務。因為這種勉強的辦法、於両方都不利――教員、学生、所以把山東路七位教員――二位国文、二位英文、一位算学、一位国語、一位音楽兼拳術――加以支配、三位在本路的教員全尽義務、四位非本路的教員、毎人拿三塊銭一月的車費。辦学堂、当教員、本来是吃苦的事、稍為有点津貼、便有了責任心了」。当事者が述べる義務学校の実態であるので、一資料として紹介しておく。なお簇生した義務学校がいいかげんな思いつきで発足した結果、短命に終わるものが多く、事業の信用を落とし、学生にかえって罪作りな結果となっている状況は、裴君健「対於義務学校的商榷」（『解放画報』九期評論）を参照。

（45）たとえば「評新舞台的『華奶奶之職業』」（『解放画報』六期）。「華奶奶之職業」は『新潮』二巻一期のバーナード・ショウ原作　潘家洵訳「華倫夫人之職業」の翻案であるが、ヒロイン華倫薇薇は「情願労動、自求生活、尊重人格、不慕虚栄、是自幼受過高等教育、得了透徹的見解、才能宗旨堅定、不致堕落」とする。

（46）「看解放画報者也有五千人」と周剣雲は七期「評『華奶奶之職業』的余波――答汪優游」に書き、『解放画報』八期の広告（『民国日報』一九二一年四月一五日）では「本報銷数逐期増加、再版不易、本期印八千份、庶可普及」としている。

（47）五ヵ月の遅れをカットして一九期を民国一一年六月発行として再発足させるということであったが、一八期の発行自体が六月にずれこんでいた。

（48）わずかに九期（評論）・一〇期（思潮）に寄稿した正厂が『婦女評論』『民国日報副刊』一六期・二九期に、一六期（評論）に寄稿した雲仙が『婦女声』三期・四期に執筆しているくらいである（『五四時期期刊介紹』第二集「刊物目録」を参照）。

（49）「告『做人父母的人』和『做人子女的人』」（『解放画報』二期　評論）。

(50) たとえば「我覚得在『家族制度』『国家主義』没有廃除以前、要講改革、還是離不了『修身・斉家・治国・平天下』幾句古語。否則勢必無従下手」(「郷村改革的動機 一 答羅鞆重」『解放画報』一五期 通信)。湖南湘郷の羅氏進徳会の「遠大処着眼、近小処下手」の観点から改革を図る趣旨に賛同して述べたものだが、この論理は当時のかれの主張を一貫している。

(51) 『解放画報』一三期「評論」に「改良結婚儀式的我見」を載せた沈選千は一六期「通信」に「新社成立宣言」「新社規約」「新塍婚嫁改良会成立宣言」「婚嫁改良会簡約」を寄せた。名を列ねる九人のうち沈選千・黄駕白・呉憎艭ら五人は一七・一八期に評論・小説・詩などを寄稿し、前出の三人は「本報革新予告」の特約撰述員に挙げられている。かれらは浙江新塍縣の小学教師で、発行していた『新塍半月刊』は「県知事大老爺」から発禁を食ったという(「郷村改革的動機 二答沈選千先生」)。張静廬とともに泰東書局にいた沈松泉は四期以降、六回にわたって詩・小説を寄稿し、同じく特約撰述員に加わっているが、かれもおそらく投稿を契機に周の知己をえたのであろう。なお、特約撰述員二九名中、それまでまったく寄稿していない者が五人いる。うち鳳昔酔・唐豪ら明らかに前二者の範疇に属する者をふくんでいる。

(52) 「各路義務学校之調査」(『民国日報』一九二一年九月三日)、また「各路商界底義務学校」(『解放画報』一三期 新聞)。

(53) 魏紹昌編「鴛鴦胡蝶派研究資料」(三聯書店 香港 一九八〇)三二六―三二八・四五八頁参照。

(54) 周は第二期掲載の「哀鵜記」(集錦小説)のリレー執筆者の一一番目に名を出している。

(55) 拙著『救国十人団運動の研究』(前出)一〇六頁参照。

(56) 周剣雲は新舞台の「敬告観劇諸君」がショウの原作を翻案した理由として挙げた四項を摘録している。その四は「『女子生活問題』『社会経済組織問題』、不但中国一国没有解決、世界除俄国正在改革外、其余各国都還没有解決。像華倫夫人(遊女屋の経営者)華倫薇薇(その娘、ヒロイン)這様人、英国有、中国何嘗没有!譬如西医治中国人的病、只要対症下薬、也能起死回生。那麼与其給看的人、以為英国人、不関痛痒、不如当作中国人、或者能見功效」とあった。当時の演劇界において周剣雲らのような意識がけっして孤立したものでなかったことがうかがえる。ただし、楊塵因「戯劇改造的研究」(七)(『解放画報』一三期)によると「華奶奶之職業」は興行的には失敗であったという。

(57) 「久記社之新職員」(『民国日報』一九二一年一二月二八日)によれば周剣雲は文牘、任矜蘋は交際、鄭鷓鴣は劇部主任を務めている。

(58)「愛情短劇　神聖之愛　縁起」(『解放画報』八期　劇本)。

(59) かれが一編も芝居を編んだことがないというのは、おそらく誇張であろう。『申報』一九一九年一一月二日の笑舞台(当時鄭正秋ら和平社新劇部が出演していた)の広告に、当夜上演の「孤鴻影」は新民図書館出版の同名の小説を「剣雲周先生」に請うて戯劇に編んでもらったものと説明がある。

(60) 剣気凌雲廬という斎名をもったことにも示されていよう。鄭逸梅「著作家之斎名」注(53)前出書一四四―一四七頁を参照。

(61) 朱樸「我対於解放画報的感想和希望」(『解放画報』一期　読者論壇)に言う、「他(周剣雲)的宗旨、就是把旧社会的悪習慣、一件一件的解放起来、達到真正的『徳謨克拉西』主義為止」。創刊号という条件を考えれば、依頼稿であったことはいうまでもなく、これは本人の自己評価と見ても誤りではあるまい。

(62) 丁守和主編『辛亥革命時期期刊介紹』第五集(人民出版社　一九八七)二八一―二九二頁「新劇雑誌」参照。

(63) 何秀君「張石川和明星影片公司」(『文化資料叢刊』第一輯)。以下、張石川と明星影片公司に関する記述は、とくに注記せぬかぎり、これによる。なお、谷剣塵「中国電影発達史」(中国教育電影協会編『中国電影年鑑』一九三四)、「張石川」(『中国電影家列伝』一)など諸本は張が投機に失敗した後、残った金で明星公司を始めたとするが、ここでは租界当局から交易所の免許がおりるのを待つあいだに「主意」を変えたという張夫人の証言をとる。

(64) 何秀君の前出の回憶録をはじめ諸本はこの五人を創立者とするが、「明星影片公司十二年経歴史」(『中国電影年鑑』)は張巨川を加えて六人を挙げる。

(65) 一九二一年、中国影戯研究社(顧肯夫等)、上海影戯公司(但杜宇・管際安等)、新亜影片公司が映画を出したが、いずれも短命に終わった(谷剣塵「中国電影発達史」)。但杜宇は画家、管際安は『民国日報』社、いずれも『解放画報』の常連であった。

(66) 前出「明星影片公司十二年経歴史」。かれの結婚がその女性解放論とどうかかわっていたか、詳らかでない。ただ、新婚の夫人が質入して公司の急場に間に合わせるほどの服飾品の持ち主だったことは確かである。

(67) 前出「中国電影発達史」。「陸潔」(『中国電影家列伝』二) によれば、顧肯夫らはアメリカ映画の愛好者［影迷］であったらしく、『新声』や『春声日報』の影戯欄を担当したのもうなずける。なお、陸潔は本文三四頁に見える陸潔夫と同一人ではなかろうか。疑いを存しておく。

(68) 谷剣塵「中国電影発達史」(前出)。

(69) 当初の資本金は公称四万元 (五万元とするものもある)、その後公募により二五年に一〇万元、二八年さらに二〇万元に増資した (前出「明星影片公司十二年経歴史」)。

(70)「鄭鷓鴣君昨日出殯」(『民国日報』一九二五年四月一六日)。

(71)「鄭正秋的転変」(曹懋唐・伍倫編著『上海影壇話旧』上海文芸出版社 一九八七) より転引。

(72) 六合影片発行公司の成立については前出何秀君の回憶および「周剣雲」(『中国電影家列伝』一) は一九二八年とし、「阿英」(同前) は『中華影業年鑑』(一九二七年刊 未見) にもとづいて一九二六年とする。

(73)「洪深」(『中国電影家列伝』一)。かれは帰国後、上海戯劇協社に加入し、一九二四年、「少奶奶的扇子」を演出した。戯劇協社員でもあった谷剣塵は「孤児救祖記」の評価の際、「這個電影対於中国国産影片的貢献、一如話劇中『少奶奶的扇子』。明星公司猶如話劇界中之戯劇協社。……話劇界要是没有戯劇協社的『少奶奶的扇子』、決不会引起人們的重視。電影界要是没有明星公司的『孤児救祖記』、他也不会後来盛極一時、造成了空前的国産電影運動」(前出「中国電影発達史」) とひきあいに出している。かれは明星でシナリオを書いただけでなく監督・俳優をも兼ねた。なお、かれは父親が宋教仁暗殺事件に参与したことで、帰国早々父子関係を断絶する声明を新聞に載せたという (『田漢』文史資料出版社 一九八五 一一六頁)。洪述祖を父としたことは、包天笑『釧影楼回憶録続編』(大華出版社 一九七三) 一〇四頁、『洪深』(中華文史出版社 一九九一 一七五頁を参照。

(74) 銭杏邨と周剣雲が知合ったのは投稿が契機だったのか、それ以前からか明らかではない。『解放画報』二期に二篇の詩を寄せたのを最初に一六期まで詩一一篇、小説四篇、劇本一篇、評論一篇が掲載された。一九二一年二月現在、銭が合肥二中の教師をしていたことは、イプセンの戯曲を読んで作った詩「永憶」(九期) の跋に明らかだが、二〇年末、周は父の死によって帰郷しており、そのさい面晤の機会のあったことはまず確実である。「阿英回憶左聯」（『新文学史料』一九八〇年一期）に「為什麽周剣雲来找我呢?·因為我們是同郷、早就認識。我一九二六年在上海参加党。国共合作期間、被派到国民党蕪湖県党部工作。其時周剣雲在上海辦了一家小電影公司、我同他有関係」とあり、『阿英文集』（三聯書店　香港　一九七六）の「著作目録」一九二八年の『児童書信』に「拠作者自述、此為余一九二一年在安徽六安義務学校教書時所編講義。当年售与新民図書館迄未印。一九二八年突然印出。此書反映了余五四時期的思想」とある。出版が遅れたのは新民図書館の業務停止のためであり、数年を隔てて公刊されたのは周剣雲の好意によるものであろう。六合公司の蕪湖あるいは安徽の管轄職務を委嘱したのも同様の動機に出たのではなかろうか。

(75)「鄭正秋」（『中国電影家列伝』一）より転引。

(76)「潘公展」（中華民国史資料叢稿「人物伝記」二三輯　中華書局　一九八八）。

(77)『中華民国実業名鑑』（東亜同文会　一九三四年）一二六八頁、明星影片股份有限公司の「重役及幹部」に董事として杜月笙とともに潘公展の名が見える。なお、株の贈与その他については夏衍『懶尋旧夢録』を参照。

(78)胡蝶『胡蝶回憶録』（聯経出版公司　一九八六）。

(79)程季華主編『中国電影発展史』一巻四一六―四二二頁。なお電影界救国会は国民党の弾圧により一ヵ月足らずで活動を停止させられた。

(80)「明星公司革新宣言」（『明星半月刊』六巻一期　一九三六年七月一六日）、前出「周剣雲」より転引。

(81)何秀君前出回憶録。「周剣雲」（前出）、「于伶」「鄭小秋」（『中国電影家列伝』二）をも参照。

(82)何秀君前出回憶録によると、張石川も四六年秋、周の誘いを受け、女優周璇らスタッフ一六、七人を連れて大中華に赴いたが、法院の召喚状が出ていることを知らされて、急遽上海にもどった。

(83)「周剣雲」（前出）。

(84)たとえば経歴も芳しからぬ上に精神をも病んでいた女優周璇に解放後の中共が与えた手厚い配慮については「周璇」（『中国電影家列伝』二）を参照。

(85)『胡蝶回憶録』（前出）四二―四三頁。
(86) 谷剣塵「中国電影発達史」（前出）に見える。
(87)「周剣雲」（前出）。
(88)「一封内容複雑的信（続）」（『解放画報』一八期）。
(89) 谷剣塵「中国電影発達史」（前出）。周剣雲が有力六社を糾合して配給組織・六合公司を作ったのにはおそらくこれに対抗する意味もあったろう。
(90) 周剣雲「鄭正秋兄」（『明星』半月刊　六巻二期　一九三六年八月一日）、「周剣雲」（前出）より転引。一九三一年、アメリカに洪深を派遣してトーキー撮影機器を導入したさい、そうとうに無駄金を使わされた（何秀君前出回憶録）。この件はそれとかかわったものであろう。

付録一

『解放画報』所載周剣雲文一覧（署名あるもののみ）

第一期　「本報宣言」、評論「為什麼要束胸」
第二期　評論「告〝做人父母的人〟和〝做人子女的人〟」
第三期　思潮「廃除穿耳」
第四期　評論「上海婦女的環境問題」、鄭正秋「嫁両嫁的可憐女」（劇材）への附識
第五期　思潮「救国根本方法是什麼」（上海学聯第一義務国民学校義務教育特刊より転載）、朱畳新「婦女解放与生理条件」（思潮）への附誌
第六期　劉巧鳳「我的婚制解放談――自由恋愛」（思潮）への附識、戯評「評新舞台的『華奶奶之職業』」、万志雲「為什麼不提倡学徒解放?」（読者論壇）への附誌、通信「女子解放与服装的討論・答（金）菊生先生　十一月二十日」
第七期　朱信庸「和尚道士和尼姑等廃除問題」（評論）への按語、戯評「評『華奶奶之職業』的余波――答汪優遊」、通信「解放

第八期　与自由・答邵芾棠先生　一九二一・一・三」、「剣雲啓事　一九二一・一・三」
劇本「愛情新劇『神聖之愛』」（未完）、通信「工人失学的痛苦・答（張）静泉先生　一九二一・二・二八」、通信「隠痛・答天津Ｃ・Ｔ・Ｃ先生　一九二一・二・二八」
第九期　通信「怎様使旧人物領受新思潮？・答（陳）子和先生　三月二十日」、通信「両封答復和尚的信・答（朱）信庸先生三月十九」、「剣雲啓事」
第十期　通信「怎様能使労動者受教育？・答（陳）鼎元先生　四月廿四日」
第十一期　劇本「愛情新劇『神聖之愛』」（続完）、通信「文化与人化・答（梁）鼎礼先生五月二十日」
第十二期　演講録「婦女問題之将来（在楓涇県立第二高等女子小学）」
第十三期　通信「敬答投函詢問婚事問題的諸君」
第十四期　任矜蘋編「美洲之民」（劇本）への附識、通信「什麼是強大的起重機？・答（汪）海粟生先生」
第十五期　枕薪「女士」（評論）への附誌、通信「郷村改革的動機（一）・答（羅）�重先生」
第十六期　通信「郷村改革的動機（二）・答（沈）選千先生　一九二一・十・二十四」
第十七期　特載「一封内容複雑的信」、繆程淑儀「新婦女的道徳与新道徳的婦女」（思潮）への附誌、通信「一個読者対於美術画的意見・答舒渭文先生」
第十八期　特載「一封内容複雑的信」（続）、通信「工廠女工的環境問題・答汪頌閣先生」、通信「一個読者賛成美術画的理由・答（朱）裕璧先生」

付録二
『解放画報』第十七・十八期目録
（『五四時期期刊介紹』第二集六九三―七〇一頁所載「解放画報」目録にこの両期を欠くので、とくに付録する）
『解放画報』第十七期（中華民国一〇年一一月三〇日出版　実際は一九二二年四月）

［特載］一封内容複雑的信　周剣雲
［評論］什麼叫做孝？——単対婚姻上講　楊立雪
我対於一部分女学生的装飾底悲観　呉憎艭
結婚和社交　王警涛
迷信環境　余空我
送礼的心理　厳宗諒
［思潮］芸術与社会　厳慎予
新婦女的道徳与新道徳的婦女　繆程淑儀
女子解放与已解放的女子　徐弁邃
［新聞］中華女界聯合會底宣言
童子軍聯合會討論女童子軍
浙江省議会提出「男女同校」案
北京将有廃娼運動
美国大学添設女子国民専科
［智識］物理常識（七）　顧肯夫
［詩］痛苦？快楽？　枕薪
老農謡　蘋蹤
観民生女学舞踏　沈松泉
露惜　畢任庸訳
活地獄　黄駕白
［劇談］戯劇改造的研究（十一）　楊塵因

［小説］　潜伏的勢力　汪英賓
一世人　如音
二十元　胡雋
黄婉貞底死　沈選千
阿珍底病　黄鴛白
五千多塊銭　谷剣塵
［通信］　一個読者対於美術画的意見　舒渭文　剣雲（答）

『解放画報』第十八期（中華民国一〇年一二月三〇日出版　実際は一九二二年六月）

本報革新予告
徵求賛助会員
［特載］　一封内容複雑的信（続）　周剣雲
［評論］　我底家庭工業談　顧夢西
［思潮］　優美民族所具的品質（続）　孫錫麒訳
［新聞］　女画家鈕霍底演説詞
家庭日新会開展覧会的辦法
陳独秀等勧告蕪湖学生
梧州女生誓願解除二中女禁
広州工業女校之新組織
英国婦女大会討論女子和児童問題
蘇格蘭底婦女合作社章程

[智識]　物理常識（八）　顧肯夫
[詩]　新社雑詩
　美的世界　黄鴛白
　春暁　朱亮人
　自然的美　竺飲冰
　她們的思想　沈選千
　月光下的嘆声　畢聿新
[劇談]　戯劇改造的研究（十二）　楊塵因
[小説]　母親的教育　梁杏如
　声浪　管際安
　光明和暗黒　陳桂蟾
　自習室　徐弁邃
　不孝的学生与師娘　魯亜吾
[通信]　工廠女工的環境問題　汪頌閣　剣雲（答）
　一個読者賛成美術画的理由　朱裕璧　剣雲（答）

補記

1　張石川が「大同交易所」で大損をし、後仕舞いをした余款で明星影片公司を設立したという定説にたいし、何秀君の回憶録によって異論を立てたが（三六六頁および三八五頁の注（63）を参照）、森時彦氏にそれを補強する材料をいただいた。「大同日夜物券交易所」の設立と株式募集の「第一次通告」が『申報』民国一〇年一〇月二三日の広告欄に見えるものの、『支那時事』Ⅱ―4（大正十一年四月）「上海交易所の調査」によれば、「信交風潮」の終息期の民国十一年二月現在「乙　未だ開業せざる者」のなかに「大同日夜物券」（理事長或は籌備主任）「張石川」があり、何の回憶を裏付けている。

2　三七一頁、上海電影界救国会と関連して、張新民氏（大阪教育大学大学院生）の教示によれば、周剣雲は一九三五年十二月十二日付けの「上海文化界救国運動宣言」の署名者の一人であり、一九三六年一月二十八日の「〝一二八〟四周年紀念大会」――この大会で各界救国聯合會が成立した――の主席団の一人であり、同年十月二十二日、魯迅葬送の隊列にあったとして『救亡情報』第二四期が挙げた有名人の一人でもあった。中華民国史資料叢稿『救国会』（中国社会科学出版社　一九八一）六〇、七五、一六八頁。周がこの前後、救国運動に積極的にかかわっていたことを示している。

3　校了後、上海から唐振常先生が京都にお見えになった。一時映画界にも関係されたことのある唐先生に、周剣雲の解放後の境遇について、もし判ることがあれば教えていただきたいとお願いしたところ、一九九一年六月七日付けでお手紙を下さった。その関係部分を以下に紹介する。

関於周剣雲情況、屢向此間電影界人士探詢、多已不知。後訪得老摂影師何兆璋、彼曾与周剣雲合作拍片、略悉周晩年情況、拠告如下：「周剣雲自脱離明星公司後、自辦金星公司、営業不振。一九四五年去香港、初参与大中華影片公司、後自辦電影公司、拍了両部電影、其中一部為何兆璋摂影、片名《海茫茫》。一九四九年後回上海、自辦九合公司、為電影発行商、向華東以外各小城市発行影片、在上海一些小電影院有股、以此為生。一九五六年公私合営後不再做事、靠定息為生。多次在北京。上海謀職未成。一九五七年雖未被劃為右派、但境況甚壊。『文革』起、抄家、不久即死」。

何兆璋（一九一五～）については『中国電影家列伝』第一集「何兆璋」を参照。張石川の妻の甥で、かつ女婿でもある。もともと録音など技術の専門家であったが、後に演出も手がけ、《海茫茫》はその監督（導演）作品であった。一九八二年当時、上海市電影局総工程師・中国電影家協会理事・影協上海分会副主席であり周剣雲を知る最後の世代に属する人物であろう。

第十章　三一運動と五四運動

はじめに

今回の全国学生の自発的な行動（五四運動――引用者）は、世界的にはそれほど珍しいものではなかろうが、わが東アジアにおいてはまことにまれに見るものであった。日本の米騒動、朝鮮の独立運動とこれとは、いずれも世界の新思想の波動を受け、東アジアの歴史において国民の自覚を増加せしめた事件であった。われわれ学生は学識もとより浅く、思想もまた貧しいが、かかる時期にかかる潮流を感受せるがため、われらが良心に本づき、まことに覚醒せざるをえなかった。

これは一九一九年七月、周恩来が『天津学生聯合会報』のために書いた「発刊の趣旨」[1]の一節である。今日では米騒動、三一運動、五四運動を、ロシア革命後の人民闘争の世界的高揚の一環として、有機的関連のもとに把えるのは常識であろうが、事件直後の当時としてはきわめて卓越した見解であった。もっとも周恩来青年がいう「世界の新思想」とは、この時点ではまだマルクス・レーニン主義、プロレタリア革命運動に収斂されてはおらず、漠とした民主主義・人道主義・平民主義・社会主義・民族自決などの諸理念、諸原則の〈混合物〉だったにちがいない。それがロシア革命の勝利、ドイツ軍国主義の敗退、ウィルソンの平和綱領などに触発されて起った五四時期の新思潮だったのである。

それはともかく、ロシア革命はその思想・理念を通じてというよりも、当初は帝国主義の反革命の対応が惹きおこす波瀾として東アジアに影響をおよぼした。日本帝国主義の革命干渉戦争＝シベリア出兵は、対内的には軍用米の買つけ投機によって米騒動の引き金となった。対外的には中国にたいする日中共同防敵軍事協定の強要となり、これに反対する中国学生の広範な運動は五四の伏線となった。米騒動の責任をとった寺内内閣の総辞職は、寺内総督の憲兵政治に苦しめられた朝鮮人民を鼓舞するものであったろうし、中国ではもっと直截に金蔓を失った段祺瑞の下野をもたらし、安徽派軍閥の反動支配に亀裂をいれて五四運動に有利な環境を用意したのである。

一方、ロシア革命とソ連政府の革命的外交路線に対抗して、ウィルソンは平和綱領十四ヵ条を打ちだした。それは「勝利なき平和」を謳い、「民族自決」「弱小民族の援助」を唱え、すべての被圧迫民族に解放の日の近いことを信じこませようとし、一定の効果をあげた。三一運動への朝鮮人民の決起が、これによっていっそう鼓舞されたことはまちがいなく、逆に列強の善意にかけた期待が裏切られたことで、中国人民の怒りはいっきょに噴出したのであった。

しかし、五四運動に関するかぎり、時間的にも地理的にも、中国人民の眼の前で展開された三一運動の刺激が決定的な意義をもった。近年の中国史家の文章を引こう。

一九一九年三月、わが隣国朝鮮で爆発した、日本帝国主義の圧迫に反抗し民族の独立をかちとる革命運動は、中国人民のあいだに特別に切実な関心と影響を生んだ。多くの新聞、雑誌は大きなスペースを割いてこの事件を報道し、評論を発表して朝鮮人民の正義の闘争に同情と支持を寄せた。こうした情勢のもとで、中国人民は非常に鼓舞され、その反帝反封建の自覚は高揚して、人びとは悲惨・屈辱の生活をもはや続けることはできず、醜悪なる現状は打破せねばならず、広範な人民が連合して自分で自分の問題を解決するときが到来したことを痛感した。このとき、このときにおいてこそ、人びとははじめて中国の独立と解放は中国人民の〝直接行動〟に頼るしかないことを、ほんとうに理解したのである。

これは丁守和・殷叙彝『従五四啓蒙運動到馬克思主義的伝播』（三聯書店　一九七九年第二版）の一節（一一八頁）であるが、傍点の個所は再版（初版は一九六三年）にあたって新たに加筆された部分である。私はこの評価に全面的に賛意を表する。

軍隊にたよらず、政党にたよらず、官僚や既成の権力機構にたよらず、名士や有力者に代行を求めず、無名の大衆が直接に自己の政治要求を提起して闘うという形態は、それまで中国人の体験にはなかったことである。一九一八年五月、北京の学生二千人が日中軍事秘密協定の取消しを求めて総統府に請願したことがある。それは請願という形式を借りた実質上のデモであったが、「康有為の公車上書のように、四人の代表が請願書を捧げて、恭しく大総統（馮国璋——引用者）に面会を求めた。」「学生の大部隊は新華門外で静粛に首尾を待ち、演説する者もなければ、標語・口号《スローガン》もなく、市民も学生たちがなにをしているのか判らなかった。」しかも請願書は取次ぎを約束されただけで大総統の謁見もなく、学生たちはすごすごと引きあげねばならなかった。[2] だが、その一年後、同じ北京の学生たちは「外国権を争い、内　国賊を除け」と、禁令を無視して集会・デモを貫徹し、売国奴の筆頭と目された曹汝霖の私邸を焼打ちにして五四運動の幕を揚げたのである。[3] 前年の運動の挫折に学んだ学生たちは、朝鮮人民の闘争の教訓をただちに吸収する主体的力量を育てたのである。

小論の主題は、三一運動と五四運動の関連を後者の側から考察することにある。これについてはすでに小島晋治氏の専論二編、「三・一と中国の五・四運動」（『季刊　三千里』一七号）、「三・一運動と五四運動」（『朝鮮史研究会論文集』

一七）があり、中国でも私の知るかぎりはじめての専論、楊昭全「現代中朝友誼関係史的開端——三一運動和五四運動期間両国人民相互支援的史実」（『世界歴史』一九七九年三期）が発表されている。いまさら蛇足を加えることには忸怩たるものがあるが、一得之見を恃んであえて稿を起した次第である。なお、本稿の趣旨については一九七九年九月、京都朝鮮史セミナーの連続講座の席で、一九八〇年四月、京都大学人文科学研究所「植民地期・朝鮮における抵抗運動」研究班の例会で、それぞれ口頭で報告したことがある。その間、テーマの設定、資料・文献の捜集の過程で水野直樹氏から数々の御教示にあずかった。また武漢大学歴史系の張光宇先生は、筆者の請に応じて「施伯高伝」を筆写して送って下さった。とくに誌して謝意を表する。

一　中国人と朝鮮問題——反面の教訓から正面の模範へ——

日本の朝鮮侵略は中国人の民族的危機意識を激成した。今日の朝鮮は明日の中国にほかならぬ、として人びとは焦慮し、奮起した。辛亥革命が日韓「併合」の翌年に発生したのも決して偶然ではなかったのである。二十一ヵ条、西原借款、日中軍事協定と、日本の中国侵略政策が歩を進めるごとに、人びとは朝鮮「亡国」の過程を連想し、李完用は段祺瑞の別称となった。ただ、この間、朝鮮は中国人民にとって蹈んではならぬ前車の轍、遠からぬ殷鑑として「反面」の教訓であり続けたのである。(4)

一例をあげよう。これは日中軍事協定に反対して上海の学生が発した訴えの一節である。

昔、朝鮮国民、果《も》し甘んじて人に亡ぼされざれば、烏《いずく》んぞ能くこれを亡ぼさん。果し甘んじて人に売られざれば、李完用も烏んぞ能くこれを売らん。時危《あやう》く、禍迫《せま》れり、我が父老昆弟よ、其れ速かに爾《なんじ》が政府に依頼するの劣性を斬り、爾が強暴に抵抗するの能力を表示し、爾が百折不撓の精神を振奮し、……聯絡一致、誓って此の亡国条件を承認せざれ……」（「旅滬学生警告国人」『時報』一九一八・五・一三）。

だが三一運動の爆発はこうした評価を一変させた。五四運動を反封建主義の面で思想的に準備したのは一九一五年いらいの新文化運動であったが、その「旗手」として青年たちに大きな影響力をもっていた陳独秀は、さっそく筆をとってこう書いた。

今回の朝鮮の独立運動は偉大であり、誠実であり、悲壮であり、明瞭・正確な観念を有し、民意を用いて武力を用いず、世界革命史の新紀元を開いたものである。われわれは、これにたいし賛美・哀傷・興奮・希望・慚愧など種々の感想をもつ。……朝鮮民族の活動の光栄なるにひきかえ、わが中国民族の萎靡不振の恥辱がきわだつ。共和してすでに八年、一般国民はただの一度も明瞭・正確な意識をもって活動したことがない（辛亥革命は大半、盗賊無頼の徒が光復の名を借りて略奪したのである）。国民と政治とははるかに隔離しており、自国と外国の軍閥の連合圧迫に任せて絲毫も反抗しえないでいる。……田舎の農民たちが声をようあげぬばかりか、喧《かまびす》しい名流・紳士・政客・商人・教育界さえも、公然とみずから主人公・国民たるの資格を取消し、第三者に身を落して政局を調和しようとする。看たまえ、今回の朝鮮人の活動を。武器がないからといって反抗も敢えてせず、主人公の資格を放棄して第三者になっているかどうか。朝鮮人と比べて、われわれはまったく慚愧にたえぬ。今回、朝鮮で独立運動に参加した人は、学生とキリスト教徒がもっとも多かった。これにより、われわれは教育普及の必要をいっそう感ずるとともに、今後はキリスト教を軽視するのを改めよう。しかし、中国の現在の学生とキリスト教徒は、どうしてみな死気沈々としているのか（「朝鮮独立運動之感想」『毎週評論』一四号、一九一九年三月二三日）。

新文化運動の一翼として口語文学を提唱し、一万数千部の発行部数を誇っていた、北京大学学生の同人誌『新潮』[5]

第一巻第四期（一九年四月一日付）に、傅斯年は「朝鮮独立運動中之新教訓」を載せた。末尾に「三月十日」と署してあり、三一運動の最初の詳報を受け、興奮醒めやらぬうちに書きあげたのであろう。かれは朝鮮人民の運動に、将来のすべての革命運動にとっての三つの大きな教訓があるという。「第一に武器によらぬ革命であること」、「第二に〝だめだと判っていてやる〈知其不可而為之〉〟革命であること」、「第三に純粋の学生であること」だと讃えるのであるが、続けてこう述懐する。

翻って中国を想えばまことに歎かわしい。一般の自覚のない者はいうまでもなく、自覚している者でさえも、心気はなはだ薄弱である。口ではアナーキズムを論じながら手に金の指輪をはめ、筆をとっては意志の鍛錬・人格の独立を論ずる文章を書きながら、その身は常に権勢に近づいている。一般の高級学校の学生は、ましてや懸命に官僚に学び政客に学ぶ。現在の学生がこうでは将来の社会も知れようというものだ。私がいま官僚を憎まずに学生を憎み、頑迷なる老朽を憎まずして口先きと内心の異なる新人物を憎むのはそのためである。

北京大学の学生救国会の雑誌『国民』も、第一巻第四号の編集にあたって、当然ながら三一運動をとりあげた。許徳珩「人道与和平」、楚僧（許徳珩）「可敬可佩的朝鮮人」、林冠英「撃斃韓人之交渉」、「朝鮮独立運動記　付朝鮮独立書原文」が、朝鮮人老若男女の果敢な運動を賛え、日本の無法・野蛮・残忍・狡猾を非難し、日本の走狗となって東北在住朝鮮人の独立運動を弾圧する自国当局を糾弾した。ただ、これらの文章には陳独秀や傅斯年のような学生や新人物への評論家的な発言は見られない。『国民』雑誌同人にとって三一はみずからに突きつけられた問題だったからである。

前年の軍事協定反対運動の失敗後、愛国的進歩的な学生たちは恒常的な組織をもつ必要を痛感し、一八年一〇月、学生救国会を結成した。これはいちおう全国組織であったが、中心は北京大学にあり、合法的な宣伝媒体として一九年一月、雑誌『国民』（月刊）が同人組織で創刊されたのである。「……一人の幼ない生徒が右手に韓国旗をかかげ、万歳を叫んでいた。日本兵が剣でその手を斬り落すと、その生徒は左手で旗を拾い、独立万歳を大呼した。日本兵はまたその左手をも断った。かれはなお大声で独立万歳を叫んでやまず、日本の憲兵に頭を砍《き》られて倒れ死んだ。ちょうどある西洋人がいて、その惨状を撮影しようとして日本人に連行された……」（朝鮮独立運動記）。こうした記事を編集しつつ、同人たちはいかなる想いにあったろう。

一般の新聞は三一運動の経過を詳細に報道していた[6]。『毎週評論』第一四号も『新潮』第一巻第四号も五月四日以前には、少なくとも北京の読者の手には渡り、朝鮮人民に学べと、有志の学生を発奮させる素材になったはずである[7]。ただ、『国民』第四号は発行が遅れて五四運動の爆発が先行したが、五月四日の示威が最初に提起されたのは二日午後の『国民』雑誌社務会議においてであり、三日夜の北京大学学生大会の招集および北京各校学生への連絡に奔命したのが『国民』雑誌社同人であった、という証言[8]は想起されてよい。

傅斯年に揶揄されたアナーキストはどうか。「文明」的な、すなわち秩序ある示威として出発した五月四日当日のデモに、曹汝霖邸焼打ちという「激烈な手段」を持ちこんだのは北京高師のアナーキスト・グループであった。かれらは「大暴動」で整然たるデモの限界を打ち破ろうと、「死後のことを親しい友人に託し」ておくほどの決意で臨んだのである[9]。

五月四日、北京天安門前で挙った火の手は燎原の勢いで全国にひろがった。『国民』雑誌同人も『新潮』同人も学生運動に全力を投入し、かつ指導的役割をも担って、雑誌の発行すらおあずけになった[10]。学生に呼応して市民・商人・労働者も起ちあがり、五四運動は国民の各界各層を捲きこんだ大衆闘争に発展した。北京政府や軍閥・官僚・政客の政治操作の常套が完全に機能を失ったばかりか、孫文ら「民党」の指導者すら対応のすべを知らなかったのである。

さて、陳独秀が朝鮮人のそれと対比して、中国人のばあい、なぜもかく「死気沈々」たるのか、と歎いた学生とキリスト教徒であるが、前者がその行動で冤を雪いだことはいうまでもない。それでは中国人キリスト教徒はどうか。北京政府軍事顧問、陸軍少将坂西《ばんざい》利八郎は、五月十二日付で西原亀三に書き送った手紙でこう述べている。[11]

今回の暴動が見事、林長民（進歩党系の政客――引用者）の煽動が図に当りたるは前便の通りに御座候が、林長民も少し薬がききすぎたと申居る由に御座候、英米人の此機逸すべからざるなる排日運動の煽動は当然のことと存じ候。あい変らず北京の清華学堂、南京の金陵大学（キリスト教系大学――引用者）なぞは屈指の根拠地、その上例のYMCA即ち耶蘇青年会は至るところ、この排日の重要機関たるは争うべからざる事実に御座候。

中国人民の主体的力量など最初から視野にも入らぬ日本帝国主義が、五四運動をアメリカおよび親英米派軍閥、政客の煽動によるものと理解したことはよく知られている。その証左とされたのが、各地のYMCA、教会、教会系学校等が運動の拠点となっている、ということで、坂西にかぎらず、五四運動中を通じて外交出先機関の報告はすべてこの点で軌を一にしていた。事実、中国解放闘争史上の反帝国主義運動で、このときほどキリスト教徒の参加が目だつ例はないのであるが、私はその諸要因の一つとして三一運動の影響をあげたい。

一九年六月末、対独講和条約不調印をかちとって五四運動が一段落したあと、安徽派軍閥と日本は捲返しに転じて、対独講和追加調印、山東問題の日中直接交渉を画策する。一九年夏から二〇年春にかけて、この陰謀を暴露し、かつ反対する闘争の先頭に立ったのは天津であったが、ここでは公教《カトリック》救国団、公教十人団、基督《キリスト》教救国祈禱会、基督教十人団などが組織され、街頭行動にも参加して学生を強力にバック・アップした。弾圧によって学生連合会、各界連合会、救国十人団などが非合法化されると、中国官憲の手のおよばぬ租界内の教会や教会学校が集会、連絡の場所を提供し、天津総領事館を切歯せしめたのである。[12]天主教徒《カトリシアン》の積極性が天津の特徴で、公教救国団は各界連合会にも数名の代表を送りこんだ(13)。連合会には回教徒代表の名も見えており、キリスト教にかぎらず、宗教関係者の愛国運動への組織的参加は、朝鮮での状況に鼓舞された側面がなかったであろうか。天津は朝鮮と地理的にも経済的にも密接な関係にあったのである。

三一運動は中国人民にとって大きな衝撃であった。それを転機として朝鮮人民は中国人にとっての反面の教材から正面の模範に変り、相互の友誼連帯は飛躍的に発展したのである。

二　五四運動と救亡宣伝

五月十五日午後、夜暗ニ乗シ安東旧市街ニ於テ左記排日的檄文ヲ数カ所ニ貼布(ママ)スル者アリシカ早クモ安東警察庁ノ関知スル処トナリ同夜内ニ悉ク之レヲ取除キタリト而シテ其何人ノ行為ナルヤハ同警察庁ニ於テ厳重調査中ニシテ今尚ホ探知シ得サルモ同日午後上海ヨリ発送シタル小包ニシテ発送人不明ノモノ道立安東中学校宛ニ来リタル事実アルヲ以テ同庁ニ於テハ該中学学校教員並ニ教育会員等ノ行為ナラント推定シ之等ノ行動ニ付極力内偵中ナリト云フ

左記

中華民国自救宣言（省略――引用者）

救国十人団（原文は中国文――引用者）

青島去れば山東亡ぶ、山東亡ばば中国亡ぶ。国もし亡べば仇人《にほん》の軍隊警察がみなやってくる。彼らの数十万、数百万の人民、男・女・老人・小供が喜び勇んでわが国に至り、住みついて安楽に暮らす。われらの家は彼らに奪

われ、われらは人が生れても、人が死んでも、猫を飼うにも犬を飼うにも、みな連中に税を納めるのだ。われらは料理するにも紙を裁（た）つにも刃物を使えない。わが姉妹妻娘はその無礼にまかせ、わが商店の品物は勝手に持ち去られる。わが人力車夫の貧苦の同胞はたとえ血を吐くほど走っても、やつらが銅貨一枚でもくれるとは想うな。奴隷にされ、牛馬あつかいされ、食い物にされ、殺されるか病気で死ぬか。以上の話は一語とて事実ならざるものはない。わが四億の同胞よ、請う、眼を見開いて鴨緑江のほとりを眺めたまえ、たちまち明白であろう。わが亡びんとして未だ亡ばざる中華の国民、四億の同胞よ、真暗な永遠にもどれぬ地獄の門が眼前に迫っているのだ。救え救え、生命がけで救わねばだめだ。四億の同胞が斉心協力し、生命がけで救わねばだめだ。救う方法はいろいろあるが、われわれは救国十人団という方法を考案した。この方法は誰でもやれるもので、実行が容易な上に持久もできる。請う、各位が斟酌して、もし良しとされれば、それぞれに実行に移されよ（従前、国民が外交問題で憤激したとき、精密に組織された団体がなく、地に足の着いた方式がなかったために、久しからずして消滅した。外国人はわが国民の愛国熱は五分間しか続かぬと笑い、仇人も中国では民気の二字は問題にならぬと認定したればこそ、大胆に好き勝手を働くのだ）。

救国十人団の弁法（以下省略——引用者）

これは憲兵司令官から外務省に送付された「時局ニ対スル支那人ノ動静」（大正八年六月四日付、中第一、三六三号）が採録した救国十人団結成呼びかけの檄文である。(14) 同一文面の檄文は、九江、遼陽の領事館から外務省にあてた報告にも添付されており、また六月五日の重慶『国民公報』にも掲載されたことが確認され、五月中旬から六月初めにかけて、全国的に配布されたものと思われる。十人団運動については別に専著『救国十人団運動の研究』（『五四運動の研究』の第四函）を著しているので詳細はそれに譲る。即ち百家を一保となし十家を一甲に編んで、上から下へ専制権力の貫徹を図った保甲法を逆立ちさせ、自発的に結集した十人の有志が、日貨不買・救国貯金を相互監督のもとに堅持するとともに、十人それぞれがさらに十人を組織する義務をはたす、というもので、五四運動が創造した大衆的組織形態であった。それは個々人の自覚と責任感に依拠しながら高度の適応性をもち、無組織の市民、商人、店員、労働者を能動的な宣伝と行動の主体に変え、先進的な学生の隊伍と結合させた。最初、これが発起されたのは北京であったが、上海において大衆化し、いっきょに全国に広がった。[15] 運動の発展した各大都市ではピラミッド型に十人団連合会を結成して、学生連合会と肩を並べて闘うにいたったのである。

この十人団が檄文の主題に日本の朝鮮支配を取りあげ、人びとの奮起と結集を呼びかけたことは、朝鮮問題についての知識・理解が、ことに三一運動の報道を通じて人びとのあいだに浸透していることを前提としており、それはまた五四運動の展開過程でいっそう広がり、深まったはずである。五月四日当日の「北京学生界宣言」にはじまって、五四の愛国宣伝は、ほとんどすべて朝鮮問題と結びつけておこなわれたといってよいことは、前記の小島氏の両論文を参照していただきたい。十人団の檄文はその補強材料にすぎない。

ただ、当時の具体的な情況を知る手がかりとして二、三の事例をあげるとすれば、運動の期間中、学生は第一に宣伝のため、第二には活動資金の調達のため、しばしば演劇をおこなった。「木蘭従軍」、「アヘン戦争」、「哀台湾」、「青島風雲」など自国に題材を求めたものも、もちろん少なくはなかったが、「安重根」、「高麗亡国史」等朝鮮人の悲劇、闘争を主題とした演劇が、とくに人びとの共感を呼んだようだ。

一九年六月二四日の湖南『大公報』には、このような記事が載っている。[16]

高等工業学校学生新劇部は、二十二日（日曜）、玉泉山廟内において化装《メーキャップ》新劇《亡国鑑》を上演せり。朝鮮内乱、清兵平乱、東学党禍、伊藤開府より韓人受虐、校長就義まで全十幕。情趣真に逼り、演じて沈痛なる処に到れば歌泣して声を失す。場中の観衆二千余人、台下・殿上・場坪《なかにわ》等の処にありて一も挿足の隙地なかりき。計るに下午一時より五時に至って止《おわ》る。観者は鼓掌して学生の回校するを歓送して始めて散ず。聞くに、該部は灤湾市（長沙の近郊——引用者）の紳商の招請に因り、今日、該処に往きて劇を演ずと。并《ま》た聞くに、旅省（長沙居住——引用者）の湘潭人も該部を湘潭に請じて数日上演せんと擬《はか》り、すでに人を勧学所に派遣して折衝せり、請じて湘潭に到る時は一切を招待すと云う。

内容は各幕の標題から想像する以外にないが、終幕の「校長就義」（校長　大義に殉ず）などから見れば、たんに亡国の悲惨さを強調するのではなく、朝鮮人民の抵抗・決起を描いて、人びとの知る三一運動と繋がらせていたのであろうが、ともかく好評を博した演劇は各地から引っぱりだこになったのである。浙江省嘉興でも愛国宣伝のために、教会学校《ミッションスクール》の生徒のつくった劇団が、職業劇団も顔まけに二ヵ月余も各地を巡業するという例があった。

その中学では、米国人校長の反対と恫喝をはねのけ、五四運動に呼応してストライキに入った。その間、「宣伝隊を組織して街頭に出、標語を貼り演説をしたほか、私たちは愛国劇団を結成して二、三十人が参加した。そのなかの日ごろから文芸を愛好する四、五人の学友がシナリオを書き、かつ演出、監督を担当した。私たちは《朝鮮亡国恨》、《雲南起義》、《中国魂》、《打倒売国賊》など数本の劇を上演したが、台詞《せりふ》は固めず、ただストーリーを幕に刷って要綱をつくり、それに従って舞台上で臨機に台詞をつかった。こうすると舞台に出てもわりと応用がきき、観衆の感情のボルテージが高まってくると、私たちの台詞もそれに応じていっそう熱烈に、感動的になるのであった。」

かれらは最初、学校の講堂で学友と父兄を対象に演じ、ついで校庭で近辺の人を集めて連続上演し、評判が高くなった。嘉興の教育会、さらに近隣諸県の教育会からつぎつぎと経費先方持ちで招かれ、巡回上演二ヵ月以上、暑さと疲労で劇団員がなん人も倒れて、ついに打ち切らざるを得なかったという。農村での上演は条件は悪かったが、観衆の熱心さに演技もいちだんと迫力を加えた。『《朝鮮亡国恨》を上演したときのこと、芝居がもっとも沈痛な場面にさしかかると、舞台の上も舞台の下も泣き声で包まれた。舞台の下から高らかに口号《スローガン》が叫ばれると、満場それに応じ、その感動と熱気のこもった光景は、四十年の時日を隔てていながら、まだ昨日のことのように、はっきりと覚えている」と、当時の劇団員の一人は回憶している[17]。

五四運動を通じて、中国の多くの人びとが朝鮮問題をみずからの問題として受けとめるようになった。「これまで中国の学生は大きなことを云い、りっぱなことを書いても、いざ実行となると亀のように頸をすくめていた。ロシアの学生に及ばぬばかりか、朝鮮の学生に対しても恥しさで消え入りたいほどだった。ところが今回、一群の青年学生は徒手空拳、暗黒勢力と闘って負傷者、逮捕者を出し、負傷が原因で死んだ者、目的が達せなかったために発狂した者も出た。この精神さえ衰えねば、中国再生の元素たること疑いない[18]。」これは五四運動一周年を総括して『新潮』に掲載された文章の一節であるが、朝鮮人民の三一独立運動にたいし、みずからも五四を闘いぬいたことにより、一方交通の憐憫でもなければ、卑下でもない主体的な相互支援の関係が確立されるにいたった[19]。共通の敵＝日本帝国主義と闘う戦友としての友誼が育っていったのである。

三　中朝連帯運動の発展

上海は以前から朝鮮独立運動の一つの拠点であったが、三一運動以後、アメリカ、シベリアなどから来集した独立運動の指導者たちと朝鮮本土からの亡命者が加わり、一九一九年四月には大韓民国臨時政府をフランス租界内に樹立するにいたった。五四運動がおこるや、これら在留朝鮮人[20]はただちにこの運動に参加し、中国人との連帯の輪を拡げた。北京の学生デモに呼応した上海での最初の集会、五月七日・国恥記念日の国民大会には、「鮮人等は青年独立団の名を以て排日的不穏文書を寄書して排日熱を煽り且朝鮮人約三十名」が参加した。同じ国恥の日である五月九日[21]には、両江学堂での集会に、これまた「約三十名」が出席、「支那学生と共に排日的演説を為した」、と日本の官憲はかれらの行動を追った[22]が、五四運動の高揚が一段落したあとの八月には、「是れ迄朝鮮人は山東問題にて支那人のために尽力し支那人は朝鮮人の為に尽力せり現に上海の各新聞は山東に於ける日本人の行動を論ずる場合には毎々朝鮮の逆政《ママ》云々との例を挙ぐるを常とし[23]」た、と両者の相互協力関係の発展を承認せざるをえなかったのである。

その前後から、在留朝鮮人も孫文ら民党関係者と接触するなど、中国人民との連帯を求めて動き出したようである[24]が、一九年十一月、日本の圧力によって上海フランス租界における臨時政府の活動や独立運動そのものが制約されるようになると、その課題はいっそう切実なものとなった。「若し中国の人民をして早く韓国の悲境を慮らしめは今日豈山東の憂あらんや豈福州の侮辱（福州事件　一九一九年十一月——引用者）を受けんや痛哭を為すへきは此れ也晩しと雖今亦置く勿れ同類相助は人情の常例今日より始めて中韓手を共にし相提携を為し此の長を以て彼の短を補は丶以て将来の禍患を禦くへし以て東洋の文明を駆るへし……」、と朝鮮士人韓重生の名をもって「敬告中華四万万人[25]」のアッピールが出されたのは一九二〇年一月であり、二月にはまた『独立新聞』への後援を求めて「中韓共手の理由[26]」が印刷配布された。三月には、とくに中国の「青年知識分子」を対象として[27]、雑誌『新韓青年』が創刊された。

地方の小集会に出かけて、中国人に直接朝鮮の実情を報告し、支援を訴えることもおこなわれた。たとえば「韓人某、韓より逃れて滬上（上海）に至り、滬より禾（浙江省嘉興）に来る。十一日午後、本城南門大街耶蘇堂に在って朝鮮亡国史を講演す。商・学界の前往聴講する者百余。該韓人は逃出の時の種々の苦況を歴述し、……説いて痛心の処に至れば声を放って大哭す。座に在る者多く為に泣下せり」と『時報』一九二〇年一月十三日号の記事（嘉興通信）

は報道している。

聴衆は満腔の同情は惜まなかったが、それはただちに組織的な支援につながるわけではない。三月、上海学生連合会関係者が「朝鮮の志士」を招待して宴会を催したとき、救国十人団連合会の代表や著名な新聞人など、五四運動の名士たちが陪席してこもごも激励のスピーチをした。その多くは「大率《おおよそ》、中韓は夙《つと》に兄弟の邦たり、実に携手の必要あり」という主旨のものだったというが[28]、やはり精神的支援の域を出なかったのである。おりしも安徽派軍閥の最後のあがきで愛国運動への弾圧がもっともきびしく――四月、学生と軍隊の衝突で上海に戒厳令が布かれ、五月、フランス租界にあった全国学生連合会、全国各界連合会は租界警察により閉鎖されるなど――、中国人側にその余裕がなかった事情も、もちろん考慮されねばならないが、七月、安徽派軍閥が敗退し、開明的ポーズをとる直隷派の北京政府が成立して局面が好転した後も、具体的な進展はなかった。

だが、一九二〇年十月六日、日本軍が中国領間島地方に侵入し、独立闘争を続ける在留朝鮮人を殺戮した琿春事件が発生し、大きな衝撃を人びとにあたえた。日本軍は中国の領土、主権を公然と蹈みにじって、その後三ヵ月以上も間島を実質上の占領下におき、安徽派潰滅後、もっとも反動的・親日的な軍閥として東北に盤踞する奉天派が、朝鮮人の闘争を圧殺するため日本軍と共同したのである。

中国在留の朝鮮人は、もちろんこれまで以上に懸命に中朝連帯を訴えた。十月に創刊した週刊誌『震壇』、二一年一月から出た月刊誌『天鼓』、二二月発刊の新聞『東亜青年』など、中国文の紙誌がフルに使われ、朴殷植は「中国領で闘う朝鮮人民の闘争への理解と連帯」を求めて[29]、『韓国独立運動之血史』を中国文で公刊（二〇年十二月、上海）した。金某は「幻燈」を持って講演に廻り、「韓国独立の情形」「北満洲の情形」「琿春の情形」を報告し、「演じて惨痛なる処に至れば、在場者咸《み》な声涙倶に下り、目睹《み》るに忍びず、耳聞くに忍びず」と報道された。かれは上海からさらに「各省各団体」へ、その講演行脚の範囲を拡げたはずである。[30]

中国人側も真剣にこれに応えた。上海の全国各界連合会、学生連合会は琿春事件に関し、日本政府、日本公使に抗議を発し、北京政府外交部、北京駐在各国公使団に申入れ、要請をおこなった。十月二三日、各界連合会評議会は、雲南代表呂志伊の提案にもとづき、朝鮮人援助の決議を採択し、「われわれが、もしなお同心協力し、公理人道を擁護し、朝鮮同胞の義挙に賛同しなければ、とくにわが民族の奇恥大辱たるにとどまらず、そもそもまたみずから滅亡の危道に陥るものである。よく注意を払い、わが人民は、朝鮮独立に対し、積極的援助に応ずべきである」、とその理由を詳述した通告を全国に発した。[31]

おりから上海で開催中の全国教育会連合会（十月二〇日〜十一月一〇日）は、各地の学校が朝鮮人学生を収容するよう呼びかけ、また一万元を募金して朝鮮人のための学校を設立することを提唱した。[32]おそらくその契機となったのは、十一月三日、華僑の高名な教育篤志家陳嘉庚を迎えて教育連合会が開催した歓迎会であるが、その席上、中国籍の朝鮮人金文淑がスピーチに起った。彼女は「高麗の日本の摧残を受くる惨状を痛述」し、「祖国に対して敢て一日も忘れず、中国に対しても亦た傍観する能わざる」衷情を述べ、最後に中国の各中等・高等学校が朝鮮の青年男女を収容して高等教育を授けることを訴えたのである。ある意味では場違いのこの訴えに著名な教育家黄炎培（任之）がただちに応じた。

「金女士の演説畢るや、黄任之は臨時《ただち》に三種の弁法を提議し、各省区代表の賛助を請えり。㈠高麗人民を介紹して各地に至り、日人の高麗に対する情形を演講せしむること、㈡高麗の書籍報紙を介紹し、国人をして亦た其の苦衷を洞悉せしむ可きこと、㈢各地の学校は高麗青年を収受し、相当の教育を得せしむること。並びに謂く、此種の弁法は但に同種の高麗に提携を為すのみならず、並《ま》た以て国人を警醒せしむ可し、云々と。」陳嘉庚もかれの設立する廈門大学が朝鮮人学生を引受けることをその場で約束したのである[33]。

だが、朝鮮人にたいする同情は広がっても、共同の闘いは盛りあがらなかった。全国各界連合会は、前述の通告に先だって、十月二〇日、「各地とも此の案（琿春事件）を魯・閩両案（山東問題・福州事件）と一様に重大に視るべし。……即ちに奮起して一致進行し、以て国権を伸し危局を挽《ひ》かれんことを請う」と各省区の各界連合会に通達し[34]、上海の『民国日報』、『時事新報』、天津の『益世報』など、五四いらい救国世論の先頭に立ってきた新聞も警鐘を乱打したが[35]、学生・市民の反応は必ずしも十分でなかった。

「二十一ヵ条、山東問題と、吾れ曾て中国国民の愛国の熱忱を見たり。……孰《いずくん》ぞ知らん、未だ解決を経ざる魯案を国民已に漸く淡忘す。而して琿春問題は国民更に視て睹る無きが若し。豈に琿春辺陲に僻処するを以て注意を必せざらんや」、と『震壇』紙上で嘆じた一朝鮮人は、「主権の一毫一髪を損ずる者有り、土地の一草一木を擾《みだ》す者有らば、当に死を誓て以て之を拒むべく、餒《ひる》む勿れ、怠る勿れ」と、あえて中国人の奮起を促している[36]。しかし、両年来の闘争の疲れもあってか、安徽派軍閥の敗退で一安堵した人びとのあいだからは、五四運動（山東問題）におけるような、また福州事件にさいしてのような大衆的な昂揚はついにおこらなかったのである。

だが、一九二一年に入ると中国各地に中朝連帯の組織が、つぎつぎに誕生した。長沙中韓互助社（三月一七日[37]）、安徽中韓互助社（同上[38]）、漢口中韓国民互助社（四月[39]）、上海中韓国民互助総社（八月以前[40]）、中韓協会（広州、九月二七日[41]）、広州中韓互助社（十一月一一日[42]）などがそれであり、十二月には「中韓人民の組織せる唯一の言論機関」を標榜した月刊『光明』も広州で創刊された[43]。同じ月、上海の新聞『商報』は、中韓聯進会なる組織が広東・香港にあり、上海・北京・保定などに分会を設けつつあって、軍警当局が取締りの方針を打ちだした、と報じた[44]。

これより先、琿春事件の直後に恨人「中国に中韓親友会を設くる必要の有るを論ず」が発表されると、在留朝鮮人は上海に中韓親友会を設立するとともに、この文書を印刷・配布し、各地に人を派遣して精神的なオルグ活動をおこなったようである[45]。後出の施洋のばあいが示すように、各地の救国活動家はこれを積極的に受けとめ、連帯運動を発展させた。だが、前出のように「親友会」なる名称は定着せず、「互助社」の呼称を採用するものが多かったのである。

これは運動の担い手とも関連をもつ。五四運動前後、「互助」ということばは共産主義思想（マルクス主義には限定されない）と結びつく、一定の方向性を備えたことばだったからである。中韓（国民）互助社についてはほとんど資料がなく、発起人や役員が判るのは日本の官憲が記録にとどめた長沙の一例（別表を参照）のみだが、ここでは毛沢東・何叔衡ら、おりから中国共産党の創立に取組んでいたグループが運動の中心であった。新民学会は毛沢東らが一九一八年に結成した新文化運動の小団体で湖南の五四運動の中核として活躍し、会員のなかから多く共産党員を生んだ組織であり、文化書社は一九二〇年九月、これも毛沢東らがマルクス主義の宣伝と普及のために設立した書店であるが、長沙中韓互助社の中国側発起人二八名中、実に一六人がこの両者の関係者なのである[46]。長沙の中韓互助運動は毛沢東ら湖南共産主義小組の活動と同心円をなしていた、と云ってもおかしくはないだろう。一例をもって他を推すのは危険であるが、あえていえば、中韓互助社は共産主義的あるいは左翼的知識分子が中心となって国際主義の立場から推進した組織であったと思われる。

中韓協会は、これにたいし、広東軍政府と韓国臨時政府の友好関係の上に、広東政界、国民党の有力者を結集して、いわば上から組織された性格のものだった。

周知のように、中国では一九一七年九月いらい、北方の北京政府と南方の広東軍政府が、たがいに正統を称して対立していた。孫文は推されて後者の元首であったが、一八年五月、排斥されて広東を去り、上海に寓居していた。だ

長沙中韓互助社

組織年月日　一九二一年三月一七日
目　　的　中韓両国人民の感情及発展を連絡し、中・韓両国民の事業を計画するを目的とす
発起人氏名
朝鮮人側　李愚珉《ママ》　黄永熙（外務部臨時宣伝員）　李基彰
中国人側○易培基　○賀民範（船山中学校）　○仇鰲（交渉署長）　○※陶毅（女　周南女学校）※任培道（女　同前）　李崇英（女　同前）　任慕克　劉寿康　※羅宗翰（通俗報館）　李鳳翔　※張泉山（第一師範）※蕭旭東（通俗報館）　王季範（梁家坡鉱業局）　魏浚明　○※何叔衡（通俗報館）　陳菱会（第一師範）○熊夢非（第一師範）　※謝煥南　○※毛沢東（湖南教育家）　劉馥（北京内務参事）　李成于（元省公署教育科）　李抱一（大公報館）　○匡日休（第一師範）　○方維夏　○劉馭背（修業学校）　○※易礼容王世珍（第一師範）　夏丐尊（同前）
幹　　部　宣伝部主任　李基彰（朝鮮人）　何叔衡（中国人）
通信部主任　黄永熙（朝鮮人）　毛沢東（中国人）
経済部主任　李愚民（朝鮮人）　賀民範（中国人）

（金正明編『朝鮮独立運動』Ⅱ　二八九頁により作製。ただし人名の明らかな間違いは訂正した。○印を付したのは文化書社社員　※印は新民学会会員であることを示す）。

が、一九二一年一月、かれは非常大総統として、ふたたび広州軍政府に迎えられ、かれの率いる中国国民党は中国西南＝広東・広西・雲南・貴州に現実的な基盤をもつことになったのである。かねて孫文や国民党と友好的な関係をもっていた韓国臨時政府は、ただちに広東に使節を送って具体的な援助を要請し、孫文らは軍政府の力量の許すかぎりこれに応じた。韓国臨時政府と中国護法政府（広東軍政府）との相互承認、中国軍事学校への朝鮮人学生の受入れ、臨時政府代表の広州常駐とその経費負担などである。だが、日本への外交的顧慮のもと、それらは非公式に、あるいは民間組織を通じておこなう形をとった[47]。軍政府外交部総務司長朱念祖を委員長、国会議員謝英伯を副委員長とし、中朝双方から四人ずつの委員を出して組織委員会を構成するという周到な準備を経て、九月二七日、中韓協会が発足したのは、臨時政府援助のトンネルづくりの意味もあったと思われる。この協会には丁象謙、古応芬、鄒魯、汪兆銘、徐謙、孫科、李福林、魯蕩平、林友宇、葉夏声など、広東の政界・軍界、国民党関係の錚々たるメムバーが参加し、あるいは賛同したのもその性格の一端を示す[48]。

さて、こうして生れた中朝連帯組織が、どのような活動をしたのか、実はあまり明らかでない。中韓国民互助総社が、一九二一年九月、同年秋に予定されていたワシントン会議に向けて、「韓国ノ独立」「台湾ノ回収」など「中韓両国人相一致シテ之ヲ主張」する十一項目の要求宣言を提出したこと[49]、中韓協会が内容は不明だが、同じくワシントン会議と同会議出席の中国代表に向けて電報を打ったらしいことが知られる程度である[50]。雑誌『光明』は二、三号で休刊したようであり、中韓協会もその後は消息を知らぬ。中韓聯進会にいたっては、取締当局の疑心が生んだ暗鬼だったかもしれない。ただ、中韓互助社はその後も活動を続けたようで、一九二五年ごろまでは、断片的ながらしばしば日本官憲の調査や外交機関の報告にその名が現れる。

たとえば、「大正九年来上海ヲ中心トシテ各地ニ設置セラレタル中韓互助社ハ大正十一年末ニ至リ新ニ規約ヲ改定シテ支那人呉山（正理事長――引用者）鮮人金奎植（副理事長――同）等ヲ中心トシ支那南方孫文後援ノ下ニ活動ノ基礎ヲ固メ近来各地ニ人ヲ派シテ之カ拡張ニ努メ現ニ満州間島方面ニモ其ノ羽翼ヲ延ハシツヽアリ」と、朝鮮総督府警務局の「大正十一年　朝鮮治安状況〔国外〕追加」は述べている(51)。互助社の活動に神経を尖らしているのであるが、報告書は続けて「而モ同社ハ単ニ支鮮人合同シテ日本ヲ排斥スルノ目的以外共産主義ノ宣伝ヲモ行フトノ情報アリ」とも指摘する。中韓互助社の思想的性格についての筆者の推測を補強するものといえよう。

最後に史料紹介の意味もふくめて、武漢の中韓連帯運動の中心的活動家施洋（字は伯高　湖北竹山の人、一八八九～一九二三）の伝の関係部分を訳出しておきたい。かれは弁護士であったが、五四運動で活躍し、武漢各界連合会の代表として上海の全国各界連合会に派遣され、評議会議長、常任委員をつとめた経歴をもつ。アナーキズムの影響を受けた時期もあったが、のち中国共産党に入党し、武漢における労働運動に法律顧問として有力な貢献をした。一九二三年二月、京漢鉄道総工会のゼネストが直隷軍閥の武力弾圧を受けた、有名な「二七虐殺事件」にさいし、かれも捕えられて処刑されたのである。この林育南等作の「施伯高伝」は原名「二七運動紀実」、殉難一周年に出た『施洋先生紀念録』（一九二四年二月）に収められたもので、まさに同時代的資料といってよい。林育南（一八九八～一九三一）は五四当時の武漢学生連合会のリーダーで、全国学生連合会に出向していたこともあった。のちに中共に入党し、施洋とはともに武漢の労働運動の指導にあたったあいだがらである。簡潔な筆致ながら中韓連帯に当時の左翼知識分子がどのような情熱を注いだか、生き生きと描き出している。

一九一九年、〝民族自決〟の潮流が世界をどよもすなかで、朝鮮人民が血で染めた独立運動は失敗した。それはたんに朝鮮人民の失敗にとどまらず、一切の被圧迫民族の失敗でもあり、とりわけ中国人民の深く痛惜するところであった。伯高はこれにたいし、ことに切歯憤慨して片刻たりとも忘れなかった。一九二〇年冬、韓国青年党の李愚民、趙重九らが上海から漢口に来て武漢の人士と接触し独立運動を宣伝しようとした。伯高は各界連合会でかれらと遇い、三時間ものあいだ、自分の抱懐する思想と中韓の対日問題について語った。傍で聞いていた者はみな深く感動し、李・趙はとりわけ信頼をよせた。伯高はついに〝中韓互助社〟を組織して韓国の独立を援助し、日本帝国主義に反抗し、中韓への圧迫を排除することを提案し、賛同者が非常に多かった。伯高はそこで趙らとともに手分けして各学校・各団体に出かけて集会を開き演説をし、日本の暴行、韓人の惨状と中韓互助の必要を宣伝した。この気運は武漢において大いに高まり、〝中韓互助社〟結成の機会は成熟した。(52) 翌年（一九二一年）四月、伯高らが発起して各学校、各団体および各界の同志に呼びかけて集会を開き、〝中韓国民互助社〟の結成を宣言した。かれと韓人李基彰らはみなに推されて宣言、規約、活動計画の起草にあたった。(53) かれらはまた苦心して運営し、広く各地と連絡をとって、この社の組織の拡大と実力の増大を図った。かくて湖南、四川にも前後して中韓互助社が結成され、中韓人民はこれを通じて大いに同仇互助の感情を強めた。駐上海の韓国政府の特派員が漢口にきて、伯高らに対して深く感謝の意を表したのであった。韓国の人士で、生活に困窮する者や活動で障害に逢着した者があれば、伯高はかならず力を尽して援助し、自分自身の困窮を度外視した。韓人が揚子江一帯で活動できたのには伯高の力があずかって大きい。

中韓人民の連帯運動の熱烈さは日本領事の敵視を買い、伯高および韓同志の活動はいずれも日本のスパイに監視されていた。韓人趙重九夫妻は漢口のフランス租界で日本のスパイのわなにかかり、あやうく捕えられそうになったが、伯高がフランス領事に書簡を送り、法律どおり韓人を保護するように要求したので、韓人は始めて租界に安住できるようになった。日本領事は悪辣でスパイを使って毒薬を趙君の飲水管（水道管？——引用者）中に仕掛け、中毒させたが、伯高の奔走救護によって死を免れた。一九二二年、李基彰は武昌に転居して日本の警察に捜査逮捕された。中国の警察が阻止したので、やっと武昌警察署に拘留されたのである。伯高および各界の人士は大いに憤激し、当局にたいして厳重に抗議し、李某の釈放を要求するとともに、日本領事が不法行為を犯した日本警察を処罰し、わが国に謝罪すること、今後かかる不法行為のないよう保証することを求めた。伯高はまた湖北交渉員に面会して厳しく追求した。交渉月余、李某はようやく釈放されたのである。かれが韓人を救済した事蹟は非常に多く枚挙に暇ない。かれの死後、在華の韓人が痛惜したのも当然だった。伯高が韓人のために奔走したのは、たんに救済恤憐の気持ちに出たものではない。すなわち中韓は同じく被圧迫民族であり、連合して共同の敵＝帝国主義日本に反抗せねばならぬからだったのである！

むすび

三一と五四とは、朝鮮・中国両国がおかれた条件の差から、運動の性格に大きなちがいがある。前者は日本帝国主義の支配に反対する、勤労人民から旧皇族までもふくむ、文字通り全民族的な統一行動として闘われた。後者は主要には、日本帝国主義の自国内の走狗、もっとも反動的な軍閥＝安徽派にたいして闘われた。朝鮮では日本の全一的支配のもとでの残忍な収奪により、支配階級も被支配階級もともに零落を強いられ、宗法家族（封建的家族制）の物質的基礎までが崩れていくなかで、儒教倫理への固執さえも抵抗の一つの形態であり、反日帝戦線の一翼をなした。中国では半植民地体制のもとで、地主階級とその支配イデオロギーは温存されて列強の支配に奉仕し、民族自立の公然たる敵対物であった。辛亥革命の教訓に学んだ中国人民は反封建主義（反儒教）の新文化運動を進め、愛国運動がこれと接合するなかで、政治闘争としての五四運動は反帝反封建の文化革命に発展した。それを担う新しい階級も、列強抗争の間隙を縫った国民経済の発展、ことに第一次世界大戦中のそれによって一定の成長をとげていたのである。完全植民地と半植民地の条件のちがいは、両国の民族解放闘争のありようを、外的にも内的にも大きく規定するものであった。

にもかかわらず、小論で考察したように、三一運動の先行がなければ五四運動は別の経過をたどったであろうし、五四の継起がなければ朝鮮人民の闘争はさらなる困難に逢着していたであろう。もちろん、ロシア革命に始まる人類史の新たな胎動が、深部の力として二つの運動を推動し、結合させていたことは最初に述べた通りである。やがてそれは直接的な影響を両国人民の闘争におよぼし、中朝連帯は新たな局面、一九二五年から二七年にかけての国民革命期を迎えるわけであるが、それは小論の範囲の外にある。

日本帝国主義は、朝鮮・中国両民族にたいする侵略者であり、一貫した加害者であった。その強圧のもとで、両国人民、ことに朝鮮人民はみずからの闘いの真相をみずからの手で湮滅させることをよぎなくされたし、苛烈な闘いの連続は、多くの烈士から貴重な証言を得る機会を奪った。日本帝国主義の特務情報がもっとも有力な史料である現実は、いまさらながら私どもの心を痛ましめる。かつて米騒動で中朝人民の闘いと呼応した日本人民の事蹟を想起し、中朝人民の「反面」の存在から「正面」の友誼連帯の関係へ、日本を変革していく私どもの責務の重さを覚えるのである。

注

（1）懐恩編『周総理青少年時代詩文書信集』上巻（四川人民出版社　一九七九年）一四九頁。
（2）張国燾『我的回憶』第一冊（明報月刊出版社　一九七一年）四四頁。

（3）五四運動の過程については拙稿「五・四運動と民族革命運動」（岩波講座『世界歴史』二五）を参照。

（4）中国ではそこまで論評した例はなかったが、首相寺内正毅、蔵相勝田主計（元朝鮮銀行総裁）、西原亀三は朝鮮組と称され、交通銀行借款などを通じて西原が目指した日「支」貨幣混一併用構想は朝鮮での方式を中国に持ちこもうとしたものだった。

（5）『新潮』の一巻一期は三版を重ねて一万三千部に達し、以後の号も常に一万五千部前後という、この種の雑誌では驚異的売行きであったこと、傅楽成『傅孟眞先生年譜』（伝記文学出版社　一九六九年）一四頁。

（6）孫文派の新聞『民国日報』の報道記事一覧は『五四運動在上海史料選輯』（上海人民出版社　一九六〇年）本頁及び次頁に見える。参考のため上海の中立系新聞『時報』及びカトリック系の『天津益世報』の五月四日以前の報道を題目日時のみ本頁及び次頁にかかげておく。

（7）『毎週評論』十三号には「朝鮮独立的消息——民族自決的思潮、也流到遠東来了！」、十四号には他に「朝鮮独立活動的情状——生気和殺気相沖、公理和強権苦戦。且看那最後一天、到底是誰勝誰敗？」があることが知られるが未見。『新潮』一巻四号には他に穂庭「朝鮮独立運動感言」がある。当時の愛国的新聞には留日学生救国団が上海で発行していた『救国日報』があるが、すでに亡失しているのか、目次すら知る術のないのは残念である。

（8）張国燾『我的回憶』第一冊（明報月刊出版社　一九七一年）四九～五〇頁参照。

『時報』三一運動関係記事

3.14	高麗宣布独立之情形
3.14	関于朝鮮独立之書函
3.14	韓人図謀独立之趣聞
3.15	東報紀朝鮮運動独立情形
3.15	高麗宣布独立情形
3.16	吉林韓人運動独立
3.20	朝鮮独立之西訊
3.30	韓人図謀独立後之西訊
4. 2	高麗独立運動之愈熾
4. 5	高麗独立訴願之進行
4. 6	高麗独立活動之近聞
4. 7	韓人独立運動之猛進
4. 9	韓人独立運動之詳情
4.10	日本派兵鎮圧朝鮮乱事
4.10	朝鮮乱事之蔓延
4.10	延琿之韓人独立声
4.16	朝鮮近事彙聞
4.16	朝人独立之影響
4.17	朝鮮図謀独立之近訊
4.19	朝鮮独立之東訊
4.24	朝鮮運動独立之東訊
4.25	韓人希図独立之西論
4.26	日人処置韓人之西訊
4.30	日本虐待韓人之西訊

『天津益世報』三・一運動関係記事

3. 6　大阪発路透電「高麗要求独立矣」
3. 9　大阪発路透電「高麗擾乱原由与告示」
3.12　「高麗要求独立余聞」
　　「高麗又有変乱発生」
3.14　「嗚呼可憐可敬之高麗人」
3.15　社論「朝鮮独立」(蘊巣)
　　「嗚呼可憐可敬之高麗人」▲漢城宣布独立情形▲桑城宣布独立情形
　　「高麗乱事与耶蘇教」
3.16　社論「朝鮮独立」(続)(蘊巣)
3.17　「衆山響応之高麗独立声」▲松都宣布独立情形▲公山……▲平陽……▲漢洪……黄州……▲嘉山……▲安州……▲維州……
3.19　特別要件「高麗各地独立之情形」(未完)
3.20　特別要件「高麗各地独立之情形」(続)
3.21　特別要件「高麗各地独立之情形」(続)
3.22　特別要件「高麗各地独立之情形」(続)
3.24　特別記載「西教士報告朝鮮独立之真相」
3.25　特別記載「西教士報告朝鮮独立之真相」(続)
3.26　代論「朝鮮与蒙古」
3.27　特別要件「朝鮮独立最近之活動情形」
　　特別書牘「世界和平声中之自鳴其不平者」……▲高麗女子上美総統
3.28　「高麗漢城之教士会議」
　　「酷哉日本欲尽逐高麗人於国外乎」
　　諧詞「独立夢新開篇」(観欽)
3.29　外報選択「外報対於朝鮮要求独立之評論
3.31　社論「敬告東隣▲山東徳人権利不能承継▲朝鮮人民生命務須保全」
4. 1　外報選択「日本待遇韓人之方法」
4. 3　特別要件「朝鮮独立最近之活動情形」(続)
　　「韓僑代表向我国当局呼籲両電▲致大総統▲致東三省
　　「高麗派員訴於平和会」
4. 4　「高麗独立活動之詳報」
4. 5　「高麗独立活動各方面之消息」
4. 8　雑俎「韓京学生自由歌」(韓震生訳)
4.10　「派兵朝鮮之自解」
　　「対朝鮮之果断処置」
4.11　「高麗已組織臨時政府」(北京電)
4.12　「日報対於改良朝鮮政治之平議」
4.14　「朝鮮独立史」・漢城童叟之痛言及天日之怪象・東報記録中朝鮮独立之影響
4.15　「高麗独立之近聞種々」▲日人虐待教士▲高麗独立情勢▲美国教士離境
4.17　「朝鮮独立史」▲朝鮮進行不已之独立活動▲高麗日司令之暁諭
4.18　「日本懲罰高麗学生」
4.19　「高麗人民又逢活動」
4.20　「朝鮮独立史」朝鮮独立活動与日人暴力圧迫之続聞
4.21　「漢城教士判監禁罪」
4.27　「朝鮮独立史」高麗臨時政府新発布之宣言書
4.28　特別要件「論高麗之復興及其与中国之関係」(未完)
4.29　特約東京通信「日本東京最近之消息一束」(注　中国から朝鮮を経て東京に着いた中国 YMCA 総幹事アメリカ人師渡尓〈シドール〉氏の朝鮮の惨状の目撃談)
4.30　特別要件「論高麗之復興及其与中国之関係」(続)

（9）匡互生『五四運動紀実』（『五四愛国運動』上（中国社会科学出版社　一九七九年）四九三～四九六頁。匡互生（日休）は曹邸乱入の先頭を切った人物であるが、一九二一年三月、長沙中韓互助社結成のさいの中国側発起人の一人となっている。四一三頁参照。

（10）『国民』は十一月まで七ヵ月停刊、『新潮』は一巻六号が発行されなかった。

（11）西原家所蔵文書。

（12）『日本外交文書』大正八年第二冊下・大正九年第二冊下所収、在天津船津総領事発公信、電報など、『時報』民国八年十月十四日「誌天津警学界衝突事」、同十月十六日「天津警学風潮続聞」など参照。なお、済南では回民外交後援会が組織された例がある。

（13）公信第二六八号、大正八年九月二十九日　天津船津総領事発「公教救国団ノ彩票発売ニ関スル件」「当地支那人天主教徒等ハ排日風潮発生後間モナク排日鼓吹ノ為メ河北望海楼及仏租界老西開等各天主教堂内ニ集会シ公教救国団ナルモノヲ組織シ同団ヨリハ各界聯合会ニ対シ数名ノ代表者ヲ選派シ居候……天主教外人宣教師等モ同団ニ対シ暗ニ熱心援助ヲ与ヘ居レルヤノ風説モ有之候」（外務省所蔵文書三―三―八、五「支那ニ於テ日本商品同盟排斥一件」七）。

（14）外務省所蔵文書三―三―八、五―四「支那ニ於テ日本商品同盟排斥一件　雑件」二。

（15）確認できるところで、上海では六月中旬に二千四百余団、済南では六月上旬一七五団、天津では九月に五百余団、長沙では七月に四百余団という数字がある。全国的に大中の都市で結成されなかったところはないが、かえって北京では普及しなかった。

（16）『五四時期湖南人民革命闘争史料選編』（湖南人民出版社　一九七九年）一二七頁。

（17）『五四運動回憶録』下（中国社会科学出版社　一九七九年）七八三～七八五頁。この中学ではスト突入のため全員が除籍されたが、学生の団結が固く処分を取消させた。教会学校が五四運動参加を理由に学生を処分した例は多く、体制としてのキリスト教団、カトリック教会は決して生徒や信者の愛国運動を容認したわけではない。

（18）羅家倫「一年来我們学生運動底成功失敗和将来応取的方針」『新潮』二巻四期。

(19)『国民』一巻四号の巻末に「陳宝鍔啓事」として「本期の要目予告に拙作『民衆運動之新趨向』の一文ありしも、近ごろ国内劇変発生せるに因り、言う所多く相い背馳す。故に未だ登入せず。抱歉の至りなり、尚お諒されんことを希う」とある。恐らく陳独秀や傅斯年の五四以前の論説同様、中国人の運動について自己卑下の論調だったのが、五四運動の爆発で取消しをよぎなくされたのであろう。

(20) 上海在留の朝鮮人は、一九二〇年九月に約八百人(『時報』九・一七「旅滬韓人募捐興学」)、二一年初(?)「目下約七百名」うち「約二百名ハ所謂職業的不逞ノ徒輩」(朝鮮総統府警務局「上海在住不逞鮮人ノ状況」大正十年四月韓国史料研究所『朝鮮統治史料』第八巻三四三頁)とする数字が知られる。

(21) 五月七日は一九一五年、日本が二一ヵ条要求について最後通牒を突きつけた日、九日は袁世凱政府がこれを受諾した日、ともに中国人民から国恥記念日とされた。

(22)「朝鮮独立運動に関する上海情報」(三)、(四)(金正明編『朝鮮独立運動』Ⅱ 原書房 一九六七年 三八、三九頁)。

(23) 朝鮮軍参謀部「上海排日鮮人の情況」朝特報第三七号 大正八年八月二十五日(同前四六頁)。

(24)「上海方面における独立運動の動向報告の件」五(同前四八頁)。孫文側近の朱執信は、国民党の理論誌『建設』一巻一号(一九年一一月)、二巻二号(二〇年三月)に、長文の評論「朝鮮代表在和会之請願」を載せた。朝鮮独立運動と日本帝国主義の関係について透徹した議論であるが、中国人民の闘争との関連に言及していないのがかえって注目される。

(25)「大韓民国臨時政府系と目される印刷物配布等の件」(同前一〇六頁)。原文を見ないので確かではないが、「東洋の文明を駆る」は東洋=日本を駆逐するの意であろう。

(26) 同右。

(27)『五四時期期刊介紹』第三集(人民出版社 一九五九年)一八〇頁。

(28)「中韓人士之宴会」『時報』民国九年三月七日。金昌世、安定根、徐丙浩、白永燁、金淳愛女士らが出席した。

(29) 朴殷植『韓国独立運動の血史』2(姜徳相訳注、平凡社 一九七二)三三三頁「解説」。

(30)「韓人幻燈講演紀略」『時報』民国九年十二月八日。

(31)「各界聯合会開評議会」(『時報』民国九年十月二四日)に「第二案(呂志伊提出)対於韓国独立、我国民揆諸正義人道、民族自決、東亜和平、世界平和宜有表示案、全体通過」と。通告文の引用は朴殷植著姜徳相訳注前掲書二九〇頁による。

(32)『五四時期期刊介紹』第三集一八三頁。

(33)「教育聯合会歓迎陳嘉庚」『時報』民国九年十一月四日。『時報』一九二〇年十二月一日「韓人金鐘声在贛之演説」は十一月二四日、金氏が南昌教育会で「中韓共和提協意志」を演説し、臨時政府への支援を訴えたことを報ずる。黄炎培の提案の実行であろう。

(34)「各界聯合会之函電」『時報』民国九年十月二二日。

(35)「各地支那人発行の新聞を利用して支鮮共同に依り日本を排斥せむとするの記事を掲けしむるものあり上海の民国日報、天津の益世報等甚たしく……」(「朝鮮独立運動の各種機関紙報告の件」大正十年四月十二日、金正明編前掲書Ⅱ四三一頁)。また「上海独立運動者の動向に関し調査報告の件」大正十年四月二九日(同前四五一頁)をも参照。

(36)「何漢視琿春問題」『震壇』第五期　一九二〇年十一月七日。『五四時期期刊介紹』第三集一八二頁より転引。

(37)「朝鮮民族運動年鑑」(金世明編前掲書Ⅱ　二八九頁)。

(38)楊昭全「現代中朝友誼関係史的開端」『世界歴史』一九七九年三期。

(39)後出「施伯高伝」参照。漢口の名を冠したことは『五四時期期刊介紹』第三集一九二、六五〇頁、に見える。

(40)前掲『朝鮮統治史料』第八巻二三頁。総社を称したこと『五四時期期刊介紹』第三集一九二、六五〇頁を参照。なお一九二二年の日本官憲の調査(『朝鮮統治史料』第七巻九四頁)で一九二〇年の設立とするも信を措き難い。二二年現在会員中国人五二人、朝鮮人一〇四名という構成からみて、あるいは中韓親友会を前身とするのかも知れない。

(41)「広東における中韓協会組織の件」大正十年十月十四日、「広東における中韓協会発会の件」大正十年十月二十一日(金正明編前掲書四六八・四六九・四七四頁)。

(42)楊昭全前掲論文参照。朝鮮人金晋鏞と広州日報社長の謝英伯の発起に係るという。謝は中韓協会発起人の一人でもある。

(43)『五四時期期刊介紹』第三集一八六～一九二頁。「広東における中韓協会基金募集に関する件」大正十年十月二十六日(金正明編前掲書四七四~七七五頁）には『光明』を中韓協会機関雑誌とし、「在外不穏新聞雑誌一覧表」大正十一年九月調（『朝鮮統治史料』第七巻一六二頁）では中韓互助団《ママ》発行とするが、雑誌自体からは確認できないようである。

(44)「中韓聯進会之査訪」（秋憲樹編『韓国独立運動』2　延世大学校出版部　一九七二年　二九五頁）。

(45)「不逞鮮人か支那人を誘引して共に日本に対抗せむとするは之亦彼等の既定方針なるも其の運動の稍顕著となりしは大正九年夏期以来にして……最近に於ては独立新聞記者李英烈の名を以て「論中国有設中韓親友会之必要」と題する印刷物を支那各地に配布し支那人の同情を求むると同時に其の敵愾心を煽り以て排日の目的を達せむとするに汲汲たり為に支那漢口及長沙の両地には近来中韓互助団籌備所なるものを設け該地方新聞記者その他の支那人と共同し支鮮人の結束を策せむと計画しつつあり……」（「上海独立運動者の動向に関し調査報告の件」大正十年四月二九日　金正明前掲書Ⅱ四五一頁）。日本官憲の調査によれば、この時点で上海に成立していた中韓親友会は役員も朝鮮人ばかりで、十分には中国人の協力を得られていないようだ（同前四四三頁）。

(46)『五四時期社団』㈠（三聯書店　一九七九年）七~八頁「新民学会々員名単」、四七頁「文化書社々員名単」によって確認。

(47)胡春恵『韓国独立運動在中国』（中華民国史料研究中心　一九七六年）四〇~四一、六〇頁。

(48)注（41）、（43）に同じ。

(49)前出『朝鮮統治史料』第八巻二三頁、六二頁。

(50)『五四時期期刊介紹』第三集一九二頁。なお、『東方雑誌』一八巻二四号「中国大事記」に一九二一年一一月一日、中韓協会は「全世界各社団に通電して協会の縁起を陳述せり」とあるが内容は明らかでない。

(51)前出『朝鮮統治史料』第七巻三〇二頁。呉山については陸丹林「呉山」（中国国民党史史料編纂委員会編『革命人物誌』第六集　一九七一年）を参照。なお、満鉄長春地方事務所は、大正一二年七月一二日付で「吉林に中韓互助社支部設置」と報告している（みすず書房『現代史資料』三一「満鉄Ⅰ」五七九頁）。高麗共産党関係者を中心とする動きであった。

(52)注（45）を参照。

(53)李基彰、李愚民は長沙中韓互助社の役員でもあったことは四一三頁の別表参照。かれらは武漢を拠点に組織者として各地に往来していたのであろう。

〔補記〕

脱稿の後、以下に掲げる新史料二件をえた。一件は上海日本商業会議所発行の『週報』三七三号（大正八年五月十五日）の記事「山東問題と上海市場」に訳出された大韓青年独立団の檄文であり、いま一件は上海公共租界警務処の『日報』一九一九年五月一二日の「華人政治情報」の一節である。前者は一九年五月七日、上海の国民大会で配布された「不穏文書」（四〇八頁参照）であり、後者もおそらく同一のものをさす。両件とも狭間直樹氏の教示にかかり、史料紹介の意味もふくめて追補させていただく。

寄中国国民会書

古より蛮凶無道なるは、今日の倭奴に如《し》く者あらんや、蕞爾たる嶋夷壑慾厭なく、我韓を夷滅し、満洲を蚕食し、益中国を併呑せんと欲す、継て蒙古に躅り、或は叛乱を煽り或は復辟を助け、中国の内乱あるに乗じて漁夫の利を収めんと企つ、其蛮横此の如き者あらんや、彼れ我韓に偽拠するや、兵力を以てせず、専ら詐欺を以てす、前後数十約章、大書特筆せざるなく、即ち我独立を護り、我疆土を完し我皇室を尊重すと、我民に声明するや爾の生命財産を安全にし、爾の幸福を増進すと曰はざるはなし、而して今独立は安くに在るか（中略）盖十余年来、義兵未だ嘗て絶息せず、而して彼の虐殺するや亦愈甚し、今日の独立宣言の役の如きは又皆徒手奮起のみ、意は平和抵抗にあり、彼れ竟に興《ママ》を出し警を派し、殺戮狼藉、拘幽満獄、其惨刻無道なる此の如き有り、欧戦既に訖み、公理漸く明なり、軍国主義は将に其跡を大地に絶たんとす、民族自決の望あり、世界平和の端あり、我韓既に前に奮起して独立を宣言す、中国亦公理を主張す、青島は直拠《ママ》独国より還付するを要求す、彼倭乃ち大恐慌を起し、竟に敢て其仮面を露し、悍然一切を顧みず、即ち虐殺を以て我韓を威し、又奸謀を以て中国を弄ふ、嗟夫中国は即ち我唇歯の邦、而して今又同仇并愾の誼有り、若し中国の竟に倭奴に脅制せらるる有れば、我韓の前途愈難からん、我韓若し自立する能はざれは倭奴の中国を窺ふ亦日に函《(ママ)》ならんとす、此れ智者を待ずして知るべき也、今員等独立自主の義を以て世界に声明し且援助を求めんとす、適貴国同胞の大会を発起さるゝに値ふ、誓て中国の地位を維持し、東洋の平和を保障すべし、瞻聴の下、涕涙交迸る、輔車相依の義有り、蘭恵同憂の地に在り、同舟難を済ふ、中国を舎て安にか帰らん、敢て一言を呈し、以て区区を陳ふ

大韓民国元年五月　　　　　　　　大韓青年独立団啓

「華人政治情報」

目下民衆中散発的鼓吹抵制日貨的伝単不下十多種。它們論調大致相同。

在上海的朝鮮人、他発了一種中文伝単、対于中国人民所採取的任何反日措施、允予全力主持。……

付録　西原亀三と矢野仁一

日・朝・中三国人民が欧米列強にたいし、被圧迫者として連帯する条件は、かつてたしかに存在した。それ自体は日本が奴隷頭《がしら》として立身する道を選んだためにたちまち消滅したが、結ばれた虚像はいつまでも歴史を徘徊した。東亜共栄論やさまざまなアジア主義がそれであり、王道論もその変種の一つである。それらは人（中・朝人民）を欺むく役には立たなかったが、みずからを欺むくには、はなはだ有効であった。

一　共通する「王道主義」

神鞭《こうむち》先生はわたしにとって唯一の心の師である。先生の信奉された王道主義はわたしの心に焼きつけられて不動の信念となった。これを具現することに努め、王道主義の行者・東洋平和の使徒としてはたらいたのが、わたしの生活の全部であったといえる。

――西原亀三《にしはらかめぞう》『夢の七十余年』

世のさまはすでに古《こ》ならず満州を王道国にと嗚呼《ああ》夢なりき

王道の理想むなしく満州を中日のくさびの夢もはかなく

——矢野仁一《やのじんいち》『研史余詠抄』

西原亀三、一八七三（明治六）——一九五四年、京都府与謝《よさ》郡雲原《くもはら》村（現福知山市）の出身、寺内内閣（一九一六年一〇月—一九一八年九月）の対中国政策の推進者として活躍し、前後七件、総額一億四五〇〇万円の政治借款を安徽《あんき》派軍閥の段祺瑞《だんきずい》政府に供与した。いわゆる西原借款である。それが当時の中国におけるもっとも反動的な政治勢力を支援したことで五・四運動の原因をつくり、担保不確実のため回収不能となって、いつまでも日中間の外交上のしこりとして残り、またなによりも借款交渉が外交上のルートを無視し、首相寺内正毅《まさたけ》の密使西原によって進められるという異例の形をとったために、西原の名は、彼自身のことばを借りれば「千日かつらの政治ゴロ」的印象とともに記憶されている。

矢野仁一、一八七二（明治五）——一九七〇年、山形県米沢市の出身。東京大学助教授の肩書で、一九〇五年、清朝の招聘《しょうへい》に応じ、進士館、のちに京師政法学堂の教習（教授）として赴任、辛亥《しんがい》革命後、京都大学に迎えられて文学部教授となった。近代史を専攻して、古代史内藤湖南《こなん》、中世史桑原隲蔵《じつぞう》と東洋史の三講座を分担し、文学の狩野直喜《かのうなおき》、鈴木虎雄とともに、いわゆる京大シナ学を築きあげた一人である。一九三二年退官。その前後、関東軍臨時嘱託《しょくたく》、満州国外務局嘱託となって、満州国の正当化、建国の理念づくりに尽力し、太平洋戦争中は大アジア協会の副会頭などもつとめた。

こうした戦争協力行為のために、戦後は公職追放にあい、筆を絶って岡山県倉敷に隠棲《いんせい》していたが、六六年、九四歳の高齢で『中国人民革命史論』（カルピス食品KK出版・非売品）と題する三〇〇ページの著書を公刊し、人々を驚倒させた。さらに六九年、月刊『共産圏問題』一三巻八号に「理由《わけ》のわからぬ中共の文化革命――私の六つの疑問――」なる一〇〇枚の論文を寄せ、あくる七〇年の正月、数え年九九歳、白寿の生涯を終えたのである。

西原亀三と矢野仁一、おそらく奇妙な取り合わせに見えようこの二人は、前者は段祺瑞援助に、後者は満州国に平素抱懐した「王道主義」の実現を賭けたという点で、実は共通項をもつ。そのほかでいえば、矢野の進士館教習時代（担当は西洋史）に助教授として通訳にあたった日本留学帰りの曹汝霖《そうじょりん》、その同僚の章《しょう》宗祥《そうしょう》、陸宗輿《りくそうよ》が、それぞれ段祺瑞内閣の交通総長、駐日公使、幣制局長の要職につき、西原借款の北京政府側当事者であった――この三人が一九一九年の五・四運動で親日の三「国賊」として糾弾されたことは周知のとおり――という因縁をむすぶが、当人同士はおそらく直接の交渉はもたなかったのではないか。西原・矢野をここで取り上げるのは、私自身、京都大学で東洋史を専攻し、しかも近代史を修めて、矢野「先生」を「高祖」的存在として日ごろ意識していること、一九五〇年代に大阪市立大の北村敬直《ひろなお》教授を中心とした研究グループの末輩として雲原の西原家に両三度足を運んだことなど、主として個人的なかかわりに出ることを断《ことわ》っておきたい。

さて、『近代支那史』『近世支那外交史』など多くの業績をもち、そのものずばりに「王道政治論」（『東亜』六―一二、昭和七年）という論文をものした矢野が、王道主義を理念としたことをふしぎに思わぬ人々も、西原借款の背後、あるいは西原の思想にそれがあったことには奇異を感ずるかもしれぬ。これまで彼については、政治ゴロ、大山師、寺内正毅や後藤新平の使い走りといった印象が強く、最初にその活動をすっぱぬいた『東京日日新聞』（大正六年五月二四日付）が「寺内内閣ノ外交ハ外相本野《もとの》ニ非ス副外相秋月ニ非ス無冠大臣西原ニアリ」と論じたのが、実は真相に近かったといえば意外に思う人も多いのではなかろうか。

大正七年の当時西原さんが此《この》北京飯店の一室に密居した時、人は初めは何《なに》に来たか知らなかった。知ろうともしなかった。否《いな》西原亀三其人の名に注意さえも払わなかった。然るに其人が我内閣の総理大臣寺内伯の御墨付を携えて、支那政府と何千万の借款をする其重大の使命を帯びた密使だということが明かとなるに及んでは、北京の燈台下よりも東京の方で問題は起った……爾来《じらい》西原借款なる名詞は世界的に憎悪の代名詞の如くなったが、併《しか》し此借款の面白い事は別に西原さんが一銭も出したのではなくて、而《しか》も西原借款西原借款と呼ばれることである。其れも斡旋者の御当人だからというならば暫く便宜法としても、此借款の計画者其ものは当の西原さんではなくて別に大きな人が居る。而も其使者であった西原さんのみを責める。西原さんに向って、貴方は一銭も出さなんで大借款の主人扱いされて大いに得をしたのですねと冷かすと、ナニ俺は金は出さなんだが頭を出したよという。頭を出した以上は責任は免れぬ。矢張豪《えら》いんですねと答える外はなかった。

これは一九二五年六月、「北京飯店に再現した問題の人西原亀三氏」と題する週刊誌『北京週報』のインタビュー記事の一節である（ルビ・傍点は引用者）。消息通の記者藤原鎌兄《かまえ》も「金は出さなんだが頭は出した」の意味を取りちがえたようである。彼も西原についての先入観から自由ではなかった。話が回収不能の借款におよぶと「其れはもう政府の仕事さとある。でも当の貴方《あなた》が無関心で居られもしますまいというと、貴方達は借金は取れるものと思うのかねと云う。そうです貸した金は返して貰うのが当然でしょうと答えると、それだから困る、あの借款は唯《ただ》金を貸借したのではない、経綸だよ。国家に経綸があれば、借款も生きるし、経綸が止めば借款も止む迄じゃないか……」「其経綸を国家が少しもやらぬから駄目じゃないか。そうして借金の事許《ばか》り苦にして見た所で仕方無い話さと西原さんは嘆息するように云う」。「日本も支那も今は政治が行詰って居る。其れは権力政治だからである。之《これ》を転回するのは経済政治でなければならぬ。……而してだ、支那は支那のみで経済政治は出来ぬ。日本も日本のみではそれが出来ぬ。

両方が其処に大覚醒をしなければならぬ。それを何方《どっち》かが為し得ず、或は共に為し得ざれば、日本も支那も共潰《つぶ》れさ……。日本も支那も大に利するなくして、而して其処に何が来るのか。唯借款を整理するに急なる為め国家の経綸を忘れてなるものかと自分は思うと」「西原さんの気炎は其大入道姿に応《ふさわ》しい面白いものであったがこれは如何《いかん》せん超新聞種のみである。従って此訪問は記事として成功でなかった」と、藤原記者は退散したのだが（藤原鎌兄『北京二十年』一九五九年、平凡社）、西原亀三の自伝『夢の七十余年』（一九四九年、雲原村発行、一部を省略し、平凡社・東洋文庫40に収録）と読み合わせてみれば、このインタビューは西原としては正直に所信を述べているので、決して意識的に煙にまいたわけではない。結局、先入観にとらわれた藤原記者が、自分から煙のなかに飛びこんでいったかっこうであった。

二　神鞭知常の思想を継ぐ

それでは西原は「国家の経綸」はいかにあるべしとしていたのか。しばらく彼の経歴にさかのぼってこれを考えてみよう。西原亀三は雲原の富農の家に生まれた。高等小学校を出たあと事業好きの父を手伝っていたが、製糸の不況で父は失意のうちに世を去り、一五歳で故郷を出奔した。印刷工、船員などいくつかの職業を転々としたあげく、やがて東京に出て同郷の名士神鞭知常《ともつね》（一八四八―一九〇五年、与謝郡石川村、現与謝野町の出身）の知遇を得るにいたる。「わたしを生んだのは父母であるが、私は神鞭先生によって人間になり、いささか人間としてのはたらきをすることができた」（『夢の七十余年』）と述懐しているように、この出会いが西原のその後を決定したといってよい。

神鞭は大蔵官僚から政界に転じ、憲政本党の幹部の一人であったが、近衛篤麿《あつまろ》を盟主に国民同盟会（一九〇〇年）

をつくったり、みずから対露同志会（一九〇三年）の委員長となるなど、強硬な対露主戦論者であり、陸羯南《くがかつなん》（実《みのる》）とは盟友のあいだがらにあった。日露戦争が始まり日韓議定書が交わされるや、「韓国経営」のため門下を率いて渡鮮、親日団体・一進会の結成にも参与したが、一九〇五年六月、病を得て逝《い》った。「支那は昔から王道を尊んだ。朝鮮もこれをわきまえて居る。もし日本が朝鮮に覇道を行なったら、朝鮮人もついて来ないし、鴨緑江《おうりょくこう》を境として事の成行を見つめている支那四億の民が向うを向いてしまう。いま日本は朝鮮を煮て食おうと焼いて食おうと勝手であるが、けっしてこれを食い物にしてはならぬ。あくまで王道をもって東亜を結び、永遠の平和を確立せねばならぬ」、これが彼の「治韓の要諦《ようてい》」であったという（同前）。

西原亀三は神鞭の訪韓に随行し、そのまま朝鮮にとどまった。ただ、伊藤博文統監のもと、内田良平（黒竜会主幹）や「野心家の団体」に堕した一進会などが強引に進める「激烈主義」の政策には終始批判的で、ついには陸羯南の助言もあって政治に望みを絶った。そして「経済面から韓国を救い、日韓の融合をはか」ろうと、京城商業会議所相談役となり、一九〇七年には、朝鮮人商人とともに共益社を創立した。「共益社はその名の示すごとく、日韓共益を目的としたものであるが、それは単に経済的意義のみでなく、日本と朝鮮との経済上の緊密な提携によって、切っても切れぬ兄弟の国にしようという、神鞭先生直伝の王道主義に根ざしたものである」（同前）と、彼はその趣旨を説明している。

共益社は綿布を中心に事業を広げ、発展した。朝鮮人の朴《ぼく》社長のもとで実権を握った西原は、持ち前の政治力を発揮して特恵運賃その他の特権を手にいれ、これを武器に朝鮮市場から中国商人・英国製品を駆逐し、さらに手を「満州」にまで伸ばした。一九一四年、共益社が三井物産など大手商社五社とともに満州綿糸布輸出組合をつくり、彼が組合長に推されたのも、この実績を買われてのことだったろう。共益社を先頭に朝鮮布木《ふぼく》商は「一斉に活況を呈し」、

「この頃政治面では摩擦に摩擦が重ねられていたが、実業面ではこうした緊密な提携に成功して日韓親善に貢献することができた」（同前）と彼も自負している。しかし、それは語るに落ちたもので、主観的意図がどうであれ、共益社は日本の武断統治の補完《ほかん》物であり、日本綿業資本の尖兵《せんぺい》として機能したのであった。

だから、伊藤の統監政治をきらって近づかなかった西原が、憲兵政治で負けず劣らずの初代朝鮮総督寺内の知遇を受け、御意見番をもって自任するようになっても、彼自身矛盾は感じなかったらしい。それどころか、一度は放棄した政治への情熱はふたたび勃然としておこり、一九一六年一月、中央政界への登場をめざす寺内の露払いとして「内地」に引き揚げていくのである。生活は共益社からの半期四、五千円の配当で不安はなかった。手弁当で縁の下の力持ち役にあたるのが、その抱負であった。

この年（大正五年）元旦、西原は日記に次のように記した。

> ……回願セバ朝鮮ニ足跡ヲ印《しる》セルヨリ年ヲ迎フ十有弐、人生活動ノ半生ヲ茲《ここ》ニ消ス期《とき》決《けつし》テ短ナルニ非ズ克《よ》ク拮《きっ》据《きょ》奮闘理想ノ実顕《じつげん》即チ神鞭先生ニ随従渡韓セルノ主旨貫徹ニ努力シ幸ニ神明殊《こと》ニ先生ノ加護独力自ヲ処シ以テ理想ノ半部ヲ事実ニ顕《あらわ》スニ至リ茲ニ一階段トシテ新春早々朝鮮ヲ退去スルノ季ニ会ス男児ノ面目恁《か》クテ全《まった》カルト謂《いい》ツ可シ更ニ将来支那ニ処スル若《もし》クハ内政ノ革新ニ処スル多年抱持セル実顕ニ一大努力ヲ覚悟シ以テ第二ノ活躍場ニ上ラントス（ルビは引用者）。

当時、政局の争点は中国問題にあった。世界大戦に乗じて山東に出兵したあと、大隈内閣は火事泥的に二一ヵ条要求を中国につきつけ、最後通牒で恫喝《どうかつ》して、うち一四ヵ条を袁世凱《えんせいがい》に承認させた。ついで袁世凱が帝制の復活を宣言するや、公然と干渉に乗りだし、大陸浪人を使って反袁勢力を支援する一方で、清朝の復活を夢みる宗社党を利用し、満蒙独立をもくろむ軍部の陰謀が進められた。日本にたいする反感・疑惑が中国に強まったのは当然である。西原も一九一五年、二一ヵ条要求の直後、寺内の命をうけて「満州」に潜行し、中国人が日本人に憎悪を燃やし、「長春や奉天（瀋陽）で、日本製の帽子を地に投げつけたり踏みにじったりして、排日救国を怒号している」さまをつぶさに視察していた。「困ったことだ。とり返しのつかんことをやってしまった。この調子で進んだら、日本と支那はヨーロッパにおけるドイツとフランス以上の永遠の敵となってしまう」というのが報告を聞いた寺内の感想だったという（『夢の七十余年』）。

一九一六年六月、袁世凱が死んだ。「吾外交ノ殆《ほとん》ト行詰《ゆきづまり》ノ現状ニ於テ此事アル実ニ天佑ト申可歎《もうすべきか》」（『日記』六月七日条）と雀躍《じゃくやく》した西原はただちに朝鮮の寺内と連絡をとり、京城を経由して北京に入り、各方面と接触した。日本の対中国方針は「宋襄《そうじょう》の仁に非《あらざ》れは夜叉《やしゃ》なり」、両極端に走って正鵠《せいこく》を射ずと考えた彼は、朝鮮銀行総裁勝田主計の意見も徴し、東京に帰る早々、「時局ニ応ズル対支経済的施設ノ要綱」（一九一六年七月）を起草して、寺内に差し出した。と同時に後藤新平の指示で大隈内閣の「対支失政」を暴露する秘密文書を作成・配布し、大隈退陣のために画策する。「其の内容は支那新聞其他に掲載せられしものを捏造《ねつぞう》したるもの」と、のちに議会で尾崎行雄に追及されたこの怪文書は「山東省ニ於ケル革命党ト日本人」、「満蒙ニ於ケル蒙古軍 並《ならびに》宗社党ト日本軍及日本人ノ関係」の二編であるが、西原はそれが「最も確かなる筋のまじめな現地調査」にもとづくものと、出所を明らかにし、自伝にその全文を収録してみせている。

さて、いよいよ一九一六（大正五）年一〇月、西原にとって念願の寺内内閣が実現した。以来、米騒動によって寺内内閣が総辞職する一八年九月までの二年間、彼は東京―北京を往復すること五回、延べ七ヵ月以上も中国に滞在し、寺内の信任と大蔵大臣勝田主計の支持のもとに、空前の「円」外交の主役を演じたのである。その基本構想は北京政府――当時、広東には別に正統を主張する政府があって南北対立の局面であった――を強化し、借款を供与して銀本位から金本位制に転換させ、日中の貨幣を形状量目称呼同一にして混一併用を実現して、日中の経済提携を、日本の主導と中国政府の主体的協力のもとにおこなおうというのであった。いわゆる西原借款の第一号が、兌換《だかん》停止の窮境にあった交通銀行（中国銀行とともに国立の発券銀行だった）救済のための五〇〇万円の借款であったのは、決して偶然ではない。

三　段政権への借款カンフル

ところで貨幣の混一併用といえば、なにも西原の創案ではなく、実は日本が朝鮮で試験ずみの方式だった。韓国に日本の貨幣の流通を認めさせておいて、貿易の入超は日銀券の持ちこみでカバーし、さらには大量の金地金《じがね》まで輸入して金本位制の支えとしたのである。西原も日本の「豊富ナラザル財ヲ以テ克《よ》ク欧米ト馳駆《ちく》シ優秀ノ地盤ヲ確保スルノ唯一《ゆいいつ》要道ハ実ニ日本貨幣ノ混一併用ヲ漸進シ加フルニ王道主義ヲ以テ実顕スルニアリ」（「時局ニ応ズル対支経済的施設ノ要綱」）とその意図をかくそうとはしない。だが、朝鮮にくらべて中国は大きすぎた。混一併用が緒《ちょ》につく前に、「王道主義」だけで息切れしてしまったのである。

彼の王道とはなにか。借款を手数料なし、割引なし、実質上無担保で契約金額を交付するという、当時として破格の条件で実施したこと、資源調査などに使途を指定したうえでの義和団賠償金の還付、中国の関税引き上げの承認、治外法権・専管居留地の撤廃等の約束をしたこと（いずれも実施には至らなかった）などがその一端だというが、要するに共存共栄を看板に、親日的な段祺瑞政権を育成・強化し先方の民族的面子《メンツ》を十分尊重しつつ、実利をおさめようというのであった。ふた昔も前に流行した流線型帝国主義《ストリームラインド・インペリアリズム》ということばを、それは想起させる。ところが段政権の不安定さは予期を上回り、まるでザルに水をくむように借款のカンフルを連発せねばならなかった。

段祺瑞内閣の財政総長を兼任して軍費・政費の調達に腐心していた曹汝霖は、その間の事情をこう述べている（『一生之回憶』）。

（張勲の）復辟《ふくへき》を平定して間もなく、（軍事）顧問の坂西《ばんざい》利八郎中将が西原氏を伴って来て紹介した。西原氏は「私は寺内正毅総理大臣の密命を奉じて来華、大隈内閣の対華政策の誤りを改善して、両国の親善提携を回復したいと期している。貴国では、目下財政が何よりも急務のようであるが、……もし必要であれば申し出て頂けば尽力したい」といい、坂西顧問も傍《かたわら》から「寺内総理は朝鮮総督時代も、経済問題は、おおむね西原君の幕裏での画策によっていたものである」と口添えした。現にこれより先、私が交通銀行総理になったばかりのころ、交銀が発行券準備のため日本から借款することとなり、……西原氏に相談したところ、氏が東京に一電するとすぐ、大蔵大臣勝田主計氏から親電で、日本金五〇〇万円の借款を許可して来、しかも無担保で、すぐに為替送金して来たという実績もあるから、私は西原氏を信用することにして、日金三千万円の借款を相談した。

（直隷派の離反により南北武力統一が挫折したとき）第一回の日本借款三千万円はすっかり使いはたしていたので、西原氏は段氏の失敗を救うため、日本の銀行方面を奔走し、第二回三千万円日金の借款をまとめてくれた。……西原氏はまた、軍閥間の複雑な関係はわからないので、（直隷派の）呉佩孚《ごはいふ》が南方から買収されたのを見ると、中国の軍隊は金を与えなければ動かない、買収が一番有効な戦術である、段氏は真面目すぎるから、もっと重賞をやらねばいかんと言い、急ぎ日本に帰って二千万円日金の借款をまとめて来た。

こういう調子であるから、大経綸どころではない。一九三五年のリース・ロスの幣制改革を先取りしたような金紙幣構想はかなたに押しやられ、段政権の暴落を買い支えるだけで精いっぱいだったのである。だから寺内内閣が米騒動で倒れると、その翌月、金づるの切れた段祺瑞も下野を余儀なくされる。西原は寺内の意をうけて「日支親善と共事業」を起草し、後継内閣の原敬に基本路線の踏襲を希望するが、ドイツ降伏後の欧米帝国主義の捲《けん》土重来《どじゅうらい》に備える原内閣は「対支不干渉」をスローガンに過剰介入を避ける。そして翌一九一九年一一月、寺内が病死すると「わたしは木から落ちた猿みたいなもの」と自認するように（『夢の七十余年』）、西原の大経綸もついに帰らぬ夢となったのである。

西原は、日本の対外政策においては決していわゆるハト派でなかった。シベリア出兵には陰の推進役であったようだし、二五年末の郭松齢《かくしょうれい》事件でも幣原外交の弱腰をたたいている。それどころか、さきほどの金紙幣構想には「交通銀行所在地ニ其業務開始ト共ニ原資金保護ノ名ヲ以テ日本憲兵駐在ノ無余儀《よぎなき》ニ導キ恁《か》クテ日支貨幣混一併用ノ実顕ト共ニ吾経済的勢力扶殖ヲシテ容易ナラシムル」（「時局ニ応ズル対支経済的施設ノ要綱」）こともふくまれていた。一九一八年四月、北京政府側と「日支永遠ノ親善ニ関スル覚書」を交換したさい、中国側代表の陸宗輿《りくそうよ》が「将来売国奴タル譏《そし》リヲ受ケンコトヲ恐レ戦々《せんせん》兢々《きょうきょう》トシテ署名」したのを承知のうえで、なお平然と「本日ハマコトニ小生一代ニオケル記念スヘキ日ナリ」と日記に書きこむ神経の持主だったのである。

しかし、一方、関税自主権の承認、治外法権・租界の撤廃支持は、彼にとってたんなるリップ・サービスではなかった。

二五年、五・三〇反帝運動の盛り上がる北京に八年ぶりに姿を現したのも、その秋の一二ヵ国関税会議をひかえ、関税率引き上げを側面から援助するためであり、帰国後は東亜研究会をつくり、日本が中国をバックアップして不平等条約の更改をうながす方向で世論づくりをしようと奔走した。

西原の運動がどれほど功を奏したものか、この関税会議の冒頭、日本代表は中国の関税自主権問題を好意的に考慮するると声明して列国を唖然とさせた事実を指摘しておこう（会議はやがて北伐戦争のため流会し、二九年に再開されたとき、日本の方針は一変していた）。また「日中親善に派閥は問わない」という信条から蒋介石政権にも支持を惜しまず、二七年八月、南京政府が関税自主を宣言するや「これあるかな」と痛快を禁じえなかったと述懐する。

少なくとも主観的には、西原の「王道」的立場は一貫してゆるがなかったのである。

（張学良の易幟《えきし》後）中国に統一政府のできたということは、まさにわれわれの多年の希望が実現したのである。この時日本はこれと提携し、民族的自覚と国家意識とに燃えて、国民党政府のさかんに要求している失権回復・不平等条約の撤廃に協力すれば、われわれの理想とする東洋永遠の平和への道がひらけたのであるが、満州を自由にしようとする日本の軍部の野望と、これに対抗して日一日と煽られて行く中国の抗日気勢とは、およそわれわれの希望とは全く正反対の方向へ、両国関係を引きずり込んで行くばかりである（『夢の七十余年』）。

寺内没後、自分が肝煎《きもい》りでつくった国策研究会、東亜研究会などに拠《よ》り、政界の黒幕として活動を続けた西原は、一九三一年いらい宇垣一成の擁立に最後の望みを託したが、一九三七年、宇垣内閣が流産すると政治を見かぎった。一九三八年、彼は「日支事変」に熱狂する東京を棄てて帰郷する。雲原村の村長職に専念し、余生を郷土に捧げようというのであった。ときに六四歳。

四　イデオローグ矢野の役割

ところで「王道」とは、中国の古典『書経』洪範《こうはん》に出ることばで、王者の行うべき道をいう。孟子は「力」の原理に立つ「覇道」にたいして、「徳」の原理に立つものとこれを定義づけた。「王道政治に於ては或る民族或は階級の利益を図りて、他の民族、他の階級の利益を抑損《よくそん》することを是認しない。階級の別なく種族の別なく万民の協和親愛を希《ねが》うのである」（「王道政治論」）と矢野仁一はいう。

この概念を一国の外交政策と結びつけて論ずることが、いつごろからあったのか寡聞《かぶん》にして知らないが、西原などはその早い時期の例ではないかと思う。日清講和に際し、遼東半島割譲の要求が「支那をして永世日本を怨み、露・仏・独を親しましめ、自ら同根を烹《に》て我が身を害する恐れあり」と反対し、東亜諸国との関係を道義にもとづく「東亜共栄」たらしむべく力説してやまなかった谷干城《たてき》など（判沢弘「東亜共栄圏の思想」――『思想の科学』一九六三年一二月号）が思想的な先駆であろうが、王道ということばを用いていたかどうか。神鞭知常にしてもその点では疑問が残る（西原は日記の大正五年「歳晩《さいばん》所感」で「神鞭先生ニ薫育《くんいく》セラレタル汎東洋主義」と記しており、これのほうがむしろ明治人としては普通の表現だと思われる）。少なくとも王道の「徳」を経済としてとらえ、王道イコール経済提携としたのは西原の独創だったようである。

だが「満州事変」を契機に、王道は外交政策の形容であることをやめて植民地政策のそれに変わる。同時にそれまでかならずしも耳に熟したことばでなかった「王道」が、いたるところで氾濫した。周知のように、日本帝国主義はカイライ「満州国」の樹立にあたって、西洋物質文明を超克し東洋精神文明を復活させ、反資本家・反政党の「王道楽土」を建設するのだと宣伝して、侵略行為の本質を隠蔽《いんぺい》しようとした。少壮軍人や右翼人士がその太鼓をたたいただけでなく、左翼くずれの連中もこのスローガンには飛びついたものであった。そしてかねて王道を標榜《ひょうぼう》する西原が、逆に「満蒙問題ニ対スル所謂《いわゆる》新国家創建ノ危険ナル所以《ゆえん》」（日記、昭和七年二月五日条）を要路に説いてまわっていたとき、京都帝国大学教授矢野仁一は満州建国にひたむきな情熱を燃えたたせていたのである。

彼は「満州はシナの領土にあらず」と、その蘊蓄《うんちく》をかたむけて説いた。「満州は本質的《エッセンシャリー》に、常《オールウエーズ》に中国の領土であり、文化的、政治的に中国の一部であった」と結論したリットン報告書に対し、日本の外務省がピンボケの反駁しか加えられぬ事態に憤慨し、『満洲国歴史』（昭和九年、目黒書店）を公刊した。「私はこの『満洲国歴史』の著作のために、中国三千年の歴史、かつて実現しなかった王道国の成る成らぬ、ただこの一挙という気持ちで、実に心血をそそいだ」と、のちに述懐している（矢野仁一『燕洛《えんらく》間記』一九六三年、私家版）。

こうした矢野でなければ果たせない役割をやりとげただけでなく、満州建国のイデオローグとしての活動は、教育問題・行政機構から満州国皇帝の帝位継承法にいたるまで、きわめて多岐にわたった。

私は満州国に於ける支那人をして自分は満州国人であって幸福である、名誉である、利益であると感ぜしむるやうに満州国を立派な国にしなければならぬと考へるのである。……満州国に於ける支那人は……中華民国人であるより却って仕合せだと感ずる様に、満州国はそれ程立派な国になれば、隣国の中華民国の支那人も羨望《せんぼう》し、彼等自身亦た満州国の人民たらんことを望む様になるべし」（「王道政治論」）。

彼は「西洋諸国の政治」と「王道政治」の相違点を、法治主義に対する徳化主義、物質主義に対する精神主義、個人主義に対する共同主義、社会的不平等・闘争主義に対する社会的平等・和平主義、民族差別主義・党派主義に対する民族平等主義・不偏不党主義と数えあげ、王道政治の優点を証明したのち、「然し王道政治には一《ひとつ》の重大な欠点がある」と指摘する。「それは西洋的の政治はその種々の点に於て欠点あるに拘《かかわ》らず、それは実際に行ひ得べく、又実に実際に行はれた所の政治であるに対し、王道政治は支那に於て古来考へられ、又支那歴代の帝制の理想であったに拘らず、曾《かつ》て実行されなかったと云ふことである」。これをあえて実行しようではないか。「王道の実際化現代化」を満州で実現し、「世界の政治に資本主義国家、共産主義国家の物質主義権利主義を基調とする政治形態以外、道徳主義精神主義を基調とする一の新たなる政治形態を寄与することに依って」世界史的使命を果たそうではないかと呼びかけたのである（「王道政治論」）。

「満州国成立前後からの先生は終始熱気を帯びておられた。教室で二十一ヵ条要求における日本の外交政策を痛烈に批判せられたこともあった。清朝の禄を食んだといわれる先生にとっては、満州王朝の興廃はことに関心深きものであったようである。先生が国士としての風貌を示されたのもこの時期であった」と、当時の学生であった故外山軍治大阪外大教授は矢野を追憶している（「教室での想い出—『東洋史研究』二八—四」）。二〇年前、辛亥革命に際し、川島浪速《なにわ》（当時北京巡警学堂教習）らとともに清朝扶持を画策した「国士」の熱血が、ふたたび象牙の塔から彼を現実政治の場に跳躍させたのである。

ただ矢野は小児のように純粋であった。「先生は軍部に知友が多かったが、軍部が王道といえば、先生は本当に周の文王の王道を実行するものと考えておられた。最初は先生を利用するつもりでいた軍部は、最後には先生の純粋さに閉口してもてあまし、次第に疏《うと》んじ出したが、先生の方では少しも疑念を抱かれなかった。……満州国が成立した直後、先生は彼地に旅行して帰られた。当時笠森伝繁という人が日本人の政治団体を組織して活躍していたが、……先生は笠森氏に会って、大いに肝胆相照すものがあったらしい。帰国されて後、土産話の会のあった折、彼等はいったい何の為に働いているのかという疑義が出された。先生が『どこからも金など貰って活動しているのではないことは確かだ』と保証されると、居あわされた内藤先生（湖南——引用者）がすかさず、『ようし、そんならいったい、彼等は日常生活費をどうしているのか聞こうじゃないか』と鋭く斬りこまれた。事、このような機微に属する実際問題となると、正直のところ到底内藤先生の敵ではなかった」という（宮崎市定「矢野博士の追憶」—『東洋史研究』同前）。

五　侵略主義のイチジクの葉

たとえば彼の公職追放の理由となった大アジア協会副会頭就任のいきさつはこうである。矢野は「満州国」建国直後、関東軍の臨時顧問として「渡満」し、「満州国」における日本官吏の二重国籍撤廃について建議した。「建国の精神」よりすれば、日本人官吏は日本国籍を離脱し、「満州国」人として日中親善のくさびとなるべきであり、またそうしてこそ中国侵略の一階梯《かいてい》だという「満州事変」への非難・誤解を免れうるというのである。そうして帰国してきたところへ旧友の松井石根《いわね》中将（当時）から大アジア協会設立の相談がもちかけられた。

私は今これこれの建議をして満州から帰って来たばかりだ。巷間《こうかん》伝うるところ、陸軍は今度の事変を契機に侵略の手を中国に伸ばさんとする考えだという。もし君の大アジア協会はそうした陸軍の考えをバック・アップするようならば、私は反対だから断《ことわ》るといいしところ、「いや自分は君の考えと全然同じだ。なるほど陸軍軍人中には君の心配するような考えのものも二、三なきにしもあらずだが、それも愛国心の迸《ほとばし》るところだから、ディスカスすればわかるはずだ。圏外でひが目で批評するより、圏内に入ってディスカスしてくれないか」という。それも尤《もっと》もだと出席して見たところ、橋本欣五郎、建川美樹（次?）、その時はそれと知らなかったが、そういう人たちは私の考えなどは学者の迂論《うろん》、書生の空論だとてんで相手にしない。私はその後は一度も大アジア協会に出席したことはない。数年後協会は全員一致で君を副会頭に推薦したから承諾してくれと、多分下中弥三郎氏だったかと思うが、使として申して来た。私は京都にいて、会頭事故ある時は代理するという副会頭など勤まらないと断ったが、世間ややもすれば大アジア協会を軍人ばかりの会、軍国主義の会のように誤解している。君や村川堅固君は（が？）副会頭になってくれれば、そういう誤解も解けようと思うから、決して迷惑をかけない。名ばかりのことだから引受けてもらいたいと、おしつけられてしまった（『燕洛間記』）。

侵略主義のイチジクの葉としてかつがれたわけだが、矢野はこれを自覚し、反発しながら、なお相手のしつらえた土俵に登った。「満州国」での失敗が明らかになると「冀東政府は宜しく王道政治の実験場たるべし」（「政務長官殷汝耕君に望む」）とさらに希望を華北の傀儡《かいらい》政権につないだ。西原のように駄目と見切りをつけるや、さっさと隠遁してしまうことは「御国のため」に学問をやってきた彼には、できることではなかった。六二年ごろ、上洛した彼を迎え、知り合いの学者たちの近況を告げていた藤枝晃《あきら》京大教授は、ひととおり終わったところで「ちょっと容《かたち》をあらためた」この齢《よわい》九〇の老翁に、こうズバリ言いきられたという（「矢野先生と昭和六年」―『東洋史研究』前出）。

それらはみんな学問のための学問だ。そうだろ。それがわれわれの時代の学問ともっとも違うところだ。われわれの時代には、学問はまず御国のためのものでなければならなかった。そこが違う。

藤枝教授を「ギクリ」とさせたこのことばは、明治三二（一八九九）年に東大文科を卒業した米沢の士族・矢野仁一にとって、国家目的と個人目的は完全に一致し、学問を通じて国家目的に寄与するという使命感が終生のものであったことを示している。そもそも一高時代――それはちょうど日清戦争の前後にわたるはずである――最初、哲学を志しながら「人生問題はそれほど人生に切実な問題でない」と悟った彼は、「文科の中で一番国家の役に立つものと、歴史をえらぶことにし」（『燕洛間記』）、それも東洋の近代史をえらんだのである。彼が学者として主要な精力を中国をめぐる外交史の研究に注いだことも、もちろんこの立場から出よう。そして一九〇五年春、日露の奉天会戦の期の迫るころ、かれは応聘教官として北京におもむくのである。

北京で七年半、彼は清朝の禄を食んだ。一方「公使館、武官室、駐屯隊、新聞関係」の連中と「壮年の客気《かっき》で国事を議論し合った」。松岡洋右《ようすけ》、広田弘毅《こうき》、本庄繁、松井石根、永野修身《おさみ》、「よくも揃って戦犯となったり、戦争の主役となったものだ」とは、後の述懐である（『燕洛間記』）。

やがて辛亥《しんがい》の年、清朝扶持を画策して奔走したことは、さきにふれたが、後年、講義中に辛亥革命に話がおよぶと「清朝はまことにつまらん革命で倒れた」と涙さえ浮かべ、袁世凱の卑劣を糾弾し、清朝貴顕《きけん》の無気力を嘆いたという。京大教授となったのちも、宗社党との接触を続けた彼は、さながら清朝の遺臣であった。

清朝倒壊（応聘契約の消滅）とともに東大助教授の官も廃され、ことと次第では「支那浪人」の一生を送ったかもしれぬ矢野は、北京時代に知った桑原隲蔵に招かれてアカデミズムに復帰した。そして中国近代史、外交史に卓越した業績を残し、多くの著書、論文をものしたが、その学問は絶学となった。当時、近代史はアカデミズムではきわめて不人気な分野であったうえに、大正、昭和となれば、国家目的と個人目的が合致した、ある意味で幸福な（もちろんエリート・インテリゲンチアにとっての）明治はすでに過去となっていたのである。

ピエチレトカ（産業五ヵ年計画）の偉大な業績　知るやいかに　空想と笑ふ理想なき民よ

この国の行く途《みち》いかにとたづねつつ遙かに想ふ我が国の途

矢野は一九三〇年、着々と五ヵ年計画を進めつつあるソ連を訪問し、おりおりの感懐を『曠原』という歌集（一九三三年、私家版）にまとめた。この二首は「露西亜《ロシア》を歌ふ」連作のなかのものであるが、理想に燃えたこの永遠の明治青年は、ソ連に偏見をもって臨むことなく、逆に「サヴェートの偉大な理想」に感を深うし、「理想」を失った日本人に問題を投げかえした。

「王道楽土」の建設に、ソビエト式の社会主義、西欧の資本主義に対置する新たな価値の創出を意義づけていたことは、「王道政治論」の主張をみても明らかである。

その王道論は右翼思想の系譜に属したが、彼自身は単純な反共主義者ではなかった。少なくとも自己を相対化することを知っていたのである。

六　烈士暮年　壮心已《や》まず

さて、故郷に帰った西原亀三は手弁当で雲原村（戸数一六〇戸）の村長を前後一六年間つとめた。彼は疲弊しきった寒村の更生に全力をあげ、めざましい成果をあげたが、とくに「雲原を見ずして砂防を語るなかれ」とまで治水砂防関係者のあいだでいわれている砂防工事、分散している耕地をひとまとめにし、住宅をも適宜移動して農地の利用効率を高める耕地の交換分合＝自作農創設の全村的規模での完全実施――農地改革以前では全国唯一の例――は雲原の名を全国に高からしめた。彼の「協同主義による村づくり」を具体化したこれらの事業を紹介する紙幅をもたないので、詳細は村島渚編記『雲原村更生誌』（一九五五年）、小出孝三『近代的農村建設の先覚　西原亀三』（自治叢書第六集、一九六四年）を参照していただきたい。

ただ、西原が太平洋戦争中にとった非協力の姿勢についてだけは、どうしてもふれておかねばならぬ。彼はこう言っている。

太平洋戦争は結局来るべき日が来たのである。わたしはこの日を来させまいとして多年努力して来たのであるが力及ばず、宇垣内閣の流産でさじを投げて、丹波の山奥にひっこんでしまい中央政界とは完全に絶縁した。砂防問題などでその後もたびたび東京へ行き、大臣たちともたびたび折衝したけれども、戦争には終始風馬牛の態度をとっていた。一雲原村の村長としても、……負けるにきまっている戦争に、何も知らぬ村民をかりたてるというようなことは、いかに努めてもわたしにはできないことだった。さればといって露骨に戦争反対の態度をとるわけにもゆかず、何よりめいめいの足場をかためておくことが大切だというようなことをいって、村民をべんたつしつつ経済更生にいそいだ。……敗戦色濃厚になった頃、竹槍訓練が強要されたことがあったが、あんな児戯にも類しないことは何といってもやらせず、本村はついに一本の竹槍もつくらなかった。国民義勇隊にも全然協力しなかった。そのほか農耕をおこたり、更生事業の進行をさまたげるようなことは、兵農一致という理論をたてにして一切やらせなかった（『夢の七十余年』原本第一一章）。

関連のエピソードは多いが、少年義勇兵の募集（実際は強制募集）に、雲原村から応募した三〇人が資質劣悪で全員不合格となった事件もあり、ずいぶんと憲兵隊ににらまれたらしい。大政翼賛会にも反対で、京都府支部常任委員の任命はついに拒みとおした。

西原は、一九五四年八月、八一歳で死んだ。残念なことに彼が中華人民共和国の成立をいかなる感慨で迎えたか、だれも記録していてはくれない。しかし矢野は一九六〇年、「中国における共産主義の成功についてのトインビー教授の歴史観」（上・下）を雑誌『岡山史学』に発表して人びとを驚かせたのをきっかけに、活発にその見解を表明した。彼は戦後の一時期にその蔵書のほとんどを手放しながら、一日として学を廃することをしなかったのである。まさに烈士暮年　壮心已まずの概があった。『中国人民革命史論』の序にはこう書いてある。

わたくしが本書の著作を思い立ったのは今から十五、六年に遡《さかのぼ》る（すなわち人民共和国成立直後——引用者）。……ジャック・ベルデンの『中国は世界をゆるがす』、アンナ・ルイス・ストロング女史の『中国人は中国を征服す』、エドガー・スノーの『中国の赤い星』の三種の邦訳本が相踵《あいつ》いで刊行され、わたくしは通読して、わたくしの読書生活数十年を通じ、かつて経験したことのないほどの感激を覚えたことが動機であったようだ。……毛沢東ら共産党要人の身を持すること勤倹、士卒と艱苦《かんく》を共にし、実に質素簡約、自己抑制の生活に甘んじ、身を以て範を示しているから、共産党員は勿論、民衆もかれらを慈父のごとく尊敬し、指導者として専心支持している有様の描叙が特にわたくしを打つものがあったからであろう。……上述の三書を始めこれら諸書より抜書したり感想を注記したるメモは十余年の歳月を通じてほとんど等身にも及んだ。

そうは明言しないが、彼は王道ここに在りとまず感を深くしたに違いない。「中国のような旧い文明の国は後に引きもどす力は非常に強い。秦の商鞅《しょうおう》の法は三十年にして廃した。あれだよ。今のような中国は決して長続きしない」と説いた友人の豹軒《ひょうけん》・鈴木虎雄にたいし、「今度の中国の人民革命は世界歴史の一環としてできたものだから、世界歴史が変らぬ限り変らんよ」と反論した（『燕洛間記』）確信は、その出発点を中国革命に対する共感においていた。彼は「三千年の歴史にかつて例を見なかったほど平和は長続きし、社会情勢は安定し」た中国の前途に無限の期待を寄せたのである。

それだけに突如として捲きおこったプロレタリア文化大革命は彼の理解を絶した。事実上の絶筆となった「理由のわからぬ中共の文化革命」は、すでに王道楽土を達成した中国が無用有害のプロ文革によって崩壊するのではないかという危惧に満ちている。

六八年正月、私の友人K君は矢野「先生」からこういう賀状を受けとった。

昨秋中国御旅行なされし由、子どもの両親に抗弁するような場合、天地翻了（世のなかおしまいだ——引用者）という善良な農民が造反有理などという説に納得いたしますか。

子どもが親にさからっただけでも大さわぎする無知の農民が自分の方から積極的に権力者にはむかうはずがないという確信は、治者と被治者を峻別する立場に出る。「王道政治に於ては人民は何処までも治めらるるものである。教へられ導かるるものである」（「王道政治論」）。

雲原村の更生に晩年をささげた西原にしても、中国革命に王道の実現をみた矢野にしても、「王道」とは、ひっきょう、治者が被治者に臨む姿勢、態度にほかならなかった。西原は、耕地の交換分合にさいし、失敗した場合は私財を投じて補償すると約束したうえ、強引に村人を引張っていったというが、かれらにとっては、人民大衆の能動性、可能性というのは、とうてい信じがたいものであった。

そうである以上、いささかでも王道の理想を実現しようとすれば、次善の策として既存の機構、現存の権力者を頼らざるをえない。西原が寺内を頼り、矢野が軍部を信じたように、王道主義の限界はそこにあった。王道主義がつねにもっとも凶悪な覇道（侵略主義）の髪飾り、あるいはイチジクの葉でしかありえなかった理由もそこにある。

〔参考文献〕

『夢の七十余年　西原亀三自伝』　一九四九年　雲原村発行（北村敬直編　同名書　一九六五年　平凡社東洋文庫40＝原本を一部分削除）
小出孝三『近代的農村建設の先覚　西原亀三——その生涯と事業——』　一九六四年　日本自治建設運動本部
矢野仁一『燕洛間記』　一九六三年　私家版
矢野仁一『中国人民革命史論』　一九六六年　カルピス食品ＫＫ出版
座談会「六十年の思い出——矢野仁一先生を囲んで——」『東方学』　一九六四年　第二十八輯

主な研究業績ならびに本書所収論文初出一覧（＊で示す）

Ⅰ　著書（共著をふくむ）

『中国』Ⅳ（図説世界文化史大系18）（共著）角川書店　一九六〇年

『毛沢東』（中国人物叢書12）（単著）人物往来社　一九六七年

『辛亥革命の思想』（共編著）筑摩書房　一九六八年

『近代日本をどうみるか』下冊（共著）塙書房　一九六八年

『孫文・毛沢東』（世界の名著64）（共著　翻訳及び解説）中央公論社　一九六九年

『講座　日本史』七（共著）東京大学出版会　一九七一年

『日本と世界の歴史』19（共著）学習研究社　一九七一年

『革命論集』（中国文明選15）朝日新聞社（共著）　一九七二年

胡縄『中国近代史　一八四〇～一九二四』（原名『帝国主義与中国政治』共訳及び解説）平凡社　一九七四年

『人民中国への道』（新書東洋史5）（単著）講談社　一九七七年

『人民中国への鼓動』（図説　中国の歴史9）（単著）講談社　一九七七年

『アジア歴史研究入門』2（共著）同朋舎出版　一九八三年

『中国歴史学の新しい波』（共著）霞山会　一九八五年

『日本と朝鮮の二千年』（共著）大阪書籍　一九八五年

『救国十人団運動の研究』（五四運動の研究13）（単著） 同朋舎出版 一九八七年

『救国十人団運動研究』（殷叙彝・張允侯中国語訳） 中央編訳出版社 一九九四年

『五四運動在日本』（単著） 汲古書院 二〇〇三年

II 論文

「李鴻章の登場——淮軍の成立をめぐって——」『東洋史研究』一六巻二号 一九五七年

「淮軍の基本的性格をめぐって——清末農民戦争の一側面——」『歴史学研究』二四五号 一九六〇年

「捻子と捻軍——清末農民戦争の一側面——」『東洋史研究』二〇巻一号 一九六一年

「一九世紀中国の仇教運動——植民地主義への抵抗——」『世界の歴史』11 筑摩書房（共著） 一九六一年

「中国革命と日本外交」『日本史研究』五九号 一九六二年

「中国現代研究における安保体制——巧言令色鮮矣仁——」民主主義科学者協会京都支部『新しい歴史学のために』七七号（のち、中国研究者研究団体連絡会議編『アジア・フォード財団資金問題に関する全中国研究者シンポジウムの記録』） 一九六二年

「中国におけるスターリン的偏向の克服——遵義会議から七全大会まで——」民主主義科学者協会京都支部『新しい歴史学のために』八六号 一九六三年

「日本帝国主義と中国革命」岩波講座『日本歴史』20（共著） 一九六三年

「清末の仇教運動」『中国文化叢書』6 宗教 大修館書店 一九六七年

「軍隊の役割——地主と軍閥——」『講座中国』2 旧体制の中国 筑摩書房 一九六七年

＊「山東問題——門戸開放か、独占か——」『エコノミスト』二月六日号（のち『近代日本の争点』下　毎日新聞社）　一九六八年

「五四運動と民族革命運動」岩波講座『世界歴史』25　岩波書店　一九七〇年

＊「西原亀三と矢野仁一」『朝日ジャーナル』一四巻一五号（のち『近代中国と日本』上　朝日新聞社）　一九七二年

「四川東郷袁案始末——清末農民闘争の一形態——」『花園大学研究紀要』四号　一九七三年

＊「辛亥革命と革命宣伝」小野川秀美・島田虔次編『辛亥革命の研究』　筑摩書房　一九七八年

＊「五四時期の理想主義——惲代英のばあい——」『東洋史研究』三八巻二号　一九七九年

＊「三一運動と五四運動」飯沼二郎、姜在彦編『植民地朝鮮の社会と抵抗』未来社　一九八二年

＊「民吁報の闘争——亥革命前夜における中国新聞界と日本帝国主義——」『花園大学研究紀要』一四号　一九八三年

「民吁報的闘争」『紀念辛亥革命七十周年学術討論会論文集』下　中華書局　一九八三年

「従惲代英看在五四時期的理想主義」『惲代英学術討論会論文集』華中師範大学出版社　一九八五年

＊「労工神聖の麵包——民国八年秋、北京の思想状況——」『東方学報』京都　六一冊　一九八九年

「神聖面包——民国八年秋季北京的思想界——」『五四運動与中国文化建設——五四運動七十周年学術討論会論文選』社会科学文献出版社　一九八九年

＊「五四運動前後の王光祈」『花園大学研究紀要』二二号　一九九〇年

「五四時期的世界主義——従王光祈的言論看——」『〝近代中国与世界〟国際学術討論会論文集』中国社会科学院近代史研究所　一九九〇年

＊「周剣雲——一九二〇年代初期の上海知識人——」狭間直樹編『中国国民革命の研究』京都大学人文科学

研究所　一九九二年

＊「ある謡言――辛亥革命前夜の民族的危機感――」『花園大学研究紀要』二五号　一九九三年

A Deliberate Rumor:National Anxiety in China on the Eve of the Xinhai Revolution, Eto Shinkichi and Harold Z. Schiffrin eds. *China's Republican Revolution*, University of Tokyo Press, 1994

「五四運動与上海知識分子――以周剣雲等人為中心――」『五四運動与二十世紀中国――北京大学紀念五四運動八十周年国際学術討論会論文集』社会科学文献出版社　二〇〇一年

＊「策電艦襲撃事件――第三革命と日本海軍傭兵――」『花園大学文学部研究紀要』三四号　二〇〇二年

「日本海軍退役軍人対第三次革命的参与――不了了之的一場起義――」『辛亥革命与二十世紀中国』下　中央文献出版社　二〇〇二年

Ⅲ　その他書評エッセイなど

「歴史学の成果と課題（中国近代）」『歴史学研究』二二一号　一九五八年

「新中国における戊戌変法研究」『東洋史研究』一七巻三号　一九五八年

翻訳「張元済述　戊戌政変の回憶」『東洋史研究』一七巻三号　一九五八年

書評「R・パウエル著『清末新軍の興起』」『東洋学報』四四巻三号　一九六一年

「A・F資金問題と招請運動の原則――野間清氏の御批判と私の立場――」『中国学術代表団招請運動ニュース』三号　一九六二年

特集「原爆の思想　毛沢東」『思想の科学』九一号　一九六九年

「最初の整風運動」『月刊毛沢東思想』二月号　一九七一年
「清末の仇教運動と義和団」『歴史と人物』一月号　一九七二年
「井崗山時期の闘争をめぐって」『月刊毛沢東思想』二月号　一九七二年
「労働者階級はすべてを指導する——紅衛兵と労働者毛沢東思想宣伝隊——」『月刊毛沢東思想』四月号　一九七三年
「功の多少を計り彼の来処を量る——崇文区五七幹部学校参観記——」『禅文化』六九号　一九七三年
書評「田中正俊『中国近代経済史序説』」『歴史学研究』四一六号　一九七五年
「毛沢東と魯迅」『ユリイカ』八巻四号　一九七六年
「河上肇と中国革命」井上清編『河上肇—不屈のマルクス主義者』現代評論社　一九八〇年
「長征に参加した二人の朝鮮人」『季刊青丘』3　一九九〇年

跋

小野信爾先生は私に中国近代史の学び方を教えてくださった方である。その論文集に跋文を書かせていただくのは、時のめぐりあわせとはいえ、光栄なことである。

小野先生は高等学校の時に中国文明の特質に関心を懐き、その研究を志して京都大学へ進まれた。入学は一九四九年だから、時あたかも中国革命成功の年である。近代史研究を専攻されたのは、入学後に里井彦七郎先生の勧めをうけてのことだったという。

京都大学文学部の東洋史講座は内藤虎次郎、桑原隲蔵、矢野仁一の三先生に始まり、近代史の担当は矢野先生であった。その外交史研究は定評のあるものだが、『近代蒙古史研究』はモンゴルでつとに訳されて研究の基礎とされていると聞く。戦後の京都における近代史研究は京都大学人文科学研究所の小野川秀美・島田虔次両先生を中心とする私的な中国革命史研究会に発端するのだが、小野先生はそれを発起して中核的なメンバーとして活躍された。また、小野川先生の畢生の作『民報索引』のカード作成において、もっとも多く手助けされたのも小野先生であった。

業績目録に明らかなように、小野先生の研究の出発点に位置するのは一九五七年の「李鴻章の登場――その政治的基盤の確立をめぐって――」である。それは、清末政治史に巨大な役割を演じた李鴻章の政治的基盤が軍事的支柱としての淮軍組織と経済的根拠としての江南掌握にあったことを綿密に分析した実証論文である。清末の民衆叛乱、捻軍や仇教運動についての研究がそれにつづくが、それらはいわば政治史と社会史の交点を見つめた研究であって、その方面での貢献も大きい。

その後、中国近代の大きな転換期である辛亥革命から新文化運動の時期に研究の重心を移された。本書に収められたのはこの時期の十一篇の論文である。それらは基本的に政治変動と思想文化のからみあいに焦点をあてた文章といってよい。いずれも中国近代史研究に新たな地平を切り開いたものであるが、私の見るところ、それらは以下のような研究史上の意味をもっている。

戦前における日本の中華民国史研究はかなり水準の高いものであった。吉野作造・加藤繁『支那革命史』（一九二二年）は辛亥革命に関する世界最初の研究書であったし、王枢之（筆名）『孫文伝』（一九三一年：一九五〇年に著者名鈴江言一を明記して再刊）はマルクス主義、より正確には当時のコミンテルン流の唯物史観の立場から孫文思想の特質を分析した特筆すべき作品であった。しかし、周知のように、日本による侵略戦争が失敗したことにくわえて社会主義の中国が誕生したことにより、日本の中国史研究は大きくその様相を変えることとなった。

中国共産党の指導する中国革命の成功が中国近現代史研究にあたえた影響は計り知れない。清末からの半世紀の間に、中国は辛亥革命、国民革命、新民主主義革命という三つの大きな革命を経験した。どの時代の支配的な歴史学も、当該時代の体制・権力の創出を主軸にその歴史過程を描き出すものであるが、中国共産党の率いる革命の勝利があまりにも劇的であったため、中華人民共和国において定式化された革命史観がきわめて強い影響力をもつにいたった。簡素化のそしりを恐れずにいうなら、新民主主義革命の前史が、中国共産党の勝利それも毛沢東思想の勝利に結果する流れに整理されたのである。それがきわめて明晰な一つの道筋を指し示すものであったことは確かである。しかし、時の体制・権力からみて不都合なものを排除・隠蔽することをふくんで、それが構築されたことも認められねばならないのである。

新民主主義革命に先行する辛亥革命と国民革命の位置づけの問題として、そのことをもう少し具体的に見てみよう。国民政府の時期に、孫文はすでに辛亥革命・国民革命の指導者、さらに言えば中華民国の「国父」としての地位を与えられていた。したがってそこには「孫文中心史観」と呼ばれることになる、孫文の革命を歴史の中心に据えてその流れを整理する定式がすでに一定の程度において確立されていた。それが新民主主義革命史に接ぎ穂されると、そこに中国共産党の評価軸というもう一つの枠がはめられて「新・孫文中心史観」がより確固たるものとして創りだされることとなった。つまり国共合作をおこなった孫文は新民主主義革命に先行する旧民主主義革命のほとんど唯一の指導者として高い評価があたえられ、他の歴史事象はその尺度との関係において評定されることになったのである。しかし、孫文の役割がいかに大きいものであったにしても、かれの思想と行動が歴史の流れの全局面を覆いつくせるものでないことは自明のこととされねばならないであろう。

革命中国は、周知のように、所謂「竹のカーテン」で封鎖されていた。しかし、土地の無償分配により貧農を解放したことに象徴される毛沢東の革命は、当時の代表的な左派知識人サルトルが「もっとも人間的な革命」と賞賛したことにも見られるように、社会主義に関心をいだく人士の多くを惹きつけてやまぬものがあった。そのような時代背景のもとで、中国共産党が帝国主義列強と蒋介石国民党の支配に勝利し、社会主義国家を建設するにいたるという形で提起された新民主主義革命史の定式は、「竹のカーテン」の彼方から圧倒的な吸引力を持つものとして発出されていた。『人民中国への道』（一九七七年）は、表題からも明らかなように、小野先生がその定式に拠りながら執筆した通史である。

しかし、小野先生の研究はそれで「足れり」とするものではなかった。新民主主義革命史観、さらにそれに入れ子のように包みこまれている、前述した○○中心史観からは軽視され隠蔽されているにせよ、歴史の流れを把握する上で重要な意味をもつものに光を当てて、本来の様相を浮かび上がらせるための研究に踏み出された。「真実は細部に宿る」と言ってもよいだろう。その着眼点は、政治変動と思想文化のからみあう歴史の流れの基底ともいえるところに置かれた。第一章「辛亥革命と革命宣伝」は、いわば歴史の変動をもたらす諸力のヴェクトルを各地の具体例で照らし出すといった趣がある。以下に、煩を避けて三つの文章についてのみ簡単に触れておこう。

第七章「労工神聖の麵包――民国八年秋・北京の思想状況――」は、上述の定式からはみ出して無視抹殺された史実をも丁寧に掘り起こすことにより、時代状況のぬくもりの感覚を読者につたえることに成功した研究である。五四運動を経験した北京の学生たちは、「労工神聖」という当時の最新思想（実は、百年後の今でもそうなのだが）を刻印した麵包（実は饅頭）数万個を民衆にむかって一九一九年の双十＝国慶節にばらまいた。もちろん、これは単なる慈善行為ではない。官憲は弾圧をくわえ、学生はそれをかいくぐって敢行するのだから、たかだか刻印付き麵包の配布問題をめぐって大騒動がおこる。そのようであれば、騒動に関係した学生・官憲・民衆はその歴史的な意味をそれぞれがそれなりに体得してつぎの段階へと進むはずである。もっとも単純化していうなら、それがもった歴史的意味は、「民国」の主人公は国民である、との自覚であった。蛇足をくわえるなら、小野先生にはこれに関連する著作として、『救国十人団運動の研究』（一九八七年）と『五四運動在日本』（二〇〇三年）というすぐれた研究がある。

実際、それにつづく一九二〇年代の中国思想の絢爛多様ぶりには目を見張るものがあり、歴史の舞台はあらゆる可能性を内包しながら展開していくのである。第九章「周剣雲――一九二〇年代初期の上海知識人――」は、自由職業の中級知識人の民衆にたいする作用という点で一新紀元をひらいた映画という媒体でもって「教育救国」という「草の根」的啓蒙運動をくり広げた状況を綿密に追求したものである。周は中華人民共和国では不遇で没年も定かではなく、文化大革命で迫害を受けたという痕跡も見いだせないとのことだから、小野先生のこの営為はまことに貴重なのである。

やや視点をずらして言うなら、歴史の闇に隠れていたことでも、それが重要な意味を持つものであるなら、小野先生の研究は臆することなくその実情の解明に向かう。第四章「〈策電〉艦襲撃事件——第三革命と日本海軍傭兵——」はその方面の力作である。〈策電〉事件は孫文の革命史にとってけっして誉められたことではない。孫文を無謬の革命指導者と祭り上げるためには、むしろ秘しておきたい事件である。しかし、歴史を正しく把握するためには不都合な真実を隠してはならないことは勿論のことであって、小野先生の努力は多とされなければならないのである。

付言すれば、孫文に失敗ないし不都合なことが有ったからといって、孫文の値打ちが下がるものではない、と私は考える。〈策電〉事件にせよ、藤井昇三先生が指摘された一九一五年の「日中密約」にせよ、孫文が私利をはかってその挙に出たのでないことは、まったく疑問の余地なく明白なことなのである。とすれば、そのようなことまでしなければならぬ所に追い込まれて、なおかつ中国を救う道を考えた孫文の偉大さが、そのことを通じて逆照射されるとさえ言えるであろう。これを要するに、小野先生の研究により中国近代史研究の幅が広げられ、深みが加えられたことは、本書に収めた諸論文を読まれる大方の読者に納得していただけると思う。

さらに言えば、小野先生の研究をささえる背骨となっているのは、研究者の社会的責任への自覚であった。社会的責任を自覚して研究に従事している研究者は多いが、小野先生のような実践をされた方はあまり多くない。その実践の一つは中国学術代表団招請を提起し、実現されたことである。

今では想像することもできないだろうが、国交回復前の中華人民共和国は日本国にとって「存在しないもの」だった。そのような奇妙としか言いようのない状況は一九七二年の国交正常化までつづいた。そのようであったから、留学はもちろん学術交流のための相互訪問もできなかった。一九五五年の中国学術代表団（郭沫若団長）来日によりそこにわずかな風穴が開けられたが、それもいわゆる「長崎国旗事件」に象徴される中国敵視政策のもとで、また塞がれてしまう。

日中友好運動に力を入れておられた小野先生は、そのような状況下において、研究者の自力による中国学術代表団の招請を構想された。研究者にとって研究対象から切り離された状態を強要されることは、ある意味で研究の放棄ともいえることである。ゆえに自力招請の構想は多くの人びとに歓迎されて、研究者の自主的な運動として全国的に展開された。そして、一九六三年末に第二次の中国学術代表団（張友漁団長）として実現した。団員中の歴史学者は、古代史の侯外廬先生、近代史の劉大年先生である。これにより、一時的とはいえ学界の閉塞感が吹き飛ばされたのであって、招請・交流は大成功をおさめた。その経緯と成果については、『中国学術代表団招請運動の記録』等が刊行されている。

その面でのもう一つの重要問題は中国学術代表団招請運動の過程で浮上したアメリカの財団による日本の中国近現代史研究にたいする巨額の資金援助問題である。言うまでもないことだが、敗戦後における日本の独立はアメリカを中心とする「帝国主義」陣営に組み込まれることで達成され、その結果として日本政府は中国敵視政策を採っていた。一九六〇年の日米安全保障条約改定はそのような関係をより強化しようとしたものであったから、それに反対する史上空前の闘争がまきおこった。その反対闘争が失敗に終わったところに、アメリカ帝国主義の象徴ともいうべきアジア財団とフォード財団によって、日本の科学研究費の何倍にもあたる、きわめて巨額の資金が中国近現代史研究に提供されることになったのである。その問題性をするどく指摘したのが、小野先生の「中国現代研究における安保体制——巧言令色鮮矣仁——」（一九六二年）であった。中国研究者がその問題提起を受け止めていった状況については、中国研究者研究団体連絡協議会編『アジア・フォード財団資金問題に関する全中国研究者シンポジウムの記録　1962』に詳しい。

問題は提起されただけにおわったとしか言えないのだが、「人民のための研究」の問題は、原発問題をめぐって見られるように、今なおきわめて根深く存在していることは明らかである。課題は複雑にして容易に解決できるものでないにせよ、小野先生の功績は忘れられてはならないと思う。

狭間直樹

二〇一二年四月

汲 古 叢 書

1	秦漢財政収入の研究	山田　勝芳著	本体 16505円
2	宋代税政史研究	島居　一康著	12621円
3	中国近代製糸業史の研究	曾田　三郎著	12621円
4	明清華北定期市の研究	山根　幸夫著	7282円
5	明清史論集	中山　八郎著	12621円
6	明朝専制支配の史的構造	檀 上　　寛著	13592円
7	唐代両税法研究	船越　泰次著	12621円
8	中国小説史研究－水滸伝を中心として－	中鉢　雅量著	品　切
9	唐宋変革期農業社会史研究	大澤　正昭著	8500円
10	中国古代の家と集落	堀　　敏 一著	品　切
11	元代江南政治社会史研究	植 松　　正著	13000円
12	明代建文朝史の研究	川越　泰博著	13000円
13	司馬遷の研究	佐藤　武敏著	12000円
14	唐の北方問題と国際秩序	石見　清裕著	品　切
15	宋代兵制史の研究	小岩井弘光著	10000円
16	魏晋南北朝時代の民族問題	川本　芳昭著	品　切
17	秦漢税役体系の研究	重近　啓樹著	8000円
18	清代農業商業化の研究	田 尻　　利著	9000円
19	明代異国情報の研究	川越　泰博著	5000円
20	明清江南市鎮社会史研究	川 勝　　守著	15000円
21	漢魏晋史の研究	多田　狷介著	品　切
22	春秋戦国秦漢時代出土文字資料の研究	江村　治樹著	品　切
23	明王朝中央統治機構の研究	阪倉　篤秀著	7000円
24	漢帝国の成立と劉邦集団	李　　開 元著	9000円
25	宋元仏教文化史研究	竺沙　雅章著	品　切
26	アヘン貿易論争－イギリスと中国－	新村　容子著	品　切
27	明末の流賊反乱と地域社会	吉 尾　　寛著	10000円
28	宋代の皇帝権力と士大夫政治	王　　瑞 来著	12000円
29	明代北辺防衛体制の研究	松本　隆晴著	6500円
30	中国工業合作運動史の研究	菊池　一隆著	15000円
31	漢代都市機構の研究	佐原　康夫著	13000円
32	中国近代江南の地主制研究	夏井　春喜著	20000円
33	中国古代の聚落と地方行政	池田　雄一著	15000円

34	周代国制の研究	松井　嘉徳著	9000円
35	清代財政史研究	山本　　進著	7000円
36	明代郷村の紛争と秩序	中島　楽章著	10000円
37	明清時代華南地域史研究	松田　吉郎著	15000円
38	明清官僚制の研究	和田　正広著	22000円
39	唐末五代変革期の政治と経済	堀　　敏一著	12000円
40	唐史論攷－氏族制と均田制－	池田　　温著	未　刊
41	清末日中関係史の研究	菅野　　正著	8000円
42	宋代中国の法制と社会	高橋　芳郎著	8000円
43	中華民国期農村土地行政史の研究	笹川　裕史著	8000円
44	五四運動在日本	小野　信爾著	8000円
45	清代徽州地域社会史研究	熊　　遠報著	8500円
46	明治前期日中学術交流の研究	陳　　　捷著	16000円
47	明代軍政史研究	奥山　憲夫著	8000円
48	隋唐王言の研究	中村　裕一著	10000円
49	建国大学の研究	山根　幸夫著	品　切
50	魏晋南北朝官僚制研究	窪添　慶文著	14000円
51	「対支文化事業」の研究	阿部　　洋著	22000円
52	華中農村経済と近代化	弁納　才一著	9000円
53	元代知識人と地域社会	森田　憲司著	9000円
54	王権の確立と授受	大原　良通著	品　切
55	北京遷都の研究	新宮　　学著	品　切
56	唐令逸文の研究	中村　裕一著	17000円
57	近代中国の地方自治と明治日本	黄　　東蘭著	11000円
58	徽州商人の研究	臼井佐知子著	10000円
59	清代中日学術交流の研究	王　　宝平著	11000円
60	漢代儒教の史的研究	福井　重雅著	12000円
61	大業雑記の研究	中村　裕一著	14000円
62	中国古代国家と郡県社会	藤田　勝久著	12000円
63	近代中国の農村経済と地主制	小島　淑男著	7000円
64	東アジア世界の形成－中国と周辺国家	堀　　敏一著	7000円
65	蒙地奉上－「満州国」の土地政策－	広川　佐保著	8000円
66	西域出土文物の基礎的研究	張　　娜麗著	10000円

67	宋代官僚社会史研究	衣川　強著	11000円
68	六朝江南地域史研究	中村　圭爾著	15000円
69	中国古代国家形成史論	太田　幸男著	11000円
70	宋代開封の研究	久保田和男著	10000円
71	四川省と近代中国	今井　駿著	17000円
72	近代中国の革命と秘密結社	孫　江著	15000円
73	近代中国と西洋国際社会	鈴木　智夫著	7000円
74	中国古代国家の形成と青銅兵器	下田　誠著	7500円
75	漢代の地方官吏と地域社会	髙村　武幸著	13000円
76	齊地の思想文化の展開と古代中國の形成	谷中　信一著	13500円
77	近代中国の中央と地方	金子　肇著	11000円
78	中国古代の律令と社会	池田　雄一著	15000円
79	中華世界の国家と民衆　上巻	小林　一美著	12000円
80	中華世界の国家と民衆　下巻	小林　一美著	12000円
81	近代満洲の開発と移民	荒武　達朗著	10000円
82	清代中国南部の社会変容と太平天国	菊池　秀明著	9000円
83	宋代中國科擧社會の研究	近藤　一成著	12000円
84	漢代国家統治の構造と展開	小嶋　茂稔著	10000円
85	中国古代国家と社会システム	藤田　勝久著	13000円
86	清朝支配と貨幣政策	上田　裕之著	11000円
87	清初対モンゴル政策史の研究	楠木　賢道著	8000円
88	秦漢律令研究	廣瀬　薫雄著	11000円
89	宋元郷村社会史論	伊藤　正彦著	10000円
90	清末のキリスト教と国際関係	佐藤　公彦著	12000円
91	中國古代の財政と國家	渡辺信一郎著	14000円
92	中国古代貨幣経済史研究	柿沼　陽平著	13000円
93	戦争と華僑	菊池　一隆著	12000円
94	宋代の水利政策と地域社会	小野　泰著	9000円
95	清代経済政策史の研究	黨　武彦著	11000円
96	春秋戦国時代青銅貨幣の生成と展開	江村　治樹著	15000円
97	孫文・辛亥革命と日本人	久保田文次著	20000円
98	明清食糧騒擾研究	堀地　明著	11000円
99	明清中国の経済構造	足立　啓二著	13000円

100	隋唐長安城の都市社会誌	妹尾　達彦著	未　刊
101	宋代政治構造研究	平田　茂樹著	13000円
102	青春群像－辛亥革命から五四運動へ－	小野　信爾著	13000円
103	近代中国の宗教・結社と権力	孫　　江著	12000円
104	唐令の基礎的研究	中村　裕一著	15000円

（表示価格は2012年９月現在の本体価格）

著者略歴

小野 信爾（おの しんじ）

1930年 大分県に生まれる

1960年 京都大学大学院文学研究科博士課程（東洋史学専攻）単位取得満期退学

1966年 花園大学文学部助教授を経て教授

2001年 同大学退職 現在花園大学名誉教授

著書に『毛沢東』（人物往来社 1967）『人民中国への道』（講談社現代新書 1977）『人民中国への鼓動』（講談社『図説中国の歴史』9 1977）『救国十人団運動の研究』（京都大学人文科学研究所共同研究報告『五四運動の研究』第四函⑬ 同朋舎出版 1987）『五四運動在日本』（汲古書院 2003）

汲古叢書102

青春群像——辛亥革命から五四運動へ——

二〇一二年九月二〇日発行

著者 小野信爾

発行者 石坂叡志

整版印刷 富士リプロ㈱

発行所 汲古書院

〒102-0072 東京都千代田区飯田橋二-五-四

電話 〇三（三二六五）九七六四

FAX 〇三（三二二二）一八四五

ISBN978-4-7629-6001-7 C3322

索　　引

凡　例

（1）人名・組織名・書名などを中心に項目を立てたが、必ずしも網羅的ではない。但し読者の便宜を考え、章によって特に多くの項目を立てた場合がある。史料として挙げた書名、とくに注の書名などは項目として取らなかった。

（2）各論文の表題に掲げた項目については太字の数字で示し、同論文内の項目を重複して挙げることはしなかった。

（3）序文のなかの項目の頁数はローマ数字、以下の論文の頁数はアラビア数字によっている。

（4）同じ項目が、次頁、次次頁と続く場合には数字のあとに f または ff をつけてそのことを示した。

き

す

せ

そ

た

ち